閩海人物年譜叢書

教育部社會科學基金一般項目
（15YJAZH006）最終成果

閩海人物年譜叢書

徐興公年譜長編

壹

陳慶元 著

廣陵書社
江蘇 揚州

圖書在版編目（CIP）數據

徐興公年譜長編 / 陳慶元著. -- 揚州 : 廣陵書社,
2020.11
（閩海人物年譜叢書）
ISBN 978-7-5554-1587-9

Ⅰ. ①徐… Ⅱ. ①陳… Ⅲ. ①徐𤊹 一年譜 Ⅳ.
①K825.41

中國版本圖書館CIP數據核字(2020)第228367號

書　　名　徐興公年譜長編
著　　者　陳慶元
責任編輯　陶鐵其　王　丹　方慧君

出版發行　廣陵書社
揚州市維揚路 349 號　郵編 225009
（0514）85228081（總編辦）　85228088（發行部）
http://www.yzglpub.com　E-mail:yzglss@163.com

印　　刷　無錫市海得印務有限公司
裝　　訂　無錫市西新印刷有限公司

開　　本　889 毫米 × 1194 毫米 1/32
印　　張　63.125
字　　數　1600 千字
版　　次　2020 年 11 月第 1 版
印　　次　2020 年 11 月第 1 次印刷
標準書號　ISBN 978-7-5554-1587-9
定　　價　480.00 元

前言

晚清汪端輯《明三十家詩選》，徐熥、徐𤊹兄弟和他們的摯友曹學佺都列入正編。

徐𤊹（一五七〇—一六四二），字惟起，一字興公，閩縣（今福建福州）人。自稱『竹窗病叟』。又稱『讀易園主人』『筆耕惰農』『天竺山人』『天竺居士』。又號『鼇峰居士』『筠雪道人』『石農』。又自稱『徐仲子』。郡望東海。

徐𤊹之始祖曰徐晦，居福建連江。至天一處士由連江遷至懷安荆山。太祖徐貞（十一世），又名景宗，字三保，謚宣義，孟房信支祖。始自荆山遷至福州臺江。臺江，明代在城南之外，碼頭相望，舳艫聯翩，爲商賈要區。高祖徐旭，字孔明。曾祖鏗，字振聲，『性好文學，素有大志，見臺江大市通衢，人尚紛華，不可以教訓子侄，乃遷居省城之鼇峰，共沐詩書之教』[一]。鼇峰坊，在福州城南，徐氏遂世居焉。祖演，字汝長。崇尚儒術，教子有方，家聲爲之一振。

父徐𣔻（一五一三—一五九一），字子瞻。嘉靖四十四年（一五六五）貢士，隆慶三年（一五六九）授江西南安府儒學訓導，擢廣東茂名縣儒學教諭，萬曆四年（一五七六）任江西永寧知縣。能詩，有《徐令集》。又有《周易通解》《養生纂要》《世説紀稱》，又有未完稿《晋宋人物考》。徐𣔻以《易》起家，徐氏之學自𣔻始。徐𣔻事業，陳孺人佐之。徐𣔻墓在福州祭酒嶺。𣔻善書，頗類同郡鄭善夫。又喜藏書，藏書印

[一]〔清〕徐日焜等纂《荆山徐氏譜》，抄本。

有『南州高士儒子之家』『應宿堂』『徐孺子』『徐棉之印』『徐氏藏書』『徐棉私印』等。

兄徐熥（一五六一—一五九九），字惟和，別字調侯，號幔亭，晚欲以字行，不果。弱冠，選入郡庠生；萬曆十六年（一五八八）舉人，三上春官，三下第。傾力于詩，踵漢魏，追三唐，諸體兼善，盡滌時趨；結三山、芝山諸詩社，與鄧原岳、謝肇淛等重振閩中風雅。尤工七律。生平喜稱鄭善夫。與父棉，弟𤊹、熛齊名，世謂『三蘇繼作』。熥歷七寒暑，輯選《晉安風雅》。多藏奇書、字畫、古硯。書效法《聖教》《興福》，有古意。性疏狂，好客，户外履常滿，人稱『窮孟嘗』。卒年僅三十九，入祀高賢祠。葬福州鹿坪山。著有《幔亭集》，又撰《閩中舊事》，未竣。

弟徐熛（一五七六—一六三〇），字惟揚，邑庠生，工制義，無心古文辭，著有《徐氏易腴》三卷。

長姐徐淑（？—一六三二），爲吉府長史謝汝韶繼室；汝韶，謝肇淛之父。仲姐徐潔（？—一六二七），適知縣鄒一麟。

居九仙山鼇峰坊下，父徐棉建樓曰『紅雨』以藏書，兄徐熥又構齋，號『緑玉』。徐𤊹則建小齋名『汗竹』、小軒名『荔奴』；曹學佺捐資爲徐𤊹建宛羽樓，以藏日益增多之書。又有廬號『柿葉』。徐𤊹晚歲，購回屋五間，擬構宴客大堂，未果。又于宛羽樓右建偃曝軒，未成而卒。

徐𤊹幼從長樂林庸勳先生學。庸勳，唐名儒林慎思後人。爲人消瘦骨立，若不勝衣。𤊹就童試，見唱名擁擠，遂棄舉子業，專攻聲律，先後與兄等結三山社，與趙世顯等結芝山社，與謝肇淛等結紅雲社、泊臺社、避暑會，與曹學佺等結石倉社、耆社。萬曆後期至崇禎間，與曹學佺主閩中詩壇三四十年，後進學其詩，稱『興公詩派』。

徐𤊹博聞多識，喜搜羅名人墨迹，善草及隸書。平生目擊宋硯不下百數。畫甚佳，不肯多作。精于鑒賞，喜購書、抄書，合其父兄所藏，積書至十數萬卷，多秘本，並自編書目。著有《鼇峰集》《筆精》《續筆精》《榕陰新檢》《荔枝譜》等，《紅雨樓文集》《鼇峰文集》《（徐興公）尺牘》等未刻，部分稿本流傳至今，藏上海圖書館。徐𤊹四十年間多次校讎《文心雕龍》，梅慶生所著音注本《楊升庵先生批點〈文心雕龍〉》，大多利用徐𤊹校勘之成果。

長子徐陸（一五九〇—一六一六）。徐陸婦陳懷佩，爲同郡陳价夫女、陳薦夫侄女；徐陸與林應聘子兆基（期）爲連襟。次子阿室（一五九九—一六〇〇），生之次年卒。三子徐隆，生于萬曆三十五年（一六〇七），當年卒。季子徐延壽（一六一四—一六六二），初名陵，字存永，又字無量，有《武夷遊草》《潮音草》《將車草》《集陶》《尺木堂集》等。

徐𤊹女，適康彦登庶子守廉，早喪。

長孫徐鍾震（一六一〇—？），字器之，徐陸子。有《雪樵集》（《丹霞紀遊》《丹霞續遊》《三華遊草》《嵩山倡和》《吴越遊草》《南行詩集》）、《雪樵文集》、《遜業集》、《荔奴集》，史部則有《閩疆世紀》。曹學佺曾選梓徐延壽及鍾震詩爲《二徐詩集》，陳衎爲之序。

徐𤊹年譜有日本市原亨吉撰、鄭宏譯《徐𤊹年譜稿略》（原載《入矢教授、小川教授退休紀念中國文學語學論集》，一九七四年；譯文見《福建圖書館學刊》，一九九一年第四期），這部年譜做得比較早，考訂生卒年爲一五七〇—一六四二年，功不可没。但過于簡略，只有數千字，更像是年表，且較多疏漏。

把一位作家的一生分爲若干時期進行研究，是作家研究比較常見的一種研究方法。撰著年譜，必然考慮到徐𤊹人生軌迹分階段或分時期的問題。故我們著有《徐𤊹生平分期研究》（《閩江學院學報》，二〇一〇年第六期），將其一生分爲三個時期，並略論各個時期的重要活動及著作。

徐𤊹一生著述甚富，但是學界所討論的則不出《四庫全書總目》等書介紹的《鼇峰集》《筆精》《榕陰新檢》等數種；就是這幾種，作年及刊刻年代也很少有學者關注，因此我們著有《徐𤊹著述編年考證》（《文獻》，二〇〇七年第四期）。

徐𤊹的序跋、題跋，清初康熙間目録學家林佶輯有《紅雨樓題跋》，嘉慶間鄭杰再輯，光緒間繆荃孫重輯，浙江大學著名學者沈文倬教授又進行補輯，成《紅雨樓序跋》一書（福建人民出版社，一九九三年版），嘉惠學林，爲徐𤊹研究之功臣。我們有《徐𤊹序跋補遺考證》（《文獻》，二〇〇九年第三期），拾遺補缺。近年美國學者馬泰來先生又進一步增補辨僞，成《新輯紅雨樓題記　徐氏家藏書目》（上海古籍出版社，二〇一四年版）一書，幾盡完備。

詩人結社酬倡，必然産生相應的作品。在閩中，徐𤊹與本地詩人結各種詩社，遊歷在外則也常常趁便參與當地的詩社活動，例如在南京參加金陵社，在漳州參加玄雲社等。紅雲社，是徐𤊹和謝肇淛共同組織的詩社，社約由徐𤊹起草，故我們著有《徐𤊹的〈紅雲社約〉與紅雲詩社——晚明文人雅集之一例》（《上海大學學報》，二〇一〇年第六期），這個詩社詩人雅集頻繁，作品豐碩，且頗具閩中之特色。

徐𤊹棄舉子業，專注于詩、古文的寫作。古文文體很多，他主張作文必須辨明文體，例如他説『行狀』記叙不妨詳細一點，枝節也可以多一點，但是傳記應當落實于傳主的大節、大處，不枝不蔓。他主張古文簡潔明瞭，宜短不宜長。我們著有《徐𤊹的荔奴軒及〈荔奴述〉——兼及林古度〈荔奴傳〉》（《中国文化研究》，二〇一〇年第四期），討論他的《荔奴述》與其友林古度《荔奴傳》的異同。

文學方面，近年出版的明代詩史類著作，如李聖華著《晚明詩歌研究》（人民文學出版社，二〇〇二年版）、尹恭弘《明代詩文發展史》（社會科學文獻出版社，二〇〇一年版）等，都有專節論述晚明閩中詩人結社或詩人群，徐𤊹則是其中重要的一位，徐𤊹的詩學地位漸漸爲人所認識。限于體例和篇幅，這些著作只能舉其要者而論述之，因而留下許多研究空間。

藏書和目録方面。王長英、黄兆鄲《福建藏書家傳略》有《布衣藏書話徐𤊹》一文（福建教育出版社，二〇〇七年版，第三四—三九頁）對徐氏藏書嗜好、藏書來源、藏書散出，作了比較詳細的描述。但也有疏失之處，如以延壽爲徐𤊹次子，實爲季子。又如誤將『荔奴』（龍眼）誤爲荔枝等。徐𤊹藏書目，馬泰來先生近年整理《新輯紅雨樓題記　徐氏家藏書目》（上海古籍出版社，二〇一四年版），亦有利于學界對徐氏的研究。

徐𤊹不僅善于藏書，而且善于用書，他利用自己的藏書（加上實地考察），自撰或參撰的志書有二十來種。他在志書的編撰過程中，形成自己的方志學理論，我們撰有《徐𤊹修志實踐及其理論》（《閩南師範大學學報》，二〇一八年第二期）加以論述。他還利用藏書，校勘《蔡忠惠集》等古籍，校訂時人詩文別集多達數十種，有的已經刊刻，有的尚未付梓。我們爲此著有《徐興公『編集』理論與實踐》（《福建師範大學學報》，二〇一七年第五期），討論他的古籍整理和編輯詩文別集的思想。

徐𤊹《筆精》、尺牘，論文論詩重實證，反對空疏，且不爲權貴和親朋諱，有許多有新見的文學批評意見。我們爲此著有《徐𤊹尺牘稿本考論》（《文獻》，二〇一七年第二期），對徐𤊹尺牘作了詳細考證和分析，指出尺牘特殊的學術價值。

徐𤊹《榕陰新檢》有《詩話》一卷，未單行。此外没有類似于謝肇淛《小草齋詩話》的著作。有感于《明詩話全編》所輯《徐𤊹詩話》的簡陋，我們在點校《鼇峰集》時特從徐𤊹的雜著、題跋、序文、尺牘中輯出二百多則，編成《徐興公詩話》一帙，附于該集之後。因爲編《徐興公詩話》及後來編《曹學佺詩話》，有些感想，故著《新輯詩話摭議——以若干晚明詩話爲例》（《文獻》，二〇一五年第六期）。

年譜，在四部分類中，屬于史部譜牒類，是傳統寫作的一種文體。年譜的寫作，通過史料辨析，既可以顛覆傳統的結論，也可以發現新問題並加以分析解決。近年有學者提倡『批評文體』的研究，意謂文學批評可以用各種各樣的文體寫作。年譜，也是文學批評的一種文體。本譜解决荆山徐氏家族由商而儒，徐氏家族文學，興公體，徐𤊹書信體散文，興公詩話與詩學批評，徐𤊹藏書，徐𤊹纂修方志，徐𤊹校輯舊籍、編集，徐𤊹與葉向高、謝肇淛、曹學佺詩歌風格的異同，閩中詩人與江浙詩人的交往，閩中與閩南詩人的互動等許多問題，具有一定的理論和實用價值。

本譜是一部『綱狀』式的或者説是『發散』式的年譜。當下某些年譜是『綫性』的，或只有『獨幹』而『缺枝少葉』式的年譜。『綫性』的、『獨幹』式的年譜只關注譜主，不大注意周邊的人物；本譜則是『網狀』式的、『發散』式的，與譜主交遊的人物多達數百人，酬倡作品數千篇，本譜儘可能『一網打盡』。涉及的人物儘可能考其字號、里籍、生卒年、生平仕宦及著述，尤其注重描述與譜主的交往。在描述譜主生平事迹的過程中，發現問題，分析問題，提出撰著者的見解。

本譜譜主徐㷆，卒于崇禎十五年（一六四二），照通常年譜的作法，記述至該年就可完篇。徐㷆作爲一位藏書家，他的圖書卒後由誰保管，由誰使用，怎麼使用？如果這些問題不作交代就結束，可能會留下遺憾。馬泰來先生《新輯紅雨樓題記　徐氏家藏書目》一書，也是由徐㷆而下延至延壽、鍾震，更能見出徐氏藏書題記的全貌。徐㷆幼子延壽、孫鍾震（年紀較其叔延壽稍長），繼承家學，能詩能文。徐㷆卒後，他們繼續與徐㷆生前的詩友酬倡往來，對延壽、鍾震的評價，常常涉及到對徐㷆的評價，因此本譜往下延伸到康熙初年延壽卒爲止，更能見出譜主生前和身後的全貌。

本譜名爲『年譜長編』，實際上是資料編年與考論結合，將編年、考證、論述融匯于一書，在年譜撰著理論方面有所建樹；此譜完成之後，正在做及後續要做的《何喬遠年譜長編》《謝肇淛年譜長編》《張燮年譜長編》《曹學佺年譜長編》的撰著可能沿着這一個路子走下去，并在實踐中進一步完善編年、考證、論述于一爐的年譜撰著理論的建構，或許在譜牒學的研究和撰著方面有所貢獻。

本譜附録十種，事關譜主生平事迹：一、荆山徐氏家譜世系表；二、傳記；三、徐興公文集佚文輯録，佚詩輯録已見《鼇峰集》（廣陵書社，二〇一二年版）附録，本譜不再重複；四、徐㷆著述編年考證；五、芝社社集表；六、紅雲社社集表；七、纂修志書表；八、輯録校梓舊籍表；九、輯録校梓親友著作表；十、徐興公八論：父親兄弟與子孫、生平三個時期、《鼇峰集》與『興公詩派』、詩歌理論與評論、纂修志書及其理論與方法、舊籍整理的實踐與主張、編輯審訂親友詩文集、興公尺牘之討論。正文以年月爲序紀事繫文，附録之四以下七種，以專題編排，縱横交錯，與正文及已經出版的《鼇峰集》相互發明，以見譜主之全人。

考慮到『興公』名聲較譜主本名徐𤊹要大，又考慮到『𤊹』字一般的字庫并未收録，不便檢索，因此稱本譜爲『徐興公年譜長編』。

本譜不是『急就章』。動手的時間則早在二〇〇二年，日積月纍，二〇一五年申報教育部社會科學基金一般項目《徐興公年譜長編》（15YJAZH006），當時已經完成了十之六七，項目批下來之後，又做了五年，形成現在的規模。這部年譜做了差不多二十年。

二〇二〇年四月十日

目録

第一册

第二册

第三册

第四册

凡例

一、本譜與筆者《鼇峰集》(廣陵書社,二〇一二年版)同時撰著,互相發明;譜中所引《鼇峰集》,用的是筆者的整理本。

一、譜前有總叙,交代譜主籍貫、世系、性格、好尚、藝文成績等,各條均有引證材料,實爲筆者重撰之《徐𤊹傳》。

一、本譜引譜主諸集、詩文,總叙部分有『徐𤊹』二字,正文則省去,以省篇幅。

一、本譜分年編排,逐年交代譜主的各種活動,特别是文學活動和創作情況及交遊。凡有倡酬,儘量引述同時作者之作品,以見其異同。

一、本譜大目爲年,頂格書寫,黑體。子目爲月或春夏秋冬,如四季亦不可别,則置於該年之末;生前以『是歲』標示,身後以『本年』標示;另行,縮進一字。譜主作品繫於各子目之下,另行,縮進二字。譜主之外諸家作品或引證材料,一條一行,縮進三字。間有小考證及説明,用『按』另行標明,縮進四字。

一、譜主與伯兄徐熥,以及謝肇淛、張燮、曹學佺、林古度事迹往往交錯,筆者另撰有徐熥、謝肇淛、張燮、曹學佺、林古度等年譜,凡他譜叙述較詳者,本譜較略,則注明參見某譜。與譜主關係密切的鄧原岳、陳价夫、陳薦夫、董應舉、陳一元、陳鴻、崔世召等的事迹,也略加載記。

一、譜主季子延壽、長孫鍾震。譜主過世後徐氏藏書歸鍾震。他們在文壇又活躍二三十年,本譜對延壽、鍾震事迹亦有較詳記述，以見徐氏藏書及家族文學之大要。

一、譜主一生親友、交遊，遠近數百人之多，首次出現於本譜時略作交代，包括字號、里籍、仕歷、著作以及與譜主的關係等；可考其生卒年者，作簡要考證。譜主遊歷之地、山水幽勝、古迹寺廟，亦略作説明。福建的地名，均省略『福建』二字，如『古田』『莆田』。其他省的地名，著名的如杭州、南京等，不再冠以省名。

一、山水幽勝、古迹寺廟，儘可能做到有書證。書證通常使用明人的著述，如李賢《大明一統志》、王應山《閩都記》、曹學佺《大明一統名勝志》以及明代和清順治、康熙年間方志。

一、譜主尺牘七百三十九通，本譜一一進行編年考證。尺牘引證主要關注以下幾點：考證作年作時；有關譜主生平事迹；相關友人事迹；有關譜主對時局的看法，對歷史、文學等方面的評述；尺牘送達的方式方法。尺牘文字殘缺漫漶，凡能勉强辨析之字用[ ]表示。文字明顯錯誤者，用( )表示，改正之字用[ ]表示。

一、譜主所作人物(像)贊數十篇，除作年可考者外，或附於人物卒年之後，或撰著者認爲較爲緊要之處。

一、譜主爲一介布衣。本譜在時事方面除關涉全局性大事，他不多述。譜主老死鄉里，故對其鄉里事件、災禍，略加記述。

一、本譜正文涉及的某些專門問題，需要進一步辨證、專門論述的，則用按語或注釋的形式加以補充，提出著者的理論見解或觀點。

一、本譜綴以『長編』二字，在辨僞存真的基礎上，引證文獻資料，儘可能做到詳盡；而文字表述儘可能簡明潔净。

一、詩題標點只用逗號和頓號兩種；文題酌用書名號。

一、附録十種事關譜主生平事迹。佚詩輯録與集評已見《鼇峰集》（廣陵書社，二〇一二年版）附録，本譜不再重複；附録之四以下七種，以專題編排，縱横交錯，與正文及已經出版的《鼇峰集》相互發明，以見譜主之全人。

總敘

徐𤊹，字惟起，又字興公。閩縣人。

錢謙益《列朝詩集小傳》丁集下：『𤊹，字惟起，又字興公。閩縣人。永寧令棉之子也。』（上海古籍出版社，一九八三年版，第六三三頁）

自稱『竹窗病叟』。

徐𤊹《京氏易傳》：『竹窗病叟徐興公跋。』（馬泰來整理《新輯紅雨樓題記　徐氏家藏書目》，上海古籍出版社，二〇一四年版，第一〇一頁）

又稱『讀易園主人』。

徐𤊹題《周易本義啓蒙翼傳》：『讀易園主人徐興公記。』（馬泰來整理《新輯紅雨樓題記　徐氏家藏書目》，第六九頁）

又稱『筆耕惰農』。

徐𤊹題《丁鶴年詩》：『筆耕惰農徐惟起書。』（馬泰來整理《新輯紅雨樓題記》，第一四二頁）

又號『天竺山人』『天竺居士』。

徐𤊹題《孟東野詩集》：『己亥四月初三日，雨中無事，彙檢唐賢詩，因捉筆書於紅雨樓。天竺山人徐惟起識。』（馬泰來整理《新輯紅雨樓題記　徐氏家藏書目》，第一二二頁）

徐𤊹《南海普陀山募珠燈疏》：『天竺居士徐惟起題。』（《紅雨樓集　鼇峰文集》册九，《上海圖書館未刊古籍稿本》第四四册，復旦大學出版社，二〇〇八年版，第三四二頁；《紅雨樓集　鼇峰文集》以下簡稱《文集》，《上海圖書館未刊古籍稿本》簡稱《上圖稿本》）

陳衎《哭徐興公》其二：『南州徐孺子，天竺古先生。』（《大江草堂二集》卷五）

又號『鼇峰居士』。

徐𤊹題《〈聽竹軒〉卷》：『八世孫逢祺保守，已二百餘年，珍若拱璧……天啓甲子初夏之望，鼇峰居士徐惟起興公題。』（沈文倬《紅雨樓序跋》卷二，福建人民出版社，一九九三年版，第七八頁；以下引此書作《紅雨樓序跋》）

按：《紅雨樓序跋》，正文題作《重編紅雨樓題跋》。

徐𤊹題《常樂寺砧基述》：『崇禎甲戌初夏之吉，鼇峰居士徐𤊹興公撰。』（《文集》册十二，《上圖稿本》第四五册，第三七四頁）

又號『筠雪道人』。

徐𤊹題《戴九靈集》：『筠雪道人徐興公書。』（馬泰來整理《新輯紅雨樓題記　徐氏家藏書目》，第一四三頁）

又號『石農』。

梁章鉅《徐興公〈水仙軸〉紙本》：『此幅又有石農書畫一印，知興公又字石農，爲著録家所未及，而其兼工六法，益信有徵矣。』（《退庵金石題畫跋》卷十五）

又自稱『徐仲子』。

徐𤊹題《皇明傳信録》：『萬曆甲辰春日，徐仲子題於汗竹巢。』（馬泰來整理《新輯紅雨樓題記 徐氏家藏書目》，第七八頁）

按：徐氏兄弟三人，興公排行第二，故稱。

郡望東海。

徐𤊹題《答徐孝則》：『況同裔出東海，其初一人之身者乎！』（《文集》册八，《上圖稿本》第四四册，第二〇八頁）

徐𤊹題《王忠文公文集》：『萬曆二十六年戊戌……東海徐惟起志。』（馬泰來整理《新輯紅雨樓題記 徐氏家藏書目》，第一四三頁）

徐𤊹題《楊太史〈延津八咏〉》：『萬曆丁未送春日，東海徐𤊹興公跋。』（沈文倬《紅雨樓序跋》卷二）

徐熥《遊方廣巖記》：『余仲弟𤊹興公者，曾先余游兹，以病不與。余則東海氏徐熥惟和也。』（《幔亭集》卷十七）

始祖曰徐晦，居福建連江。至天一處士由連江遷至懷安荆山，世居。

徐震《〈荆山族譜〉序》：『徐氏始祖，出自唐徐晦公，至今七百餘載矣。綿綿瓜瓞，延蔓愈滋。所處之土曰「徐壟」。先塋祭祀存焉，子孫支派蕃焉。睹其歷五季而宋、而元，世代相傳於兹未替。余支祖之

起天一公也。始少孤，依於懷邑之荆山李氏以鞠，暨長而成立，聿定厥居荆山。』（《荆山徐氏譜》）

按：此序作於洪武二十六年（一三九三），震自稱九世孫。懷邑，懷安縣；懷安縣，萬曆初廢。懷安之荆山，今福建閩侯縣荆溪。

按：佚名《〈族譜〉凡例》：『徐氏本徐州下邳人。唐穆宗時有徐晦者任閩都團練觀察使，家于連江之徐壟。世次俱已不詳矣。至宋有天一者徙居郘邑七星之荆山。』（《荆山徐氏譜·譜例》）

又按：懷安縣，宋咸平二年（九九九）置（據〔弘治〕《八閩通志》卷一），明萬曆八年（一五八〇）并入侯官（據〔萬曆癸丑〕《福州府志》卷一）。荆山，今屬閩侯縣。

又按：今閩侯荆溪鎮徐家村荆山境東側有『荆山精舍』一座，相傳徐梠爲避都市囂塵，爲其子徐熥、徐𤏡兄弟專心讀書而築。樓已圮，今樓爲後人重修。（參見曾江《閩侯文物·名人遺跡》，福建美術出版社，二〇〇二年版）。此説無文獻依據，不可信。徐梠于山鼇峰建有紅雨樓，子弟不必讀書荆山。𤏡兄熥曾讀書法雲寺，弟熛曾讀書釣龍臺。

太祖貞（十一世），又名景宗，字三保，謚宣義，孟房信支祖。始自荆山遷至臺江。

徐熥《重修〈徐氏譜〉序》：『徐族世居懷邑之荆山，自宣義公遷於邑之臺江，年歷二百，人傳九代。』（《荆山徐氏譜·序文》）按：熥此文作于萬曆二十二年（一五九四），自稱十六世孫。

徐𤏡題《孟房信支鼇峰派》：『貞，又諱景宗，字三保，謚宣義。行一百九，勉之公子。是爲孟房信支祖。生洪武十八年乙丑十一月十七日戌時，卒景泰元年庚午六月十二日未時，壽六十六。葬湖廣武

陵北門七里橋。』(《荆山徐氏譜·世系考》)

按：臺江在福州市南、閩江之北岸，今設臺江區。

高祖旭，字孔明。

佚名《孟房信支鼇峰派》：『行一百二十四。三保公四子。幼離祖宅，遷居南臺。生卒、葬失。』(《荆山徐氏譜·世系考》)

曾祖鏗，字振聲。遷居鼇峰，遂世居焉。

徐𤇆《答陳宗九》：『不肖世居鼇峰之麓。』(《文集》册三，《上圖稿本》第四二册，第三七四頁)

佚名《孟房信支鼇峰派》：『鏗，字振聲。行一百三十一，孔明公子。性好文學，素有大志，見臺江大市通衢，人尚紛華，不可以教訓子侄，乃遷居省城之鼇峰，共沐詩書之教。生正統十四年己未二月初五日未時，卒弘治五年壬子十二月二十九日，年四十四，葬閩縣孝義里荔枝林。』(《荆山徐氏譜·世系考》)

按：九仙山(又名于山)峰頂曰鼇峰(詳(弘治)《八閩通志》卷四)。參見下文。

祖演，字汝長。

佚名《孟房信支鼇峰派》：『演，字汝長，號易叟。行一百四十一，振聲公子。承父業。世居省之鼇峰。

敦厚好禮，崇尚儒術。生子六人，教以義方。友軒恪及相坡，諸子俱得成名，家聲爲之一振。其後世子孫藝冠秋闈，名隸坊表，彬彬可觀者皆公詒謀之所致也。生成化十三年丁酉八月初一日戌時，卒嘉靖二十二年癸卯四月二十六日丑時。壽六十七。葬父振聲公墳左畔。』(《荊山徐氏譜·世系考》)

父棉，字子瞻。貢士，初授江西南安府儒學訓導，擢廣東茂名縣儒學教諭、江西永寧知縣。能詩及書，又喜藏異書。有《徐令集》，又有《周易通解》《養生纂要》《世説紀稱》，又有未完稿《晋宋人物考》。徐氏之學自棉始；徐棉事業，陳燸人佐之。棉墓在祭酒嶺。

徐熥《先考永寧府君行狀》：『歲乙丑，丹陽姜公來督閩學，時昭天下郡縣貢士毋拘資次，必得年力英茂、經明行脩者充選。先君遂以薦上春官。隆慶己巳，授江西南安府儒學訓導……萬曆癸酉，擢廣東茂名縣儒學教諭……丙子歲，擢永寧縣令。』(《幔亭集》卷十八)

據徐熥《晋安風雅·詩人爵里詳節》，棉有《徐令集》。詳萬曆二十年(一五九二)。

謝肇淛《故永寧令徐翁詩卷跋》：『外王父子瞻先生喜爲詩，每酒後耳熱，微吟不去口。此卷所書五十餘篇，尤平生得意之作。書法結構，頗類鄭繼之吏部。書未竟，而先生没，此卷遂爲獲麟之筆矣。先生能詩而不以詩名，能書而不以書名，乃得惟和伯仲嗣振風雅，片紙隻字，珍如拱璧，可謂有子哉！』(《小草齋文集》卷二十四)

按：《徐令集》今佚，徐熥《晋安風雅》録有棉詩數首。王應山《閩都記》卷十四又存其《釣龍臺詩》一首，亟録之：『無諸漢雄長，建國甌閩隈。欲釣滄江龍，江干起高臺。白龍去不返，千載徒蒿萊。霸氣今已盡，雄圖安在哉。廢殿寢寒烟，空林委荒苔。燕雀争營居，猿狖朝暮哀。我來弔遺踪，感慨空徘徊。惟餘滄江水，東流無盡回。』

又按：徐𤊹撰《徐氏紅雨樓書目》卷一：《徐氏周易通解》八本，先大令著。

又按：徐熥題《周易通解》：『先君子少學《易》于舒侍御雲川先生，韋編幾絶矣。長而以《易》授四方弟子，遂著《周易通解》六卷。當熥髫年，先君課以此編，必成誦而後已。熥之以一經成名者，實藉庭訓焉。古云：「父没，不能讀父之書，口澤存也。」況出于先君極深研，幾積數年之功，手自撰著者乎？今先君已矣，每一披覽，不勝蓼莪之痛。恐其歲久朽蠹，暇日與𤊹、熛二弟重加脩訂，傳之子孫，以見先祖父下帷之苦，而知家學之所自也。吾子孫其慎藏之。』（《幔亭集》卷十九）

又按：《徐氏紅雨樓書目》卷二：《世説紀稱》一卷，徐棉。

又按：所藏書筆者過眼者有：《自警編》九卷，宋趙善璙撰，明嘉靖十九年（一五四〇）陳光哲校刊本，四册，次第有『南州高士儒子之家』『應宿堂』『徐孺子』『徐棉之印』『子瞻』等印記。又《蔡中郎集》，漢蔡邕撰，明嘉靖二十七年俞汝成刊本，一册，有『徐氏藏書』『徐棉私印』『南州高士孺子之家』『子瞻』等印記。以上藏福建省圖書館。

又按：曹學佺《陳孺人墓誌銘》：『夫陳亦既貴且富于閩矣，而徐氏未有聞也。徐氏之有聞，自相坡先生始。先生雖善屬文乎，少實貧賤，遊于蘄州守陳公震弼之門。守，孺人父之從孫也，以《易》教授，弟子甚衆，曰：「傳吾學者，非徐君莫與也。」謂其從祖曰：「婿吾門者，非徐君莫與也。我雖師，不憚以姑事之，而屈其尊行于是。」孺人歸先生焉，先生果以陳公之學教授于里，而弟子甚衆。先生之父母老矣，家貧日甚，孺人爲先生事父母，孝敬備至，滫瀡必恭；拮据，女紅以佐先生。先生竟成其業，以舉明經，兩爲廣文，再遷邑令。徐氏之學焉，而且貴者，自先生始，孺人佐之也。』(《石倉文稿》卷二)

又按：徐棉墓在福州清泉山之西祭酒嶺。詳王應山《閩都記》卷十九『徐棉墓』條。

世居九仙山鼇峰下，舊有樓曰『紅雨』，後構齋號『緑玉』，又有小齋名『汗竹』、小軒名『荔奴』；曹學佺捐建宛羽樓。

徐鍾震《山居賦》：『遡窮居之逶迤兮，宬鼇峰之山麓。攝百級以入林兮，開三徑以卜築。蒔修篁以千竿兮，種奇花以芬郁。搆小巢以嚮晦兮，錫嘉名以汗竹。荔陰聳翠以交加兮，榕葉垂青而密覆。歌伐木之嚶嚶兮，聽松濤之謖謖。左平臺以巍峨兮，右仙觀以叠矗。遠望雉堞之環圍兮，近眄閬風之突伏。既絶都邑之氛囂兮，不聞井里之徵……圖史四壁以消閒，學問三冬以寓目。悉斷簡兮殘篇，鮮牙織兮玉軸。雖負劉峻之書淫，寧侈赫隆之晒腹。時益友以析疑，時高僧以信宿；時揮翰于長箋，時卧遊于尺幅。風和煦以動琴，日容與以膏沐。于是仰不愧，俯不怍，陶斯咏，咏斯樂。蒐爾典墳，耽爾丘索。』(《雪樵文集》)

按：汗竹，即汗竹巢。平臺即平遠臺。仙觀，即九仙觀。閬風，即閬風樓。

又按：此文略叙鼇峰徐氏數代所居之位置、自然環境和藝文環境。

徐熥《緑玉齋記》：『余家九仙山之麓，寢室後有樓三楹，顔曰「紅雨」。樓之南有園半畝，園中有小阜，家大人舊結茅于上，僅遮雨露，而苦于不便卧起，且無以置筆硯、書畫之屬。歲己丑，余下第還山，乃易構小齋於山之坪。由園入齋，石磴數十級，曲折逶迤。列種筠竹齋前隙地，護以短墻，蘙以蘿蔓。墻下藝蘭數本，置石數片。齋傍灌木環匝，下置石几一，石榻二。夏月坐陰中，鳥語間關，蟬聲上下，足當詩腸鼓吹。齋止三楹，以前後爲向背，中以延客，左右二楹，差可容膝。余兄弟讀書其中，無長物，但貯所蓄書數千卷而已。山中樹木雖富，惟竹最繁，素筍彤竿，扶疏掩映。窗扉不扃，枕簟皆緑；清風時至，天籟自鳴，故名以「緑玉齋」云。』（《幔亭集》卷十七）

徐熥《陳伯孺兄弟水明樓春宵聽雨歌》：『我家有齋名緑玉，齋前種得千竿竹……君頻訪我鼇山麓，我每尋君溪水曲。』（《幔亭集》卷三）

徐𤊹有《緑玉齋叙》（《文集》册一，《上圖稿本》第四二册，第四四—四五頁）。

　按：建緑玉齋，詳萬曆十七年（一五八九）。

邵捷春《徐興公緑玉齋》：『屋後琅玕緑，齋頭暑不知。撼秋聲颯颯，照夜影離離。密潎鼇峰入，疏客雉桀窺。中宵見明月，相過榻頻移。』（《劍津集》卷四）

徐𤊹題《皇明傳信録》：『萬曆甲辰春日，徐仲子題於汗竹巢。』（馬泰來整理《新輯紅雨樓題記　徐氏家藏書目》，第七八頁）

徐𤊹題《程氏演繁露》：『丁未秋日，徐興公題於汗竹軒。』（馬泰來整理《新輯紅雨樓題記　徐氏家藏書目》，第一〇七頁）

徐𤊹題《題兒陸書軒》：『置小齋，名汗竹……萬曆丁未秋日，徐興公書。』（沈文倬《紅雨樓序跋》卷一，第六三頁）

徐𤊹題《解頤新語》：『余又愛幼于筆迹，如對故人，尤加珍惜耳。萬曆丁未初秋九月，徐惟起書于汗竹齋。』（馬泰來整理《新輯紅雨樓題記　徐氏家藏書目》，第一七五頁）

徐𤊹《何舅悌自武夷歸過集汗竹巢同蔡達卿分賦》（《鼇峰集》卷十九）。

徐𤊹《茗譚》一文的落款：『萬曆癸丑暮春，徐𤊹興公書於荔奴軒。』（《茶書全集》，萬曆四十年（一六一二）刊本）徐𤊹《南中丞爲汪明生書詩卷》落款：『天啓乙丑朱明之月，三山徐𤊹書於荔奴軒。』（沈文倬《紅雨樓序跋》卷二，第八五頁）

曹學佺《宛羽樓記》：『愚嘗聞會稽有宛委山，大禹以藏金匱石室之書，故于興公徐氏之新樓成而欲以「宛委」命之，又嫌其貳于越也，乃易而爲「宛羽」之名……予既命其樓曰「宛委」（按：原文如此，當作「宛羽」），而仍爲之《記》。樓凡二成，纍若干尺，以楹計者三十，以户計者四方，而九仙臺觀，兩峰浮屠，則在目前云。』

按：宛羽樓，崇禎七年（一六三四）曹學佺爲𤊹建。詳該歲。

李家瑞《停雲閣詩話》卷十二：『明徐惟和兄弟讀書處在吾閩于山麓，今郭氏天開圖畫樓，疑即其故址，緑玉齋在鼇峰坊。』

陳壽祺《鼇峰里宅記》：『福州之城東南，倚九仙山之峻，鼇峰最秀特，負山而宅者無慮千家，而閩縣左三坊專受鼇峰名。自宋迄明，世多名流居之……鄭少參述子孫居是坊三百年，其曾孫太僕逢蘭抗賊死，謚忠愍。其家東西二宅，有天開圖畫樓，故址在坊南，巷西一廢園……西宅之左，則二徐紅雨樓址也。今屬故貢士楊日光。宅又左，隔巷大宅、面書院鑒亭南墻者，陳殿元謹故第也。鄭氏廢園之西，由榕徑下，達古仙迹坊，今爲觀巷，有尼庵，興公昆弟緑玉齋址也。幔亭自爲記言：其家九仙山之麓，寢室後有樓三楹，顔曰「紅雨」。樓之南有園半畝，中有小阜，構齋於山之坪。由園入齋，石磴數十級，列種筠竹。曹能始尚書捐貲爲興公構危樓藏書題，曰「宛羽」，取「宛委羽陵」之義。見興公《答陳宗九書》及尚書詩集。然則，紅雨樓在坊之街南，緑玉齋、宛羽又在其南，屬觀巷無疑也。』（《左海文集》卷八，道光刊本）

按：〔乾隆〕《福州府志》卷二十一：『（緑玉齋）易代後，淪爲尼庵樓。』

郭柏蒼《柳湄詩傳》：『興公所居紅雨樓、緑玉齋、汗竹巢皆在郡治九仙山麓。道光十九年，蒼得明鄭述天開圖畫樓並興公汗竹巢地，花木皆備，補之以蕉，曰「補蕉山館」。乃設主寄祀唐詩人周樸，配以鄭世美、徐興公二主，歲時祭焉。』（《全閩明詩傳》卷四十）

有園曰『讀易』。

徐𤊹《徐氏筆精》卷一《〈易通〉小序》：『萬曆甲辰夏日，書於鰲峰之讀易園。』

有廬號『柿葉』。

按：柿葉廬爲興公濡毫作書之廬室。徐𤊹《答陳惟秦見贈愚父子柿葉廬歌次韻》：『伊余苦學書，濡毫坐林麓。長日無所營，手拈三寸竹。磨出陳玄香，洗净陶泓玉。秋風一夜聲交加，掃將落葉紛如霞。階前種得鄭虔柿，夢中不見江淹花。以兹潑墨供狂草，野雉家鷄誰共寶。臨得當年素靖書，細看終須未能好。老夫白首學未奇，此事少年焉得知。隃麋徒研數百鋌，兔穎空秃三千枝。愧説書名今燁燁，庶幾但比錚錚鐵。硯田無歲家仍貧，閉門更欲題蕉葉。』（《鼇峰集》卷八）又《答陳幼孺見贈柿葉廬歌次韻》：『伊余學書常晝掌，竊嘆鍾王今絶響。閉門廿載苦臨摹，柳骨顔筋勞夢想。一夕西風大火流，滿林柿葉落先秋。掃來日日供揮灑，墨汁淋漓黑半溝。塗鴉信乎如風雨，人笑顛同張長史。教子疇能青出藍，呼童鬥拾黄兼紫。無由載筆承明廬，無由給札東西都。空餘柿葉高成塚，後世能傳草聖無。』（《鼇峰集》卷八）

按：參見萬曆三十八年（一六一〇）。

晚歲，贖回屋五間，擬構宴客大堂，新建小堂名『偃曝』，未落成而興公卒。

徐𤋮《答陳子潛》：『承王東老以長泰生員鄒璋贖屋事求太公，已蒙鼎諾，遂先拜三十之數，兄所見而知也。弟原約總贖五間之屋五十金……但鄰舍更有數間破屋求售，可構宴客大堂，必百金方能措手。』（《文集》册五，《上圖稿本》第四三册，第一五七—一五八頁）

按：陳文煬，字子潛。參將，曾鎮南澳。與徐𤋮、徐鍾震、張燮多有倡和，曾刻《浦舍人集》，徐𤋮爲之序。學佺采其詩入《石倉十二代詩選》。

又按：此書作於崇禎十三年（一六四〇），詳該歲。

按：徐延壽《宛羽樓右偏，先人新築小堂命名偃曝，未落成見背，壽葺舊茅，用續先志，適曹能始先生枉過貽詩，依韻答之》（《尺木堂集·五言律詩》）。

又按：曹學佺《過興公偃曝軒與陳次韋作》：『雖是落成久，徑中芳草閑。四鄰多樹木，一幅小溪山。室在人徒嘆，詩亡孰更刪？惟君能管領，時見白雲還。』（《西峰古稀集詩》上）

幼從長樂林庸勳先生學。

徐𤊹題《仲蒙子》：『𤊹幼從平野先生學……平野，名庸勳，廉憲母弟也。』（馬泰來整理《新輯紅雨樓題記　徐氏家藏書目》正編，第九三頁）

按：林，閩郡世家，首推長樂林氏。庸勳，唐慎思後人。

就童試，見唱名擁擠，即棄舉子業。

郭柏蒼《柳湄詩傳》：『少就童試，見唱名擁擠，即棄舉子業。』（《全閩明詩傳》卷四十）

消瘦骨立[一]**，若不勝衣。**

[一] 清侯官郭柏蒼《葭附草堂集》卷上《〈于峰小紀〉序》：『閩縣戴子成芬酷嗜明謝在杭《小草齋集》，其狀貌矮胖絶似徐興公。』自注：『山人像，道光己丑、庚寅在鼇峰坊東南楊厝口石階側墻龕中，背書「七月初一生」數字，尚可辨。』徐興公神主木像『矮胖』，與謝肇淛、鄧原岳、陳薦夫等當年詩友的描述不符。

謝肇淛《山齋小集》：『徐二消瘦如槁木。』(《小草齋集》卷八)

鄧原岳《寄徐惟和孝廉》：『惟起骨立如少年絕粒僧。』(《西樓全集》卷十八)

陳薦夫《六子詩·徐惟起》：『徐生抱壯圖，體質何獨孌。退若不勝衣，允矣明時彥。』(《水明樓集》卷一)

時以與陳椿、陳鳴鶴、二孺(陳价夫、陳薦夫)、陳邦注、徐熥、徐𤊹稱『晉安七子』[一]。**與謝肇淛、鄧原岳、曹學佺、徐熥、林宏衍、陳薦夫吟咏錦溪竹林精舍，時稱『竹林後七賢』。**

陳益祥《〈晉安七子詩〉序》：『予不能詩，而能爲詩家許。郭以故里有工詩者，一出口，輒以相示。余因得遍讀七子詩，而知其人焉。七子者，或高蹈龍盤，或淹蹟黌序，或舉孝廉而貧轉甚，要皆寥落困

[一] 晚清朱景星修、鄭祖庚纂《閩縣鄉土志》：『竹嶼村有……竹林精舍，明人謝肇淛、鄧原岳、曹學佺、林宏衍、陳薦夫、徐熥、徐𤊹等七人咏吟之所，時稱爲「竹林後七賢」，且建祠祀之，並以名書院曰「東野竹林」。中楹聯最富。』又云：『左有竹林草堂，明提學鄧原岳讀書處，徐𤊹有詩紀之。』(《地形略一(各區)》)則興公與謝肇淛、鄧原岳、曹學佺、林宏衍、陳薦夫、徐熥又有『竹林後七賢』之稱。鄧原岳有詩紀之，其《同林熙、吉熙工王玉生徐惟和興公遊錦溪竹林》：『苦愛西溪竹千挺，修篁瑟瑟逗晴暉。石林空翠和烟潤，澗道流泉作雨飛。載酒偶隨芳草去，迴車猶惜白雲違。山中桂樹堪招隱，矯首風塵幾是非。』(《西樓全集》卷五)又《行卷小序》：『余既歸自長安，則謝客之竹林舊里，携筆床茶竈往也。庶幾有賢豪命駕者乎，則把臂入林耳。』(《西樓全集》卷十二)竹林，在福州城東，爲鄧氏居處。『竹林後七賢』之稱，疑爲後人據鄧、徐遊竹林詩而臆推。其理由：一、明末清初無文獻載記；二、『後七賢』名單排列，鄧原岳居長而排第二；曹學佺生年最晚而排第三，存在隨意性。故本譜不取。

頓矣。今讀其詩，汝大之深沉，汝翔之典逸，二孺之藻飾，平夫之平淡，二徐之清婉，譬之禪事，猶清原之於曹溪，不落潙山階級，其或兼中到，或偏中，或正中，來識者自能辨之。』(《采芝堂文集》卷十四)

按：『晋安七子』爲陳椿、陳鳴鶴、陳价夫、陳薦夫(二孺)、陳邦注、徐熥、徐𤊹(二徐)。

與趙世顯等結芝山社，與謝肇淛等結紅雲社、泊臺社、避暑會；晚年又與曹學佺等結耆社。

徐鍾震《先大父行略》：『時從趙仁甫，林天迪，陳汝大，陳元凱，鄧汝高，謝在杭，曹能始，王永啓，陳伯孺、幼孺諸公結社芝山，商略今古，雄視一世。』(《雪樵文集》)

按：據曹學佺《芝社集》，芝社中曾值社者，曹學佺外，尚有趙世顯、徐𤊹等十數人。詳萬曆三十年(一六〇二)。

謝肇淛《餐荔約》：『社中諸子唱爲餐荔會……每會先記日月、勝地，次列同集姓名，主人分體拈題，坐客即席抽思，雖潤色或需他日，而草創必限刻期……或徵僻事，或歌古詩，誦人間未見之書，談宇内瑰奇之事。』(《小草齋文集》卷二十七)詳萬曆三十六年(一六〇八)。

謝肇淛《泊臺社集記》：『命曰「泊臺」，水滸也。既成而八月望，於是社中諸子咸集。月華山靄，委碧波間。且觴且咏，甚適矣……是日也，會者十有五人，人拈二韻爲詩，三十首即席成。』(《小草齋文集》卷十)詳萬曆三十九年(一六一一)。

曹學佺《三山耆社詩敬述·附記》：『值社芝山之龍首亭，自不佞始，願與諸公歲歲續兹盟焉。崇禎丁丑八月之十三日。』(《西峰六四草》)

按：詳崇禎十年（一六三七）。

徐𤊹《避暑會約》：『避暑之會，六客與俱。肴設數品，酒具一壺。多煎奇茗，間煮香荑。名花插瓶，沈水在爐。清談静坐，荷禮不［施］。或對棋局，或染畫圖，惟意所適，以類相乎。』（《文集》册十一，《上圖稿本》第四五册，第二五五—二五六頁）

按：避暑會當以消夏閑散爲主，可能也有倡和，偶爾爲之，有異於通常的詩社，故未像如紅雲社那樣强調。

又按：詳崇禎元年（一六二八）。

與曹學佺主閩中詩壇，後進學其詩者稱『興公詩派』。

錢謙益曰：『興公博學工文，善草隸書，萬曆間與曹能始狎，主閩中詞盟，後進皆稱興公詩派。』（《列朝詩集小傳》丁集下，第六三四頁）

張廷玉等《明史·文苑傳》二：『閩中詩文，自林鴻、高棅後，閲百餘年，善夫繼之。迨萬曆中年，曹學佺、徐𤊹輩繼起，謝肇淛、鄧原岳和之，風雅復振焉。』

按：萬曆中年，在閩中詩壇起重要作用的是鄧原岳、徐熥和謝肇淛。興公與學佺主閩中詞壇，應在天啓、崇禎年間。

博聞多識，善草隸書，

徐㶿題《文壽承隸書〈千字文〉》：『余愛學書，尤喜隸古。』（沈文倬《紅雨樓序跋》卷二，第八五頁）

郭柏蒼《柳湄詩傳》：『著《榕陰新檢》《榕陰詩話》《徐氏筆精》《續筆精》《荔枝譜》《竹窗筆記》《竹窗雜録》《閩畫記》《紅雨樓集》《鼇峰集》。所刻書如《律髓》《别紀》《補遺》《唐雅》之類，凡數十種。』（《全閩明詩傳》卷四十）

按：徐㶿著述詳拙文《徐㶿著述編年考證》（《文獻》，二〇〇七年第四期）。

又按：張廷玉等《明史·文苑傳二》：『博聞多識，善草隸書。』

陳衎《閩中國朝法書記》：『徐興公八分如千年玄鹿，獨銜瑶草，色黯身輕，神仙控御。』（《大江草堂二集》卷十三）

按：善書參見上文『柿葉』條。

徐鍾震《先大父行略》：『諷咏篇什，間作繪事，尤工臨池，八分、行草，得漢晋人風度，楷法則□入顔魯公，人得片幀隻字，咸寶惜之。』（《雪樵文集》）

劉家謀《鶴場漫志》卷下：『（崔世召）問月樓扁，爲徐㶿八分書。後樓燬，扁歸葉氏，今歸王氏。』

按：此匾清道光間尚存於世。

喜搜羅名人墨蹟：

徐㶿《寄胡彭舉》：『邇來極喜搜羅名人墨蹟……偶曹能始遺弟薛濤箋，托夷侯致上，興到爲作得意山水，并題一詩見惠。鄭虔三絶，當世世寶之，不獨供一時鑒賞耳。或暇時再作片楮一二尺寄我，尤

出意外之望也。』(《文集》册六,《上圖稿本》第四三册,第四四六頁)

平生目擊宋硯不下百數。

徐𤊹《筆精》卷八『宋硯』條:『三十年前,吾鄉宋硯最多,人不知重,故家收藏與凡硯等。余目擊宋硯不下百數,二十年間轉鬻吴越殆盡,蓋鄉人利其厚值故也。余友林熙工家藏一硯,石質完好,背刻「嘉祐御賜鄭穆」六字,林得于鄭之子孫,真世寶也。穆字閎中,侯官人,居館閣三十年,官至祭酒,閩先達也。此硯款識宛然,當爲吾鄉第一。』

徐𤊹《寄余宜古》:『前覩端硯,石色蒼潤,又爲貢製,真趙宋物也,棄之可惜,勸足下收爲文房一寶。僕十年間,摩挲古硯幾成山,若此類者,亦不數見,敢質之足下,勿惜刀布,而失珍玩也。』(《文集》册三,《上圖稿本》第四二册,第三二六頁)

徐𤊹《寄張公子書》:『向者尊翁曾以三金購得先兄宋硯一方,用之三十餘年……尊翁往矣,不知此物尚存否?倘若自留用則已,欲售人,則不佞備價贖回。』(《文集》册七,《上圖稿本》第四四册,第五八頁)

畫非所長,不肯多作;精於鑒賞。

徐𤊹《寄馮康先》:『小畫原非所長,勉爾應命,不足當枚生《七發》也。』(《文集》册五,《上圖稿本》第四三册,第二九六頁)

徐𤏲《答李公起》：『外小畫一幅附請正。』（《文集》册七，《上圖稿本》第四四册，第一七二頁）

徐𤏲《答李公起》：『小畫一幅侑緘，秪博一粲。』（《文集》册七，《上圖稿本》第四四册，第一八六頁）

徐𤏲《答李公起》：『拙畫元非所長，乃不遠千里索我塗鴉，勉爾濡染，不勝愧恧。』（《文集》册四，《上圖稿本》第四三册，第五九頁）

徐𤏲《答李封君》：『漫和佳篇用答明德，侑以拙畫，不足報瓊瑶之重。』（《文集》册八，《上圖稿本》第四四册，第二〇四—二〇五頁）

徐𤏲《答李公起》：『小畫題一詩求正，幸笑置之。』（《文集》册八，《上圖稿本》第四四册，第二〇六頁）

徐𤏲《寄丘克九》：『馮潛老「墨莊」二字已書，更二小畫并上。』（《文集》册五，《上圖稿本》第四三册，第二九七頁）

陳衍《題徐興公〈畫册〉》：『昔賢工畫而後世弗傳者，如晉之王大令、唐之顔魯公、宋之蔡君謨、元之杜原父是也。數公自信其文章行業可不朽於來禩，不欲爲一技所揜，故傳之不多。然後人雖不見其真跡，猶必以神妙歸之，亦重其文章行業之至，又不欲遺其一技也。興公以博學工詩名世，而畫又甚佳，乃不肯多作。它日求旦暮遇之者，亦當如數公之追思嘆想而不可得也。』（《大江集》卷十七）

徐熥有《題興公扇面小景寄懷惟秦》《題興公畫山水》（《幔亭集》卷十四）。

謝肇淛有《爲興公題〈脊令圖〉》《爲興公題〈鴛鴦圖〉》（《小草齋集》卷二十八）。

陳薦夫有《題惟起扇頭小景》（《水明樓集》卷八）。

陳鴻《題興公所購〈畫馬〉》：『徐君鑒賞指少屈，案頭卷軸常披拂。購來畫馬認前朝，本是龍門故家物。竹窗邀客再品評，雄姿猛氣人皆驚。詩成放筆嗟神妙，細看霜蹄紙上行。』（《秋室編》卷三）

梁章鉅《徐興公〈水仙軸〉紙本》：『徐𤊹，字維起，又字興公。閩縣人。此畫水仙襯以奇石。款署：「天啓乙丑孟冬爲雲谷尊兄燭前命畫徐維起。」……各畫家著録亦不及維起之名者。此幅殆偶然寫意，而吉光片羽，彌足珍矣。按：徐興公以字行，各著録家皆未之及。此幅款署徐維起，下有徐維起印……此幅又有石農書畫一印，知興公又字石農，爲著録家所未及，而其兼工六法，益信有徵矣。』（《退庵金石題畫跋》卷十五）

按：『維起』，當作『惟起』。或此畫偶署『維起』，亦未可知。

喜購書、抄書，積書至十數萬卷，多秘本；有讀書之樂。

徐𤊹《筆精》卷七『藏書』條：『吾鄉前輩藏書富者，馬恭敏公森、陳方伯公暹。馬公季子能讀能守，陳公後昆寖微，則散如雲烟矣。又林方伯公懋和、王太史公應鍾，亦喜聚書，捐館未幾，書盡亡失。然四公之書，咸有朱黄批點句讀，余間得之，不啻拱璧也。予友鄧參知原岳、謝方伯肇淛、曹觀察學佺，皆有書嗜。鄧則裝潢齊整，觸手如新；謝則鋭意搜羅，不施批點；曹則丹鉛滿卷，枕藉沈酣：三君各自有癖。然多得秘本，則三君又不能窺予藩籬也。』

徐𤊹《筆精》卷七『聚書十難』條：『余嘗言曰，田宅易購，美書難逢，緣不相值，奇秘終藴。昔杜暹藏書，每題跋尾曰：「請俸買來手自校，鬻及借人爲不孝。」言雖未大，亦自痛切矣。』

徐𤊹《家藏書目序》：『乃撮其要者購之，因其未備者補之，更有罕睹難得之書，或即類以求，或因人而乞，或有朋舊見貽，或藉故家抄録。積之十年，合先君子、先伯兄所儲，可盈五萬三千餘卷，藏之小樓，堆床充棟。』（馬泰來整理《新輯紅雨樓題記　徐氏家藏書目》，第二〇七頁）

徐𤊹《筆精》卷七『讀書樂』條：『余嘗謂人生之樂，莫過閉户讀書，得一僻書，識一奇字，遇一異事，見一佳句，不覺踴躍，雖絲竹滿前，綺羅盈目，不足逾其快也。』

徐𤊹題《筆精》卷七『秘書』條：『今世以書爲羔雁，連篇累牘，贈送貴人，貴人全不知惜，膏蟻飼鼠，予者非邕，受者非粲，徒爲典籍一厄！與其爲貴人屑越，寧秘帳中。』

徐𤊹題《筆精》卷七『異書』條：『余嘗語曹能始云：「有異人其家必有異書！常人之家必有常書，俗人之家無書矣。欲求異書，先求異人。不遇異人，勿問異書。」』

徐𤊹題《栟櫚集》：『余平生不厭斷簡，往往掇拾成部。』（馬泰來整理《新輯紅雨樓題記　徐氏家藏書目》，第一三一頁）

謝肇淛《五雜組》卷十三『事部一』：『昭武謝伯元一意搜羅，智力畢盡；吾郡徐興公獨耽奇僻，驪牝皆忘，合二家架上之藏，富侔敵國矣。吾友又有林志尹者，家貧爲掾，不讀書而最耽書，其於四部篇目皆能成誦，每與興公入書肆中，披沙見金，觸目即得，人棄我取，悉中肯綮，興公數年之藏，十七出其目中也。』

曹學佺《〈宋詩選〉序》：『三山徐、謝二家，收藏頗夥，亦不輕借人。興公，予老友，幼年喜購小本書，黍積珠纍，爲日既久，兹且倒篋以俾予用，顧予喜，曰：「子《詩選》成，始知予前者之積纍爲不虛

矣。』」(《石倉三稿·文部》卷二)

曹學佺《石倉歷代詩選》卷二百四十七『成廷珪詩』附記：『右《成原常集》借自徐興公家藏古本。』

陳衎《徐存羽墓誌銘》：『徐氏爲八閩文獻，至興公藏書幾甲東南，鑽研考訂，老而彌篤。』(《大江集》卷十九)

陳衎《〈宮閨詩〉序》：『里中號藏書家，鼇峰徐氏之外，惟退庵與余而已。夫藏書者必能讀，未有不讀而徒藏者也。其有藏而不讀者，或其先世所藏，未有自購之，而自之不之讀也。余友老不釋卷者，僅得徐興公耳。』(《大江草堂二集》卷十二)

徐鍾震《先大父行略》：『或出訪故人，亦不甚煩以案牘間事。客有訊其歸裝者，則佳句殘篇，充滿囊橐矣。蓋繇大父性喜積書，遇古今難得秘本，必躬自蒐致，或典衣以購，或因人以求，或抄録于故家，或□□□内府。即至醫藥、占卜之屬，咸所必收，一一較讎而甲乙之。堆牀充棟，不下十數萬本，又何□于宋尤延之。飢讀以當肉，寒讀以當裘也哉。嘗題先□□書軒，銘云：「菲飲食，惡衣服。減自奉，買書讀。積廿年，堆滿屋。手有較，編有目。無牙籤，無玉軸。置小軒，名汗竹，博非橱，記非簏。將老矣，覽不熟。青箱業，教兒陸。繼書香，爾當勖。」是則大父之醉心墳典者，五十年如一日矣。(以下底本不清)……曹能始先生選梓《儒藏》《十二代詩》，其所未見書，咸出大父藏本，而宋元集尤爲有功。』(《雪樵文集》)

朱彝尊《静志居詩話》卷六：『林枝，字昌達，閩縣人，號古平山人，有《效顰集》……昌達集不傳，徐興公家，有老儒手録明初詩，今歸林孝廉佶，予借觀録之。』

朱彝尊《桂林風土記跋》：『今衹存一卷，閩謝在杭《小草齋》所録，舊藏徐惟起家，卷尾稱獲諸錢塘沈氏，是洪武十五年抄傳。』（《曝書亭集》卷四十四）

母陳氏，名閔；孺人父以貲雄里閈。

按：生于正德十三年（一五一八）。卒于萬曆二十年（一五九二）十月初三，閩縣人。㶿有《先妣陳孺人行狀》（《荆山徐氏譜·詩文集》）。

又按：《陳孺人墓誌銘》：『孺人陳姓，諱閔，閩邑人。始祖伯魚，宋季官大中大夫；伯魚生昭嗣，官金紫光禄大夫；昭嗣生疇，官中奉大夫；疇生自然，官通直郎，俱爲名臣。四傳至豫，登永樂甲午鄉薦，有文名，是爲孺人之高祖也。孺人父逋以貲雄里閈中。』（《石倉文稿》卷二）

生母林氏。

萬曆三十六年（一六〇八）卒。詳該年。

按：徐㶿《祭謝氏姊文》：『丁未、戊申弟婦高、生母林又相繼逝矣。』（《文集》（册十），《上圖稿本》第四十五册，第一〇三頁）

又按：熥與弟㶿、熛，皆母林氏所出。

兄熥，豪于詩，尤工七律。

徐熥（一五六一—一五九九），字惟和，别字調侯，號幔亭，晚欲以字行，不果。閩縣人。弱冠，選入郡庠生；戊子成舉人。十年三下第。豪于詩，踵漢魏，追三唐，諸體兼善，盡滌時趨；結社三山、芝山，與鄧原岳、謝肇淛重振閩中風雅，尤工七律，時論歸美；生平喜稱鄭善夫。與父棉、弟熥、熛齊名，世謂『三蘇繼作』。歷七寒暑，輯選《晋安風雅》；有堂號『風雅』。偶畫山水花鳥；多藏奇書、字畫、古硯。書效法《聖教》《興福》，有古意。性疏狂，好客，户外履長滿，人稱『窮孟嘗』。有侍兒，名紫玉，能詩。年三十九，卒，入祀高賢祠。愛妾去帷，家奴遺散。葬鹿坪山。著有《幔亭集》；又撰《閩中舊事》，未成一簣。（參見陳慶元《徐熥年譜簡編》，《徐熥集》附録，廣陵書社，二〇〇五年版）

弟熛，工制義，無心古文辭。

徐熛（一五七六—一六三〇），字惟揚，邑庠生。著有《徐氏易腴》三卷。（《徐氏紅雨樓書目·易類》）《與黄見庭廣文》：『熛弟制義頗窺一斑，而古文辭絶不掛齒。』（《文集》册三，《上圖稿本》第四二册，第三一八頁）

長姐淑，陳氏所出，適謝氏；

謝氏姐徐淑，適吉府長史謝汝韶（謝肇淛父）。崇禎四年（一六三一）卒。詳該年。

曹學佺《明廣西方伯在杭謝公墓誌銘》：『太淑人，君（謝肇淛）之繼母，徐惟和、興公之女兄也。』（《石倉三稿·文部》卷六《碑銘類》）

仲姐潔，林氏所出，適鄒氏。

鄒氏姐徐潔，適知縣鄒一麟。天啓七年（一六二七）卒。詳該年譜。

按：徐㶿《祭謝氏姊文》稱潔爲仲姊，而于熥則爲妹。《途中感遇效同谷七歌·四歌》：『有姊已老有妹貧。』（《幔亭集》卷三）

妻高氏；庶李氏。

徐㶿《祭外舅高翁文》：『翁有五女……予當髫齔，受翁之知，不棄愚昧，配以淑姬。』（《文集》册十，《上圖稿本》第四五册，第六八頁）

徐鍾震《先大父行略》：『先王母高氏生先大人陸，娶大中丞陳公達孫、廪生价夫女。庶祖母李氏生叔延壽，娶司理倪公思益男太學生范孫女。』（《雪樵文集》）

長子陸（一五九〇—一六一六），字存羽，又字則厚，號鴻儀。邑庠生。陸婦陳懷佩爲陳价夫女、陳薦夫侄女；陸與林應聘子兆基（期）爲連襟。

陳衎《徐存羽墓誌銘》：『存羽，諱陸，祖永寧知縣棉與父㶿，皆以博學風雅爲時聞人。存羽生而穎異……生於萬曆庚寅二月廿一日，卒於丙辰三月初六日，得年僅二十有七，娶陳氏，子一鍾震，即器之也。』（《大江集》卷十九）參見萬曆十八年（一五九〇）、四十四年（一六一六）。

按：陸嫡妻高氏所出，詳上條。

又按：《荆山徐氏譜·世系考》：『陸，字子羽，又字則厚，號鴻儀。行一百七十二，惟起公長子。邑庠生。』

陳薦夫《先茂才行狀》：『子二，則不孝藩爲長，字价夫，孫男二，爲國楫、國杼，孫女四……懷珮配徐陸。』（《水明樓集》卷十三）

陳薦夫《賀徐興公得孫其子婦余姪女也》（《水明樓集》卷六）。

按：价夫另一女嫁林應聘子兆基（期）。

次子阿室。

生於萬曆二十七年（一五九九）、次年卒（詳該年）。

三子隆。

生於萬曆三十五年（一六〇七），是歲卒。

季子延壽（一六一四—一六六二），初名陵，字存永，又字無量，有《武夷遊草》《將車草》《潮音草》《吴遊小稿》《集陶》《尺木堂集》等；參與選編《尺牘新編》第七卷。

《荆山徐氏譜·世系考》：『字存永，又字無量，號延壽，行一百七十六。惟起公次子，邑庠生。生萬曆四十二年甲寅八月十七日寅時，卒康熙元年六月初九日午時，年四十九。葬北門外王墓首鳳山。』

按：次子，當作季子；或以阿室早亡，故稱次子。陵以字行，有《尺木堂集》。

又按：錢謙益曰：『興公子延壽，能讀父書。』（《列朝詩集小傳》丁集下，第六三四頁）

又按：《尺牘新編》，周亮工編。

女，適康彦登庶子守廉，早喪。

徐𤊹《寄吴光卿二守》：『兹小婿康生守廉食貧依人，爲連州之行，歸途抵貴邑，與周氏修通家之好。』（《文集》册三，《上圖稿本》第四二册，第三九三頁）

按：康守廉，字不貪。

徐𤊹《寄崔徵仲》：『小婿爲元龍庶子，周歲而孤，分産凉薄，百端艱辛，依弟以居。不幸小女早喪。』（《文集》册三，《上圖稿本》第四二册，第三九一頁）

長孫鍾震（一六一〇—一六七七），徐陸子，字器之，號篬篬。邑庠生。娶户部尚書馬森侄女。

徐鍾震《先大父行略》：『孫二，長鍾震，邑庠生，娶户部尚書恭敏馬公森侄女、太學生馬以彦女。』（《雪樵文集》）

按：《荆山徐氏譜·世系考》：『鍾震，字器之，號篬篬。行一百九十七，則厚公子。邑庠生。』

鍾震有《雪樵集》（《丹霞紀遊》《丹霞續遊》《嵩山倡和》《吴越遊草》《南行詩集》）、《雪樵文集》、《遜業集》、《荔奴集》，史部則有《閩疆世紀》。[二]曹學佺又選梓延壽詩爲《二徐詩集》。

[一] 徐鍾震集除與存永合刻之《二徐詩選》及《閩疆世紀》（今均佚），臺北『中央圖書館』藏有《徐器之集》，徐鍾震撰，著録爲順治刊本。此書包括七小集，依次是：《雪樵集・吴越遊草》《雪樵集・山居感懷》《嵩山倡和》《丹霞紀遊》《丹霞續遊》《三華遊草》《南行詩集》七種。七集排列順序混亂。一般説來，各集的排列順序應以創作時間的先後爲序，順序應當是這樣的：（一）《丹霞紀遊》（崇禎十二至十三年，即一六三九—一六四〇）；（二）《丹霞續遊》（崇禎十四年，即一六四一）；（三）《三華遊草》（崇禎十六年，即一六四三）；（四）《雪樵集・山居感懷》（順治八年，即一六五一）；（五）《嵩山倡和》（順治十二年，即一六五五）；（六）《雪樵集・吴越遊草》（順治十二至十三年，即一六五五—一六五六）；（七）《南行詩集》（順治十五年，即一六五八）。七小集中，三集成書於崇禎間，四集成書於順治間，著録爲順治刊本，不準確。這七小集，也未曾出現過『徐器之集』這麽一個總名，如果根據前兩集及《雪樵文集》之名，總集名冠以《雪樵集》，似比《徐器之集》合理。因此我們推斷，現存的《徐器之集》是後人將所搜集到的徐鍾震七種詩集編排在一起，是個集成本，由於失於考察，裝訂混亂，並冠以『徐器之集』之名。鍾震詩集肯定不止這七種，但能保存並流傳下來，總是好事。詩集之外，尚有《雪樵文集》，手稿本（其中《玉華遊記》取自《三華遊草》，已刻），藏於原北平圖書館甲庫。《雪樵文集》按文體編排，依次爲：論、賦、碑、序（引）、記、傳、疏、婚帖、書、啓、跋、呈文、祭文、贊，文體之先後順序固可商，但大體整齊。文大多爲應酬性質的應用文，其中壽序、啓又多爲代作。但是集也有文章，有很重要的價值，如《先大父行略》，此文爲撰興公傳、興公墓誌銘者而作，是研究興公的重要材料。集中還有代興公作的《焦雨亭遺稿序》《陳滄浪先生〈退軒集〉小引》等，從未有研究者提及；《〈羅署選言〉跋》《重刻〈幔亭集〉跋》《趙枝斯詩册跋》等篇，馬泰來先生《新編紅雨樓題記》失收。集中不少文章言及世變，《寄林茂之》言都門變遷，閩士賦哀挽之詞，己亦作《大行皇帝挽詞》五紙。《復周元亮》一書，言己有乙酉（隆武元年，即順治二年，一六四五）紀實一種（疑即《閩疆世紀》）四册，等等，均可資考證。據薛瑞光《玉華紀遊序》：『《丹霞》有刻，《荔奴》有集，編珠貫一，不一而足。』則鍾震又有集名《荔奴》；

按：《閩疆世紀》不見諸家著録，見陳鴻《徐器之著〈閩疆世紀〉成奉贈》：『《閩疆世紀》重閩陬，此日全歸史筆收。似歷山川窮八郡，遂令文獻展千秋。』（《秋室編》卷六）

又按：陳衎《二徐詩選序》：『徐氏自永寧公藻繪文囿，惟和、惟起兄弟遞相雄長，主盟東南一帶。存永，惟起愛子；器之，嫡孫也。兩年少俱於總丱之時，便登壇樹幟。噫，何其盛哉！自古闔門蔚美，獨稱江左謝氏，然亦族屬群從而已；又得太傅、車騎以勳爵晻映，故立名良易。未有父子、兄弟、叔姪宴處柴門，皆操觚流響，耀質敷榮，同爲群彦領袖者也。存永賦性簡通，怡情綺秀，悠然塵滓之外；器之圭方璧圓，邃茂凝潔，望之肅人心目，故其爲詩，亦各相肖。曹公能始選梓以行，較之藏稿僅什之四。蓋從吴冶索鈎，先求拂彗，亦于昆林擇玉，或遺垂光耳。』（《大江草堂二集》卷十二）

曾孫二：汝寧、汝宏。

徐鍾震《先大父行略》：『曾孫男二：汝寧、汝宏。』（《雪樵文集》）

荔奴，軒名，徐𤊹生前所建。然鍾震又有《龍眼刻〈譜〉將成補作》（《三華遊草》）詩。龍眼，别名荔奴，《荔奴》之集，當爲《荔奴譜》（或名《龍眼譜》）。陳翰《丹霞遊草序》：『徐器之年方入雒，集副藏山。舉業則力追成、弘，聲詩則遠祧大曆。嘗散見什一於《遜業》諸刻，石倉《選》中，而兹《丹霞遊草》，又其一也。』（《丹霞紀遊》卷首）『石倉《選》』，即曹學佺所選刻之《二徐詩選》，《遜業》與《二徐詩選》《丹霞遊草》並列，可知《遜業》即《遜業集》，兹集爲制義文集。

明穆宗朱載坖隆慶四年庚午（一五七〇） 一歲

徐棉五十九歲，鄧原岳十六歲，徐熥十歲，謝肇淛四歲

七月初二日，生於江西南安府。

按：南安府，治今江西大余縣。《送湯和生令南康》：『我憶懸弧曾此地，蹉跎雙鬢已如銀。予生於南安，故及之。』（抄本《鼇峰集》）

又按：李賢《大明一統志》卷五十八《南安府》：『宋初置南安軍，治大庾縣，割虔州之南康、上猶二縣來屬，隸江南西路。元改置南安路，本朝改爲南安府。』

又按：興公父徐棉，時爲南安府訓導。

又按：南康，明屬南安府。

張燮《壽徐興公先生六十一序》：『君覽揆在隆慶庚午年。』（天啓本《鼇峰集》卷首）

按：抄本《鼇峰集》有《七月二日賤生，曹能始以詩見祝，次韻奉答，是日携觴集同社於邵園》；又曹學佺《西峰六一草》有《徐興公七月初二日》（目録作《壽徐興公徵君》）。詳崇禎七年（一六三四）。

又按：郭柏蒼《竹間十日話》卷五：『興公七月初一日生。』曹學佺有《七月朔日，徐興公直社九仙觀，賦得定光塔，興公誕辰也》詩（《西峰集詩》卷中），參見崇禎五年（一六三二）。曹學佺等七月朔日爲興公壽，爲提前一日作壽，非當日興公壽辰也。郭柏蒼似未目擊鈔本，故誤解曹學佺詩。郭説非是。

又按：郭柏蒼《柳湄詩傳》：『㶿有木像，道光間在鼇峰坊百委巷中，背雕七月初一日生，後被無賴子取去。』（《全閩明詩傳》卷四十引）興公木像，恐非柏蒼所目擊，或雖目擊而木像已有殘缺。

又按：《寄譚華南比部》：『一自先君子振鐸南安也，不肖㶿實生于庚之黌舍。』（《文集》册六，《上圖稿本》第四三册，第三一五頁）

是歲，林春澤九十一歲。

按：林春澤（一四八〇—一五八三），字德敷，福建侯官人。壽百有四。有《人瑞翁集》。徐熥女適春澤孫林如稷。

又按：郭柏蒼《柳湄詩傳》：『春澤居侯官旗山之北嶼，生成化庚子。』（《全閩明詩傳》卷十六引）成化十六年庚子，即公元一四八〇年。

是歲，父徐㭿五十九歲。

按：徐㭿（一五一三—一五九一），詳《總叙》。徐熥《先考永寧府君行狀》：『先君生於正德癸酉十月二十七日寅時，卒于萬曆辛卯九月二十一日申時，得壽七十有九。』（《幔亭集》卷十八，又《荆山徐氏譜·詩文集》作《相坡公行狀》）知徐㭿正德八年癸酉（一五一三）生。

是歲，母陳孺人（徐㭿原配）五十一歲。

按：參見萬曆二十年（一五九二）。

是歲，王應山五十歲。

按：王應山（一五二一—一六一二之後），字懋宣，號静軒，應時、應鍾弟，侯官（今福州）人。八十餘歲仍著書不綴。有《閩都記》《閩大記》。《閩都記》經由徐𤊹增飾。

是歲，李贄四十四歲。

按：李贄（一五二七—一六〇二），原姓林，名載贄，字宏甫，號卓吾，又作篤吾，晋江（今泉州）人。有《焚書》《續焚書》等。

是歲，宗周四十三歲。

按：宗周（一五二八—一五九六），字思兼，閩縣（今福州）人。有《竹林集》。

又按：徐熥《詩人爵里詳節》：『宗周，字思兼，閩縣人。萬曆中監生，官餘姚主簿，卒年六十九。有《竹林集》。』（《晋安風雅》卷首）

又按：徐熥《登仕郎姚江簿宗先生墓誌銘》：『先生生于嘉靖戊子年十月二十九日未時，卒于萬曆丙申年二月二十四日巳時，享年六十有九。』（《幔亭集》卷十八）

是歲，陳省四十二歲。

按：陳省（一五二九—一六一二），字孔震，初號約齋，更名幼溪，長樂縣江田人。嘉靖三十八年（一五五九）進士。葉向高《通議大夫兵部右侍郎兼都察院右僉都御史幼溪陳公墓志銘》：『萬曆壬子年八月二十一日，少司馬幼溪陳公卒于家，距生正德己丑年四月二十一日，得年八十有四。』（《蒼霞續草》卷十一）

又按：正德無己丑年，正德爲嘉靖之訛。生嘉靖八年己丑（一五二九），卒萬曆四十年壬子（一六一二），得年八十四。

是歲，陳椿三十七歲。

按：陳椿（一五三四—一五九九），字汝大，一作女大，閩縣人。少爲博士弟子，治博士家言。後發而爲詩，遂臻其妙。陳鳴鶴《東越文苑傳》卷六『陳椿』條：『郭柏蔚按：陳椿，萬曆中庠生，所著《景于樓集》八卷，爲徐𤊹所選，先生手自參校。陳元凱、曹能始爲之序。』

是歲，張獻翼三十七歲。

按：張獻翼（一五三四—一六〇四），初名鵬翼，更名獻翼，始字仲舉，改字幼于，鳳翼之弟，長洲（今江蘇蘇州）人。有《文起堂集》《文起堂續集》。獻翼曾爲徐熥《幔亭集》作序。萬曆二十年（一五九二），徐𤊹往吴門爲父乞銘、傳，登其門。

是歲，王穉登三十七歲。

按：王穉登（一五三五—一六一二），字百穀（百谷），一字伯固，號半偈主人、松壇道人，長洲（今江蘇蘇州）人。先世江陰（一説武進），移居吴門。萬曆閩江南詩老。閩粤士子過吴門，必求一見。有《晉陵》《金昌》《燕市》《南有堂集》等集。曹學佺《王百穀詩序》：『其交籍海内人，皆稱其爲廣大教化主，而不知其抗雲之節，嚌吐哺之行，不以其身傀也，如不終日也。』（《西峰六三文》）萬曆二十年（一五九二），徐𤊹往吴門爲父乞銘、傳，登其門。

是歲，佘翔三十六歲。

明穆宗朱載垕隆慶四年庚午（一五七〇）　一歲

按：佘翔（一五三五—一六〇九），字宗漢，號鳳台，莆田人。嘉靖三十七年（一五五八）舉人，全椒知縣。有《薜荔園詩稿》。翔卒，爲作《挽佘宗漢明府》（《鼇峰集》卷十八）。

又按：據鄭王臣《莆風清籟集》卷二十五：『時宗漢、百穀俱年七十。』則佘翔與王穉登同年生。

是歲，王世懋三十五歲。

按：王世懋（一五三六—一六〇九），字敬美，世貞弟，太倉（今屬江蘇）人。嘉靖三十八年（一五五九）進士。萬曆十三年（一五八五）爲福建督學副使。有《奉常集》。

是歲，袁表三十四歲。

按：袁表（一五三七—一五九三），字景從，敬烈從父，閩縣人。嘉靖三十七年（一五五八）鄉貢。萬曆初與馬熒選刻《閩中十子詩》。黎平太（今屬貴州）知州。與馬熒選輯《閩中十子詩》。

又按：據徐熥《晉安風雅》卷首《詩人爵里詳節》，表卒年五十七。徐𤊹《輓袁景從先生》二首（《鼇峰集》卷十三）作于萬曆二十一年（一五九三），逆推，生於嘉靖十六年丁酉（一五三七）。

是歲，生母林氏三十五歲。

按：林氏（一五三六—一六〇七）。詳《總叙》。謝肇淛《祭徐門外庶祖母文》：『七十有三，爾壽既臧。』（《小草齋文集》卷二十六）林氏卒于萬曆三十六年（一六〇八），則生於嘉靖十五年（一五三六），詳該年。

參見萬曆二十一年。

是歲，謝杰三十四歲。

按：謝杰（一五三七—一六〇四），字繹梅。肇淛從祖。萬曆二年（一五七四）進士。授行人，以副使册封琉球，官至户部尚書。有《天靈山人集》《棣萼北牕唫草》。

又按：謝肇淛《明故資政大夫太子少保户部尚書叔祖繹梅公行狀》：『生於嘉靖丁酉三月二十四日申時，卒於萬曆甲辰十四日辰時，春秋六十有八。』（《小草齋文集》卷十七）嘉靖丁酉，即嘉靖十六年（一五三七）。

是歲，謝汝韶三十四歲。

按：謝汝韶（一五三七—一六〇六），字其盛，號天池，徐熥、徐𤊹姐丈；肇淛父，長樂人。嘉靖三十七年（一五五八）舉人。有《天池存稿》。汝韶卒，代人作《祭謝天池文》（《文集》册十，《上圖稿本》第四五册，第五八—五九頁）。

又按：據謝肇淛《先考奉政大夫吉府左長史天池府君行狀》（《小草齋文集》卷十七），汝韶生于嘉靖十六年丁酉（一五三七），卒于萬曆三十四年丙午（一六〇六），年七十。

是歲，陳邦經三十四歲。

按：陳邦經（一五三七—一六一五），字公望，翰臣父，莆田人。嘉靖四十四年（一五六五）進士，授翰林院編修，官至禮部尚書。

是歲，焦弘三十一歲。

按：焦竑（一五四〇—一六一九），字弱侯，又字從吾、叔度，號漪園、澹園，南京人。萬曆十七年（一五八九）廷試第一人，除翰林修撰，以文體調外任。有《澹園集》。焦氏藏書甚富，萬曆三十四年，徐熥遊金陵，曾借而鈔之。

是歲，顧大典三十歲。

按：顧大典（一五四〇—一五九六），字道行，吴江（今江蘇蘇州）人。隆慶二年（一五六八）進士。萬曆十年（一五八二），擢山東臬憲，復調督學閩中。遭吏議，即投劾歸家。有《清音閣集》。徐熥出其門下。卒，熥作《故福建按察司提學副使顧公誄》（《幔亭集》卷十八）。大典曾爲徐熥《幔亭集》作序。萬曆二十年（一五九二），徐熥往吴謁大典，爲父乞銘。

是歲，胡應麟三十歲。

按：胡應麟（一五五一—一六〇二），字元瑞，更字明瑞，自號少室山人，更號石羊生。萬曆四年（一五七六）舉人。詩人，藏書家。有《少室山房類稿》《詩藪》等。徐熥曾論其《筆叢》刊刻未精，疏於校讎。

是歲，陳第三十歲。

按：陳第（一五四一—一六一七），字季立，號一齋，連江人。有《一齋詩集》。

又按：陳斗初《一齋公年譜》：『明世宗嘉靖二十年辛丑三月初三日吉時孕及期，夢雷震而公生。』（《一齋集》卷首）。嘉靖二十年，即公元一五四一年。

是歲，趙世顯二十九歲。

按：趙世顯（一五四二—一六一〇），字仁甫，侯官人。萬曆十一年（一五八三）進士。其爲詩一意盛唐，初任池州推官，左遷，稍起爲梁山知縣。梁山，即梁平縣（今重慶梁平區）。在福州組織芝社、瑶華社，徐𤊹與焉。有《芝園稿》。徐𤊹爲之作《趙仁甫贊》；世顯卒，有詩哭之。

又按：趙世顯《予花甲重新而逢閏二感而賦之》：『百歲喜看雙甲子，一春難遇兩花朝。』（《芝園稿》卷二十一）萬曆三十年壬寅（一六〇二）閏二月，年六十一，逆推知生於嘉靖二十一年（一五四二）。世顯又有《壬寅六十又一賦此遺懷》（《芝園稿》卷二十二），亦可證。

是歲，周如塤二十九歲。

按：周如塤（一五四二—一五九二），字所諧，莆田人。有《倚樹唫》。徐𤊹與其子周千秋友善。

又按：謝肇淛《周母太孺人林氏暨仲子山人所諧偕配孺人曾氏祔葬墓誌銘》：『山人生嘉靖壬寅八月初一日，卒萬曆壬辰年十月初六日，享年五十一。』（《小草齋文集》卷十八）嘉靖二十一年壬寅，即公元一五四二年；萬曆二十年壬辰，即公元一五九二年。

是歲，屠本畯二十九歲。

按：屠本畯（一五四二—一六二二），字田叔，晚號豳叟，自稱憨先生，鄞縣（今浙江寧波）人。以父蔭，官太常典簿，歷福建轉運同知，分司公署在古田縣水口，『吟咏自適，富於著述。興射圃，立社學，恂恂若經生。擢辰州太守去，立祠以祀，蓋思公而慕其雅云』。（（乾隆）《古田縣志》卷五）工詞曲，與徐熥、徐𤊹兄弟等倡酬，與徐熥倡立福州高賢祠。有《屠田叔詩草》《閩中海錯疏》等。曾爲徐熥《幔亭集》題詞。

是歲，屠隆二十八歲。

按：屠隆（一五四三—一六〇五），字長卿、緯真，號赤水，鄞縣（今屬浙江）人。萬曆五年（一五七七）進士。有《由拳集》《白榆》《南遊》諸集。工詞曲，有《曇花記》《彩毫記》等。爲徐熥《幔亭集》作序。

是歲，陳公選二十七歲。

按：陳公選（一五四四—一六〇二），字仕卿，陳价夫、薦夫從子，而年較長。有《蕉雨亭詩》。《蕉雨亭詩序》：『余既得交二孺，乃因投分仕卿。仕卿爲二孺族子，而齒稍長，嘗困公車不售，棄去治詩，時時追隨從父，賡酬倡和，殆無虛日。結一室於深山之中……余去歲偶爲越東之游，仕卿忽捐賓客。』（《文集》册一，《上圖稿本》第四二册，第三一—三二頁）此文作於萬曆三十一年（一六〇三），去歲爲萬曆三十年（一六〇二）。據陳薦夫《從子仕卿傳》（《水明樓集》卷十三），仕卿卒年五十九，因此生於嘉靖二十三年（一六四四）。參見萬曆三十一年（一六〇三）。

是歲，釋洪恩二十六歲。

按：釋洪恩（一五四五—？），又稱恩上人或恩公，字三懷，居南京長干寺，嘗説法雪浪寺，故又稱雪浪禪師，有《雪浪集》。

又按：徐熥有《壽雪浪禪師九月九日五十初度》（《幔亭集》卷八），詩作於萬曆二十二年（一五九四），逆推禪師生於嘉靖二十四年（一五四五）。

是歲，方沆二十五歲。

按：方沆（一五四二—一六〇八），字子及，號訒庵，良節曾孫，莆田人。隆慶二年（一五六八）進士。官雲南提學僉事，謫寧州知州。有《猗蘭堂集》。鄭王臣《莆風清籟集》卷二十七引《蘭陔詩話》：『子及少時避地邵武，學詩於吴明卿。在南曹日，與陳子野、朱秉器結「青溪社」，詩律益進。』

是歲，李維楨二十四歲。

按：李維楨（一五四七—一六二六），字本寧，京山（今屬湖北）人。隆慶二年（一五六八）進士，選翰林庶吉士，除編修，出爲陜西參議，陞至尚書。詩文聲價甚高，謁文者如市。有《大泌山房集》。

是歲，馮夢禎二十三歲。

按：馮夢禎（一五四八—一六〇五），字開之，號具區，又號真實居士，秀水（在今浙江嘉興）人。萬曆五年（一五七七）進士第一。入翰林，授編修。晚年居杭州，築室孤山之麓。有《快雪堂集》。又按：馮夢禎《五十篇》，其《序》：『昔人云：五十之年，忽焉以至。悲始衰也。今歲丁酉八月廿二日，乃余五十懸弧之辰。』（《快雪堂集》卷六十三）萬曆二十五年丁酉（一五九七）年五十，逆推生于嘉靖二十七年（一五四八）。俞安期《紀哀詩三十二首·馮開之》：『年五十七卒，乙巳。』（《寥寥閣全集》卷十）

是歲，汪道會二十三歲。

按：汪道會（一五四八—一六一四），字仲嘉，道昆弟，歙縣（今屬安徽）人。終身未仕。有《小山樓槁》。萬曆三十四年（一六〇六），徐𤊹遊金陵，與其酬倡。

是歲，柳應芳二十二歲。

按：柳應芳（一五四九—一六一四），字陳父，海門（今江蘇南通）人，寓居南京。有《柳陳父集》。錢謙益《列朝詩集小傳》丁集下『柳山人應芳』條：『往返惟曹能始、林茂之三四人，他無所詣。』萬曆三十四年（一六〇六），徐𤊹至金陵寓曹學佺處，與之遊。

按：俞安期《紀哀詩三十二首·柳陳父》：『年六十六卒，甲寅。』（《翏翏閣全集》卷十）萬曆四十二年甲寅（一六一四），柳應芳年六十，逆推，生於嘉靖二十八年（一五四九）。

是歲，李光縉二十一歲。

按：李光縉（一五四九—？），字宗謙，晋江人。萬曆三十一年（一六〇三）鄉試第一。上春官落第，居家著述。有《景璧集》。

是歲，陳益祥二十一歲。

按：陳益祥（一五四九—一六〇九），字履吉，侯官人。萬曆中監生，與趙世顯、徐𤊹、曹學佺等結芝社。開永福（今永泰）懸漢巖、丸天巖。有《采芝堂文集》。卒，徐𤊹有詩哭之。謝肇淛有《陳履吉傳》（《小草齋文集》卷十一）。

又按：陳仲溱《履吉先生行狀》：『生於嘉靖己酉。』（《采芝堂文集》附）嘉靖己酉，即公元一五四九年。

按：王穉登《陳履吉墓誌銘》：『生以嘉靖己酉某月某日，卒以萬曆己酉十一月七日，得年六十一。』（陳益祥《采芝堂文集》附）萬曆己酉，即公元一六〇九。

是歲，梅鼎祚二十二歲。

按：梅鼎祚（一五四九—一六一五），字禹金，號汝南，守敬之子，守箕之侄，宣城（今屬安徽）人。恩貢。少稱詩，曾與王世貞、汪道昆等前輩遊。有《鹿裘石室集》等。

是歲，黄克纘二十二歲。

按：黄克纘（一五四九—？），字紹夫，號鍾梅，晋江（今泉州）人。萬曆八年（一五八〇）進士，有《數馬集》。

是歲，湯顯祖二十一歲。

按：湯顯祖（一五五〇—一六一六），字義仍，號海若、若士，臨川（今屬江西）人。萬曆十一年（一五八三）進士，歷任南京太常博士、廣東徐聞典使、浙江遂昌知縣，免官。有《臨川四夢》。顯祖與曹學佺友善。崇禎間，江右許世達梨園班入閩演《臨川四夢》，徐𤊹致書友人，力薦之。

是歲，王崑仲二十歲。

按：王崑仲（一五五一—一六三〇之後），字玉生，閩縣人。萬曆中禮部儒士。郭柏蒼《柳湄詩傳》：『崑仲好遊覽，善圖畫。徐熥、徐𤊹輩時與往來，凡登高送遠，酌酒評詩，崑仲多與焉。』徐熥、徐𤊹兄弟與崑仲多有酬倡。

是歲，楊道賓十九歲。

按：楊道賓（一五五二—一六〇九），字惟彦，號荆巖，晋江人（今泉州）。萬曆十四年（一五八六）廷試一甲第二，授翰林編修，萬曆二十八年（一六〇〇）主順天試，官至經筵日講官。卒，贈禮部尚書，謚文恪。有《楊文恪公文集》。

是歲，林應起十九歲。

按：林應起（一六五二—一六三二），字熙工，侯官人。人瑞翁林春澤之長子，如周（道魯）之父。徐熥女徐坤適應起子林稷。應起隱於錦溪面壁洞。於永福（記泰）方廣巖建空華閣。曹學佺《林道魯先生墓誌銘》略云：『熙工以長子貴，封國子監丞者。早歲蜚聲庠序間，青雲固可立致，自念其家世赫奕，恐招損之誡，忽棄去舉子業，而逍遥物外，耑精内典，人咸訝之，公不言其故，曰：「吾行吾志焉。」』（《西峰古稀集文》）

是歲，鄧原岳十六歲。

按：鄧原岳（一五五五—一六〇四），字汝高，號翠屏，慶寀父，爾纘祖，閩縣人。萬曆二十年（一五九二）進士，官至湖廣副使。萬曆中年，原岳與徐熥、謝肇淛同振閩中風雅。謝肇淛以爲嘉隆以後閩中詩以鄧氏爲冠。有《西樓全集》《閩中正聲》。

是歲，陳仲溱十六歲。

按：陳仲溱（一五五五—？），萬曆間閩中重要詩人之一。徐熥《詩人爵里詳節》：『陳仲溱，字惟秦，懷安人，萬曆中布衣。有《陳惟秦詩》。』（《晋安風雅》卷首）徐熥《陳惟秦詩序》卷十六：『其所爲詩，不喜蹈襲人語，皆嘔心劌肝爲之。』

又按：曹學佺《壽社長惟秦陳先生序》：『予社祭酒惟秦先生今年政八十。』（《西峰六一文》卷一《序》下）曹學佺《陳振狂七十九壽五月初五日誕辰也社中惟秦八十時推兩社長云》，見《西峰六一草》。曹學佺生於萬曆三年（一五七四），六十一時爲崇禎七年（一六三四），逆推，陳仲溱生於嘉靖三十四年乙卯(一五五五),陳宏己生於嘉靖三十五年丙辰(一五五六)。

是歲,林應聘十五歲。

按:林應聘(一五五六—一六〇九),字志尹,侯官人。萬曆間閩中重要詩人之一。舉人,爲黟縣令,於古籍獨具隻眼。藏書之外,錢無半緡。與徐熥友情甚篤,熥病甚不醒,自調湯藥與同卧起。徐𤊹子陸與應聘子兆基爲連襟。應聘輯有《古今宫詞》《史諧》《雜説》數十卷,《家譜》數卷。又按:謝肇淛《林志尹墓誌銘》:『志尹生於嘉靖丙辰七月十七日,卒萬曆己酉五月八日,相距五十有四歲。』(《小草齋文集》卷十八)嘉靖三十五年丙辰,即公元一五五六年;萬曆三十七年己酉,即公元一六〇九年。

是歲,林章十五歲。

按:林章(一五五一—一五九九),初名春元,字初文,林懋、古度父,福清人。萬曆元年(一五七三)解元,纍上春官不第。携家居金陵。萬曆二十七年(一五九九),上疏止礦税,兼陳立兵行鹽之策,爲忌者所重,下獄,暴病卒。有《林初文詩文全集》。徐𤊹爲之作傳。

是歲,潘之恒十五歲。

按:潘之恒(一五五六—一六二一),字景升,歙縣(今屬安徽)人。少稱詩,與汪道昆結白榆社。赴公車不得志,渡江與袁宏道兄弟游。有《金閶詩草》等集。

是歲,何玉成十五歲。

按:何玉成(一五五六—一六二九),字子純,號石門,福清人。萬曆四十四年(一六一六)進士,授工部主事，遷廉州太守。

又按：曹學佺《明中憲大夫廣東廉州府知府石門何公墓誌銘》：『生以嘉靖四十五年丙寅六月十六日，卒以崇禎二年己巳歲之七月廿九日也。』（《石倉三稿·文部》卷七）嘉靖四十五年，即公元一五六六年；崇禎二年，即公元一六二九年。

是歲，陳宏己十五歲。

按：陳宏己（一五五六—一六四二），字振狂，閩縣人。于福州南臺之倉山下洲築三棄堂、吸江亭。萬曆、崇禎間閩中重要詩人之一。有《蘆中》《馬東》諸集，又有《陳振狂詩》。

又按：陳宏己生年『陳仲秦』條已有考證。兹再補一條證據：曹學佺《陳振狂以詩賀予得雛答之時振狂八十有三》（《西峰六五草》），據此詩，陳振狂年長曹學佺十八歲，曹學佺生於萬曆二年（一五七四），可知陳宏己生于嘉靖三十五年（一五五六）與『陳仲秦』條所引《陳振狂七十九壽五月初五日誕辰也社中惟秦八十時推兩社長云》合。

是歲，董應舉十五歲。

按：董應舉（一五五七—一六三九），字崇相，一字見龍，閩縣人，家連江。萬曆、崇禎間閩中重要詩人之一。萬曆二十六年（一五九八）進士。歷吏部郎中、南大理寺丞、太常少卿，陞工部郎，總督錢務。留心國事，尤其關注閩中海防。有《崇相集》。

是歲，陳价夫十四歲。

按：陳价夫（一五五七—一六一四），原名邦藩，字价夫，後以字行，更字伯孺，閩縣人。萬曆間閩中重要詩人之一。與弟薦夫（字幼孺）並稱爲『二孺』。徐熥長子徐陸娶陳价夫女懷珮。有《招隱樓稿》《吴越遊草》。

是歲，何喬遠十三歲。

按：何喬遠（一五五八—一六三一）[一]，字稚孝，號匪莪，何炯子，晋江（今泉州）人。萬曆十四年（一五八六）進士，官至南京工部右侍郎，兼署户部，卒，贈工部尚書。有《鏡山全集》《名山藏》《閩書》等。

是歲，蔣孟育十三歲。

按：蔣孟育（一五五八—一六一九），字道力，同安縣浯洲（今金門）人，萬曆十七年（一五八九）以龍溪籍中進士，官至南京户部右侍郎，卒，贈吏部尚书。有《恬庵遺稿》。

是歲，黄汝亨十三歲。

按：黄汝亨（一五五八—一六二六），字貞父，號寓庸，仁和（今杭州）人。萬曆二十六年（一五九八）進士，除進賢知縣，歷江西提學僉事，轉參議。嘗遊茅坤、王世貞門。有《天目遊記》《寓林集》《寓林清言》。

是歲，葉向高十二歲。

按：葉向高（一五五九—一六二七），字進卿，號臺山；其母避倭，産於厠，又小字厠，福清人。

[一] 何喬遠卒於崇禎四年辛未十二月二十二日，公曆一六三二年二月十日；按傳統紀年，辛未爲一六三一年。

萬曆十一年(一五八三)進士,選庶吉士,散館授編修。歷官南吏部右侍郎,召爲禮部尚書,入值東閣,以少傅予告。再招爲少師,兼太子太師,吏部尚書,中極殿大學士。有《蒼霞草全集》。徐㶿曾致書向高討論《閩王墓詩》。

是歲,陳益祥十二歲。

按:陳益祥(一五五九—一六〇九),字履吉,奎子,侯官人。萬曆中監生,與趙世顯、徐㶿等結芝社。開永泰縣漢巖,隱居于此。

王穉登《陳履吉墓誌銘》:『生於嘉靖己酉某月某日,卒以萬曆己酉十一月七日,年六十一。』(陳益祥《采芝堂文集》卷首)嘉靖二十八年己酉(一五四九)。

是歲,陳薦夫十一歲。

按:陳薦夫(一五六〇—一六一二),字幼孺,价夫(字伯孺)弟,閩縣人。萬曆間閩中重要詩人之一,與兄价夫并稱爲『二孺』。萬曆二十二年(一五九四)舉人,曾爲徐熥《晉安風雅》撰序。有《水明樓集》。其《六子詩》其中一首咏徐㶿。

陳薦夫《己酉初度》:『吴越歸人感路岐,行年五十數偏奇。』(《水明樓集》卷六)萬曆三十七年己酉(一六〇九)年五十,逆推,生於嘉靖三十九年庚申(一五六〇)。曹學佺《同王粹夫夜坐,聞陳幼孺訃音,作此志哀》:『相對意不愜,悵然傷友生。家中信來日,夢裏啼失聲。』(《兩河行稿》)此詩作於萬曆四十年(一六一二)七、八月間,知薦夫卒于是歲。

是歲,陳勳十一歲。

按：陳勳（一五六〇—一六一七），字元凱、元愷，號景雲，閩縣人。鄭善夫外曾孫。萬曆二十九年（一六〇一）進士，仕南都時與曹學佺等並稱『四賢』，知紹興府。有《元凱集》《堅卧齋雜著》。

是歲，李堎十一歲。

按：李堎（一五六〇—？），字公起，又字公逸，鄞縣（今浙江寧波）人。縱觀先世遺書，國家典故、名公鉅卿，前言往行，器物之微，無不知其始末，且吟咏不綴。陳衎爲之作傳。

是歲，馬欻十歲。

按：馬欻（一五六一—？），字季聲，户部尚書森次子，懷安（今福州）人。萬曆間閩中重要詩人之一。善書。鄉貢，任潮州判官。有《漱六齋集》《廣陵遊草》《南粤概》及《下菰纂》。

又按：曹學佺《題松石圖爲馬季聲壽》：『夫君生年自辛酉，閱世已過六十九……余今五旬仍踰六，著書不成生碌碌。』（《賜環篇》下）嘉靖四十一年辛酉（一五六一），曹學佺生於萬曆二年（一五七四），馬長曹十三歲，馬六十九時，曹五十六。

是歲，徐熥十歲。

按：徐熥（一五六一—一五九九），徐㶿兄。詳《總叙》。

是歲，阮自華九歲。

按：阮自華（一五六二—一六三七），字堅之，號澹宇，桐城東鄉（今屬安徽）人，後遷居懷寧。萬曆二十六年（一五九八）進士，除福州推官。大計坐謫。後出爲邵武太守。崇禎三年（一六三〇）罷歸。有風流太守之稱。萬曆三十一年（一六〇三）在福州烏石山大會詞客，爲一時之盛事。

有《霧靈山人詩集》。

是歲，黄居中九歲。

按：黄居中（一五六二—一六四四），字明立，又字立父，號海鶴，虞稷父，晋江人。萬曆十三年（一五八五）舉人，官上海教諭，歷南國監丞、黄平知州。積書數萬卷。曾爲興公刻《筆精》。有《千頃齋初集》。

是歲，裴應章八歲。

按：裴應章（一五三六—一六〇九），字元闇，清流人。隆慶二年（一五六八）進士，官南京吏部尚書。卒，郡邑俱崇祀鄉賢。有《懶雲集》。

是歲，鄭懷魁八歲。

按：鄭懷魁（一五六三—一六一二），字輅思，號心葵，龍溪（今漳州）人。萬曆二十二年（一五九四）舉人，二十三年（一五九五）進士。善駢驪。漳州『玄雲十三子』之一。官浙觀察副使。有《渡江小草》《蓮城紀咏》《農臣暇筆》《葵圃集》。

是歲，蔡獻臣八歲。

按：蔡獻臣（一五六三—一六四一），字體國，貴易子，號虚台，别號直心居士，同安浯洲（今金門縣）人。萬曆十七年（一五八九）進士，授刑曹，陞任浙江督學、光禄少卿。卒，贈少司寇。有《清白堂稿》。

是歲，曾鯨七歲。

按：曾鯨（一五六四—一六四七），字波臣，晚號蔗園老人，莆田人。[一]善畫人物，曹學佺《曾波臣詩序》：『波臣善寫照，其技入神，人莫不欲求之……波臣不但善寫照也，而且工山水也；不但工于畫也，而且工于詩也。』（《石倉三稿·文部》卷二）

是歲，袁敬烈生。

按：袁敬烈（一五六四—一六〇四），字無競，表從子，閩縣人。萬曆間閩中重要詩人。萬曆中庠生。家有開美堂，少負盛名，詩多秀句。與趙世顯等結芝社。

又按：曹學佺《輓袁無競》：『少小負時名，才高阻一鳴。數符顏氏子，業止漢諸生。』（《春別篇》）顏氏子，即顏回。顏回卒年四十一。曹學佺《春別篇》一集作於萬曆三十二年（一六〇四）春，逆推袁敬烈卒於嘉靖四十三年（一五六四）。

是歲，程嘉燧六歲。

按：程嘉燧（一五六五—一六四三），字孟陽，休寧（今屬安徽）人，僑居嘉定。崇禎布衣。嘉定四子之一。刻意爲詩歌，曉音律，善畫山水。有《松園居士集》《浪淘集》。

[一] 方小壯博士斷定曾鯨爲莆田人，是。又據《浙江通志》引《桐鄉縣志》及沈季友《檇李詩系》，推斷鯨曾居桐鄉，亦有見。詳《曾鯨嚴用晦像長卷考評》（河北教育出版社，二〇〇五年版，第三四—三六頁；曾鯨生卒年，據該書第四頁）。曹學佺《曾波臣詩序》：『凡吴、越之名公鉅卿、騷人墨士，予所交游而未遍者，莫不與波臣交而心醉之……人目之曰：「此吴人也，越人也。」要之，波臣實予閩之莆人也。』（《石倉三稿·文部》卷二）則曾鯨不僅曾家於越，亦曾家於吴。

是歲，謝肇淛四歲。

按：謝肇淛（一五六七—一六二四），汝韶子，長樂人。徐𤊹姐適汝韶爲繼室。萬曆中與鄧原岳、徐熥倡振閩中風雅。與徐𤊹結『紅雲社』。萬曆二十年（一五九二）進士，官至廣西左布政使。有《小草齋集》《小草齋文集》《五雜組》《小草齋詩話》等。

是歲，謝兆申四歲。

按：謝兆申（一五六七—一六二一），字伯元，一字耳伯，邵武人。萬曆中貢生。詩皆古體。爲晚明閩地藏書家之一，有書數萬卷藏於僧舍，後皆散佚。有《謝耳伯先生初集》《謝耳伯先生全集》。

是歲，崔世召四歲。

按：崔世召（一五六七—一六三九），字徵仲，寧德人。萬曆三十七年（一六〇九）舉人。在寧午組織『溪雲吟社』，參與閩中詩社倡酬。爲崇仁知縣，有爲魏璫祠請頌德詩者，峻拒之，被逮下獄。崇禎初釋還，歷桂東知縣、連州知府。卒，祀名賢祠。有《秋谷集》、《問月樓詩集》（徐𤊹爲之序）、《問月樓文集》等。

是歲，康彦登四歲。

按：康彦登（一五六七—一六〇二），字元龍，侯官人，莆田籍。萬曆間庠生。爲人慷慨負氣，嘗遊歷邊塞，詩如其人。有《代弈編》《朔方遊稿》。其庶子守廉爲徐𤊹婿。彦登卒，徐𤊹有詩哭之。

又按：謝肇淛《康元龍詩序》：『元龍與余居同閈，生同歲，業又同塾，相善也。』（《小草齋文集》

卷四）彦登與肇淛同歲。

是歲，葛一龍四歲。

按：葛一龍（一五六七—一六四〇），字震甫，一作震父，吴之洞庭人。入貲爲郎，官雲南布政使司理問。有《葛震甫集》。姚旅《露書》卷三《韻篇上》：『葛震父詩如五陵俠少，不依時裝束，寶劍蒯緱，氣韻自别。』

是歲，袁宏道三歲。

按：袁宏道（一五六八—一六一〇），字中郎，一字無學，號石公，又號六休，宗道弟、中道兄，公安（今屬湖北）人。公安派代表人物之一，與二弟並稱『三袁』。萬曆十九年（一五九一）進士，歷吴縣知縣、稽勳郎中、國子博士。有《袁中郎先生全集》。

是歲，丁啓濬二歲。

按：丁啓濬（一五六九—一六三六），字亨文，號哲初，日造子，德化籍，晋江（今泉州）人。萬曆二十年（一五九二）進士，歷寶慶、杭州司理，吏部郎中，陞南京太常少卿、刑部侍郎。有《平圃文集》《平圃詩集》。

是歲，郭天中二歲。

按：郭天中（一五六九—一六二二），字聖僕，天親兄，先世莆田人，其祖避倭，徙居金陵。布衣。精篆隸之學。姚旅《露書》卷三《韻篇》上：『聖僕（詩）如秋柳鶯聲，聽者竦耳而聽其稀。』

是歲，許獬一歲。

按：許獬（一五七〇—一六〇六），初名行周，改名獬，字子遜，人稱『鍾斗先生』，同安縣浯洲（今金門縣）人。萬曆二十九年（一六〇一）進士，改庶吉士，授編修。有《許鍾斗集》。

是歲，曹汝載一歲。

按：曹汝載（一五七〇—？），學佺三叔，侯官人。能詩。

是歲，袁中道一歲。

按：袁中道（一五七〇—一六二三），字小修，宗道、宏道弟，公安（今屬湖北）人。公安派代表人物之一，與二兄並稱『三袁』。萬曆四十四年（一六一六）進士，歷徽州府教授、國子監博士，官至南京吏部郎中。有《珂雪齋集》。

隆慶五年辛未（一五七一） 二歲

徐棉六十歲，鄧原岳十七歲，徐熥十一歲，謝肇淛五歲

是歲，隨父在江西南安府。時父徐棉任南安府訓導。

隆慶六年壬申（一五七二）　三歲

徐棉六十歲，鄧原岳十八歲，徐熥十二歲。謝肇淛六歲

是歲，隨父在江西南安府。時父徐棉任南安府訓導。

明神宗朱翊鈞萬曆元年癸酉（一五七三） 四歲

徐棉六十一歲，鄧原岳十九歲，徐熥十三歲。謝肇淛七歲

是歲，隨父徐棉在廣東茂名縣。徐棉爲廣東茂名縣儒學教諭。

按：徐熥《先考永寧府君行狀》：『萬曆癸酉歲，擢廣東茂名縣儒學教諭，先君時年六十有一，念閩中距高涼遠甚，且海寇陸梁，道路多梗，以熥方髫齓，𤊹、熛二弟，皆在繈褓，先君謂：「吾甲子已周，三子又俱孱弱，奈何戀此一氈，入瘴癘之境，夜行不休乎？」欲棄官歸。客有謂先君：「君家無卓錐，奈何遽舍此苜蓿，令他日饑欲死乎？」先君不得已，始登車度庾嶺，非其志也。』（《幔亭集》卷十八，《荆山徐氏譜·詩文集》作《相坡公行狀》，文稍異）

又按：茂名，今屬廣東。李賢《大明一統志》卷八十一《廣東·高州府》『茂名縣』條：『附郭……始置茂名縣，隨初屬高州……（明）景德初屬竇州，尋改屬高州。元仍舊，本朝移府治此。』

是歲，父徐棉高州府教官試第一。

按：題《金精風月》：『先君向有《金精山志》，藏之篋笥，時取披覽。及爲茂名學博，在癸酉之歲，時學憲邵某試合郡教官文，又有詩，詩乃《登金精山》爲題。諸教官不知金精山何地，茫然不解。先子曾覽是志，頗知其中事蹟，乃賦詩曰……邵見詩大稱賞，拔置第一，因爲延譽甚力。』（馬泰來整理《新輯紅雨樓題記　徐氏家藏書目》，第八八頁）

又按：參見萬曆四十年(一六一二)。

是歲，林章舉於鄉。

按：《林初文傳》：『吾郡福清林孝廉先生名春元，字寅伯；後更名章，字初文……神宗之元年癸酉，改麟經，舉於鄉。』(《林初文詩文全集》卷首，崇禎刊本)

是歲，陳一元生。

按：陳一元(一五七三—一六三五)，字泰始，又字四游，侯官人。萬曆崇禎間閩中重要詩人。萬曆二十二年(一五九四)舉人，二十九年(一六〇一)成進士。知四會、南海、嘉定三縣，官至應天府丞。在烏石山建烏石山房，有《漱石山房集》。

又按：《壬申端午邀陳泰始壽筵啓》：『伏以節届天中，祝長生正周花甲。』(《文集》册二，《上圖稿本》第四二册，第一七六頁)崇禎五年壬申(一六三二)，年六十，逆推，生於是歲。

是歲，張燮生。

按：張燮(一五七三—一六四〇)，字紹和，號汰沃，自稱海濱逸史、石户農，龍溪(龍海市)人。萬曆二十二年(一五九四)舉人，屢上春官不第。潛心名山事業，與漳州諸子結『玄雲詩社』，爲『玄雲十三子』之一。著述甚富，有《霏雲居集》《霏雲居續集》《群玉樓集》《七十二家集》等。

是歲，倪范生。

按：倪范(一五七三—?)，字柯古，福州人。有《古杏軒稿》。曹學佺采其詩入《石倉十二代詩選》。

又按：《倪柯古七旬》（《西峰六九集詩》），據此，范長學佺一歲。陳泰始《余與倪柯古垂髫同研席今已逾艾矣七月十二日爲誕辰爰作七言古以效祝雀亦見久要這交誼云爾》：『倏忽年俱五十七，百歲尚餘四十三。』（《漱石山房集》卷二）陳一元又有《壽倪柯古》：『我媿與君同甲子。』（《漱石山房集》卷六）據此，柯古與一元同歲。

萬曆二年甲戌（一五七四） 五歲

徐棉六十二歲，鄧原岳二十歲，徐熥十四歲，謝肇淛八歲，曹學佺一歲

是歲，隨父徐棉在廣東茂名縣。徐棉高州府教官試復第一。

按：題《金精風月》：『及爲茂名學博，在癸酉之歲……次年，巡按御使張某復試《迎春詩》，先子復拔置第一。』（馬泰來整理《新輯紅雨樓題記 徐氏家藏書目》，第八八頁）

按：參見萬曆元年（一五七三）。

是歲，曹學佺生。

按：曹學佺（一五七四—一六四六），字能始，侯官人。萬曆二十三年（一五九五）進士。有《石倉集》《石倉十二代詩選》《輿地名勝志》等。《明史·文苑傳四·曹學佺傳》：『弱冠舉萬曆二十三年進士。』『唐王立於閩中，起授太常卿。尋遷禮部右侍郎兼侍講學士，進尚書，加太子太保。及事敗，走入山中，投繯而死，年七十有四。』萬曆二十三年（一五九五），如弱冠爲二十，則生於萬曆四年（一五七六）。但實際弱冠不必爲二十，僅爲約數。徐存永《大宗伯曹能始先生挽章一百八十韻》自注：『乙未科登進士，年二十二。』（詳鈔本《尺木堂集》）據《石倉四稿·西峰六一草》等及《大宗伯曹能始先生挽章一百八十韻》自注：『公生於萬曆甲戌歲。』曹學佺《甲戌元旦紀事》：『予生歲閏猶逢戌，老願時豐首在寅。』題下自注：『是歲閏戌八月，余以前甲戌閏十二月生。』（《西峰六一草》)萬曆二年甲戌(一五七四)閏十二月十五日,公曆爲一五七五年一月二六日。曹學佺生於萬曆二年,如按《明史》所云年七十有四,則卒于清順治四年(一六四七)。按:《明史》所記誤。徐存永《大宗伯曹能始先生挽章一百八十韻·序》:『歲丙戌九月十八日辰時,福京城陷,大宗伯能始曹先生殉節于西峰里第。』丙戌,清順治三年(一六四六),則年七十三;《大宗伯曹能始先生挽章一百八十韻》自注亦明確云『卒年七十三』。曹學佺生於萬曆二年(一五七四),卒於順治三年(一六四六),年七十三,可以定論。《明史》『走入山中』之説亦誤,《大宗伯曹能始先生挽章一百八十韻》自注云:卒於西峰里第,投繯而死。西峰里爲曹氏晚年在福州城的住處。

是歲,王宇生。

按:王宇(一五七四—一六二四),字永啓,閩縣人。萬曆三十八年(一六一〇)進士,有《亦園文略》《亦園詩略》。

又按:王宇《癸丑除夕》:『虚度流光四十年。』(《烏衣集》卷四)萬曆四十一年癸丑(一六一三),年四十,逆推,生於是歲。

又按:徐𤊹《答林茂之》:『仲夏,倪柯古就試南都,草草修一函奉候。使者歸閩,得手教殷殷,知尚未見弟書……王永啓去年病甚,弟屢勸其勿出山,終不見聽,遂致殞身他鄉。』(《文集》册七,《上圖稿本》第四四册,第五二頁)此書作於天啓四年(一六二四)冬。李維楨爲王宇作《〈烏衣集〉序》時爲天啓四年六月,時王宇尚在世。王宇當卒于秋冬間。

是歲,王志道生。

按：王志道（一五七四—一六四六），字而弘，志遠弟，漳浦人。萬曆四十一年（一六一三）進士，授丹陽知縣。天啓初，遷給事中。崇禎初，招大理卿、左副都御史，削籍。唐王時，起吏部。有《如江集》。

又按：據蔡獻臣《壽王東里中丞六十三丙子》（《清白堂稿》卷十二下），王志道崇禎九年丙子（一六三六）年六十三，逆推，生於是歲。〔光緒〕《漳州府志》卷二十九《王志道傳》：『丙戌四月卒於家，年七十三。』清順治三年丙戌（一六四六）七十三，逆推，生於是歲。

是歲，王叔魯生。

按：王叔魯（一五七四—一五九三），字少文，侯官人。與徐熥等倡酬，早卒。

按：徐熥《王少文誄》：『萬曆二十一年三月二十七日壬午，友人王少文年甫二十，以疾卒于鳳池里之故第。』（《幔亭集》卷十八）萬曆二十一年，即公曆一五九三，逆推，生於是歲。

是歲，鍾惺生。

按：譚元春《退谷先生墓誌銘》：『退谷卒，壽蓋五十有二矣。生於萬曆甲戌七月二十七日，没以天啓四年六月二十一日。』（《譚元春集》卷二十五）

又按：『四年』，元春誤書，當作『五年』。徐波《鍾伯敬先生遺稿序》：『乙丑六月捐館舍。』（《隱秀軒集》附録）萬曆二年甲戌（一五七四）生，天啓五年乙丑（一六二五）卒，壽五十有二。

是歲，謝杰成進士。

按：詳〔乾隆〕《福州府志》卷四十。

萬曆三年乙亥（一五七五）　六歲

徐㮾六十三歲，鄧原岳二十一歲，徐熥十五歲，謝肇淛九歲，曹學佺二歲

是歲，隨父徐㮾在廣東茂名縣。

是歲，按察使徐中行建福州西湖澄瀾閣，户部尚書馬森作《澄瀾閣記》（王應山《閩都記》卷十八，方志出版社二〇〇二年版）。

按：馬森《記》見（萬曆）《福州府志》卷七十。

是歲，張紹科生。

按：張紹科（一五七五—一六四六），原名烴，字烴叔，張燮從弟，龍溪（今漳州）人。與燮齊名，人號『二張』。黄道周尚在諸生時，即與燮訂交之。有《子史輿乘》《覓交集》。

是歲，費元禄生。

按：費元禄（一五七五—？），字無學，一字學卿，鉛山（今屬江西）人。爲歌詩，落落數千言，有《甲秀園集》。

是歲，王思任生。

按：王思任（一五七五—一六四六），字季重，號遂東，山陰（今浙江紹興）人。萬曆二十三年（一五九五）進士。官九江僉事，罷官歸。有《王季重十種》。

是歲，無異禪師生。

按：無異（一五七五—一六三〇），無明慧經禪師之法嗣，俗姓沙，廬州舒城（今屬安徽）人。

萬曆四年丙子（一五七六）　七歲

徐棉六十四歲，鄧原岳二十二歲，徐熥十六歲，謝肇淛十歲，徐𤊹三歲

是歲，父徐棉擢江西永寧知縣，隨父離開茂名往永寧縣。

按：徐熥《先考永寧府君行狀》：『丙子歲擢永寧縣令。永寧，巖邑也，界萬山中，土瘠民貧而又喜訟。』（《幔亭集》卷十八）

又按：永寧縣，今廢，其地今屬江西寧岡縣、永新縣。李賢《大明一統志》卷五十六《江西·吉安府》『永寧縣』條：『在府城西南二百八十里。本唐、宋吉州永新縣地。元至順始分置永寧縣。本朝因之。』

又按：徐棉擢永寧令之前，爲廣東茂名教諭。

又按：題《金精風月》：『丙子，遂擢永寧，皆二詩之力也。』（馬泰來整理《新輯紅雨樓題記　徐氏家藏書目》，第八八頁）

又按：『二詩』，即萬曆元年（一五七三）、二年（一五七四）所作《登金精山》及《迎春詩》，詳此二年歲。

是歲，鄭邦泰生。

按：鄭邦泰（一五七六—？），字汝交，又字與交，號康玄，福清人。萬曆四十六年（一六一八）舉人，官廣西鬱林知州。辭官，居福州南園，又稱十畝園。唐王時官計部，卒。有《筆木堂集》《寥園集》。

又按：曹學佺《初六日鄭汝交六》：『夫君學道異凡軀，六十年來悟得無。』（《西峰六二詩稿》）徐𤏡《初六日壽鄭汝交初度》：『干支筭老今年遍，壽愷興歌此日聞。』（鈔本《鼇峰集》第三册）曹學佺六十二，汝交六十，逆推，汝交生於是歲。

是歲，蔡復一生。

按：蔡復一（一五七六—一六二五），字敬夫，同安浯洲（今金門縣）蔡厝人。萬曆二十三年（一五九五）進士。除刑部主事，官至川貴總督、兵部右侍郎。工駢體文。與鍾惺、譚元春友善。有《遯庵蔡先生文集》《遯庵詩集》《爨餘駢語》等。

又按：鍾惺《蔡先生傳》：『伯子（復一）少惺二歲。』（《隱秀軒集》卷二十二，上海古籍出版社一九九二年版，第三六四頁）。可知鍾惺生於萬曆二年（一五七四）。

是歲，季弟熛生。

按：徐熛（一五七六—一六三〇），字惟揚，熥、𤏡之弟，閩縣人。諸生。徐熛著有《制義》一部，詳萬曆二十六年（一五九八）。

是歲，高景生。

按：高景（一五七六—一六三七），字景倩，侯官人。萬曆、崇禎間閩中重要詩人。萬曆諸生。絕意仕進，其詩神閑趣雋，卒年六十二。有《木山齋詩》，陳衎爲之序。

又按：《壽高景倩六袠》：『破臘梅花發滿枝，逢君初度挂弧期。』（鈔本《鼇峰集》第三册）此詩作於崇禎九年（一六三六），逆推高景生於是歲。

又按：徐𤊹《贈高景倩》：『常侍去已邈，大雅誰宣揚？待詔不可作，正聲誰頡頏？君本曠達士，才藻嗣其芳。始知渤海後，文人産匪常。讀書鄙章句，結撰諧清商。鴟鳶任所笑，威鳳惟高岡。乘時飲美酒，惜此良景光。君其崇明德，奮翮從翱翔。』（《鼇峰集》卷四）此詩描繪高景讀書結撰與好尚。

是歲，曾熙丙生。

按：曾熙丙（一五七六—一六四五），字用晦，一字儆炫，侯官人。萬曆二十五年（一五九七）舉人。《壽曾用晦侍御六十八月十四日》：『行年六十始稱翁，秋半筵開月正中。』（鈔本《鼇峰集》第三册）此詩作於崇禎九年（一六三六），逆推熙丙生於是歲。

萬曆五年丁丑(一五七七)八歲

徐棉六十五歲,鄧原岳二十三歲,徐熥十七歲,謝肇淛十一歲,曹學佺四歲

是歲,隨父徐棉在江西永寧縣。

是歲前後,父簿書之暇,略記永寧縣地理風俗。

按:《寄章(怗)[岵]梅》:『先君萬曆初年爲吉安府永寧縣令,簿書之暇,略記地理風俗梗概。』(《文集》册七,《上圖稿本》第四四册,第一五四頁)

是歲,林光宇生。

按:林光宇(一五七七—一六〇四),字子真,侯官人。恃情傲物,與曹學佺同受知於侯官令周兆聖,詩風與曹學佺相近,人稱『能始體』。早卒。有《情癡集》《林子真詩》。

又按:曹學佺《林子真詩序》:『辛卯,予獲補博士弟子員,與子真同。子真年十五耳,予長有三春秋。』(《石倉文稿》卷一)又按:學佺生於萬曆二年(一五七四)。

是歲,陳鴻生。

按:陳鴻(一五七七—一六四八),字叔度,一字軒伯,陳籥孫,侯官人。萬曆、崇禎間閩中重要詩人。布衣。有『一山在水次,終日有泉聲』之句,學佺大加稱賞。取李賀『秋室之中無俗聲』

之句意名其集曰《秋室篇》[一]。

又按：曹學佺有《叔度五旬初慶爲八月望前一夜賦贈》（《桂林集》卷中），又有《壽陳叔度》：『月裏看未滿，士豈不長貧……倏突韶光裏，明年六十春。』（《西峰六二集詩》）崇禎八年（一六三五），學佺年六十二，鴻年五十九。曹學佺又有《叔度六十初度》（《西峰六三集詩》）。崇禎九年（一六三六），學佺年六十三，鴻六十。逆推，鴻生於是歲。

又按：八月十四爲鴻生辰。

又按：鴻卒于清順治五年（一六四八），年七十二。周亮工《書影》卷四：『丙戌之變，能始殉節；叔度年七十二，不能自存，以貧病死。』丙戌，順治三年（一六四六），曹學佺於九月十八投繯卒（詳徐存永《大宗伯曹能始先生挽章一百八十韻》，《尺木堂集·五言排律》）。陳鴻《秋室編》卷六《丙戌除夕》之後有《二月晦夜作》詩（丁亥），《二月晦夜作》之後有《人日集沂園》詩（戊子，即本歲），《人日集沂園》之後有《仲春三夜曹亦尼池上小飲》《病中》等詩。《病中》：『乍暖又寒風不定，將晴復雨日偏長。』（《秋室編》卷六），鴻當卒於春末。

是歲，茅維生。

[一] 陳鴻《秋室篇》，清順治間羅庭章在福州捐資爲之刻，該集封面書名作《秋室集》；卷首羅氏序作《秋室篇》，卷首陳肇曾序作《秋室編序》，卷首曹學佺序作《秋室編序》（《石倉三稿·文部》卷二）；正文各卷卷端作《秋室編》。本譜各條引此書通作《秋室編》。

按：茅維（一五七七—一六四三），字孝若，歸安（今浙江湖州）人，茅坤子。萬曆間，與臧懋循、吴稼竳、吴夢暘稱『苕上四子』。曾入閩與徐𤊹、曹學佺等酬倡。

萬曆六年戊寅（一五七八）　九歲

徐棉六十六歲，鄧原岳二十四歲，徐熥十八歲，謝肇淛十二歲，曹學佺五歲

是歲前後，兄徐熥爲邑庠生。

按：陳鳴鶴《東越文苑》卷六『徐熥』條：『弱冠補學官弟子。』

又按：弱冠爲二十歲左右。《下第呈孫子樂省元》：『十年依舊一儒冠。』（《幔亭集》卷七）《下第呈孫子樂省元》作於一上春官下第之時，即萬曆十七年（一五八九），十年爲約數。《下第後書懷》其一：『誤戴儒冠十七年。』（《幔亭集》卷八）《下第後書懷》作于萬曆二十三年（一五九五）二下第之時，以十七年逆推，當爲是歲或次歲。

是歲，父棉辭永寧知縣，歸。爲微官十年，僅置宅一區，買田數畝。

按：徐㶿《〈三友墓祭掃約言〉序》：『先考永寧府君于萬曆戊寅致政，歸。』（《荆山徐氏譜·三友墓詩集詞文》）

又按：徐熥《先考永寧府君行狀》：『先君始得掛進賢，棄五斗矣。是歲戊寅，先君年六十有六也。先君在寧，無赫赫功，及去寧後，百姓反思之，謂徐侯長者。先君爲微官十年，橐中如水，置宅一區，僅足容膝，買田數畝，僅足種秫。』（《幔亭集》卷十八，《荆山徐氏譜·詩文集》作《相坡公行狀》）

是歲，釋元賢生。

按：釋元賢（一五七八—一六五七），俗姓蔡，字永覺，稱永覺禪師，建陽人。幼業儒，補邑諸生。萬曆四十五年（一六一七），棄妻孥，往壽昌禮無明和尚，出家密定心印。天啓三年（一六二三），居甌寧金仙庵閲《大藏》三年，徙建安荷山。次年往樵李請《藏經》，歸，作《建州宏釋録》。崇禎四年（一六三一），往建陽修《蔡氏諸儒遺書》。七年（一六三四），曹學佺等延主鼓山涌泉寺，百廢俱興。八年（一六三五）往壽昌掃塔，過建州，爲浄慈庵著《浄慈要語》。次年秋，歸鼓山建藏經堂。十年（一六三七），往浙西。十一年（一六三八），作《諸祖道影傳》。十三年（一六四〇），遷婺州普明寺，秋歸閩。清順治十四年丁酉（一六五七）十月七日遷化，年八十（據林之蕃《鼓山永覺賢公禪師行業記》，黄任《鼓山志》卷八）。又據《鼓山志》卷四《沙門》，永覺禪師爲鼓山第六十三代師。

萬曆七年己卯（一五七九）　十歲

徐𤊹六十七歲，鄧原岳二十五歲，徐熥十九歲，謝肇淛十三歲，曹學佺六歲

是歲或次歲，遊邵武（樵川）。

按：《樵川感舊》：『年少曾爲此地遊，俄然三十度春秋。』（《鼇峰集》卷二十一）

又按：此詩作于萬曆四十七年（一六一九），三十年前爲是歲或次歲。

是歲，兄熥鄉試，不利。

按：徐熥《祭外舅鄭茂才》：『翁居鄰棘闈，熥每就試，皆憩翁家，翁爲治供具寢。不能睦，乃三試而不利，翁反慰藉之。最後幸領鄉書。』（《幔亭集》卷二十）。萬曆十六年戊子（一五八八）中舉（詳該年）。前此，三試不利，即本年、十年壬午（一五八二）和十三年乙酉（一五八五）。

是歲，翁正春、葉向高舉於鄉。

按：詳〔乾隆〕《福州府志》卷四十。

是歲，曹學修生。

按：曹學修（一五七九—一六四三），字能證，學佺同母弟，侯官人。居西園。府庠生，能詩，有《湖山篇》。

又按：曹學佺《壽家舅序》：『弟少五歲。』又《家弟能證六袠初度贈之以詩》（《西峰六五草》），

此詩作於崇禎十一年（一六三八），學佺年六十五，學修六十。又據《哭弟能證三首》，其二云：『六旬五傍七旬兄。』（《西峰古稀集詩》上）學修卒年六十五。

萬曆八年庚辰（一五八〇） 十一歲

徐棉六十八歲，鄧原岳二十六歲，徐𤊹二十歲，謝肇淛十四歲，曹學佺七歲，林古度一歲

是歲，父徐棉自營壽藏于閩縣易俗里東嶽後山。

按：《祭酒嶺造墳記》：『（先子）庚辰之冬，自營壽藏于閩縣易俗里嶽後山，先子於堪輿家不甚曉暢，且有伯倫荷鍤之念。臨終，詔不孝㶿曰：「吾死期當年葬我于東嶽。」』（《文集》册九，《上圖稿本》第四四册，第四〇一頁）

又按：閩縣，福州府治，今福州市。李賢《大明一統志》卷七十四《福建·福州府》『閩縣』條：『附郭。本漢冶縣，屬會稽郡。又改名東冶縣……隋開皇中始改原豐爲閩縣，五代時閩改長樂縣，宋復改閩縣，元仍舊。本朝因之。』

又按：〔萬曆〕《福州府志》卷三《輿地志三》『易俗里』條：『統圖二。白塔嶺、東嶽前、奉真橋……』

又按：徐棉初葬於東嶽薄土，後移祭酒嶺。

又按：參見萬曆十九年（一五九一）、四十一年（一六一三）。

是歲，林古度生。

按：林古度（一五八〇—一六六六），字茂之，一字那子，林章子，林懋弟，福清人，居南京。與曹

學佺友善，詩學六朝晚唐。萬曆後期，結識鍾惺、譚元春，十來年間詩風稍有變化。入清之後窮困潦倒，在遺民詩人中有很高地位。晚歲，囑王士禛選刻其詩，士禛所選《林茂之詩選》僅二百多首。筆者輯有《林古度詩輯佚》（復旦大學中國古代文學研究中心《中國文學研究》第十輯，北京：中國文聯出版社，二〇〇七年）。林古度生平詳陳慶元《林古度年譜簡編》（復旦大學中國古代文學研究中心《中國文學研究》第十六輯，北京：中國文聯出版社，二〇一〇年）。

又按：郭柏蒼《全閩明詩傳》卷四十三引《柳湄詩傳》：『古度生於萬曆九年（一五八一），卒於康熙五年（一六六六），壽八十七。』按此推算，則年八十六。郭説誤。

又按：王士禛《〈林茂之詩選〉序》：『（古度）丙午（一六六六）下世。』

又按：曹學佺《林茂之六秩壽文》（《西峰用六篇文》）。《西峰用六篇文》一集之文均作於曹學佺六十六歲時。曹學佺六十六歲，古度六十歲；曹學佺生於萬曆二年（一五七四），長古度六歲，則古度生於萬曆八年（一五八〇）。

又按：《寄林茂之》：『拜手劄及《白兔賦》《六十自述詩》，筆花猶然爛燦，足徵神王，漫賦一詩爲祝，聊見遠情。弟今年七十矣，兄能贈我一篇乎否……己卯十月。』（《文集》册四，《上圖稿本》第四三册，第一〇八—一〇九頁）徐𤊹七十，古度六十，徐𤊹生於隆慶四年庚午（一五七〇），則古度生於是歲。

又按：吴嘉紀《〈一錢行〉贈林茂之》云：『先生春秋八十五。』汪輯有同題作，其《序》云：『甲辰春，林茂之先生來廣陵，余贈以詩……』孫枝蔚《〈廣陵唱和〉詩序》云：『甲辰之春，八閩林茂之……海陵吴賓賢，新安程穆倩、孫無言，上人梵伊，皆聚于江都。』（《漑堂文集》卷一）甲辰年八十五，逆推則生於萬曆八年庚辰（一五八〇）。

是歲，裁懷安縣。

按：〔萬曆〕《福州府志》卷一《輿地志一》：『萬曆八年，省懷安縣，并入侯官。』

是歲，爲林春澤建人瑞坊。

按：王應山《閩都記》卷三《郡城東南隅》『人瑞坊』條：『萬曆八年，爲進階亞中大夫、程番知府林春澤百歲建。』

萬曆九年辛巳（一五八一） 十二歲

徐棉六十九歲，鄧原岳二十七歲，徐熥二十一歲，謝肇淛十五歲，曹學佺八歲，林古度二歲

約於是歲，兄熥與謝肇淛、陳椿、陳鳴鶴等往還無間；少年徐𤊹當受其薰染。

按：謝肇淛《〈陳女翔詩〉序》：『謝子曰：余束髮從二三子遊，得女大、惟和及女翔者最早，意氣神情相往還無間，酒人市上，少年場中，無不俱也。』（《小草齋文集》卷四）

按：束髮，十五歲左右。

又按：陳女大，即陳椿。詳隆慶四年（一五七〇）。

又按：陳女翔，即陳鳴鶴。鳴鶴，字女翔，又作汝翔，懷安縣（今福州）人[一]。去舉子業，與徐熥兄弟、謝肇淛攻聲律，凡三十餘年，有《泡庵詩選》《晉安逸志》《閩中考》《東越文苑》；《晉安逸志》，徐熥、曹學佺爲之序。參與曹學佺《大明輿地名勝志》的編撰。

[一] 郭柏蒼《全閩明詩傳》卷三十一《陳鳴鶴傳》注：郡志誤作閩縣。

萬曆十年壬午(一五八二)　十三歲

徐𤓰七十歲，鄧原岳二十八歲，徐熥二十二歲，謝肇淛十六歲，曹學佺九歲，林古度三歲

是歲，表兄弟陳泰弼贈李道純《清庵先生中和集》。

題《清庵先生中和集》：『謝朝元乃先正貴溪令謝賓之子也。朝元號三橋，爲予之母姨丈，無子。此集乃其手抄，爲婿陳泰弼所藏。陳亦予舅之子，萬曆壬午歲(一五八二)持以贈予。謹識之。興公書。』(馬泰來整理《新輯紅雨樓題記　徐氏家藏書目》，第一一六—一一七頁)

按：《清庵先生中和集》，元李道純撰，明謝朝元鈔本。

又按：徐𤊹生母林氏、嫡母陳氏，參見萬曆二十年(一五九二)、萬曆三十七年(一六〇九)。

又按：此條載徐𤊹積書早在綺齡。題識之年不明，如若在同一年，則此條爲𤊹最早之題記。

是歲，兄熥鄉試，二不利。詳徐熥《祭外舅鄭茂才》。

是歲，錢謙益生。

按：錢謙益(一五八二—一六六四)，字受之，號牧齋，晚號蒙叟、東澗老人，人稱虞山先生。今屬江蘇人。萬曆三十八年(一六一〇)一甲三名進士。官至禮部侍郎。明亡，在南京擁立福王，爲禮部尚書。後降清，爲禮部侍郎，後息影家居。有《有學集》《初學集》《投筆集》《列朝詩集》等。崇禎十二年(一六三九)，徐𤊹携子延壽訪於拂水。

萬曆十一年癸未（一五八三） 十四歲

徐棉七十一歲，鄧原岳二十九歲，徐熥二十三歲，謝肇淛十七歲，曹學佺十歲，林古度四歲

是歲，兄徐熥批點宋周弼《箋注唐賢絶句三體詩法》。

按：《箋注唐賢絶句三體詩法》：『《唐三體詩》一册。先君云：丙寅年（一五六六）在京師得之林天迪先生。中硃筆評駁者，天迪也。迨萬曆癸未（一五八三）、甲申（一五八四）間，先兄初學時又加批點。』（馬泰來整理《新輯紅雨樓題記　徐氏家藏書目》，第一六六頁）

按：參見萬曆三十六年（一六〇八）。

是歲，林春澤卒，壽百有四。

按：《竹窗雜録》『百歲詩贊』條：『林旗峰公春澤，登正德甲戌進士，官太守，卒萬曆癸未，年一百四歲。』（徐𤊹《榕陰新檢》卷十六《詩話》引）；郭柏蒼《柳湄詩傳》：『春澤卒于萬曆癸未十月，壽百有四。』（《全閩明詩傳》卷十六）

是歲，葉向高成進士。

據《明史·葉向高傳》。

是歲，趙世顯成進士。

詳《閩書》卷七十五《英舊志》。

萬曆十二年甲申（一五八四） 十五歲

徐𤊹七十二歲，鄧原岳三十歲，徐熥二十四歲，謝肇淛十八歲，曹學佺十一歲，林古度五歲

是歲，兄熥長子莊生。

按：《荆山徐氏譜》：『（莊）生萬曆十二年甲申八月初十亥時。』案：徐熥《途中感遇效同谷七歌·五歌》：『男年十五女七歲。』（《幔亭集》卷三）此歌作于萬曆二十六年（一五九八），是歲莊年十五，逆推，則生於本年，與《徐氏譜》合。

是歲，福州郡建世忠祠，祀閩縣人林瀚，瀚子庭㭿、庭機，庭機子燫。

按：王應山《閩都記》卷三《郡城東南隅》『世忠祠』條：『舊振文社學址。國朝萬曆十二年建。』

萬曆十三年乙酉（一五八五）　十六歲

徐𤊹七十三歲，鄧原岳三十一歲，徐熥二十五歲，謝肇淛十九歲，曹學佺十二歲，林古度六歲

元月，題《石鼓文墨本》。

題《石鼓文墨本》：『此文先輩林肖約天駿所書也。內闕二板，尚可求之故家，補入則成完璧矣。乙酉春日，興公書。』（沈文倬《紅雨樓序跋》卷二，第六五頁）

是歲，兄熥鄉試，三不利。詳《祭外舅鄭茂才》。

是歲，王世懋爲福建提學副史，督閩學。

按：〔乾隆〕《福州府志》卷四十六：『王世懋，字敬美，元美之弟也，嘉靖己未進士。萬曆乙酉，以在告起福建提學副使，督閩學，七閱月，八郡考校俱遍。』

是歲，鄧原岳舉於鄉。

按：據〔乾隆〕《福州府志》卷四十。

是歲，黄居中舉於鄉。

按：據〔乾隆〕《泉州府志》卷五十四。

是歲，黄道周生。

按：黄道周（一五八五—一六四六），字幼玄，一字參玄、螭若，號石齋，漳浦縣銅山深井村（今屬東山縣)人。天啓二年(一六二二)進士,入翰林,授編修。福王朝,進禮部尚書。唐王隆武元年(一六四五),督師出婺源,師潰被執。次年二月,不屈死於市。有《黃漳浦全集》。

是歲,釋智誾生。

按:智誾(一五八五—一六三七),又名道誾,即雪關禪師,俗姓傅氏,號雪關,又號六雪。崇禎間與徐𤏲酬倡。

萬曆十四年丙戌（一五八六） 十七歲

徐㮣七十四歲，鄧原岳三十二歲，徐熥二十六歲，謝肇淛二十歲，曹學佺十三歲，林古度七歲

是歲，交結懷寧葉尹德。

按：《〈哭葉尹德世兄〉序》：『尹德尊人少洲明府公與先人交最密，予年十七即與尹德爲友，稱世好。』（鈔本《鼇峰集》）

又按：葉尹德，葉隆光之子，懷寧（今屬安徽）人。萬曆八年（一五八〇）進士，閩縣知縣。

又按：參見崇禎六年（一六三三）。

是歲，譚元春生。

按：譚元春（一五八六—一六三七），字友夏，竟陵（今湖北天門）人。天啓七年（一六二七）鄉試第一。竟陵派代表詩人之一。崇禎十年（一六三七），卒於會試途中。有《譚友夏合集》。

是歲，周之夔生。

按：周之夔（一五八六—一六四五之後），字章甫，閩縣藤山（今福州倉山）人。與興公有文字往來。崇禎四年（一六三一）進士。蘇州推官，入復社。與錢謙益、瞿式耜交好。唐王時，任翰林編修。有《棄草集》。

是歲，李時成生。

按：李時成（一五八六—一六三一），字明六，閩縣人。有《白湖集》。

又按：周之夔《〈白湖詩集〉序》：『予與李明六居同里，生同年。』（《白湖集》卷首）

又按：李時成《甲寅元日》：『二十九年事蹉足跎。』《丙辰初度》：『空餘三十一年過。』（《白湖集》卷七）萬曆四十二年甲寅（一六一四），年二十九；萬曆四十四年丙辰（一六一六），年三十一，逆推，生於是歲。

是歲，陳衎生。

按：陳衎（一五八六—一六四八），字磐生，閩縣人。太學生，屢試不第。自其父以上五世，皆有集傳閩中。善書。有《玄冰集》《大江集》《大江草堂二集》。曹學佺爲徐延壽、鍾震編《二徐集》，衎爲之序。

又按：陳衎《閏中秋，同正則共酌梅石岡，正則乘興寫醉月圖，並詩見贈》：『君年六十二，我年四十九。』以崇禎七年甲戌（一六三四）閏八月逆推，衎生於是歲。

是歲，鄭邦祥生。

按：鄭邦祥（一五八六—一六二四），字孟麟，初名紱，閩縣人。萬曆間副榜。曹學佺宦粵西，邦祥隨之往，卒，時未滿四十。有《玉蟬庵集》。

又按：陳衎《得鄭孟麟凶問》：『行年將四十，與汝適同庚。』（《大江集》卷四）鄭邦祥與陳衎同庚，知亦生於是歲。參見天啓四年（一六二四）。

是歲，徐弘祖生。

按：徐弘祖（一五八六—一六四一），字振之，號霞客，南直隸江陰（今江蘇江陰）人，有《徐霞客遊記》。

萬曆十五年丁亥（一五八七） 十八歲

徐㶿七十五歲，鄧原岳三十三歲，徐熥二十七歲，謝肇淛二十一歲，曹學佺十四歲，林古度八歲

是歲，始遊鼓山，此後十五年間，凡二十餘度。

按：題《鼓山志》：『余自丁亥歲（一五八七）遊鼓山，迄今十五載，凡二十餘度。』（馬泰來整理《新輯紅雨樓題記　徐氏家藏書目》，第八七頁）

又按：王應山《閩都記》卷十二《郡東》『鼓山』條：『距郡城十五里而遥，延袤數里，其高入雲表。山之巔有巨石如鼓。峰、巒、巖、洞，不可指數。或云：風雨大作，其中簸蕩有聲如鼓，故名。郡之鎮山也。』

又按：參見萬曆二十九年（一六〇一）。

萬曆十六年戊子(一五八八)　十九歲

徐棉七十六歲,鄧原岳三十四歲,徐熥二十八歲,謝肇淛二十二歲,曹學佺十五歲,林古度九歲

六月,過陳椿(字女大)于山草堂,陳椿見贈《常建詩集》。

按:題《常建詩集》:『萬曆戊子歲(一五八八)夏六月,偶與陳平(之)[夫]、鄭性之過陳女大于山草堂,女大出此見贈。』(馬泰來整理《新輯紅雨樓題記　徐氏家藏書目》,第一一九頁)

又按:參見萬曆二十七年(一五九九)。

十一月,兄熥及謝肇淛北上春官,送至劍津,謝肇淛、陳薦夫有詩別之。

按:謝肇淛有《劍津別徐興公》:『羈心不成寐,欲別更淒凉。驛路千山色,長天一鴈行。江聲寒度月,劍氣夜飛霜。最羨東流水,從君入故鄉。』(《小草齋詩集》卷十二)

按:陳薦夫有《〈燕京篇〉送唯和北上》(《水明樓集》卷二)。

作《煬帝行宫》(《鼇峰集》卷十三)。

徐熥有《煬帝行宫》二首,其一:『滿目繁華一夕空,至今行客説離宫。垂楊舊見朱旗繞,芳草曾經翠輦通。商女歌殘花落後,妖姬魂散月明中。可憐淮水龍舟戲,聽得江南曲未終。』其二:『廢殿荒凉噪暮鴉,廣陵潮滿夕陽斜。一從鳳輦歸黄土,無復龍舟駐翠華。春盡冷烟生蔓草,夜深明月照璚花。當時複道今何處,半屬蕪城百姓家。』(《幔亭集》卷七)

按：熥詩爲北上春官作。疑興公詩亦作於稍晚。

作《古意》(《鼇峰集》卷十三)。

徐熥有《古意》：『一天秋色露華清，獨倚妝台別恨生。錦字緘愁過薊水，寒衣將淚到遼城。夢回萬里金微路，腸斷三更玉箸聲。起視明河人不見，朔雲邊月總關情。』(《幔亭集》卷七)

是歲，結識陳仲溱(字惟秦)。

按：《陳惟秦像贊》：『憶與君之締結，在神皇之十六載。』(《文集》册十二，《上圖稿本》第四五册，第三〇八頁)

是歲，父棉日爲解説《擬古樂府》二三首。

按：題《擬古樂府》：『余童稚時，先君日爲余解説二三首，嘗謂其如老吏斷案，令人箝口咋舌也。邇來雖博覽群籍，年齒既壯，隨覽隨忘，不如少時用志不分耳。此乃二十年前事，思之愴然。』(馬泰來整理《新輯紅雨樓題記 徐氏家藏書目》，第一五五頁)

又按：題《擬古樂府》作於萬曆三十七年(一六〇九)，『二十年前』即本年。本年𤊹已十九歲，稱『童稚』恐不宜。疑『二十年前』或爲『三十年前』之訛，萬曆六年(一五七八)，徐𤊹九齡，則在童稚之歲耳。暫存疑於此。

是歲，兄徐熥成舉人。

按：《荆山徐氏譜·世系考》：『萬曆戊子科登潘洙榜。』

又按：《徐熥傳》：『萬曆十六年，以鄉薦上春官。』(陳鳴鶴《東越文苑傳》卷六)

是歲，池顯方生。

按：池顯方（一五八八——一六四四後），字直夫，號玉屏子，同安中左所（今厦門本島）人。天啓四年（一六二四）舉人。唐王時官禮部主事。有《晃巖集》。曹學佺采其詩入《石倉十二代詩選》。

萬曆十七年己丑（一五八九） 二十歲

徐㭿七十七歲，鄧原岳三十五歲，徐熥二十九歲。謝肇淛二十三歲。曹學佺十六歲，林古度十歲

秋，兄熥及謝肇淛下第，熥作《緑玉齋記》，𤊹作《題緑玉齋》。謝肇淛、陳椿、陳价夫等過緑玉齋，有詩。《緑玉齋叙》：『何仙效靈，占于山而托跡；野夫招隱，卜山下以棲幽。遂築小齋，聊供偃卧。危峰對聳，旗丘石鼓争雄；秀色可餐，金粟蓮花映發。殘山剩水，每從天末獻奇；返照歸雲，常在眼前幻景。萬竿密筱，依曲徑以凌霄；半夜疏枝，當虚窗而亂月。晝長門掩，真似小年；山静人稀，元同太古。科頭兀坐，窺人學張鷹之風；把臂入林，命駕動王猷之想。聽處却疑舞鳳，曳來或化爲龍；何可一日無君，不問林中是尹。四簷緑蔭，一榻青來，興至則理咏南樓，醉後猶開尊北海。平生無長物，滿壁琴書；半嶺有餘音，數部鼓吹。此正宜置丘壑之中，棲遲衡門之下者也。𤊹跡猶蓬累，逸在布衣。俗韻寡諧，豐草鹿麋爲友；杜門自適，寒山片石堪言。量腹進芝苓，欣然一飽；度形扈薜荔，豈曰無衣。游目騁懷，天然圖畫；逃虚息景，痼疾烟霞。環四序而皆宜，心神之俱暢。著七不堪以謝客，敢方叔夜之高標；賦《五噫歌》於闗門，願躡伯鸞之逸軌。漢陰抱甕，息彼機心；東海投竿，堅兹遠志。蒼梧翠柏，可指爲盟；夜鶴曉猿，實聞斯語。萬曆己丑秋日，緑玉齋主人題。』（《文集》册一，《上圖稿本》第四二册，第四四—四五頁）

按：此篇爲譜主現存早年作品之一。

徐熥有《綠玉齋記》，前半云：『余家九仙山之麓，寢室後有樓三楹，顔曰「紅雨」。樓之南有園半畝，園中有小阜，家大人舊結茅於上，僅遮雨露，而苦於不便卧起，且無以置筆硯書畫之屬。歲己丑，余下第還山，乃易構小齋于山之坪。由園入齋，石磴數十級，曲折逶迤，列種筠竹。齋前隙地，護以短墻，翳以蘿蔓。墻下藝蘭數本，置石數片。齋傍灌木環匝，下置石几一，石榻二。夏月坐陰中，鳥語間關，蟬聲上下，足當詩腸鼓吹。齋止三楹，以前後爲向背，中以延客，左右二楹，差可容膝。余兄弟讀書其中。無長物，但貯所蓄書數千卷而已。山中樹木雖富，惟竹最繁，素筍彤竿，扶疏掩映。窗扉不扃，枕簟皆綠；清風時至，天籟自鳴，故名以「綠玉齋」云。』（《幔亭集》卷十七）

謝肇淛有《飲徐惟和綠玉齋，得喧字》：『綠玉齋頭酒一尊，桃花疑是武陵源。飛雲片片時留榻，山色青青半在門。海國秋風聞落葉，鼇峰凉雨送黄昏。滄洲白眼愁看汝，若個於今可避喧。』（《小草齋集》卷十八）

謝肇淛《八月十四夜，同陳汝大、陳伯孺集綠玉齋》：『秋色將分夜更凉，齋頭綠玉似瀟湘。』（《小草齋集》卷十八）

按：陳伯孺，即陳价夫。詳隆慶四年（一五七〇）。

是歲或稍早，與兄熥、陳仲溱、陳薦夫、陳鳴鶴等登玉皇閣，登萬歲寺塔，有詩。作《登玉皇閣》（《鼇峰集》卷十二）。

按：王應山《閩都記》卷五《郡城東南隅》『九仙觀』條：『（于山）寥陽殿之南有喜雨樓，其北有玉皇閣。』

陳惟秦有《登玉皇閣》：『傑構稱雄據，登臨望眇然。平臺出霄漢，古樹入雲烟。玉座紅霞擁，珠宮絳節懸。鼇峰形岝崿，雉堞勢盤旋。八郡雙門鎖，三山萬井連。馬江環似帶，烏石小如拳。吞吐璚河月，微茫碧海天。香花飄夜夜，瑶草燦年年。青靄沉鐘磬，丹爐鍛汞鉛。茫茫塵世裏，那識大羅仙。』（《全閩明詩傳》卷三十一『萬曆』）

徐熥有《登玉皇閣》：『傑閣開靈境，瑶壇接太空。層甍青嶂裏，飛檻白雲中。海上蓬萊島，人間太乙宮。六鼇峰逶邐，五虎勢巃嵸。漸與塵寰隔，還於帝座通。天都低日月，地軸隘華嵩。遠眺龍台古，回看雉堞雄。階生瑶草緑，爐伏大丹紅。妙訣傳金母，高旛捧玉童。驂鸞逢子晋，騎鹿揖韓終。自識玄關妙，因知道教崇。九仙遺跡在，何必訪崆峒。』（《幔亭集》卷十）

陳薦夫有《登玉皇閣》：『飛閣依岧嶢，攀躋出絳霄。梯盤千級峻，山接九仙遥。上帝垂衣處，諸靈擁節朝。爐烟將雪捲，旛影隔花飄。粉堞光回合，浮屠勢動摇。雙門金作闕，萬壽玉成僑。俯挹鼇峰秀，平吞馬瀆潮。江遺螺女佩，台建越王標。貔虎彊場集，鯨鯢島嶼銷。花封分九邑，柳陌會千條。魏闕天非遠，長安日可邀。所希呼吸裏，同此祝神堯。』（《水明樓集》卷四）

作《登萬歲寺塔》（《鼇峰集》卷十二）。

按：萬歲寺塔，又名定光塔。王應山《閩都記》卷五《城郡東南隅》『萬歲寺』條：『在法雲寺之西。唐天祐元年，閩王審知建。梁開平中，表請祝萬歲壽，故名。又創定光塔七層……萬曆間，僧碧雲來住此山，募緣葺治。』

陳鳴鶴有《登萬歲寺塔》：『寶塔朝初霽，秋風散紫烟。十方高頂見，七級半空懸。山色青圍郡，

江流白礙天。悠悠來往者，何處渡迷川。』（《泡庵詩選》卷四）

徐熥有《登萬歲塔》：『寶塔凌霄迥，登攀俯九垓。山河天際繞，樓閣日邊開。旛影依簷落，鈴聲拂檻來。馬江波浩渺，雉堞勢縈回。隔嶺留殘照，遥空度晚雷。炊烟生下土，禪誦出香台。僧自山腰住，人從樹杪回。迷川今日渡，劫火往年灰。上界疎鐘動，孤城斷角催。幾思題偈別，古壁半蒼苔。』（《幔亭集》卷十）

作《送竈神十二韻》（《鼇峰集》卷十二）。

按：以上三詩爲興公早歲之作，暫繫於此。

是歲，于白沙覓得元戴良《戴九靈集》三冊。

按：題《戴九靈集》：『萬曆己丑年，余往白沙徵租，遇一塾師，見童子案上有《戴九靈集》三冊，蟲殘蛀朽，國初印刷也。余雅知九靈先生文名，遂丐之塾師，而童子因師故，遂以惠余。』（馬泰來整理《新輯紅雨樓題記　徐氏家藏書目》，第一四三頁）

又按：白沙，在今閩侯縣閩江邊。據此條，徐氏有田在白沙。

又按：參見萬曆三十年（一六〇二）。

是歲，盛讚閩令陳惇臨。

按：鈔本《續筆精》卷一『閩令雅量』條：『萬曆己丑間，閩令陳惇臨，潮陽人，寬洪慈愛，士民戴之。』

又按：陳惇臨，潮陽（今廣東潮州）人。萬曆十四年（一五八六）進士，閩縣知縣。

約於是歲，陳薦夫作《六子詩·徐惟起》。

陳薦夫《六子詩·徐惟起》：『徐生抱壯圖，體質何獨變。退若不勝衣，允矣明時彥。擁書數萬卷，何假百城面。探賾詎言疲，登臨不知倦。拆理采腴辭，論文存片善。直是清虛來，非與紛華戰。勉旃賦《子虛》，還期漢廷薦。』（《水明樓集》卷一）

按：『六子』爲陳椿（字汝大）、陳鳴鶴（字汝翔）、徐熥（字惟和）、徐𤊹（字惟起）、陳邦注（字平夫）、陳价夫（字伯孺）。若加上陳薦夫本人，則爲『七子』。

是歲，福州大旱，郡守江鐸黷神。

謝肇淛《五雜組》卷一『天部』：『萬曆己丑，吾郡大旱，仁和江公鐸爲守，與城隍約，十日不雨則暴之，既而暴又不雨，則枷之，良久始解。無何，江至芋江，登舟，墮而傷足，病纍月，幾殆。人以爲黷神之報也。』

按：江鐸，字士振，仁和人，時爲福州太守。

萬曆十八年庚寅（一五九〇）　二十一歲

徐𣚥七十八歲，鄧原岳三十六歲，徐熥三十歲，謝肇淛二十四歲，曹學佺十七歲，林古度十一歲，徐陸一歲

正月，元日，與嶺南曾仕鑒集小齋。

作《庚寅元日，嶺南曾人倩集小齋分韻》（《鼇峰集》卷十三）。

按：曾仕鑒，字人倩，南海人。萬曆十三年（一五八五）舉人，歷官户部主事。有《慶曆》《公車》二集。

徐熥有《庚寅元日，曾人倩過訪，同謝在杭分韻》：『故人騎馬到巖阿，同泛椒花醉薜蘿。别後青雲俱未達，鏡中華髮近如何。鷗盟隱去還堪結，馬齒年來覺漸多。新柳河橋初綻緑，明朝且莫賦驪歌。』（《幔亭集》卷七）

春，送耿定力學憲參藩大梁。

作《江行即事》（《鼇峰集》卷十三）。

作《送耿學憲參藩大梁》（《鼇峰集》卷十三）。

按：耿定力，字子健，麻城（今屬湖北）人。隆慶五年（一五七一）進士，萬曆初爲福建督學副使。〔萬曆〕《福州府志》卷四十二《官政志五》：『定力具人倫鑒，校士三年，有才之士，咸得見賞，未嘗局取一塗，所識拔，後無不爲名士者。』

作《送陳仲徽之齊省兄》（《鼇峰集》卷十三）。

徐𤊹有《送陳仲徽之齊省兄》二首，其一：『都亭對酒起愁聲，芳草萋萋感别情。一片飛帆揚子渡，五更歸夢越王城。客途社早初逢燕，官舍春深好聽鶯。念我征鞍方暫息，不堪江上送君行。』其二：『堤畔流鶯不可聞，此行應念鶺鴒群。孤舟夜渡秦淮月，匹馬朝衝泰岱雲。故國烟花隨夢斷，天涯春色隔江分。欲知别後相思意，惟有登樓對夕曛。』（《幔亭集》卷七）

四月，長子徐陸生。王孔振贈《孟東野詩集》。

作《生子》：『庚年卯月日當辰，蓬矢懸門喜氣新。』（《鼇峰集》卷十三）

按：徐陸生年詳本卷首引陳衎《徐存羽墓誌銘》。

又按：《荆山徐氏譜》：『陵……生萬曆二十八年庚子二月二十日子時。』『二月』誤，當以興公詩所記爲是。

又按：題《孟東野詩集》：『萬曆庚寅（一五九〇）夏日，偶與謝在杭訪王孔振所居。孔振案頭有此集，翻閱良久，孔振知余愛誦，遂以見贈。』（馬泰來整理《新輯紅雨樓題記　徐氏家藏書目》，第一二二頁）

七、八月間，與陳鳴鶴、陳价夫、徐𤊹集陳椿于山草堂。

又按：參見萬曆二十七年（一五九九）。

作《秋日，同陳汝翔、陳伯孺、惟和兄集陳汝大于山草堂》（《鼇峰集》卷十）。

按：台嶼陳氏，徐𤊹有三友：鳴鶴（字汝翔）、益祥（字履吉）、仲溱（字惟秦）。徐𤊹《台嶼陳氏族譜序》：『余自弱冠論交，兹及壯歲，有友三人焉，曰汝翔氏，曰履吉氏，曰惟秦氏。之三人者，皆一時文人，又皆台嶼陳氏派也。』（《文集》册一，《上圖稿本》第四二册，第五〇頁）

徐熥有《秋日，同汝翔、伯孺、惟起集汝大山齋》：『高齋秋氣清，殘暑坐來輕。竹外商飈度，松間天籟生。一杯桑落酒，千載薜蘿盟。我輩疎狂甚，誰當嵇阮名。』（《幔亭集》卷五）

作《登圓峰閣》（《鼇峰集》卷十）。

按：王應山《閩都記》卷二十一《郡西侯官勝跡》『圓峰閣』條：『在唐舉山。又名圓通。一峰聳秀，臨于江滸，建閣其上，祀馬仙。』

徐熥有《遊圓峰閣》：『古閣枕溪濱，年代已湮没。山勢何嶙峋，溪聲無停歇。老樹倚雲根，寒泉溜山骨。我來陟孤岑，石徑蒼苔滑。朝餐嶺上霞，夜漱波心月。處處烟景移，步步清興發。臨風開素襟，空山坐超忽。』（《幔亭集》卷二）

九月，八日，與陳宏己、胡時驥、王崑仲、謝肇淛買舟遊鼓山。九日，登鼓山絶頂。遊凡五日。衆人有詩，作《九日鼓山宴遊序》；陳宏己有《鼓山遊記》，徐熥作《遊山集序》。

作《宿江邊店有懷伯孺》（《鼇峰集》卷十）。

按：明代福州郡城官民庶衆由城中往鼓山，通常由臺江乘船順流至鼓岐（鼓山脚下）。

謝肇淛有《九月八日同陳振狂、王玉生、徐興公往石鼓，泛舟白龍江》：『佳辰催載酒，一棹扣龍宮。遠寺鐘聲外，危峰水氣中。平沙連渚白，殘日射江紅。預檄山靈聽，登山是謝公。』（《小草齋集》卷

十二）

按：閩江東流至南臺島一分爲二，北側爲白龍江（今稱閩江、臺江），南側爲烏龍江。王應山《閩都記》卷十四《郡南閩縣勝跡》『白龍江』條：『城南嘉崇里。又名臺江，與閩江同源，至洪塘岐爲二，北行者經釣龍臺爲臺江，納北上衆流過鼓山，復與南行者合流，匯於馬江，歷閩江，以達於海。』

作《舟中望古寺》（《鼇峰集》卷十）。

謝肇淛有《舟泊鼓山下》：『水國蒹葭冷，霜天鴻鴈還。江空多得月，潮遠不分山。犬吠荒村裏，漁歌亂竹間。爲看雙屐在，拂曙共躋攀。』（《小草齋集》卷十二）

作《東漈橋晚坐》（《鼇峰集》卷十）。

按：東漈橋，即東際橋。張燮《遊鼓山記》：『出東門三十里，抵山麓，白雲廨院在焉。院之外，有橋覆水，而亭其上，水琮琮有聲，名東際橋。』（《霏雲居續集》卷三十九）

作《山中破寺》（《鼇峰集》卷十）。

謝肇淛有《九日登鼓山絶頂》（《小草齋集》卷十八）。

謝肇淛有《經鼓山廢寺》：『四壁霜飛猿嘯哀，風高木落氣悲哉。江南秋色關河動，海上浮雲天地回。幾字殘碑眠亂草，千年流水注空臺。山丘人代成今古，萬事傷心涕淚催。』（《小草齋集》卷十八）

謝肇淛有《望海門》《宿靈源洞》（《小草齋集》卷十二）。

作《九日鼓山宴遊序》：『夫白帝司權，黄菊籬邊呈色；金商轉候，紫萸囊裏生香。兹當九日之辰，共作登高之樂。中原王、謝，鄴下陳、徐，遂挾青尊，同尋白社。小舟可買，泝幾百里之鯨波；雙屐堪携，歷千萬層之鳥道。曉攀壘嶂，千頭古木撑雲；夜渡石門，四壁垂蘿掛月。崔嵬覆嶺，嵐光松影交青；幽翳叢林，蟬咽籟聲鬥響。遥觀大海，蜃氣成樓；俯瞰長江，馬頭如帶。北拱已低蓮嶼，西來又隘旗丘。蕞爾一區，隱隱無諸城郭；渺然數點，茫茫天外琉球。巖中流水去何方，法祖誦經喝絶；山半祇林遺故址，樵夫舉火燒殘。借宿虚龕，對高僧參禪演偈；采真深洞，與坐客酹酒賦詩。狂遊遍靈跡之中，意氣超形骸之外。兹遊特妙，勝事堪傳。何必登戲馬之臺，不讓陟龍山之頂。故人生貴適志，幾人能共此烟霞；而行樂須及時，爾輩當堅盟泉石。凡我同志，請各摛詞。萬曆庚寅九日。』（《文集》册一，《上圖稿本》第四二册，第一二三——一二四頁；黄任《鼓山志》卷七文字偶有小異，篇末無『萬曆庚寅九日』六字）

陳宏己《遊鼓山記》：『次日（九月八日），日中，在杭乃與德長、徐惟起策款段，纍纍來，入余花陰中飯。飯已，趣買舟治具，而王玉生亦追至。薄莫，相與登舟，發白龍江，出萬壽橋，停竹林下。良久，月隱隱出艻崱峰，江光如鏡，亟呼數十大白浮之。胡生雅善吴謳，謳安仁《秋興》，賦聲入水，水雲盡興。余恐驚白龍眠，止之。因各刻燭爲韻，燭跋，報已抵山下。開蓬望艻崱，如在天上，然其翠色往往欲壓余舟。尋泊港口待潮，宿。在杭詩未就，枕畔若寒蟬吟，時時蹴余，報所得句，余悉從噂囈中賞之。五鼓，潮生，進舟山前大松樹下。山色微曙，長年令婦起，作食已。玉生、惟起、在杭前導，胡生與余後。輕重諸從者，所齎衣糧酒脯至寺，則玉生已先登矣……（喝水巖）巖有石室，比爲寶珠和尚創庵所毁，兼滅奇石之半，不能無恨焉。餘石壁仞立，多宋元及近代名人篆刻，澗中有穴如甕，内方半版，曾有畸人隱其中，惟起舊時猶及見之，今爲榛莽塞矣……胡生名時驥，王生名崑仲，徐生名𤊹，謝生名肇淛，遊凡五日，得詩若干首。』（黄任《鼓山志》卷八）

按：徐熥《遊山集序》：『今年九日，陳振狂、王玉生、謝在杭、仲弟惟起，將買舟遊，邀余同往。適余與陳汝大有于山登高之約，不果……在杭既彙集遊稿，殺青以傳，而屬予序其簡首，庶幾當卧遊之一助耳。萬曆庚寅重陽後二日題。』（《幔亭集》卷十六）

作《鼓山歸宿陳振狂蘆中磯》（《鼇峰集》卷十）。

按：陳振狂，即陳宏己。詳隆慶四年（一五七〇）。

謝肇淛有《鼓山歸宿振狂江亭，得文字》：『絶頂尚氤氲，歸程已落曛。舟回門外樹，人出袖中雲。峰影看時失，鐘聲乍可聞。烟霞吾欲老，休勒北山文。』（《小草齋集》卷十二）

作《送鄭四之燕》（《鼇峰集》卷十）。

按：〔乾隆〕《福州府志》：『鄭琰，字翰卿，閩縣人，布衣任俠，閩中詞舘諸公争延致之。高文典册，多出其手。每閉閤不聽出，琰笑曰：「吾具有鬚眉，安能作三日新婦，悒悒悶死？」遂走之金陵。新安富人吴生以上客禮之，琰醉後嫚駡，爲吴所構捕，置京兆獄，瘐死。所著有《翰卿詩選》《二陬詩稿》，徐𤊹常稱琰工七言，少游邊疆，集中多悲壯語，有《半生行》，尤膾炙人口。』（卷六十《人物·文苑》）

又按：鄭琰《半生行》，其《序》云：『余垂髫與徐興公交莫逆，萬曆庚寅，浪遊南北。』（《列朝詩

集》丁集卷十）

陳益祥有《送鄭翰卿北遊，兼呈張天琢》：『秋色滿江皋，離亭紛落葉。遊子儆遠裝，陸離雙長鋏。畏途我覺行路難，君行何處何投驩。東涉淮徐北燕薊，壯心直欲窮棲蘭。吾聞馬嶺黄沙寒，紫寨鴈門霜月清。無對彩筆雄摛白雪詩，千山霽色如相待。形勝多憑詞客語，詩人亦藉江山助。人歷江山得幾回，江山閲世應無數。君行莎草正催尖，鴈陣驚寒君避炎。世人不畏寒暄逼，何處青山不可潛。潛乎潛乎君早歸，投閒莫忘故山薇。三吴倘遇玄真子，爲道烟霞已息機。』（《采芝堂文集》卷三）

徐熥有《送鄭翰卿遊燕》二首，其一：『慷慨辭家事北遊，黄沙萬里使人愁。市中擊築悲歌日，爲覓荆卿舊酒樓。』其二：『大夢山前片月孤，送君走馬入燕都。黄金臺上生秋草，猶有當年駿骨無。』（《幔亭集》卷十三）

秋，遊方廣巖，舟中懷林應起。此間作有夜泊錢塘詩。歸，徐熥有詩紀之。

作《送人之咸陽》：『白雁聲哀暮杵寒，江頭送客向長安。』（《鼇峰集》卷十三）

作《方廣巖》（《鼇峰集》卷十三）。

按：（萬曆）《永福縣志》卷一《地紀》『方廣山』條：『在城西四十里。五代漢乾祐二年建寺，我明永樂十四年重建，今廢。山半有巖曰「方廣巖」，石室深廣，可庇千人。』

作《舟夜》：『漂泊扁舟宿水涯，夜深凉露濇蒹葭。』（《鼇峰集》卷十三）

作《錢塘夜泊》：『一葉扁舟逐逝波，碧山千點野烟和。霜深驛路青楓少，秋老關河白雁多。遠寺疎

鐘醒客夢，殘更涼雨灑漁簑。風塵荏苒家山隔，愁絶那堪聽棹歌。』（《鼇峰集》卷十三）

作《山家投宿》《送别》（《鼇峰集》卷四）。

作《舟夜有懷熙吉》（《鼇峰集》卷四）。

按：林應憲（？—一六一〇），字熙吉，人瑞翁林春澤長子，應起兄，侯官人。萬曆間閩中詩人。工書。

又按：徐𤊹《林熙吉像贊》：『名爲憲，字爲吉。温乎其容，朴乎其質。托跡兮雲山，寄情兮緗帙。文著五千，年過四十，何物□長，揮毫洒墨。客雖懷以千金，不能買臨池一筆。交友有素心，到門無俗客。夫夫也，乃翩翩濁世之佳公子，故與徐生最稱莫逆也。』（《文集》册十二，《上圖稿本》第四五册，第二七五—二七六頁）

十二月，作除夕詩，高堂在上，兄弟和穆，穉子學語，其樂融融。

作《庚寅除夕》：『白頭堂上添年健，黄口筵前學語嬌。』（《鼇峰集》卷十三）

是歲，林應起于方廣巖募建空華閣。

作《方廣巖》二首（《鼇峰集》卷十三）。

按：王應山《閩都記》卷二十八《郡西南永福勝跡》：『萬曆庚寅，林太守春澤子應起募建空華閣於巖之下。』

是歲，王世貞卒，年六十五。

萬曆十九年辛卯（一五九一） 二十二歲

徐棉七十九歲，鄧原岳三十七歲，徐熥三十一歲，謝肇淛二十五歲，曹學佺十八歲，林古度十二歲，徐陸二歲

元日，同謝肇淛、陳鳴鶴飲九仙觀並訪趙道士。

作《辛卯元日，同謝在杭飲九仙觀，訪趙道士》（《鼇峰集》卷十三）。

按：九仙觀，在九仙山。九仙山又稱于山，在福州城南。王應山《閩都記》卷五《郡城東南隅》『九仙觀』條：『在于山之東。宋崇寧二年建天寧萬壽觀。紹興間改爲報恩廣孝，尋更光孝。政和間，郡守黄裳創樓閣。元至正初，改今名……相傳漢時何氏兄弟九人兹山修煉，後解化於九鯉湖。』

謝肇淛有《辛卯元日，同汝翔、惟和登九仙山，過趙道人》：『青陽初動越王州，蠟屐從君散九愁。野客山中携緑蟻，道人洞裏卧青牛。高臺殘日烽烟静，海國春風草木柔。自笑萍踪無住着，相逢到處是丹丘。』（《小草齋集》卷十八）

春，與胡時驥等遊金鷄山棲雲庵，胡時驥爲繪其壁。劉克治歸南海。

按：謝肇淛《遊金鷄山棲雲庵記》：『興公爲余言：少時曾一至此。及睹壁問題，則辛卯春與胡德長輩來者。德長爲繪其壁。』（《小草齋文集》卷九）

又按：王應山《閩都記》卷十一《郡東閩縣勝跡》『金鷄山』條：『在孝義里，去城三里而遥。相傳秦時望氣者謂有金鷄之祥，遂斫其山脊。』又『棲雲庵』條：『在金鷄山之巔，灌木幽鬱，寂青可憩。每曉起，萬松浮青，白雲英英在其下。國朝嘉靖間，郡人王應鍾募緣建。』

又按：胡時驥，字德長。

作《送王生入蜀》二首、《送僧還山》（《鼇峰集》卷十三）。

作《送人罷官歸四明》：『獨憐春盡百花飛，何事同心又遠違。』（《鼇峰集》卷十三）

作《送劉季德歸南海辛卯》（《鼇峰集》卷十）。

按：劉克治（？—一六〇七），字季德，廣東順德人。入閩，與徐熥、徐𤊹兄弟酬倡。徐熥有《送劉季德還嶺南》：『盡此一杯酒，送君心黯然。魂飛瘴嶺外，路指海雲邊。春老花隨馬，潮平月到船。相思當後夜，閩粤異風烟。』（《幔亭集》卷五）

夏，與林應憲、林應起、鄧原岳、王崑仲、兄熥遊錦溪竹林。

作《同林熙吉、林熙工、鄧汝高、王玉生、惟和兄集錦溪竹林》：『選勝共班荆，重林暑氣清。』（《鼇峰集》卷十）

按：鄧汝高，即原岳。詳隆慶四年（一五七〇）。

又按：王玉生，即崑仲。詳隆慶四年（一五七〇）。

又按：王應山《閩都記》卷十九《湖西侯官勝跡》『錦溪』條：『在南嶼，旗山之别渚也。』竹林，即竹林山莊、竹林草堂。

鄧原岳《同林熙吉、熙工，王玉生，徐惟和、興公遊錦溪竹林》：『苦愛西溪竹千挺，修篁瑟瑟逗晴暉。石林空翠和烟潤，澗道流泉作雨飛。載酒偶隨芳草去，回車猶惜白雲違。山中桂樹堪招隱，矯首風塵幾是非。』（《西樓全集》卷五）

按：鄧原岳《行卷小序》：『余既歸自長安，則謝客之竹林舊里，携筆床茶竈往也。庶幾有賢豪命駕者乎，則把臂入林耳。』（《西樓全集》卷十二）

又按：郭柏蒼《柳湄詩傳》：『鄧定築耕隱堂在東郊竹嶼，原岳仍其地成竹林草堂。』（《全閩明詩傳》卷三十三引）

徐熥有《同林熙吉、鄧汝高遊錦溪竹林》：『一路盡莓苔，濃陰晝不開。山依迂澗轉，泉逐斷橋來。同坐松間石，還傾竹下杯。隔溪烟磬晚，欲別又遲回。』（《幔亭集》卷五）

七月，父棉召徐熥、徐𤊹，擬爲書生平得意詩；前此，熥曾爲匯刻一帙。

按：題《先君子手書詩卷》：『萬曆辛卯之秋，先君年七十有九，耄矣。忽一日召熥、𤊹諭曰：「汝輩俱以四聲馳譽，吾心甚喜，家學不墮，是在汝輩。然吾生平有得意詩百數篇，可出長箋，吾爲汝書之。」熥對曰：「正兒之所深願而不敢請者也。」……先君平生之詩頗夥，熥曾匯刻一帙。』（沈文倬《紅雨樓序跋》卷二，第九一頁）

七、八月間，集于山草堂。有詩送鄭琰遊邊，又送人遊荆門。

作《寄鄭琰》（《鼇峰集》卷十）。

陳仲溱有《寄懷鄭十四翰卿客邊》：『孤劍遠横行，淒其遊子情。秋風吹黍穀，落日薊門城。黯然

魂千里，蕭蕭葉數聲。客心方寂寞，永夜月長明。』（《晋安風雅》卷六）

徐熥有《懷鄭四琰客邊》：『仗劍干明主，壯心殊未休。風塵閩海夢，烟月薊門遊。相憶坐與卧，去家春又秋。君懷棄繻志，當斬樓蘭頭。』（《幔亭集》卷五）

作《送人遊荆門》：『征途草正秋，何事入荆州。』（《鼇峰集》卷十）

作《雜詩》三首（《鼇峰集》卷四）。

八月，六日，兄徐熥北上春官，吐氣如虹。同行者有莆田陳臣翰。同諸友人于江干送熥。

作《賦得寒雲孤雁送兄北上》二首（《鼇峰集》卷十）。

謝汝韶有《送惟和上春官》：『晋安推獨步，才子屬修仁。舊業三冬足，嚴裝八月辰。驪駒歌駕路，鷓鴣出風塵。肅肅商飆起，紛紛落葉新。秋雲停羽蓋，寒雨動征輪。萬里青萍劍，高堂白髮人。行行各努力，不必淚沾巾。』（《天池存稿》卷四）

陳鳴鶴有《送惟和上春宫》：『車轔轔，夜將旦。騰空出匣電光爛，遊子氣勃勃，駕車薄霄霄。』（《泡庵詩選》卷三）

按：謝汝韶，肇淛父。〔乾隆〕《福州府志》卷五十三《人物》：『謝汝韶，字其盛，長樂人。嘉靖戊午舉人。初授錢塘諭，弟子翕然稱得師。歷令武義、安仁，以廉明著。遷承天同知……以持正與時忤，左遷吉府長史……掛冠歸，年方四十餘。杜門著書，有《碎金集》《天池存稿》。』

又按：徐熥、徐𤊹長姐徐淑，陳氏所出，適汝韶。

謝肇淛有《送惟和再上春官》：『當年擊築共翩翩，萬里風塵最可憐。今汝獨爲燕地客，豈堪重上

芋原船。霜花北塞莽愁目，烟草南朝空復年。梁苑文園工獻賦，漢家東閣正須賢。』（《小草齋集》卷十八）

按：徐熥赴京途中作《客中憶惟起惟揚弟》：『誰憐歲晚滯征途，無那離心滿五湖。花外烟霞雙屐冷，竹中風雨一燈孤。』（《幔亭集》卷七）

八、九月間，與潮上人等僧人遊。同陳椿、鄭性之等燕集平遠臺。

作《題潮上人房》（《鼇峰集》卷十）。

按：潮上人，即真潮上人，永泰方廣巖僧。據謝肇淛《遊壽山九峰芙蓉諸山記》（《小草齋文集》卷九），真潮上人與徐、謝有往來。

作《爲潮上人募緣誦經疏》：『伏以禪無文字，乃稱不二法門；佛與衆生，本來同一真性。故傳西方聖教，只憑萬寶琅函；啓下界迷途，全賴千花貝葉。三千秘密，非講解無以識其端倪；萬姓凡愚，不闡揚莫能窺其旨趣。開兹講席，度一世而渡恒河；泛彼慈航，拯萬人而離苦海。乃真潮上人者，神智無方，慈悲應物。九年面壁，全銷六塵五蘊之魔；廿載披緇，誦遍三萬六千之偈。法衣久着，黄梅縣裏□來；錫杖一飛，方廣嵓中至止。』（《文集》册十，《上圖稿本》第四五册，第一一一頁）

作《送僧還匡廬》《逢滇南寶上人》（《鼇峰集》卷十）。

作《秋日同女大、性之平遠臺燕集》（《鼇峰集》卷四）。

九月，送謝肇淛北上春官，同社詩相送，作詩序。是月，父棉卒，囑葬東嶽。

作《江上再送在杭》：『功名在少年，相期永無斁。』（《鼇峰集》卷四）

作《送謝在杭北上春官序》：『聖天子公車聘士，各出小草于深山；謝孝廉分袂離人，共折衰楊于古驛。千重雲樹，已動離歌；半嶺斜陽，遥催別酒。于時金飆蕭瑟，征途幾處黄花。玉露零瀼，天末數聲白鴈。芙蓉開而丹楓冷，茱萸噴而碧梧飛。覓寶劍於延津，夜半雙龍起聽；睹金精於閶闔，墓前群虎争迎。懷郭隗而登臺，燕山動色；吊荆軻而擊築，易水生寒。北望長安，帶礪河山萬里；仰瞻帝闕，嵯峨宫殿九重。曉聞長樂之鐘，日上天禄之閣。三條九陌，踏碎香塵；萬户千門，歌殘雪調。平康堪買醉，美人高髻玉盤龍；上苑好看花，才子雕鞍金絡馬。臨軒三策天人，期董子陳言；召對千章凌雲，侍長卿獻賦。既爲昆山片玉之客，毋忘楚庭抱璞之夫。兹者偉餞臨岐，征驂不住；青山稠叠，掛我心旌。緑樹霏微，伴君行李。凡我同志，請各賦詩。萬曆辛卯季秋之朔。』（《文集》册一，《上圖稿本》第四二册，第一一〇—一一一頁）

按：此文是興公較早的送序之一。

又按：徐熥《先考永寧府君行狀》：『先君生於正德癸酉十月二十七日寅時，卒于萬曆辛卯九月二十一日申時，得壽七十有九。』（《幔亭集》卷十八）

按：《祭酒嶺造墳記》：『臨終，詔不孝㶿曰：「吾死期年，當葬我于東嶽。」爾時㶿年纔二十有二，此理亦甚憒憒。』（《荆山徐氏譜·詩文集》，又《文集》册九，《上圖稿本》第四四册，第四〇一頁）

按：參見萬曆八年（一五八〇）、四十一年（一六一三）。

陳翼飛《徐永寧像贊》：『岸夫其容，淵乎其思。杖履逍遥，春風柳枝。圖書數篋，嘯咏自娱。通德名里，柴桑與期。修齡昌後，遺範昭垂。』（《長梧集·贊》）

謝肇淛《徐永寧先生像贊》：『軒兮若孤鶴之將翔，頹兮若玉山之未峙。眸耿耿兮春星，意仙仙兮烟水。體素被褐，紉蘭扈芷。手殘編以自怡，棄五斗若敝屣。彼盤礴者，徒得其似，而吾則親見其人矣。是能詩酒能詩，能儒能吏，諧能解頤，辯能傾耳。非帶索之榮期，即采芝之黄綺。是則徐翁而已。』（《小草齋文集》卷二十三）

陳薦夫《徐永寧公像贊》：『猗與先生，癯然者形，超然者情。三鱣則粤伯起，五斗則楚淵明。是謂古之遺愛，是謂今之獨行。無田乎，何損于季子；有子也，更當于徐卿。吾安知其不爲金閨之彦，蘭臺之英，而益大乎先生之家聲。於戲！先生既曰茂名，亦可稱永寧。』（《水明樓集》卷十四）

王宇《徐永寧像贊》：『才美而含，政節而甘。煦乎曉日升若木，皎然秋月映澄潭。厭折腰而賦歸，寄容與於筍籃。忽桑間兮幽賞，乍柳下兮高談。于時調若背，對古人何慚。而且家有男兒，紙筆是湛。翩翩文采，詞場司南。則陶令之五，又何如徐令之三！』（《烏衣集》卷三）

按：陶淵明有五子，徐棉有三子。

又按：以上三篇《像贊》作年不詳，附於此。

十一、十二月間，鄧原岳有書致徐熥，擔心興公因父卒而哀慟過度。

鄧原岳有《與徐惟和孝廉》：『乃知素車白旐翩而南者卿耶，爲之絶地太叫，髮上指冠也。尊君素强無疾，何以遽至此……惟起骨立，如少年絶粒僧，不至號慟滅性乎？』（《西樓全集》卷十八）

十二月，除夕，有詩紀父喪。

作《辛卯除夕，是年有先大令之喪》（《鼇峰集》卷十三）。

萬曆二十年壬辰（一五九二） 二十三歲

徐熥三十二歲，謝肇淛二十六歲，曹學佺十九歲，林古度十三歲，徐陸三歲

元月，兄熥白馬素車，由京城奔喪至家。

按：徐熥《讀禮感懷》四首其三：『素車白馬出燕關，風急雲寒雪滿山。當日已拼成死孝，此身何敢望生還。』（《幔亭集》卷七）

又按：謝肇淛《遇徐惟和宅艱南奔》，略云：『今日平原逢爾歸，手持衰絰雙淚垂。來往風霜可憐色，杜鵑處處啼紅血。知君鷄骨不支牀，枯殺巃山幾枝柏。』（《小草齋集》卷八）

春，與兄徐熥、弟徐熛論次父棉生平行事之概，兄熥作《相坡公行狀》（鈔本《幔亭集》作《先考永寧府君行狀》）。有詩寄陳翰臣。

按：徐熥《相坡公行狀》：『徒跣奔歸，痛深屠割，故昏迷之中掩淚捉筆，與弟𤊹、熛論次先君生平行事之概，著之於篇，以傳示來世。』（《荆山徐氏譜·詩文集》，又《幔亭集》卷十八《先考永寧府君行狀》之文與之稍異）

又按：徐𤊹《吴遊記》：『歲辛卯之秋，余不天先大人溘然棄諸孤而逝。是歲壬辰，諸孤痛哭悲號思無以報先人於地下者，乃伯兄手先人生平行誼。』（《文集》册九，《上圖稿本》第四四册，第三八七頁）

作《寄陳子卿》：『東風吹柳緑依依，何事天涯客未歸。』（《鼇峰集》卷十三）

按：陳翰臣（？—一五九九），字子卿，言孫，經邦子，莆田人。萬曆十三年（一五八五）舉人。

徐熥有《寄陳子卿》：『萋萋芳草滿汀洲，爲念王孫獨倚樓。易水悲風孤客淚，潞河寒雨一歸舟。征途入夜勞鄉夢，野店逢春憶舊遊。獻賦不須嗟未達，于今世路總悠悠。』（《幔亭集》卷七）

三月，與王崑仲、陳价夫等遊方廣巖。

徐熥有《送玉生諸子遊方廣巖》：『一葉蘭舟問翠微，滿汀楊柳正依依。谷當絶壁僧行慣，寺隱深溪客到稀。半畝暮雲禪榻冷，幾番春雨水簾飛。花源自是堪逃世，莫學漁郎去便歸。』（《幔亭集》卷七）

按：徐熥未參與此遊。

徐熥有《喜興公弟遊方廣巖歸》：『犬吠竹間扉，遊山客乍歸。杖頭嵐翠在，衣上水簾飛。路入羚羊谷，舟停鷗鷺磯。慚余多勝具，此地却相違。』（《幔亭集》卷五）

按：此詩在《寒食日，熙吉、玉生、惟秦、振狂、伯孺少文集緑玉齋》後、《春暮送周喬卿》前。

陳价夫有《暮春遊方廣巖》：『春陽動微暄，汀草萋以緑。捨舟遵岑厓，名勝寄幽矚。條風散餘靄，曉露猶在竹。徑轉疑路窮，途危詑行肅。緣藤臨絶澗，倚石眺平陸。履險亦忘疲，經奇每駐足。遥瞻最高頂，隱隱蔽雲木。傑閣四五楹，翬飛映川麓。片石覆層巔，穹窿如邃屋。上有百丈泉，霏霏灑璚玉。靈羊出何代，棲止尚有谷。石門競天巧，兩兩相排伏。山僧喜客來，炊黍早已熟。作禮對法王，清齋薦葵菽。朝從樹杪行，暮即雲中宿。烟霞想幽致，世界憫局促。稍以愜素心，能無賤

梁肉。欲隱豈須招，所居安事卜。吾將抗箕潁，詎止羨濠濮。寄語同懷人，胡爲嘆羈束。』（《萬曆》《永福縣志》卷五）

春，爲陳翰臣題墨潭精舍。

作《題陳子卿墨潭精舍》：『數椽精舍花千樹，百尺空潭月一痕。』（《龍峰集》卷十三）

六月十三日，出洪江，北行吴中，爲父棉乞墓誌銘，王崑仲同行。徐熥有書致辭吴中諸友人，言弟𤊹往乞墓銘、墓表事。十三日出洪江，宿舟中；徐熥、陳仲溱等送至江干；陳薦夫送之不及。十四日發舟。十五日，過困關。十六日，夜宿尤溪口，誦韓偓詩。十七日，過劍津（南平），題詩凌虚閣壁間。廿日，取道過順昌。廿二日，抵樵川（邵武），友人邀登熙春台，復移杯入西塔寺，題名。居樵川半月。

作《别惟和兄壬辰》（《龍峰集》卷十）。

按：《吴遊記》：『歲辛卯之秋，余不天先大夫溘然棄諸孤而逝。是歲壬辰，諸孤痛哭悲號，思無以報先人於地下者。乃伯兄手先人生平行誼，予裹三月糧，走吴中丐諸君子一言，以銘先人之幽。遂於六月十三日行。念北堂髮且種種白，重于遠遊，拜别膝前，麻衣增血。日向夕，出洪江，而伯兄惟和、陳生惟秦、王生少文追送江滸。是夜同宿舟中。十四日，别諸子發舟。南風吹帆，駛如飛鳥，依依離恨，與江水同深矣。先是，王子王生欲遊吴昌，約予偕行，亦以是日同乘青雀往，雖有離别黯然之色，而與王生朝夕，真不知何處爲他鄉也。十五，過困關，暑氣灼人，蓬窗如甑，縱長江空闊，而涼飆不起，若身墜火坑中。乃與王生登岸，覓古祠宇樹陰中避焉。薄暮，山后殷殷，雷聲密雲四布，幾番疎雨，直射帆檣，覺病骨稍蘇。十六夜，宿尤溪口，月色如練，萬山鬱蒼，野火星星，棹歌咿呭，余與王生誦韓致堯詩數四，千村萬落，真如寒食哉！十七，過劍津，津乃雷煥化劍所。溪邊有閣數楹，祀雷從事像，人傳風雨時來，雙龍隱見。余登閣再拜，返復登凌虚閣，閣峙城堙，下臨深溪。延、建、邵、汀四水，俱匯于閣下，直抵福州，歸於大海焉。余題詩壁間而歸。時余方有樵川之役。廿日，取道過順昌縣。縣中故饒曲□，與王生沽一斗，坐舩頭。殘月依微，照人襟袖，月黑始罷。廿二日，抵樵川。樵川山水無奇，附郭有熙春臺，友人邀余登之。松風謖謖，滿耳笙簧。臺去西塔寺不里許，復移杯入寺門，訪苾蒭，各題名以紀歲月。余居樵川者半月，僅得一丘一壑之奇，不能無憾。』（《文集》册九，《上圖稿本》第四四册，第三八七—三九九頁）

又按：《文集》此文有裝訂錯亂（遊樵川、初入武夷，置於歸福州之後，當插入過劍津、遊紫陽書院間）。本《譜》據文意加以訂正。

徐熥有《江上送惟起弟》：『别意孤帆遠，行裝一劍貧。何堪哀痛後，復際此風塵。旅館常懷母，長途好愛身。江干一杯酒，相對總沾巾。』（《幔亭集》卷五）

徐熥有《送王玉生遊吴》（《幔亭集》卷七）。

作《寄王百穀》（《幔亭集》卷七）。

按：王百穀，即王穉登。詳隆慶四年（一五七〇）。

陳鳴鶴有《送惟起入吴爲其先明府乞銘》：『秋風正摇落，念爾復何之。丘隴嗟存没。關山惜别離。太湖乘月渡，閩海望雲飛。政待君歸日，争看有道碑。』（《泡庵詩選》卷四）

陳益祥有《送徐惟起之吴爲永寧公求墓誌》：『負土初成幾尺墳，擔簦萬里泣離群。無金何處求諛墓，有道還看乞葬文。驛路淒風千樹響，江天啼鴂寸心焚。窮途莫謂知音少，處處溪山有白雲。』（《采芝堂文集》卷八）

陳薦夫有《興公之吴中乞銘，臨送不及》：『迢遞向雲間，淒凉遊子顔。行將求片石，欲以重青山。到處可乘興，知君惟閉關。臨岐嗟不及，惆悵若爲還。』（《水明樓集》集三）

林光宇有《送徐惟起》：『相歡情未歇，相送恨尤長。解去越江纜，言遊震澤鄉。三秋空對月，一夜幾回腸。爲憶蘇臺上，憑高數雁行。』（《林子真詩》）

王叔魯有《送徐興公入吴》：『風急片帆飛，山山夕照微。未揮雙淚別，先問幾時歸。明月關河隔，清宵夢寐違。縱懷陟岵感，還欲戀春暉。』（《晉安風雅》卷六）

徐熥有《與顧長卿兄弟》：『弟遭此閔凶，五内痛裂。思無可以報先人於地下者，獨有老師一言，足光泉壤。仲弟冒伏暑，裹一月糧，哀籲于門下。仲氏橐中如水，桂玉無資，懇二卿從臾老師，即賜命筆，令得早歸，免弟日切看雲之念耳。所與俱行王生者，雅善丹青，七閩人士無能出其右者。足下今之虎頭，能加一盼，當增聲價幾倍也。』（《幔亭集》卷二十）

徐熥有《與王百穀》：『而仲弟哀杖造王先生，丐幼婦之辭以表兹墓。蓋王先生能自不朽也，故能不朽人。倘先生不棄諸孤而念及先人也，慨然泚筆，則澤枯之仁與貞珉俱久。諸孤幸甚，先靈幸甚！仲弟少年初客，且當哀毁之中，神情肅索，惟先生教督焉。』（《幔亭集》卷二十）

徐熥有《與張幼于》：『先君位不滿德而生平隱行，良有可述，門下當世董狐，而僕又托孔李之好，

謹泣血具實，上干記曹。求門下捃摭成傳，以垂不朽。庶爲先君傳神寫照，存者亡者感張先生，寧有涯哉！』（《幔亭集》卷二十）

徐熥有《與强善長》：『兹仲弟有吴門之役，所與俱者爲王生、玉生，兩人輿復不淺，而王生又雅善丹青，不識能當足下賞鑒否？』（《幔亭集》卷二十）

徐熥《與謝在杭》：『仲弟與王玉生以此月十三日買舟入吴，求吴中諸君子爲先君作志銘、傳、表，計初冬方得返棹。山齋閴寂，無可與語者，爲之奈何？』（《幔亭集》卷二十）

徐熥有《與陳伯孺》：『惟起、玉生於六月十三日解維，昨得其來書，已在樵川矣。計自吴返棹，當在秋杪冬初。山齋寥落，無可與語。近患目青甚劇，心緒尤作惡耳。』（《幔亭集》卷二十）

作《溪行》（《鼇峰集》卷十）。

作《晚次順昌縣》（《鼇峰集》卷十）。

按：李賢《大明一統志》卷七十七《福建·延平府》『順昌縣』條：『在府城西一百二十里。本吴建安郡地，唐貞觀初爲漿水場，垂拱中爲蠲科鎮，景福中改永順場，南唐始置順昌縣。』

作《雙峰驛》（《鼇峰集》卷十）。

按：（順治）《延平府志》卷三《經政志》『雙峰驛』條：『在縣治西。明洪武初，知縣周政建。正德間毁，知縣馬性魯重建。』

作《登熙春臺》（《鼇峰集》卷十三）。

按：李賢《大明一統志》卷七十八《福建·邵武府》『熙春臺』條：『在登高山頂，宋知軍張師中建。』

作《夏日西塔寺避暑》（《鼇峰集》卷十三）。

按：李賢《大明一統志》卷七十八《福建·邵武府》『西塔寺』條：『在府城西。唐建。』

作《樵川曉發》（《鼇峰集》卷十三）。

按：樵川，邵武別名。李賢《大明一統志》卷七十八《福建·邵武府》『樵川』條：『以郡有樵溪。』

七月，初二日，初度，有詩。初五，覓筍輿抵崇安星村，買舟由九曲入武夷山水，遊武夷九至四曲山水；初五至初九夜分別宿於窩宿、棲真閣、懷仙館等處。初十，發星村，遇雷雨，投宿楊家莊。十一日，雨止，午過大安嶺、分水關，入鉛山界。十二日，於鉛山旅舍中見壁門父梠十五年前解組還家所留墨，愴然嗚咽。十三日，覓舟過鵝湖山，夜宿廣信府。十四日，抵玉山縣。十五日，至常山縣。十六日，宿衢州。十七日，過龍遊。十八日，過蘭溪縣。十九日，過子陵釣台。廿日，過桐廬縣。廿一日，至錢塘江口。廿三日，胡御長邀遊杭州吳山，晤許光祚，一見如平生，賦詩爲贈。廿五日，出北關。廿六日，至烏鎮。廿七日，抵吳江縣，謁顧學憲，求一言以銘父梠，舍於諧賞園。廿九日，至吳閶門訪張獻翼、王穉登；舍於張獻翼曲水草堂。獻翼允作梠傳，穉登允作墓表。離家三旬，兩寄家書。

按：胡御長，錢塘人，徐熥稱之爲通家之好。徐熥《答胡御長》：『僕交君家之季而不識君，君識吾家之仲而不識僕。然通家之誼，則僕與君共之。』（《幔亭集》卷二十）

按：許光祚，字靈長，錢塘（今杭州）人，萬曆二十八年（一六〇〇）舉人。歷官宣城推官。

作《客中初度》（《鼇峰集》卷十）。

按：七月初二。

作《早行憶弟》（《鼇峰集》卷十）。

作《隱屏精舍贈朔方虛道人》（《鼇峰集》卷十）。

按：徐表然《武夷志略·五曲諸勝》『大隱屏』條：『高峰峭拔，夷上鋭下，方正如屏。頂有道院諸勝，從接筭緣梯而上。下有朱文公精舍及雲窩等景。』又『文公書院即隱屏精舍』條：『宋淳熙間，朱文公卜築精舍于隱屏之下，與門人爲講學之所。』

又按：遊隱屏，當在七月初七或初八。七月五日至九日遊武夷踪跡見《吴遊記》：『心念樵川去武夷山且近，遊興勃勃。乃與王生謀爲武夷之遊，以七月初五日，覓筍輿□抵星邨，遂買舟從第九曲入……日午，李道人俱伊蒲餉余於會真閣，欣然一飽。□入三友堂，丹楹白堊，彩壁雕甍，堂前一望，山水歷歷，知天遊所見，亦一最高聳處。讀友人馬季聲題刻。歸□雲宿焉。雲窩在第五[曲]，山水會集之所……乃山中奥區，武夷之最勝者也。夜宿棲真閣……次日轉入接筍峰……隱屏精舍，道人居之。道人不下山者俱數十年。客至，談款移日，遂導余遍歷峰，上佳境，度仙奕巖，觀仙人遺蜕。夜宿懷仙館中。山既峭拔，樹木幽翳，風聲鶴唳，澗水淙淙，實不遑寐。曉起，沿故道而下，商港進紫陽院，拜考亭夫子。更幾百武，次仙人床，箕踞良久。小藏、大藏、幔亭、玉女，皆籬壁物，而竟不果涉矣。次日，遍遊諸峰，而輿夫促登程且急，乃泝流而返，抵星村旅

舍。』(《文集》册九,《上圖稿本》第四四册,第三八九—四〇〇頁,又第三九〇—三九一頁)[一]

作《星村早發遇風雨,投宿山家》(《蘢峰集》卷四)。

按:星村,在崇安縣(今武夷山市)。徐表然《武夷志略·九曲諸勝》『星村渡』條:『即晦翁所謂「桑麻雨露」之墟也。風馭雲槎、流連山中者,輒栓此沽酒市殽焉。』

又按:七月初十日發星村。《吴遊記》:『初十日,别武夷山,行未數里,嵐烟乍合,宿霧蒸人。俄而風雨大作,襜帷濕盡。雖當溽暑,而寒氣逼人,如嚴冬霡霂不止,萬壑争流,潦深數尺,吼若奔雷,路岐屈曲之處,一望茫然。輿夫莫不惴恐,遂扣田家投宿,是爲楊家莊。』(《文集》册九,《上圖稿本》第四四册,第三九一頁)

作《度分水關》(《蘢峰集》卷十三)。

按:李賢《大明一統志》卷七十六《福建·建寧府》『分水關』條:『在分水嶺,介乎江閩之間。乃入閩第一山。』

又按:七月十一日。《吴遊記》:『十[一](疑奪一字,據文意補)日,雨止。晴旭射林間,夾道松筠,翠滴衣袂。午度大安嶺。嶺勢嶙峋,十步九喘。里許,過分水關。關以外則鉛山縣界。廻望故鄉,雲氣鬱蒸,渺不可測。惟有溪水下流,寄心旌東還耳。』(《文集》册九,《上圖稿本》第四四册,第三九一頁)

[一]《吴遊記》稿本錯頁,據文意梳理。

作《閶門曉發，懷家兄弟》（《鼇峰集》卷七）。

作《重過鉛山旅舍，讀先大人壁間留題，追憶少侍宦遊忽經一十五載，掩淚捉筆，恭次一章》（《鼇峰集》卷十三）。

按：李賢《大明一統志》卷五十一《江西·廣信府》『鉛山縣』條：『在府城南八十里……南唐始置鉛山縣，屬信州。以山産銅鉛，故名。』

又按：《吴遊記》：『十二日，過鉛山縣，旅舍中，忽見壁間先人題咏，蓋十五年前解組還家所留墨，而余寔侍筆研，讀之愴然，字字嗚咽。』（《文集》册九，《上圖稿本》第四四册，第三九一—三九二頁）

作《玉山道中寄懷少文》（《鼇峰集》卷七）。

按：李賢《大明一統志》卷五十一《江西·廣信府》『玉山縣』條：『在府城東一百里……（宋）證聖初析置玉山縣。以縣有懷玉山，故名。』

又按：《吴遊記》：『十三日，棄輿覓舟過鵝湖山，夜宿廣信府。十四日，抵玉山縣。』（《文集》册九，《上圖稿本》第四四册，第三九二頁）

又按：少文，即王叔魯。鄧原岳《王叔魯傳》：『王叔魯者，閩人。先名元，字學曾。改今名，更名少文云。其先故多顯者，曾祖士昭，以名進士爲參政，有聲。叔魯之爲兒時，不好弄，五歲，就外傅，日記千言。七歲工聲偶，每客至，命之屬對，行觴輒應聲而就，客大喜，無不爲飲至醉者。而葉兆中太守尤奇愛之，謂其父亨仲是兒了了，且大而宗。十二學書，摹仿《聖教》，十得其六七。

十八隸學宮，於是楚黃耿子健先生寔收之，擢置高等……卒之日，弔客雲集，皆行哭失聲，同時而哀輓者二十餘人。不佞自長安歸，叔魯已卧病，故余不得交叔魯，及讀徐熥《哀辭》而憐之，更爲之慟。』（《西樓全集》卷十四）

又按：徐𤊹《竹窗雜録》：『友人王叔魯，幼有異質，喜爲詩，清逸雅澹，類其爲人。年僅二十卒。』（《全閩明詩傳》卷四十一引）

又按：《全閩明詩傳》卷四十一：『王叔魯，字少文，閩縣人。萬曆中庠生，卒年二十。有《石火篇》。』

作《旅宿三衢》（《鼇峰集》卷十）。

按：三衢，浙江衢州。李賢《大明一統志》卷四十二《江西・衢州府》『建置沿革』條：『唐始析婺州信安縣置衢州……本朝改龍游府，尋改爲衢州府。』

又按：《吴遊記》：『十五日，復覓筍輿，至常山縣。十六日，乘大舳艫，布帆風便，夜宿衢州，登姑篾故城。』（《文集》册九，《上圖稿本》第四四册，第三九二頁）

作《姑蔑旅情》（《鼇峰集》卷十）。

按：李賢《大明一統志》卷四十三《浙江・衢州府》『姑蔑』條：『春秋時名。』

作《瀔溪夜泊》（《鼇峰集》卷十）。

按：《吴遊記》：『十七日，過龍遊縣。』（《文集》册九，《上圖稿本》第四四册，第三九二頁）

又按：李賢《大明一統志》卷四十三《浙江・衢州府》『龍游縣』條：『在府城東七十里，本秦太末縣。』

又按：李賢《大明一統志》卷四十三《浙江·衢州府》『穀（瀫）溪』條：『在龍游縣北五里。《漢志》：太末縣有穀（瀫）水。』

作《宿蘭溪寄懷少文、子真》（《鼇峰集》卷十三）。

按：《吴遊記》：『十八日，過蘭溪縣。』（《文集》册九，《上圖稿本》第四四册，第三九二頁）

又按：李賢《大明一統志》卷四十二《浙江·金華府》『蘭谿縣』條：『在府城西五十里……唐置蘭谿縣，屬婺州，宋因之，元陞爲州。本朝仍爲縣。』

又按：王叔魯，字少文；林光宇，字子真。

作《感秋》三首（《鼇峰集》卷四）。

作《客堂秋夕》（《鼇峰集》卷十三）。

作《過三茅觀，訪許靈長秀才讀書舍》（《鼇峰集》卷十三）。

按：李賢《大明一統志》卷三十八《浙江·杭州府》『三茅觀』條：『在府治南七寶山之麓，有茅君像。舊存古器物三：宋鼎、唐鐘、褚遂良《陰符經》，今不存。』

又按：訪許光祚在二十三日。十九日至二十三日行程，《吴遊記》：『十九日，過嚴子陵釣臺。廿日，過桐廬縣。廿一日，至錢塘江口……進錢塘門，卸行李旅邸。錢塘胡生御長來顧余，余且約爲西子湖之遊。然余既苦於舟車水陸之勞，邸中伏枕對客，幾不能支。兩高三竺，訂以異日。廿三日，胡生復來邀予□吴山。吴山，杭州鎮山也。余力疾與胡生往。從伍相□而進……復拆入三茅觀，禮茅君，而出觀前，復聞讀書聲。胡生導予入一室，乃許生靈長別業也。一見如平生歡，兩相賞識，顧問予遠遊狀，賦詩爲贈。遂與余尋紫陽庵……余與胡、許兩生譚諧既久，日漸逼暮，乃從山陰而下，滿城燈火已星星矣。』（《文集》册九，《上圖稿本》第四四册，第三九二—三九四頁）

作《遊吴山紫陽洞，同許靈長、胡御長》（《鼇峰集》卷十）。

按：李賢《大明一統志》卷三十八《浙江·杭州府》『吴山』條：『在府治東南。吴人憐子胥以諫死，立祠其上。又名胥山。上有寺觀。左臨大江，右瞰西湖，爲一郡勝概。』

又按：時二十三日。《吴遊記》：『（許靈長）遂與余尋紫陽庵。始從一竅竇而進，玲瓏窅窱，草木蒙茸其上。無石不雲靄，無步不巖巒。巖有中跨石梁欲墜者，亭有倚石壁欲顛者，奇險不可名狀。而泉流涓涓出石罅，作玉琮琤聲。轉百餘武，爲丁真人祠。真人號野鶴，宋時□□於此，至今泥封，蜕骨凛然如生。余與胡、許兩生譚諧既久，日漸逼暮，乃從山陰而下，滿城燈火已星星矣。』（《文集》册九，《上圖稿本》第四四册，第三九三—三九四頁）

作《謁顧道行學憲》（《鼇峰集》卷十三）。

按：顧道行，即顧大典。詳隆慶四年（一五七〇）。

又按：謁顧道行，在二十七日。《吴遊記》：『廿五日，出北關。廿六日，至烏鎮，桑麻蔽野，蠶絲成市。廿七日，舟過平望，水色茫茫，直接霄漢。余過時，值藕花初謝。菱葉觸舟，香氣氤氳，湖光灝渺。遥望人家點點，烟火濛濛，知吴門在眉睫間矣。日午，遂抵吴江縣。進城濠，謁顧學憲先生，述余間關數千里，衰杖而造先生，求一言以銘先［人］之幽。先生館余諧賞園。□□叢篁

古樹，曲沼平池，孤館危樓，雲蘿雪竇，令人有［豪］濮之想。』（《文集》册九，《上圖稿本》第四四册，第三九四—三九五頁）

又按：題《顧道行畫卷》：『余於壬辰歲謁先生于諧賞園，先生亦謂孺子可教，款於園中，文酒朝夕。』（沈文倬《紅雨樓序跋》卷二，第八〇頁）

又按：《〈啼螿賦〉序》：『歲在壬辰，宅艱寢塊。一丘未掩，千里徵文。旅寓吳門，心懷故國。孤燈兀坐，顧影寂寥。忽聞四壁寒螿，不禁千行淚血。淒然傷感，欝矣增悲。欲抒哀情，漫成斯賦。』（《鼇峰集》卷一）

作《題顧學憲諧賞園》（《鼇峰集》卷七）。

作《題張幼于曲水草堂》（《鼇峰集》卷十三）。

按：張獻翼（一六三四—？），初名鵬翼，字仲舉，更名獻翼，改字幼于，號百花山人，長洲人（今蘇州）人。

又按：題《陽春堂五傳》：『壬辰秋，余有姑蘇之役，借居張幼于曲水園。而長公伯起先生常避客不樂應酬，余以幼于故，始得見伯起者再，而所著作時時窺一斑。』（馬泰來整理《新輯紅雨樓題記　徐氏家藏書目》，第一七五頁）

又按：參見萬曆二十七年（一五九九）。

作《寓張幼于林園秋夜作》（《鼇峰集》卷四）。

按：寓張獻翼林園，在二十九日。《吳遊記》：『越一日，至吳閶，訪張幼于、王百穀二君。幼

［于］舍余於曲水草堂。文酒交驩，殆無虚日。』（《文集》册九，《上圖稿本》第四四册，第三九五頁）

作《訪王百穀先生》（《鼇峰集》卷十三）。

按：參見上條。

八月，在蘇州。張獻翼爲徐棉作傳，王穉登爲作墓誌，强留興公不欲其歸。陳鳴鶴有詩懷興公與王崑仲，作《啼螿賦》。與張起伯、錢允治（功父）、黄嘉芳（仲華）、吴城（之衛）、馬繼龍（雲卿）、劉宋卿、强善長、邢星父、沈從先（野）遊，張等並有詩爲壯行。十四日，訪顧學憲，不遇；晤顧長卿、世卿兄弟。十五日，遲顧；是日，兄熥在家鄉與陳仲溱等集陳椿草堂懷之。乞銘期間，母陳孺人伏枕，興公忽心動（詳十一月）。十六日，買舟東還，泊檇李。十七日，過崇溪，扣朗上人。十八日，别朗上人，過塘西。十九日，入武林邂逅刺仲璣。廿日，與刺仲璣、朱山人、胡文學遊西湖。廿二日，出錢塘江。廿八日，至江山縣。謝肇淛南來，途中有詩寄興公。

陳鳴鶴有《懷王玉生、徐惟起客姑蘇》：『沉唫古道傍，撫景傷懷抱。遊子姑蘇歸不歸，江上離離動秋草。聞君倚棹百花洲，明月五湖空素秋。江夏輕車追孺子，吴中好竹邀王猷。白露已滿地，客途殊未休。盛年不可再，感此增離憂。』（《泡庵詩選》卷三）

作《訪錢功父》（《鼇峰集》卷十）。

按：錢允治，字功父，長洲人（今蘇州）人。

作《贈林琴士》（《鼇峰集》卷十）。

作《遊吴門雙塔寺訪邢星甫》(《鼇峰集》卷十)。

按：雙塔寺，在蘇州市内。

作《金昌門逢游宗謙》(《鼇峰集》卷十)。

按：金昌門，在蘇州。按：顧祖禹《讀史方輿紀要》卷二十四《蘇州府》『金昌亭』條：『在閶門内。裴松之曰：「閶門，吴西郭門，夫差所作，以天門通閶闔也。春申君改爲昌門。」』

又按：游日益，字宗謙，子騰祖，及遠父，莆田人。布衣，有《辟支巖集》。

作《客中感懷，柬王百穀》(《鼇峰集》卷十三)。

作《訪黄仲華曲林草堂賦贈》(《鼇峰集》卷十三)。

按：黄嘉芳，字仲華，長洲(今蘇州)人。

又按：徐鍾震《先大父行略》：『辛卯九月，曾王父見背，先伯祖業赴公車，其慎終之費，惟力是視，不分派伯、叔二房，且泣血孺慕，哀毁骨立，苫塊中忍圖所以不朽者，曰：「先大令不爲五斗米折腰，清白無愧矣。非得海内文人鉅公，曷與闡揚懿美？」遂素車白馬，抵吴門，乞《誌》《銘》《傳》《表》于顧道行、王伯穀、張幼于，三先生一見，歡如平素，亟爲延譽四方，故鷄壇之上，稱「二徐」先生不去口。』(《雪樵文集》)

又按：此條爲徐𤊹卒於去歲九月又一證。

作《月夜遲友人不至，悵然有作》(《鼇峰集》卷四)。

按：所遲友人當爲顧大典。

又按：《吴遊記》：『幼于傳先［人］之行，百谷表先人之墓，二君不欲即令予歸。予念别家且久，慈母日切倚門，越兩旬，即束裝歸吴中。諸君與予遊者，如張起伯、錢功父、黄仲華、吴之衛、馬雲卿、劉宋卿、强善長、邢星父、沈從先，各賦詩壯余行李。中秋前一日，别姑蘇，仍訪顧先生園。時先生有他適，顧長卿、世卿兄弟放舟曲池，觴余引滿，雅歌投壺，月色都無纖翳，桂影扶疏，與松枝交映，渾如水府。世卿吹短笛花下，流商刻羽，真神仙中人。十五日，遲先生［不至］。』（《文集》册九，《上圖稿本》第四四册，第三九五頁）

又按：吴城，字之衛，長洲人（今蘇州）人。

又按：馬繼龍，字雲卿，永昌（今屬雲南）人。

又按：沈野，字從先，吴縣（今蘇州）人。錢謙益《列朝詩集小傳》丁集下『沈布衣野』：『爲人孤僻寡合，不能治生，僦廡吴市傍，教授里中，下簾賣藥，雖甚飢寒，人不可得而衣食之也。曹能始見其詩，激賞之，延致石倉園，題其所居之室曰「吴客軒」。好飲，每夜半大呼索酒。矜重其詩，徘徊吟賞，自能始、徐興公兄弟外，不輕示一人。能始常嘲之曰：「半夜號咷常索酒，一生氉自圈詩。」亦想見其風致也。有《卧雪》《閉户》《燃枝》《榕城》諸集。王伯穀、徐惟和及能始爲叙。』徐熥有《沈從先詩序》，見《幔亭集》卷十八；曹學佺有《沈從先榕城集序》，見《石倉文稿》卷一。

又按：顧長卿、顧世卿，顧大典子，吴江（今江蘇蘇州）人。

王穉登有《送徐惟和還閩兼寄惟起》：『未把并州作故鄉，送君重與賦河梁。吴宫蟋蟀方啼月，越

國芙蓉未着霜。賓從琴樽忘逆旅，弟兄漁獵憶鄰莊。還家且説西堂夢，細擘黄柑荐酒嘗。』（《列朝詩集》丁集卷八）

作《别沈從先，兼訂武夷、九鯉之遊》（《鼇峰集》卷十三）。

按：徐霞客以爲入閩武夷山、九鯉湖、玉華洞三處，不能不遊。

作《垂虹橋晚泛》（《鼇峰集》卷四）。

按：垂虹橋，即長橋。李賢《大明一統志》卷八《南直隸·蘇州府》『長橋』條：『在吴江縣東門外，舊名「垂虹橋」。橋東西千餘尺，横跨松江，前臨太湖。乃吴絶景也。』

作《途中感秋》（《鼇峰集》卷十三）。

徐熥有《得舍弟吴中書》：『汝别三旬久，家書兩度看。帆前江月迥，馬首嶺雲殘。路遠愁裝薄，秋高怯被寒。孤身千里客，若個勸加餐。』（《幔亭集》卷五）

徐熥《沈從先詩序》：『辛卯歲……明年，仲弟興公入吴，始得造從先之廬而禮焉。歸識其處，曰：某鄉、某巷，圭竇蓽門，有廡下風氣者是已。』（《幔亭集》卷十六）

徐熥有《中秋同惟秦、震卿集汝大草堂看月，因懷惟起客吴》：『西風蕭瑟葉初黄，入夜行歌過草堂。金粟散時天似水，玉繩低處月如霜。尊前竹色浮秋靄，檻外松陰度晚凉。遥望南飛有烏鵲，應憐遊子滯他鄉。』（《幔亭集》卷七）

謝肇淛有《寄徐興公》：『爲問南州徐孺子，經年不見一行書。掉頭已分同巢父，病肺何妨賦《子虚》。雨損藥欄猿解補，雪侵松徑鶴能鋤。鼇山桂樹堪招隱，待我峰頭月上初。』（《小草齋集》卷

十八)

按：謝肇淛去歲秋北上。

作《過朗公寶函樓》(《鼇峰集》卷十)。

按：過寶函樓在十七日。《吴遊記》：『十六日，遂買棹東還，夜泊檇李城外。是夜，月色逾[清]。江橋散步，月落猶不就枕。十七日，過崇德語兒溪，尋西寺，扣朗上人房。上人典教既精，尤善詞賦，與余友孫子長善，把臂入林，揮(塵)[麈]移日，遂成支、許之交。十八日，别朗上人，過塘西。腥風遍江，江邊魚網，一望如霧，魚與土同價。』(《文集》册九，《上圖稿本》第四四册，第三九六頁)

作《再渡錢塘》(《鼇峰集》卷十)。

按：再渡錢塘在廿二日。《吴遊記》：『十九日，入武林門。遊武林，市中邂逅聞人半刺仲璣。仲璣，姚江人，向官温陵，與余友善。兹掛冠歸，携家隱于西湖，遂約爲西湖之遊。次日，賣酒脯，買小蓮葉，與朱山人、胡文學過昭慶寺……廿二日，出錢塘江。廿八日，至江山縣。』(《文集》册九，《上圖稿本》第四四册，第三九六—三九八頁)

作《憶兒陸》(《鼇峰集》卷十)。

九月，朔，投清湖旅舍。二日，過江郎山。三日，度仙霞關。四日，抵浦城縣。六日，乘舟離浦城。九日，客建溪。十二日，抵家。途中，兒熥有詩懷之。棉過江西鉛山，拗見棉壁間題留，次之。與林應憲、林應起、徐熥、陳鳴鶴、王崑仲、陳价夫、陳薦夫遊永福(長泰)方廣巖，林應憲有刻石爲記。跋《荔枝譜》。

按：《吴遊記》：『九月朔日，投清湖旅舍。二日，過江郎山。三石聳翠，高掛雲中。』（《文集》册九，《上圖稿本》第四四册，第三九八頁）

又按：李賢《大明一統志》卷四十二《浙江·衢州府》『江郎山』條：『在江山縣南五十里，俗傳嘗有江氏兄弟三人登山巔，化爲石，故名。山頂有池，産碧蓮、金鯽。』

作《九日客建溪》（《鼇峰集》卷十）。

按：《吴遊記》：『三日，度仙霞關，崇山峻嶺，茂林修竹，飛鳥決眥，層雲蕩胸。關内，即七閩界。望白雲，英英疑親舍，其下徘徊者久之。四日，［過］仙湯嶺，稍易陟於仙霞。晡，抵浦城縣。時秋旱無雨，水涸舟乏。遲一日，始得乘舟泝下流。九日，客建溪，不勝登高之愴，正故園兄弟遍插茱萸時也。自此，則溪流似箭，小舟如葉。十二日，抵家。』（《文集》册九，《上圖稿本》第四四册，第三九八頁）

又按：李賢《大明一統志》卷四十二《浙江·衢州府》『仙霞關』條：『在江山縣南一百里抵福建界，爲入閩咽喉之地。今置巡檢司。』

又按：建溪，閩江支流之一。崇安（今武夷山市）一段，稱崇陽溪；建陽至延平（今屬南平市）一段，稱建溪。

又按：徐𤊹吴中行，出閩經由崇數分水關，入閩取道浦城仙霞關。六月十四日發舟，九月十二日抵家。

徐熥《懷惟起弟》：『遠客憐吾弟，離愁有阿兄。久無鴻雁信，空聽鶺鴒聲。歲月三秋晚，寒温兩地情。山齋長寂寞，日日計歸程。』(《幔亭集》卷五)按：『三秋晚』，即九月。

徐熥作《王百穀爲先永寧表墓，寄此答謝》(《幔亭集》卷七)。

按：徐𤊹往吴爲父乞銘、傳記，據此條，王穉爲作《墓表》。

又按：林熙工方廣巖刻石：『方廣洞天 萬曆壬辰秋，侯官林應憲與徐熥、陳鳴鶴、王崑仲、徐𤊹、价夫、薦夫、應起弟同遊，書此。』石刻今存。

作《送慶良上人還静海寺》(《鼇峰集》卷十三)。

徐熥有《送良上人還金陵静海寺》：「楓葉蕭蕭露氣凝，不堪江畔送名僧。浮杯忍作無期别，説法誰參最上乘。滿路淒風聞寶磬，一天殘月夢金陵。懸知錫杖重來處，傳得南宗幾佛燈。』(《幔亭集》卷七)

陳鳴鶴有《送慶良和尚歸金陵》：『一時來天竺，黄梅止慧能。誰知千劫裏，猶有六通僧。法證無生局，禪□取上乘。化城雖暫息，彼岸已先登。功德應無際，機鋒不可淩。忽然飛錫杖，便欲返金陵。潮落江聲杳，秋深樹色凝。尋鐘孤島外，洗鉢白雲層。□衲從兹去，南宗無盡燈。』(《泡庵詩選》卷四)

陳薦夫有《逢慶良上人》：『緇流曾問訊，何處得如君。五藴空塵障，三生浄垢氛。曇花猶有相，貝葉不離文。始悟悠悠者，晴空一片雲。』(《水明樓集》卷三)

按：良上人，即慶良上人。

跋《荔枝譜》：『蔡端明《荔枝譜》，舊乃棗板所刻，博古賞鑒家重之若木難火齊。此本爲莆人翻鏤

者，亦不失筆意，但拓不用墨而用烟，殊乏光彩耳。壬辰季秋，徐惟起跋。』（沈文倬《紅雨樓序跋》卷一，第二三頁）

按：《荔枝譜》，宋蔡襄撰。明刊本。

作《賦得楚江秋，送丁司理官邵陵》：『七澤三湘無限景，霜威行處總成秋。』（《鼇峰集》卷十三）

按：丁司理，即丁啓濬。詳隆慶四年（一五七〇）。

十月，初三，徐熥、徐㶿、徐熛母陳孺人（㮯原配）卒，年七十五。

徐熥有《後感懷》四首（《幔亭集》卷七）。

按：《先妣陳孺人行狀》：『先孺人卒于萬曆壬辰十月初三日卯時，享年七十有五。』（《荆山徐氏譜·詩文集》）

又按：曹學佺《陳孺人墓誌銘》：『孺人生于正德戊寅年九月初七日，卒于萬曆壬辰年十月初三日。』（《石倉文稿》卷二）戊寅，正德十三年（一五一八）。參見萬曆二十八年（一六〇〇）譜。

又按：徐熥《寄劉季德秀才》：『倪理官厮養歸，得削牘良慰。時老母方卧床笫間，不能舍刀圭而事筆硯，遂缺報章爲罪。神理荼酷，家難相尋，竟以此月哉，生明奄然，棄諸孤以逝也。蓂莢一更，椿萱遞謝，無怙無恃，痛何可言！號咷之聲不絶於口，素車白馬絡繹在户。如此而生，不若溘先之爲快耳。』（《幔亭集》卷二十）熥書作於喪母之月。

又按：陳益祥《祭徐母陳孺人文》：『祥辱令子交，雖未嘗如孫伯符升堂拜母，而知太嫡母之能慈；雖微邢和璞之善筭心，而知令子之能孝。當太夫人之始伏枕也，惟起先以太翁壙志出。母念仲，食不下；仲忽心動，趣歸。母即蘇然索食，曰：「吾病差矣。」迨彌留，將革，季以籍獲出，母復念之曰：「孰與趣吾季也。」氣絶，而手撫摩如有待者。季亦以心動歸，泣持母手，母睁矚伸握，唇舒縮若永訣狀良久，復瞑。』（《采芝堂文集》卷十四）

又按：《荆山徐氏譜》所載『梠配陳氏，生正德十年乙亥四月十八日申時，卒萬曆四年丙子十月初二日戌時，壽六十二』，誤。

十、十一月間，謝肇淛北上新湖州任理官。鄧原岳轉餉遼東，便道過家，雨中至訪緑玉齋。有書致許光祚、聞人半刺、胡御長、朗上人。《寄朗上人》一書以爲謝肇淛少年工詞翰，非作吏風塵者比。

陳鳴鶴有《送在杭之任湖州司理》（《泡庵詩選》卷三）。

按：李賢《大明一統志》卷四十《浙江·湖州府》『建置沿革』條：『（隋）仁壽初置湖州，取太湖爲名……（唐）天寶初改吴興郡，乾元初復爲湖州……本朝改爲湖州府。』

陳薦夫有《送在杭司理吴興》（《水明樓集》卷五）。

按：吴興，湖州别名。詳上條。

徐熥有《送在杭司理湖州》四首（《幔亭集》卷七）。

作《鄧汝高轉餉遼東便道還家，見訪答贈》（《鼇峰集》卷十三）。

王應鍾《贈鄧汝高進士饋餉還朝》：『使君銜命餉龍城，錦節還鄉衆所榮。家學從來稱小戴，新詩賦就比陰鏗。群公側席咨邊塞，才子英猷振洛京。正擬盍簪咨講益，却憐殘臘忽飛旌。』（《石倉十二代詩選·四集》卷九《缶音集》）

按：王應鍾，字懋復，號雲竹，應時弟，應山兄，毓德之伯父，侯官人。嘉靖二十年（一五四一）進士，選庶起士。授浙江道監察御史，巡鹽長蘆。卒年九十，祀鄉賢。著有《春秋釋例》四卷、《缶音集》六卷、《三幻集》行世。

鄧原岳《雨中過緑玉齋看惟和兄弟》：『齋頭小雨釀新寒，短策悠然問考盤。別後青山成隔歲，到來白社念同歡。雲迷曲徑層陰合，風過疎林落葉乾。階下籜龍看漸老，憑君裁作竹皮冠。』（《西樓全集》卷五）

徐熥有《鄧汝高進士轉餉遼東便道過家，見訪喜贈》：『才華籍籍賦長揚，裘馬翩翩出建章。遼海軍儲憑轉餉，漢廷郎署待含香。笑談不帶雲霄氣，名姓新依日月光。獨有故人憔悴甚，豈堪相對問行藏。』（《幔亭集》卷七）

作《寄許靈長》：『不肖返棹錢唐，走吴山，尋足下踪跡，乃足下在江村刈獲，不得一再把臂。與仲璣諸子醉西子湖頭，輒思玄度人生歡會，寧可常乎……還家未幾，而老母辭堂，哀痛崩摧……伯氏慕高風如渴，敬修一啓、一詩，投記曹。』（《文集》册三，《上圖稿本》第四二册，第二六一頁）

按：徐𤊹七月二十三日遊吴山訪許，八月前後左右返棹過武林再訪許，不遇。

徐熥有《寄許靈長太學》：『僕三年四過西子湖，竟不得一識許先生。乃反爲仲氏所先……仲氏歸方二旬，而先慈又復見背。重罹大變，痛何可言！既辱神交，當爲扼腕。小詩一首奉寄。』（《幔亭集》卷二十）

徐熥有《寄許靈長》：『年來何處寄行踪，聞在吴山第一峰。古洞烟霞生薜荔，寒窗風雨泣芙蓉。

萬家燈影千村月，半夜歌聲滿寺鐘。幾度思君勞夢寐，錢唐江上水重重。』（《幔亭集》卷七）

作《寄聞人半刺》：『過武林者再，而足下戀戀故人，把臂驩甚……不肖承天降罰，抵家浹旬，老母又棄人間……不肖既識［荆］州，竟不得片紙爲竹窗生色，欲藉法力，求一小幅，是足下置我于丘壑中矣。』（《文集》册三，《上圖稿本》第四二册，第二六二—二六三頁）

作《寄胡御長》：『兩過武林，談心把臂，他鄉骨肉，異姓弟兄，孔、李之誼既篤，管、鮑之契尤深。判袂歸來，未嘗一日不神遊于吴山蒼翠間也。不肖家難相尋，天復奪我所恃，五内痛裂，無復人理。』（《文集》册三，《上圖稿本》第四二册，第二六三頁）

作《寄朗上人》：『中秋過語溪，叩禪室，片言相合，遂成支、許之交。既別法座，不勝瞻依，僕不幸天降閔凶，跋涉還家，老母又以天年下世，痛楚悲哀，方寸割裂。一年之間，失怙失恃，惟餘喘息在人間……兹以吴興謝司理之官，附八行問我師動定。謝君少年工詞翰，非作吏風塵者比。僕□口我師于其前，方捉麈高譚時，當以蓬户視之耳。』（《文集》册三，《上圖稿本》第四二册，第二六四—二六五頁）

按：聞人半刺，字仲璣，姚江（今屬浙江）人。曾官泉州。

又按：謝司理，即謝肇淛，時爲湖州司理。

十一月，以病未與兄熥方廣巖之遊。

按：徐熥《遊方廣巖記》：『壬辰冬十一月，余與王君玉生謀偕熙工諸子齎糧往。以二十七日，肩輿出洪江……二十九日，遊勾漏洞。』（《幔亭集》卷十七）

十二月，感念是歲有先孺人之喪。

作《冶城懷古》二首（《鼇峰集》卷十三）。

按：王應山《閩都記》卷二《城池總叙》：『閩自無諸開國，都冶爲城，今布政司東北。所從來久遠。晉太康三年，置郡樹牧，狹視冶城。太守嚴高詢於郭璞，乃經始於越王山之南……』徐𤊹《冶城懷古》二首：「溟濛滄海冶城連，卻憶無諸建國年。十萬人家烟漠漠，三山宫闕草芊芊。蓮花高嶺秋蕪外，金粟荒臺夕照邊。千載龍飛遺嶺在，寒鴉空噪暮雲天。」「北郊荒坂白雲平，開運中年此戰争。甲第朱門長樂郡，管絃燈火晋安城。夕陽仙觀孤鐘杳，夜雨歐池古劍鳴。極目河山增感慨，釣龍臺上月空明。」』

作《壬辰除夕，是年有先孺人之喪》：『浮生擾擾總非真，虚度韶光暗愴神。歲序只隨孤燭盡，生涯休問白雲貧。萬家鼉鼓腸堪斷，雙袖龍鍾淚更新。壯志漸消年漸長，明朝二十四回春。』（《鼇峰集》卷十三）

冬，友人王震甫同侄孔振之臨邛；孔振以《杜工部集》寄𤊹。後，孔振竟客死於瀘州。

作《賦得蜀道難，送王震甫同侄孔振入蜀省刺史兄》（《鼇峰集》卷七）。

徐𤊹有《蜀道難，送王震甫之臨邛省刺史兄》：『蜀都本是蠶叢域，古來元不通中國。秦帝金牛計太奇，五丁費盡開山力。鬼斧神功山爲開，懸崖絶壁真奇哉。灩澦瞿塘水勢猛，波流日夜聲喧豗。中有畏途稱劍閣，羊腸鳥道山形惡。天梯石棧度偏難，鬼見爲愁蛇爲却。猿狖呼群接臂行，山魈野魅作人聲。愁雲慘淡日無色，行人此際難爲情。蜀道之難已如此，臨邛險惡尤無比。風俗由來似吐番，州城半遶平羌水。君家伯氏賢大夫，五馬蹀躞專城居。幾度經過九折阪，寧爲叱馭無迴車。閩蜀山川何隔越，尋兄萬里堪愁絶。七首長飛象耳雲，馬頭幾看蛾眉月。于今西北正烽烟，羌笛胡笳聽慘然。中宵起坐腸空斷，客路思家淚欲連。蜀道之難應莫嘆，長途惟有加餐飯。鶺鴒原上正相思，勸君休起鄉關恨。』(《幔亭集》卷三)

徐熥有《送王生之臨邛省州守叔父獻甫》二首，其一：『西北胡笳不斷吹，送君南浦淚如絲。荊門樹影雲中盡，巫峽猿聲月下悲。客路裝輕懷七首，驛樓燈現望蛾眉。天涯何處能相憶，孤館殘更夢覺時。』其二：『驅車萬里向殊方，極目邛崍路渺茫。官舍烟雲鄰越雋，人家風土雜夷羌。綺琴曲裏挑新寡，鼙鼓聲中憶故鄉。丙穴由來魚不乏，八行書劄莫相忘。』(《幔亭集》卷七)

按：徐熥題《杜工部集》：『杜詩五十卷，杜文二卷，共八册，第乃友人王孔振所藏者。壬辰冬，孔振將入臨邛，恐扃之篋笥，秖以飽蠹，寄余齋中。去年孔振客死瀘州，且未有子，此集將誰歸乎？尤宜謹藏，以當王君手澤。然每一披閱，不勝存亡之痛矣。』(《幔亭集》卷十九)

王叔魯有《送王孔振入蜀》：『送客出郊原，迢迢指蜀門。離群半行雁，別淚一聲猿。白雪銅梁曙，青山劍閣昏。長途惟自愛，分手更何言。』(《晉安風雅》卷六)

是歲或稍前，有詩贈錢塘畫師胡時驥。

作《贈胡畫史時驥》(《鼇峰集》卷七)。

按：胡時驥，錢塘人，畫師。

徐熥有《贈胡外史》：『錢唐風景真奇絶，吴山蒼翠湖光白。山川靈秀萃何人，之子飄然自高格。

生來踪跡壓塵埃，湖海狂遊亦壯哉。振衣頻陟雲龍頂，仗劍曾登戲馬臺。燕秦楚越行皆遍，又泛扁舟過海甸。九鯉湖邊信短笻，武夷山上開華宴。遊興年來尚未央，温陵劍水復清漳。三秋石鼓簪黄菊，五月楓亭摘荔香。羡君懷抱何瀟灑，知君不是悠悠者。世路由來遇合難，風塵莫怨知音寡。伊余癖性好遨遊，與子交歡幾度秋。春風竹外頻來往，夜月花間遞唱酬。唱酬來往情偏好，漫把交情同草草。囊裏無錢休嘆嗟，尊中有酒須傾倒。胡生胡生何太奇，余每談詩君解頤。自堪意氣稱吾黨，不但前身是畫師。』（《幔亭集》卷三）

作《破鏡行，爲陳子卿賦》（《鼇峰集》卷七）。

按：《榕陰新檢》卷十五《幽期》：『莆田陳子卿，少年隨父宦京邸，有鄰女見子卿美丰姿而悦焉。既而歸閩，女剖妝鏡半規爲贈，且與子卿爲約，如樂昌故事。未幾，子卿舉孝廉再入都門，則女已移家他徙，踪跡未絶，不復合焉。嘗持破鏡嗚咽不已。陳幼孺聞其事，爲作《破鏡行》云：「樂昌寶鏡青銅面，閃鑠光圓才一片。憶從生少遇君時，君情摇盪妾憨癡。時時並臂迫肩立，持照青閨雙黛眉。銀箏風斷瓶入井，金縷雙鸞不交頸。空持一半表相思，南北分形更分影。妾身不及青蚨血，但使菱花空瓦裂，何因繡閣匣中銅，得似延津波下鐵。」』

又按：此條馮夢龍採入《情史》。

徐熥有《破鏡行，爲陳大賦》：『美人有寶鏡，價值千黄金。曾與郎君同照影，又與郎君同照心。一朝分散如萍梗，此心雖同不見影。金刀剖處鸞鳳分，十年踪跡不相聞。可憐兩人持一片，此生何處重相見。勸君對此休自悲，神物會合終有時。』（《幔亭集》卷三）

是歲，兄稍稍究心地理之説，議棄父擬葬地東嶽。

按：《祭酒嶺造墳記》：『壬辰，有嫡母陳孺人喪，始知雙親體魄不可不慎重而擇吉壤也。方與伯兄熥稍稍究心地理之説，則見東嶽壽藏，龍穴沙水，四者無一焉。』（《文集》册九，《上圖稿本》第四四册，第四〇一頁）

又按：參見萬曆十九年（一五九一）、四十一年（一六一三）。

是歲，翁正春、鄧原岳、謝肇淛成進士。翁正春廷試第一。

曹學佺《明通奉大夫廣西左方伯武林謝公墓誌銘》（《小草齋文集》附）。

葉向高《中順大夫湖廣按察司副使翠屏鄧公墓誌銘》（《蒼霞續草》卷十）。

徐熥《晉安風雅·詩人爵里詳節》：『翁正春，字兆震，侯官人。萬曆二十年廷試第一人。任翰林院修譔。』（《晉安風雅》卷首）

萬曆二十一年癸巳（一五九三）　二十四歲

徐熥三十三歲，謝肇淛二十七歲，曹學佺二十歲，林古度十四歲，徐陸四歲

正月，元日、初三日、元夕，與兄熥都有詩。趙世顯任梁山知縣，有詩送之。

作《癸巳元日》《迎春日》（《鼇峰集》卷十三）。

徐熥有《癸巳元日》《迎春日》（《幔亭集》卷七）。

按：是歲立春在正月初三日。

作《送趙仁父令梁山》（《鼇峰集》卷十三）。

徐熥有《送趙仁甫令梁山》：『桃花零亂柳如絲，正是河橋賦別時。衣帶江州司馬淚，帆過湘水舜妃祠。鳧飛雙舄看應遠，猿叫三聲聽漸悲。夔府孤城縱臨眺，陽臺雲雨望中疑。』（《幔亭集》卷七）

按：趙仁甫，即趙世顯。詳隆慶四年（一五七〇）。

作《咏元夕冰燈》（《鼇峰集》卷十三）。

徐熥有《元夕冰燈》：『燈燭熒熒照夜闌，分明影裏見琅玕。雙雙羅襪凌波濕，朵朵金蓮出水寒。新製恍疑來貝闕，高懸只合在瑶壇。爲言火樹休相逼，只恐清輝一夕殘。』（《幔亭集》卷七）

陳薦夫有《元夕咏冰燈》：『一夕春星散九衢，晶熒高掛有還無。清光只合圍銀燭，寒影猶堪勝玉壺。怕向鼇山熏烈焰，懸當鮫室照明珠。不知綺閣重幃裏，那得霜天片月孤。』（《水明樓集》卷五）

作《虛上人影堂癸巳》(《鼇峰集》卷十)。

正、二月間，峬山看梅。

作《過曾文表故居》(《鼇峰集》卷二十四)。

按：峬山，在福州郊外。

徐熥有《峬山看梅，過曾文表墓》：『一路盡氤氳，看花倍憶君。白楊知己淚，宿草故人墳。樹影含殘照，猿聲哭暮雲。淒涼身後事，地下可能聞。』(《幔亭集》卷五)

陳薦夫有《哭曾文表》：『賓榻塵生繐帳幽，依然門徑野花秋。呼來絲竹臨終聽，散盡圖書應客求。遺稿殺青何日定，斷縉飛白有誰收。向來兒女空流涕，只說莊生問髑髏。』(《水明樓集》卷五)

作《挽黃道行先生》(《鼇峰集》卷十三)。

作《送鄭承武之東魯訪于太史》(《鼇峰集》卷十三)。

徐熥有《送鄭承武之東魯》，其一：『送君當此去，匹馬向東阿。夜淚燈前盡，春愁夢裏多。亂雲過泗水，斜日下黃河。雖有遠遊興，能無思薜蘿。』其二：『惜別意何長，鶯聲滿夕陽。殘碑問鄒嶧，遺殿弔靈光。下馬多新店，逢人少故鄉。歸期須及早，莫待寄衣裳。』(《幔亭集》卷五)

作《新柳》(《鼇峰集》卷十三)。

作《送王懋宣先生之泰順訪林令君》(《鼇峰集》卷十三)。

按：王懋宣，即王應山。詳隆慶四年(一五七〇)。

作《宿鄧汝高竹林山莊》《寄曾人倩中書》(《鼇峰集》卷十三)。

二月，與兄熥、陳仲溱等，出東郊，過常思嶺。登鼓山，經廢寺，遊喝水巖、靈源洞，宿方丈。

作《東郊晚行》(《鼇峰集》卷十)。

徐熥有《東郊晚行》：『出郭高春後，郊原起夕陰。山山曳殘雨，步步響新禽。老樹莓苔厚，空林紫翠深。招提何處所，雲際有鐘音。』(《幔亭集》卷五)

作《過常思嶺憩福海庵次韻》：『踏遍危峰到梵家，白雲流水望中賒。隔山斷靄千重翠，滿路東風二月花。座上焚香翻貝葉，佛前鳴磬供新茶。樵歌隱隱孤村外，回首平林夕陽斜。』(《閩都記》卷十三)

按：此詩次陳薦夫韻。

又按：福海庵，在烏龍江南常思嶺。王應山《閩都記》卷十三『郡東南閩縣勝跡』：『界閩、福清二縣，高數千仞，袤二三里，又名相思嶺。高處有福海庵，有亭以憩行者。』

陳薦夫有《遊福海庵》：『獨尋雙樹叩禪關，身世無如雲影間。秋草自生僧定處，巖花故落水流間。天邊西嶺斜陽路，鳥外東林過縣山。遠樹蕭蕭明月裏，一聲孤磬送人還。』(《水明樓集》卷五)

徐熥有《過常思嶺憩福海庵次韻》：『白雲深處梵王家，回望千層鳥道賒。滿室空香熏貝葉，一聲殘磬落松花。聽經野鹿群依草，出定山僧獨施茶。禮罷瞿曇留偈別，寒鴉影裏夕陽斜。』(《幔亭集》卷七。《閩都記》卷十三引作《憩福海庵》)

作《宿鼓山寺方丈》(《鼇峰集》卷十)。

徐熥有《宿鼓山寺方丈》二首，其一：『維摩丈室絕塵氛，坐對珠龕演梵文。松際窺人孤嶂月，山中留客半牀雲。疎鐘出寺過林隱，怪鳥啼春徹夜聞。真性由來愛空寂，名香親向殿前焚。』其二：

『孤峰天畔削芙蓉，入夜遥看紫翠重。一片禪心千澗水，五更塵夢數聲鐘。雲生净土龍歸鉢，露冷空壇鶴唳松。借宿僧寮經幾載，蒼苔埋却舊遊踪。』（《幔亭集》卷七）

作《題喝水巖月公房二首》，其一：『地僻林深人跡稀，繩床借卧覆僧衣。忽聞剥啄驚殘夢，知是頭陀乞米歸。』其二：『隱隱疎鐘出洞聞，洞前蘿薜自成文。山僧年老無他事，但向青山禮白雲。』（《鼓山志》卷十三《藝文》）

按：《竹窗雜録》『喝水巖』條：『唐僧神晏住鼓山涌泉寺，東西有二澗。晏誦經，惡水聲喧轟。叱之，水逆流西澗，東澗遂涸。』（《榕陰新檢》卷十三『勝跡』引）

徐熥有《喝水巖贈瓢庵頭陀》：『何年此卓錫，鐘磬度昏朝。瀑水引歸鉢，茅庵結似瓢。躡雲雙草屩，坐月一團焦。隔寺有禪侶，相尋不憚遥。』（《幔亭集》卷五）

按：此行徐熥還作有《東際亭眺》（《幔亭集》卷二）、《涌泉廢寺》二首（《幔亭集》卷五）、《靈源洞懷振狂在杭》（《幔亭集》卷五）、《重遊喝水巖》（《幔亭集》卷七）。

閔齡有《同徐惟和、惟起、鏡山上人宿喝水巖》：『探歷靈源洞，乘虚履上方。磴侵雲影白，碑蝕蘚痕蒼。喝水泉分冽，傳燈室閴荒。同棲真寂地，禪定月生光。』（黄任《鼓山志》卷十一）

按：閔齡，字壽卿，安徽歙縣（今屬安徽）人。隱居武夷山。

又按：徐熥、徐𤊹兄弟同登鼓山，有記載的只有此歲和次歲。而此歲徐熥有《重遊喝水巖》詩，故繫閔詩於此。

陳鳴鶴有《同鄭君大、林熙工、王玉生宿喝水巖，聞惟和與惟秦先一日來遊》：『歷盡懸崖度石橋，疎林積翠晚蕭蕭。河山百粵通滄海，巖岫千層出紫霄。酒伴已乘黃鶴去，玉笙空憶鳳凰調。定知今夜茅齋下，望斷雲霞共寂寥。』(《泡庵詩選》卷五)

作《送僧歸日本》四首(《鼇峰集》卷十)。

鄧原岳有《擬送僧歸日本》：『隨緣元不染，乞食且東歸。指日浮杯渡，凌空卓錫飛。毒龍馴净缽，駭浪濕僧衣。禪誦知何處，天涯相見稀。』(《西樓全集》卷三)

徐熥有《擬送僧歸日本》四首，其一：『遠指扶桑外，龍宮是紺園。慈航尋海舶，晨磬待朝暾。已悟西方教，漸通中國言。懸知無佛處，師去定稱尊。』其二：『遥天迷去住，但看指南車。重譯同歸舶，陽侯護法書。颶風心自定，海怪呪堪除。此去無禪侶，應尋絶島居。』其三：『歸程兼晝夜，天水共微茫。但指日出處，此中吾故鄉。皈依多獦獠，供養有夷王。遥想珠龕下，常焚異國香。』其四：『别去上星槎，滄溟道路賒。夷音宜呪唄，左袒自袈裟。演法從天竺，傳燈到海涯。不知千劫裏，何劫到中華。』(《幔亭集》卷五)

陳薦夫有《送僧歸日本》二首，其一：『此去應無住，鯨波杳靄中。浮天一帆遠，半夜海波紅。人作夷方禮，經憑譯使通。定知解纜後，不用候旙風。』其二：『折葦向東去，風濤日夜生。天邊孤嶂白，浪裏法燈明。乞食知無處，占星難計程。到來三十島，一一有經聲。』(《水明樓集》卷三)

作《病僧》(《鼇峰集》卷十)。

鄧原岳《病僧》：『一室塵埃滿，孑然空病空。愁眉猶帶雪，破衲不禁風。抱被枯蟬似，休糧瘦鶴同。由來斷思想，只識主人翁。』(《西樓全集》卷三)

徐熥有《病僧》二首，其一：『苦厄那能度，醫王亦抱痾。苔侵雙屐濕，塵翳一瓢多。錫杖頻扶手，金剛爲伏魔。跏趺在禪榻，或恐是維摩。』其二：『聞鐘苦夜長，形影自淒涼。懺悔除前障，呻吟檢古方。坐非同面壁，卧豈倦津梁。氣運有時盡，千花塔裏藏。』（《幔亭集》卷五）

陳薦夫有《病僧》二首，其一：『蕭瑟更淒清，呻吟向化城。扶身嫌錫重，渡水覺杯輕。白社攢眉慣，黄金變相成。不能呼弟子，頻仗木魚聲。』其二：『支筇氣息微，擁衲炙朝曦。呪食難持鉢，臨流畏浣衣。耳昏鐘自動，目閉鴿争飛。却望禪關外，門人買藥歸。』（《水明樓集》卷三）

三月，王叔魯卒。寒食前後，有書致沈野，沈曾求題辭，辭以老母新喪，請俟秋冬。又致王穉登，又致張獻翼。

作《衰柳》（《鼇峰集》卷十三）。

作《哭王少文》二首（《鼇峰集》卷四）。

徐熥有《哭王少文秀才》十首，其一：『王郎本是大羅僊，暫謫人間二十年。一夜緱山仍控鶴，滿天風露冷嬋娟。』其二：『去年春暮禁烟寒，把酒看花共倚欄。此日花開君不見，黄壚相隔路漫漫。』其三：『齠齔能詩便有聲，筆花長向夢中生。如今玉樹埋黄土，誰繼風流竹下盟。』其四：『素箋如練墨如雲，年少臨池獨有君。舊日蘭亭今寂寞，不堪開篋見遺文。』其五：『長吉當年賦玉樓，憐君猶少七春秋。傷心處處生悲感，何必山陽始淚流。』其六：『綿綿幽恨幾時銷，金屋無緣貯阿嬌。虚度春光二十載，看花不及咏桃夭。』其七：『猿鳥聲中晝掩扉，竹陰依舊故人非。思君忘却幽明隔，猶怪音書近日稀。』其八：『一別黄泉路杳冥，愁雲空鎖草玄亭。即今風雨羅山夜，猿鳥哀呼不可聽。』其九：『魂魄悠悠到夜臺，應知塵世不重來。從今緑玉齋前路，一任春風長碧苔。』其十：『記得孤齋晚眺時，倚欄連袂共題詩。山中每到斜陽後，便覺傷心雙淚垂。』（《幔亭集》卷十三）

陳薦夫《哭王三少文》：『淒淒風雨冶城邊，往事傷心最可憐。文酒相歡才幾日，乾坤此別又千年。重泉不掩慈烏恨，綺帳應乖卜鳳緣。莫謂空山可埋玉，殘珠斷璧世争傳。』（《水明樓集》卷五）

徐熥有《江上答客傷王少文》：『去歲江頭同送客，江水茫茫江月白。今歲江頭送客歸，問君動定空沾衣。别去光陰纔一載，可憐世事須臾改。當日江間折柳人，於今枯骨知何在。客子聞言雙淚垂，君亡不待余歸時。訪君不入君華屋，日伴孤猿墳上哭。』（《幔亭集》卷三）

林光宇有《挽王少文》：『聞君忽不禄，隕涕實沾襟。白日竟長往，青雲負此心。空枝徒有劍，流水可無琴。死别情難忍，鼇峰莫色深。』（《林子真詩》）

按：王叔魯生前亦居鼇峰。

徐熥《王少文誄》：『萬曆二十一年三月二十七日壬午，友人王少文年甫二十，以疾卒于鳳池里之故第。嗚呼哀哉！年之不永，命也如何？昔伯牙輟流水於鍾期，浚沖嘆河山于嵇阮。情之所鍾，千古同痛。余也懷倚玉之摽，抱焚芝之嘆，托招魂之誼，附絮炙之情，抒悲惋于一時，章盛美於來禩。敢藉素旗，爰作斯誄。』（《幔亭集》卷十八）

作《寄沈從先》：『去歲金昌分手，黯然消魂，言念雅情，斯世鮮兩。第吴閩四千里之隔，徒勞夢思而已。僕跋涉還家，勞瘁百倍，乃不浹旬而北堂繼殞……所委題辭，以年來久疎筆札，未敢輕奏之大巫，況胸中蕪蔓，那得筆下生花耶？請俟秋冬，了此宿諾。』（《文集》册三，《上圖稿本》第四二册，第二六

五頁）

作《寄王百穀》：『去秋客吴昌，以先大夫不朽之事，徼惠王先生，乃先生慨然泚筆，一篇黄絹，不惟亡者瞑目于九原，而存者且德王先生于千秋萬歲後矣。燉自别先生，還家十日，老母復棄諸孤而逝。前歲喪父，今歲喪母，皇天降罰，接踵而至……謝在杭理吴興，去長洲百里，今秋欲訪其郡齋，當與門下看虎丘山上明月也。』（《文集》册三，《上圖稿本》第四二册，第二六六頁）

按：今歲又有一書《寄王百穀》言『寒食時修一書』，即此。知此書及前後數書，作於寒食前後。

作《寄張幼于》：『客吴門時，得識張先生，真如北海之見元禮、仲宣［之］遇中郎。乃門下視燉如骨肉，愛燉如弟兄，開花下之尊，設梁間之榻，燈前月夜，握手談心，海上野人，得領大教，披雲見天，不足言已。自别門下抵家，而夢魂無一日不在横塘烟雨間也。燉不天，前歲遭先君之變，去歲十月，而民母見背。天之降罰，酷烈若此……燉今秋有吴越之遊，當再過曲水草堂，入林把臂也。舍親王君以貲浮江湖，便道金昌，肅此問候興居。』（《文集》册三，《上圖稿本》第四二册，第二六六—二六七頁）

夏，送鄭琰之邊。與社中諸子過鄭善夫墓，有詩。

作《送人之邊》（《鼇峰集》卷十，又《晋安風雅》卷六作《送人戍邊》）。

徐熥有《送人之邊》二首，其一：『萬里横戈賦遠征，天涯去住不勝情。隔河獵火胡兒馬，古戍狼烟漢將營。沙磧春深無草緑，邊城亂後少人行。客中知有還鄉夢，莫聽孤笳半夜聲。』其二：『漠漠黄塵匹馬孤，馬頭今去向飛狐。望鄉臺上人思漢，敕勒城中將備胡。滿路寒霜朝倚劍，一天明月夜吹蘆。單于莫近陰山獵，南國書生正棄繻。』（《幔亭集》卷八）

林光宇有《送鄭生之邊》：『闗門誰識棄繻生，不蹔停鞭説姓名。客路干戈驚歲莫，故鄉弦管咽春明。戍樓月冷聞寒柝，沙跡雲間見古營。此去腰間看玉劍，單于不敢近邊城。』（《林子真詩》）

按：鄭生，即鄭琰。

徐熥有《樹下禪僧》，其一：『跏趺依古樹，偃息對峰陰。草屩莓苔濕，麻衣烟靄深。猿啼知定性，葉落見禪心。明日隨緣去，遊踪何處尋。』其二：『老樹不知年，無言息樹邊。著頭多雀穢，遍體有蝸涎。木葉寒時佩，花裀定後眠。月中行客過，疑是野狐禪。』（《幔亭集》卷五）

作《樹下禪僧》二首（《鼇峰集》卷十）。

作《過鄭吏部墓》二首：『昔賢寧復起，大雅久無聞。黄土空銷骨，青山不葬文。精靈沉夜月，吟咏冷秋雲。詞客應相識，詩成墓所焚。』又：『風流山吏部，白骨閟泉扃。異代思相見，千年不肯醒。松楸護靈氣，川岳暗文星。墓隧無人治，遺篇又殺青。』（《鼇峰集》卷十，又《閩都記》卷二十三《湖西北侯官勝跡》）

按：鄭吏部，即鄭善夫。鄭善夫（一四八五—一五二三），字繼之，閩縣人。弱冠舉弘治乙丑十五年（一五〇五）進士，授户部廣西司主事。正德中，改禮部祠祭，以諫南巡受杖，乞歸。嘉靖初，官至南刑部郎中、轉吏部，卒年三十九[一]。有《鄭少谷先生全集》。徐𤊹爲之序。鄭善夫又有《手録雜著》，徐熥從書肆廢書中覓得，徐熥、謝肇淛、徐𤊹爲之跋。

[一] 鄭善夫卒於嘉靖二年（一五二三）十二月二十八日，公曆一五二四年二月二日，此處按傳統計算法，卒年三十九。

又按：王應山《閩都記》卷二十三《湖西北侯官勝跡》『鄭善夫墓』條：『在梅亭山。』徐𤊹《過鄭吏部墓》，《全閩明詩傳》卷四十題注：『少谷子墓，在福州城西群鹿山。』

陳椿有《過鄭吏部繼之墓》：『丘封臨野嶠，登陟想伊人。路聽樵童入，碑看處士鄰。生芻一以薦，宿草幾經春。嘆息殘編在，悲歌倍損神。墓與傅汝舟爲鄰。』（《石倉十二代詩選·社集》之《景于樓稿》）

鄧原岳《過鄭吏部繼之墓》二首。其一：『繫馬梅亭下，懷賢落日邊。蘭摧仍此地，鶴化是何年。草已没殘碣，雲還迷舊阡。臨風一掬淚，感激向重泉。』其二：『吾憐鄭吏部，慷慨説時艱。一日看長夜，千秋識此山。詩名杜老後，書法晋人間。寂寞西州路，悲風損客顔。』（《西樓全集》卷三）

陳鳴鶴《梅亭過鄭吏部墓》：『孤魂長不竊，灑酒對荒丘。生死人千載，江山土一抔。夜臺寒薜荔，春雨暗松楸。他日滄州意，從君地下遊。』（《泡庵詩選》卷四）

徐熥《過鄭吏部墓》二首，其一：『荒墳不計年，過客淚潸然。朽骨藏於此，吟魂何處邊。野狐啼暮雨，石馬卧秋烟。安得斯人起，重令大雅傳。』其二：『西郭塚纍纍，經過下馬誰。先生一抔土，詞客百年悲。藤護將崩石，苔封未斷碑。應知靈爽在，嘆我不同時。』（《幔亭集》卷五）

陳仲溱詩《過鄭吏部墓》：『詞客去不返，荒丘空暮烟。亂滕纏古隧，落葉壅寒泉。恨不同時見，徒增異代憐。青山多白骨，獨識大夫阡。』（《閩都記》卷二十三《湖西北侯官勝跡》）

袁敬烈《過鄭吏部墓》二首，其一：『落日暝烟收，凄凉閉一丘。生年無四十，名姓有千秋。孤嶺寒猿嘯，空山過客愁。可憐風雨夜，蕭瑟是松楸。』其二：『空林閉白雲，深處易斜曛。詞客當年

淚,先生絶代文。藤蘿牽斷碣,狐兔走孤墳。向夕悲風起,淒涼不可聞。』[一](《閩都記》卷二十三《湖西北侯官勝跡》)

陳薦夫《過鄭吏部墓》二首,其一:『寥落冶城西,悲風鳥亂啼。荒墳樵子識,豐碣郡侯題。磨滅名猶在,蓁蕪路欲迷。尚餘靈秀氣,長此伴虹霓。』其二:『梅亭多舊壟,獨識此間墳。諫草傳青漢,詩名戾白雲。骨應休日朽,地見幾家分。東里西華意,蕭條不可聞。』[二](《閩都記》卷二十三《湖西北侯官勝跡》)

作《擬過賈誼宅》二首(《鼇峰集》卷十三)。

徐熥有《擬長沙過賈誼宅》二首,其一:『憐君謫宦楚江來,門外湘波日夜回。廢井年深生亂草,古墻春盡長荒苔。猿聲似訴孤臣恨,馬首空勞過客哀。此地無須嘆寥落,長安甲第亦成灰。』其二:『他鄉遷客恨悠悠,此日長沙宅尚留。寂莫空梁棲鳥雀,蕭條古院閉松楸。幾年宦況同雲薄,一去君恩共水流。欲采江蘺傷往事,半天風雨洞庭秋。』(《幔亭集》卷八)

陳薦夫有《擬長沙過賈誼宅》:『三載長沙滯此身,至今遺宅在江濱。治安有策酬明主,京洛無家怨逐臣。却聽寒蛩啼廢井,不聞野鵬上承塵。可憐絳灌銷沈盡,門外何人淚掩巾。』(《水明樓集》卷五)

作《蟬》(《鼇峰集》卷十三)。

[一] 陳仲溱、袁敬烈詩于《閩都記》無詩題,此處詩題爲筆者所擬。

[二] 詩題爲筆者所擬。

七夕，于曹學佺宅中觀伎。

作《七夕曹能始宅上觀伎》（《鼇峰集》卷十三）。

按：徐𤊹與曹學佺交往，現存之詩以此篇最早。

徐熥有《七夕曹能始宅上觀妓》：『涼風吹動黄姑渚，正值牽牛逢帝女。一年佳會阻星河，數刻交歡罷機杼。主人留客當今宵，鳴箏少婦紅羅綃。嬌聲宛轉鸞凰曲，媚眼低回烏鵲橋。引羽流商歌愈緩，玉繩漸落明星爛。履墜簪遺樂未休，鐘沉漏盡愁將旦。臨别殷勤贈七襄，秋宵雖短此情長。燭龍已駕扶桑曉，天上人間兩渺茫。』（《幔亭集》卷三）

七、八月間，社集，有擬作多首。

作《贈史州守》二首（《鼇峰集》卷十）。

按：史州守，即史起欽。史起欽，鄞縣（今浙江寧波）人。萬曆十七年（一五八九）進士。寧德知州。有《諸子纂要》、（萬曆）《福寧州志》。

徐熥有《贈史使君》二首，其一：『風流史使君，三載竹符分。吏舍積青草，公庭生白雲。山城有弦誦，瘴海無妖氛。父老關門送，不持錢一文。』其二：『一麾初出守，三十已專城。露冕諸侯貴，攀轅百姓情。俸貧難養鶴，庭静但聞鶯。試看長溪水，惟君能共清。』（《幔亭集》卷五）

作《晚泊七里灘》二首（《鼇峰集》卷十）。

按：七里灘，在浙江桐城盧。

徐熥有《晚泊七里灘》：『寒雲生近浦，落日滿前汀。旅夢驚潮破，漁歌過瀨停。一竿秋水碧，孤

棹晚山青。向夕推蓬望，中天見客星。』（《幔亭集》卷五）

作《山中古廟》（《鼇峰集》卷十）。

徐熥有《山中古廟》三首，其一：『山深香火微，廟宇冷斜暉。壁古龍蛇暗，厨荒鼠雀饑。歲時村婦拜，水旱土人祈。簫鼓田間過，知爲祭賽歸。』其二：『一路人烟絶，空山見古壇。鼎存周款識，像塑漢衣冠。鳥跡殘碑篆，虯枝老樹蟠。可憐年代久，風雨廟門寒。』其三：『古廟白雲邊，神妝尚儼然。靈應山鬼托，龕任野狐眠。開創知何代，銷沉不計年。居民流竄盡，纍歲斷香烟。』（《幔亭集》卷五）

作《秋夜山中》（《鼇峰集》卷十）。

作《黄陵廟》（《鼇峰集》卷十三）。

作《燕子樓》（《鼇峰集》卷十三）。

陳薦夫有《燕子樓》：『劍履塵生繐帳垂，獨眠人愧燕差池。北邙黄土千秋恨，東楚紅樓半夜悲。柳葉凝烟愁縷縷，牡丹含雨淚枝枝。十年多少沈吟意，只有尚書地下知。』（《水明樓集》卷五）

徐熥有《燕子樓》：『舊日歡情委逝波，空樓燈影恨如何。一天夜月閑簫管，千載春風罷綺羅。松柏鎮烟愁思苦，牡丹含雨淚痕多。香銷粉歇歌塵散，愁見雙雙燕子過。』（《幔亭集》卷八）

按：熥詩非同時作。

按：黄陵廟、燕子樓，興公似未親踐其地，當爲社集倡酬時作。

作《旅次石頭岸》（《鼇峰集》卷十三）。

按：石頭岸，在南京石頭城下。李賢《大明一統志》卷六《南直隸・應天府》『石頭城』條：『在府西二里。吴據石頭爲城。』

又按：梁章鉅《東南嶠外詩話》卷九『徐𤊹』條：『興公集中警句，清真婉至，足與幔亭抗衡。如……《旅次石頭岸》云：「殘月微鐘京口渡，澹烟疏雨秣陵秋。」』

徐熥有《旅次石頭岸》：『石頭城下水微茫，回首鄉關驛路長。瓜步烟波連斷靄，秦淮雲樹隔斜陽。秋高落木迷村舍，夜静寒潮到女墻。客裏愁心已如此，一聞南鴈更凄凉。』（《幔亭集》卷八）

按：熥詩非同時作。

作《送老卒還鄉》（《鼇峰集》卷十三）。

徐熥有《送老卒還鄉》：『少小從軍出玉門，蕭蕭白髮返丘園。塞垣此别休回首，舊路重經更斷魂。殘橐只餘孤劍在，故鄉知有幾家存。古來征戍生還少，何必封侯是主恩。』（《幔亭集》卷八）

作《古戰場》（《鼇峰集》卷十三）。

徐熥有《經古戰場》：『蕭條殘壘不勝悲，此地曾經幾亂離。恨血尚餘春草裏，遊魂多出夕陽時。瀟瀟寒雨聞刁斗，漠漠陰雲見羽旗。滿路干戈愁轉戰，胡笳休向馬頭吹。』（《幔亭集》卷八）

作《愛妾换馬》（《鼇峰集》卷十三）。

徐熥有《愛妾换馬》二首，其一：『如燕如龍户外嘶，行雲行雨意凄凄。青蛾永别黄金屋，赤兔新翻碧玉蹄。雖有飛騰空冀北，更無歌舞出樓西。他時紫陌相逢處，望見銀鞍不住啼。』其二：『雙眉顰蹙四蹄翻，皂櫪無聲被不温。憔悴難忘當日寵，悲鳴猶戀主人恩。强隨夜月登妝閣，愁逐秋風

出塞垣。金埒玉樓遥騁望，幾多汗血幾啼痕。』（《幔亭集》卷八）

陳薦夫有《愛妾换馬》：『緑耳軒驪翠黛低，雲環今日媿霜蹄。含情忍卸金條脱，得意新從錦障泥。舞院廢來成皂櫪，雕鞍歸去閉香閨。此身稍似離轅日，一步驕行一步嘶。』（《水明樓集》卷五）

作《得沈從先書》（《鼇峰集》卷十三）。

作《越王臺懷古》（《鼇峰集》卷十三）。

陳椿有《越王臺懷古》：『釣龍臺枕大江隅，江水滄茫帶緑蕪。城郭昔曾歸霸略。山川今已入皇圖。片帆落日沉孤鳥，畫角淒風起暮烏。欲向斷碑探往事，苔痕半已没龜趺。』[一]（《閩都記》卷十四）

鄧原岳有《越王臺懷古》：『日落汀洲江吐雲，君王遺殿晚氤氲。樓船北出鄱陽道，劍璽東歸威武軍。馬瀆潮平天外直，龍湫泉咽夜深聞。一時霸業堪蕭索，愁對青山越水濆。』（《西樓全集》卷五，又《閩都記》卷十四『泉』作『潮』）

陳薦夫有《越王臺懷古》：『八郡封疆世幾更？高臺尚有越王名。雲山不變古今色，江水但流嗚咽聲。逐鹿舊都無客在，釣龍荒井此時平。遺民只用矜形勝，聖代萬年誰戰爭！』（《水明樓集》卷五，又《閩都記》卷十四『八』作『七』，『嗚』作『鳴』）

徐熥有《越王臺懷古》：『山河如故霸圖休，臺下空江水自流。歲久莓苔生廟壁，日斜葭菼滿汀洲。

[一] 陳椿及下文鄧原岳、陳薦夫《越王臺懷古》于《閩都記》無詩題，此處詩題爲筆者所擬。

旌旗影滅秋風冷，劍戟聲沉暮雨愁。莫道釣龍人已遠，精靈還向夜深遊。』（《幔亭集》卷八）

八月中秋夜，與同社諸子集平遠臺觀塔燈；與漳州顔容軒集鄧道鳴行署。

作《中秋夜邀同社諸子集平遠臺觀塔燈》（《鼇峰集》卷十三）。

按：平遠臺，在福州于山（九仙山）。《大明一統志》卷七十四《福建·福州府》『平遠臺』條：『在九仙山最高處。上有佛刹，右鄰萬歲塔，左瞰九仙觀，俯視城廓江山，實閩中勝概。』

又按：曹學佺《興建平遠臺記》：『山之名既屢易，而人不之呼，但呼之曰「平遠臺」。臺可弗存也乎哉？臺存則名山者存，臺廢則名山者廢。』（《石倉文稿》卷之《夜光堂》）

作《寄劉少巳廣文》（《鼇峰集》卷十三）。

作《秋夜同顔廷愉、黎廷彬、王元直、瀚上人、惟和兄集鄧道鳴行署，賦得薇垣夜漏，同用花韻》（《鼇峰集》卷十三）。

按：顔容軒，原名正色，在軍中改名廷愉，容軒爲其字，漳州人。少攻詩，又長於騎射，隸籍材官。有《鳴劍集》。熥曾爲其《緩帶編》作序。

又按：王繼皋，字元直，福州人。太學生。

又按：瀚上人，即釋如瀚，社東潮陽人。福州平遠臺僧，能詩。𤊹曾在其處得《寒山詩集》，參見萬曆二十七年（一五九九）。

徐熥有《贈顔廷愉將軍》二首，其一：『姓名曾冠少年場，逆旅相逢意慨慷。能以三都雄藝苑，還將一劍倚扶桑。燕臺擊有荆軻築，粵國遊無陸賈裝。爲愛琅琊門下士，如君詞賦獨升堂。』其二：

『詩名久已動長安，此日仍登上將壇。投筆耻爲秦博士，横戈今作漢材官。常拚一命酬知己，不愛千金贈所歡。莫道書生無遠略，東封函谷有泥丸。』（《幔亭集》卷八）

徐熥又有《秋夜同顔廷愉、黎廷彬二將軍，王元直秀才，觀微上人，興公舍弟集鄧道鳴閫帥行署，賦得薇垣夜漏，同用花字》：『虚堂良會寂無譁，忽聽譙樓鼓亂撾。響入招提隨斷磬，聲傳睥睨雜悲笳。共占此地星文聚，莫問中宵斗柄斜。滴盡銅壺天似水，月光初轉紫薇花。』（《幔亭集》卷八）

按：鄧道鳴，疑爲鄧鐘，泉州衛人。福建指揮使。

作《與鄧道鳴將軍》：『向夕文酒相樂，尊中不空。雖明將軍帳下，珠履如雲，第不知費去凉州葡萄幾十石也。微師名結社于都城，踪跡尚如聞雲陰鶴。一枝雖借于巢林，玉粒未炊乎香積。明將軍肯發歡喜心，即種菩提根于下土矣。拙集乞付還，穢物久溷軍中，恐兵氣不揚耳。』（《文集》册三，《上圖稿本》第四二册，第二六八頁）

按：『前夕』，即集鄧道鳴行署之夕，故書中言及是夕亦與集之微上人。此書爲别鄧後數日内所作。

作《同諸子集廷愉客舍聞歌》（《鼇峰集》卷十三）。

徐熥有《顔廷愉旅館夜集聞歌》：『越王城裏起西風，旅館相看興不窮。詞客交情聯縞帶，美人幽恨寄絲桐。當筵夜静燈花緑，隔寺秋深落葉紅。此去豈愁逢醉尉，踏歌齊向月明中。』（《幔亭集》卷八）

八、九月間，鄧道鳴閫帥見訪。送陳勳之京省親。

作《秋日鄧道鳴閫帥見訪》(《鼇峰集》卷十三)。

作《送陳元凱應貢之京兼省親》二首(《鼇峰集》卷十三)。

按：陳元凱，即陳勳。詳隆慶四年(一五七〇)。

徐熥有《送陳元凱明經北上兼覲省》二首，其一：『津亭落葉點衣斑，斗酒臨歧動別顔。江上流澌前嶺雪，馬頭晴樹隔淮山。征途歲晚鴻聲斷，上苑春深草色間。此去趨庭歡不淺，可無飛夢到鄉關。』其二：『江干分手動悲歌，迢遞關山歲杪過。獨夜懷人魂夢遠，中年知己別離多。車驅微月寒登隴，馬踏殘冰曉渡河。若遇長安舊相識，爲言生計久蹉跎。』(《幔亭集》卷八)

陳勳有《北上留別徐惟和惟起用原韻》三首，其一：『將行對酒復聽歌，況值征鴻雪裏過。岐路自傷爲客遠，離情偏覺故人多。楓林回首山當驛，柳色驚心春渡河。誰念素衣今盡染，風塵歲月易蹉跎。』其二：『劍花襟淚共斑斑，誰唱離歌慰別顔。同調一時凌白雪，相思明日隔青山。客心迢遞浮雲去，官道逶迤落照閑。中歲爲儒堪自笑，獨將短策叩燕關。』其三：『折柳紅亭酒未乾，車行且住惜餘歡。亦知舌在從遊薄，奈有魂銷覺別離。弦管醉來西日落，驪駒嘶去北風寒。丈夫不用悲遊子，歸去登樓莫倚闌。』(《陳元凱集》卷四，其一又見《晋安風雅》卷九，詩題作『將北行留別徐惟禾』)

按：疑徐熥、徐𤇆詩原有三首，編集時删去一首。

秋，有書致曠公；王百穀復徐𤇆寒食書，𤇆再寄之。

作《寄曠公》：『去冬謝司理行，附一緘寄猊座，想發封已久。嗣後鱗沉羽絶，無由再通寸楮，徒抱區區……不佞家難叢集，愁腸九斷，可與禪機了然憬悟者道哉？年來心緒荒蕪，久疎吟咏，吾師新作，幸示我數首，洗去塵障，不啻普門甘露也。』（《文集》册三，《上圖稿本》第四二册，第二六八—二六九頁）

按：去歲謝肇淛之湖州。所寄曠公書今佚。

作《寄王百穀》：『寒食時修一書奉寄，苦無致書郵，竟不獲一問起居。野人疎慢可知已。近陳翁歸閩，又拜手札，及生志墨榻。開緘展玩，知王先生真不忘故人哉！廻思客歲過南有堂，開尊把臂，殆如夢境，吴閩相隔幾四千里，恨不如禰正平，縱狂態于仲宣之側也。擬今冬裹糧，復爲吴閶之遊，以先考妣遺蜕，尚在淺土，不能遠去，會面之期，又在明年春夏之交耳。兹友人陳孝廉道育行便，草草奉寄。』（《文集》册三，《上圖稿本》第四二册，第二六九—二七〇頁）

按：陳陽和，字道育，號元周，陳湯敬孫，福清人。萬曆七年（一五七九）舉人。

又按：徐熥有《送陳道育遊吴》（《幔亭集》卷八）作於此時，詳《熥譜》。

十月，初三，徐氏兄弟祭母，上食，哭聲震天，林木震動，與曹學佺會于竹林。竹林者，緑玉齋也。

曹學佺《陳孺人墓誌銘》：『不肖之獲交于徐氏昆弟也。其有母喪，云是時孺人已逝期矣。一旦，折簡相邀于竹林，談笑未竟，有童子報事已治，昆弟語客且安坐，下走堂中，哭聲震天，林木振動而山谷沸也。不肖心悔其來，然不解何故。未幾，昆弟又入林曰：「客不樂乎？今日予輩當上食孺人，召子之來者，以享祭餘也。」……於是竹林之間，相顧淒然。竹林者，所稱「緑玉齋」也。』（《石倉文稿》卷二）陳母卒，參見上年。

十一月，三十日，冬至夜，與曹學佺芝山寺步月。

作《冬至夜，同曹能始芝山寺步月》（《鼇峰集》卷十二）。

按：冬至，十一月三十日。

又按：芝山，在郡治東南。《大明一統名勝志·福州府》卷一《福州府》：『芝山，在府治東南，開元寺後。舊名靈山寺，唐開元改爲今額，有明皇畫像。會昌汰天下寺，福州存其一，是也。』

按：曹學佺當有詩，詩佚。次歲秋冬間，曹學佺北上春官。

十二月，有除夕詩。

作《癸巳除夕》（《鼇峰集》卷十三）。

冬，袁表卒。卒年五十七，有詩挽之。築父母墳宫于東嶽麥園。

作《挽袁景從先生》二首，其一：『廣柳聲隨松柏聲，北邙狐兔嘯新塋。人間吟魄山中冷，天上文星地下明。墓道風雷哀鼓吹，郭門烟雨灑銘旌。詞華自是傳千古，不獨生前太守名。』其二：『閉却泉臺即萬春，應憐大雅喪斯人。握符不復分銅虎，營葬還看竪石麟。五尺朱幡雲外轉，一抔黄土隴頭新。北山孤塚纍纍起，若個能文堪與鄰。』（《鼇峰集》卷十三）

按：袁表，字景從。詳隆慶四年（一五七〇）。

徐熥有《故黎平太守袁公挽歌》四首，其一：『永别城中路，新成郭外墳。旐題前太守，書失右將軍。廣柳驅殘月，甘棠翳暮雲。應知千載後，不朽是遺文。』其二：『誰知五馬客，竟作九原人。出郭有魂氣，還家惟影神。墓中難待曉，地下不行春。斯世無同調，悲歌淚滿巾。』其三：『白馬出關門，愁聞鼓吹喧。山靈收正氣，月色引歸魂。貴至二千石，書餘幾萬言。翩翩丹旐過，猶訝轉朱轓。』其四：『赤紱人何處，青山骨可藏。鄉鄰悲道路，父老泣蠻方。圖史虚東壁，松楸冷北邙。明君思起草，猶問秘書郎。』（《幔亭集》卷五）

又按：《祭酒嶺造墳記》：『癸巳之冬，築墳宫于東嶽麥園，安厝二柩。』（《文集》册九，《上圖稿本》第四四册，第四〇一頁）

又按：參見萬曆八年（一五八〇）、四十一年（一六一三）。

是歲，兄徐熥讀書于法雲寺。

徐熥《同王元直讀書法雲寺，賦贈》（《幔亭集》卷八）。

按：法雲寺，即南法雲寺。王應山《閩都記》卷五《郡城東南隅》『南法雲寺』條：『五代唐清泰五年建，初名地藏通文寺。宋祥符間更今名，賜額。國朝宣德中重建……山門之内，砌石數十級以登。乃爲二門，東南山川，若俯瞰而視焉。』

又按：後弟徐熛亦讀書於此。

是歲，代兄徐熥作《全嬰堂集序》。

作《全嬰堂集序》：『《全嬰堂集》者，司理存湖史公爲蕭杏齊先生刻也。先生以岐黄術重閩，其所全活嬰幼，不下萬餘家。凡宦閩士與閩士大夫，咸有詩文爲先生贈。兹歲，先生以八十三壽終……方先生家臺江時，醫名□籍甚。其所贈詩章，盈箱積篋，值兵燹之警，皆煨燼無存。此則城居後所集，視前僅十之二三耳。先生之生，有善人之扁旌於閭；逮先生之殁，有《全嬰之集》垂於世，則先生之行

誼，良足不朽矣。』題下注：『癸巳年，代家兄作。偶拾出存之。』（《文集》册一，《上圖稿本》第四二册，第一八一—一九頁）

是歲，友人趙我聞入閩，與遊。

按：趙我聞，字用拙，安慶人，處士。《筆精》卷五《方外》『出家偈語』條：『皖城趙我聞，字用拙，萬曆癸巳入閩，遍遊名山，與余交最密。用拙深於禪理，歸浮山，逾年薙髮爲僧，更名法鎧。』

萬曆二十二年甲午（一五九四）二十五歲

徐熥三十四歲，謝肇淛二十八歲，曹學佺二十一歲，林古度十五歲，徐陸五歲

正月，初三日，鄧原岳還朝，諸社友有詩送之。師林庸勳卒，哭之。

作《甲午元日》（《鼇峰集》卷十三）。

作《三日送鄧汝高赴闕》（《鼇峰集》卷十三）。

徐熥有《送鄧汝高進士還朝》二首，其一：『獻歲赴王程，全家向北平。斷水淮口渡，殘雪薊門城。烟柳迷征蓋，風花引使旌。長安春色好，莫起故園情。』其二：『柳色催離況，椒花戀別筵。夢繁人去後，春到客行先。掛席河通楚，驅車路向燕。相思明月夜，惆悵隔山川。』（《幔亭集》卷五）

林光宇有《送鄧女高進士還朝》：『緑酒紅亭擁別筵，送君北闕去朝天。車停京國知何日，身到家山復幾年。鐘斷曉聲人待漏，柳坐春色馬驚鞭。縱然封事趨青瑣，莫忘新詩寄白蓮。』（《林子真詩》）

作《人日送李子行吏部謫楚中》（《鼇峰集》卷十三）。

作《哭林遜膚業師甲午》（《鼇峰集》卷十）。

按：林庸勳，字平野，號遜膚，長樂人。唐思想家林慎思後人。舊有閩郡世家，首推長樂林氏之說。

春，遊通谷洞，尋宋潘昉探花墓。同兄熥、王繼皋、微公遊鼓山，題涌泉廢寺。登屴崱峰，過鳳池，尋趙我聞不值；我聞遊白雲洞迷路而返。歸後，致書趙我聞。鄧原岳、曹學佺等過齋頭。

作《遊通谷洞，因尋宋潘昉探花墓》（《鼇峰集》卷十，又王應山《閩都記》卷二十二作《次》，即次韻徐熥詩）。

徐熥有《遊通谷洞》：『小徑斜通谷，躋攀及晚晴。草荒尋鳥道，磴險作蛇行。暮色千峰合，春流一鏡平。石間舊題刻，半是紫苔生。』（《幔亭集》卷五，又王應山《閩都記》卷二十二）

按：通谷洞，王應山《閩都記》卷二十二『郡西北侯官勝跡』：『在閩政橋南。其下巖嶂多奇勝，若桃源。笏石、奇峰、仙冠石、紫巖亭、高潔臺、越王亭、一線天、六華巖，稱十八景。宋潘昉庭堅未第時，讀書於此。』

作《仙宗廢寺》（《鼇峰集》卷十）。

作《送林叔度之甬東》（《鼇峰集》卷十）。

按：林祖恕，字叔度，莆田人。有《山居集》。

又按：梁章鉅《東南嶠外詩話》卷九『徐𤊹』條：『興公集中警句，清真婉至，足與幔亭抗衡。如《送林叔度》云：「不灑故人淚，恐傷遊子顏。」』

作《題惟揚弟法雲寺書館》二首（《鼇峰集》卷十）。

徐熥有《題惟揚弟法雲寺書舍》：『誰知菩薩界，亦有子雲居。厨趁僧炊後，膏分佛照餘。窗窺施食鳥，笥竄蠹經魚。方衲時相叩，秪應來借書。』（《幔亭集》卷五）

陳薦夫有《題徐惟揚法雲寺書舍》二首，其一云：『習静結緇流，陳書汗白牛。韋編三藏積，環堵十方修。麈拂楊生肘，文成石點頭。談經雙樹裏，馴虎誤相投。』其二：『負笈去無踪，飄然隱鷲峰。微言傾上座，捷悟勝南宗。簡蠹同僧譯，齋寒對佛供。多因忘食久，不聽飯前鐘。』（《水明樓集》卷三）

作《涌泉廢寺》（《鼇峰集》卷十）。

徐熥有《同微公、元直、興公弟至鼓山》：『看山俗慮清，况復與僧行。徑密草交色，林廻鳥换聲。披雲孤衲重，掛月一瓢輕。不用憂迷路，燈光見化城。』（《幔亭集》卷五）

徐熥有《鼓山寺》：『空門有夙因，歲歲往來頻。方丈墨猶濕，祇園花又新。佛應憐熟客，山但借閒人。不分居城市，紅塵老此身。』（《幔亭集》卷五）

作《出屴崱峰過鳳池，尋趙用拙不值》二首，其一：『踏將萬壑與千岑，却怪遊踪不可尋。莫謂山多易迷路，白雲封却洞門深。』其二：『鳥道崎嶇不易攀，行行只在萬峰間。山深難得樵人問，果在山中若個山。』（黄任《鼓山志》卷十三《藝文》）

按：屴崱峰，又名大頂峰，鼓山主峰。王應山《閩都記》卷十二《郡東》『大頂峰』條：『又名屴崱峰。由小頂而上里許，巉巖險巇，其巔若覆釜。宋咸平中，丁謂始被榛至此。石上刻有朱子「天風海濤」四字。』

作《復趙用拙居士》：『向爲老頭陀所誤，歷萬壑千巖，竟成迷路，不減漁父入桃花源時。日暮魚貫下山，但歌「只在此山中，雲深不知處」耳。然白雲洞壑，已受足下杖屨，而僕輩視之，非如人間，不令山靈揶揄不已耶！昨晚興盡而歸，蘿薜猶然在夢，漫賦二絶奉寄。若足下至靈源時，得無懷人天一方乎！此番勝遊，不意相左，既慚支、許，還愧向、禽。俟足下歸來，僕買一小青雀當兹航，登方廣洞天，不知足下雙□無恙否？混融開士還山，附此問訊。不出二三日，僕便東望真人紫氣也。』（《文集》册三，《上圖稿本》第四二册，第二七〇—二七一頁）

按：『漫賦二絶奉寄』，即上條《屴崱峰過鳳池，尋趙用拙不值》二首：『但歌「只在此山中，雲深不知處」耳』，即其二後二句意。

徐熥有《趙用拙招遊白雲洞，迷路而返却寄》：『古洞知何處，山僧路亦迷。行來千嶂外，猶隔數峰西。徑險猿難度，林深鳥自啼。漁郎真夢境，浪説武陵溪。』（《幔亭集》卷五）

作《登鳳池》：『歷盡高岡萬嶺低，忽驚揮手拂虹霓。日斜古道人踪滅，愁殺鷓鴣雲外啼。』（《鼓山志》卷十一）

按：此詩《鼇峰集》不載。

春、夏間，送趙我聞回皖，有詩送之。

作《送趙用拙之皖城浮山寺》（《鼇峰集》卷十）。

徐熥有《贈趙用拙居士》：『留髮不披緇，行藏衆所疑。慧因聞道早，壯悔出家遲。果以今生滿，僧應夙世爲。懸知他日遇，改却舊鬚眉。』（《幔亭集》卷五）

作《擬彭城懷古》《古行宫》《王母廟》《巫山廟》（《鼇峰集》卷十三）。

夏，王繼皋等之金陵，有詩送之。有詩致鄧原岳，原岳失硯，慰之。

作《送王元直之金陵》二首，其二：『花殘鶯老柳絲長，送客炎蒸束别裝。』（《鼇峰集》卷十三）

作《寄李伯實移家居秣陵》（《鼇峰集》卷十三）。

作《寄鄧汝高失硯》：『星軺北上，春色才三日也。倏忽便經炎暑，搔首懷人，不覺别魂之飛揚耳。玉生茗川書來，知足下在虎丘分手，計此時政走馬長安道，不識曾過荆、高之徒，擊筑飲酒相樂乎……每竹風山月，夜雨孤燈時，迴思與足下脱幘懽呼，入林把臂，殆如夢境。苟未免有情，誰能遣此？初聞足下抵彭城，再弄之璋，深爲色喜。繼聞宵人盗硯，心折骨驚，仰天大呼，怒髮上指。人間至寶，一旦淪落泥滓，大堪痛惜。長安雖百貨所聚，求其完好無恙如故物者，恐亦不能得耳。要之，塞翁之馬，楚人之弓，得失古有明訓。願足下却似從前無硯時也。僕比來目眚作苦，且山婦病在膏肓，日與刀圭藥石爲伍，久疏筆研，生意已槁，故人毋問其生花如昔哉！』（《文集》册三，第四二册，第二七一—二七二頁）

按：『春色三日』，見正月，㶴有詩紀之。

七月，兄熥三春官，别親友。熥作詩别社中諸子，興公與陳鳴鶴等驛樓送别，有詩。

作《驛樓送惟和兄北遊》：『夜静江空欲上潮，榜人催唤解蘭橈。離腸禁得幾回斷，别夢不辭千里遥。沙起交河陰漠漠，風吹易水冷蕭蕭。關山迢遞何時盡，此是他鄉第一宵。』（《鼇峰集》卷十三）

徐熥有《甲午赴京留别社中諸子》：『獲落甘南郭，飄零又北征。愁心悲遠道，短髮戀微名。别苦嫌情重，時危幸橐輕。勞歌聽已慣，任作斷腸聲。』（《幔亭集》卷六）

徐熥有《將發芋江别惟起惟揚二弟》：『霜落烏啼半上潮，江頭那忍解蘭橈。已悲去路關山遠，况

復歸期歲月遥。衰鬢依人愁冉冉，荒年爲客橐蕭蕭。他時兩地同相憶，記得離筵是此宵。』（《幔亭集》卷八）

陳鳴鶴《寄惟和》二首，其一：『七載謁明主，憐君多苦辛。馬蹄穿白雪，人面障黄塵。尺素報山客，刀圭養谷神。始知金殿裏，曼倩可容身。』其二：『江上别遊子，長居太乙壇。河車通土釜，雷火劈泥丸。兩鬢如無改，三花盡可飡。相思同入定，相思總非難。』（《泡庵詩選》卷四）

按：稍晚于徐熥，陳薦夫、曹學佺亦北上。

九月，佘翔見訪。重陽，有詩爲王百穀弔亡，並有書致之。送謝肇淛父汝韶就養湖州，送康彦登之靈武。致書鄭琰，言每憶舊遊，不能忘情于足下。謝肇淛于檇李舟中懷輿公。

作《酬佘宗漢先生見訪》（《鼇峰集》卷十三）。

按：佘宗漢，即佘翔。詳隆慶四年（一五七〇）。

作《爲王百穀悼亡姬》二首（《鼇峰集》卷十三）。

徐熥有《爲王百穀悼亡》：『不顧房帷十載恩，竊將靈藥月中奔。楚臺有枕難通夢，漢殿無香可返魂。夜静鴛鴦虚錦帳，晝長鸚鵡唤璚軒。小星三五沉何處，垂老青衫濕淚痕。』（《幔亭集》卷八）

按：徐熥詩作時略早，此時大約已過吴門。詳下。

陳薦夫有《爲王百穀悼妾》：『桃葉歌殘團扇秋，人間天上兩悠悠。鐘聲咽是催魂斷，燭淚紅因帶血流。恩絶不曾緣换馬，心傷那忍看牽牛。一丸靈藥千年恨，悔作蟾蜍向月遊。』（《水明樓集》卷五）

作《報百谷弔》：『伯兄策杖遠遊，別離淒楚，不獲作書，問先生起居。乃先生不遠數千里，瑤函珍重，先惠故人，益重狂生之罪耳。不佞兩遭大變，身披麻衣者五載，方今服禫，涕淚漸收。忽聞先生有鼓盆之戚，蘭摧玉折，自古有之。不佞達未同于莊生，漫賦四詩爲唁，托悲歌以當泣……閩士雖操觚乎，而柳生于肘者十而九，張君之筆已如卞氏之玉，竟不售而歸，大爲扼腕。不佞既不生花，又不成塚，真有負于張君。惟季聲、子長諸子，或藉其如椽之力，以當戰具……伯氏此時，想已別金昌，風塵跋涉，瘦骨恐益杈枒。』（《文集》册三，第四二册，第二七三—二七四頁）

按：徐㮰卒于萬曆十九年（一五九一），母卒於二十年（一五九二），自萬曆十九年至今，前後五年。

又按：集删去二首，存二首。

作《送謝左史就養吴興》：『征途四牡去騑騑，正值苕川木葉飛。』（《鼇峰集》卷十三）

按：謝左史，即謝汝韶，肇淛父。時謝肇淛爲吴興司理。

作《題黄明府法雲寺别業》（《鼇峰集》卷十三）。

按：黄明府，名俟考。山東萊蕪知縣。官罷後築别業於福州法雲寺。

作《送康元龍之靈武》二首，其一：『賀蘭山下戰塵收，君去征途正值秋。』（《鼇峰集》卷十三）

按：康元龍，即康彦登。詳隆慶四年（一五七〇）。

又按：《哭康元龍五十韻》：『憶昔甲午歲，送君之朔方。仗劍出門去，飲馬遊沙場。』（《鼇峰集》卷四）

陳汝修有《寄康元龍之寧夏》二首，其一：『大纛高懸婀落暉，元戎置酒看分圍。書生醉後疎狂甚，笑脱青袍試鐵衣。』其二：『黄沙如雨草如烟，刁斗聲中落月邊。虎帳夜深歌舞散，胡姬十五解人憐。』（《石倉十二代詩選·明六集》卷六十一《陳氏遺編》）

按：陳汝修（一五六八—一六三二），字長吉，陳衎父，閩縣人。汝修自曾祖以下，一門多人能詩，曹學佺編《陳氏遺編》録有汝修等詩。

馬欻有《送康元龍之邊》：『長城落日薊門陰，北望關山道路深。馬勒桃花銜苜蓿，笳吹蘆葉渡榆林。暮天衰草飛鵰急，荒壘疎烟白雁沉。經過去年征戰地，忍看枯骨一沾襟。』（《晉安風雅》卷九；又《漱六齋集》，《石倉十二代詩選》之《社集》）

袁敬烈《送康元龍之靈武》：『酒醒別館聽鳴鷄，極目關山去路迷。日落健兒驅獵過，秋來胡馬怯寒嘶。幾年戰角連河北，十月悲笳咽隴西。邊路縱然逢驛使，尺書知帶淚痕啼。』（《晉安風雅》卷九）

作《寄鄭翰卿》：『憶與足下別時，正當此夕，忽忽兔魄五十回圓矣。足下西走趙，北走燕……不佞伯兄，六年之内，三入燕都，亦不能自已于懷。第爲禄養計，不得不奔走風塵也。比聞足下客姑蘇，去家不越數十舍。姑蘇不佞舊遊之地，虎丘明月，横塘烟雨，時切夢思，每憶舊遊，便不能忘情于足下耳。數年寄懷諸詩，總録寄覽。不佞哀毁後，腹中稿然，足下猶謂徐生筆中吐花如昔耶？』（《文集》册三，《上圖稿本》第四二册，第二七四—二七五頁）

按：萬曆十八年（一五九〇）九月，鄭琰北遊燕趙，與公作《送鄭四之燕》（《鼇峰集》卷十），至是冬十月有五十個月，然又云『正當此夕』，則作書時和送别日子相同，則『五十』舉其成數耳。參見萬曆十八年（一五九〇）。

謝肇淛有《檇李舟中懷徐興公》：『不堪摇落日，獨客倚蘭橈。古木沿堤轉，前山隔雨遥。傲來猶有骨，瘦去欲無腰。念汝草堂静，峰頭看海潮。』（《小草齋集》卷十三）

秋、冬間，有詩送薛君佐遊杭州、吴邦台之嶺南。

作《贈道士王太和》（《鼇峰集》卷十）。

作《送薛君佐遊西湖》（《鼇峰集》卷十）。

按：薛君佐，名不詳。興公《寄薛君佐君大》提及君佐此行，參見次歲。

又按：《薛君佐像贊》：『神澄秋水，氣凛寒霜。學同元敬，俠比孟嘗。宣兮敢擬，收也難方。時未達也，弗上書而止獵；身既隱矣，暫逃名於賣漿。人徒知其囊中佳句，誦燕泥之空梁；而予獨羨其名高藝信，爲河東之鳳凰者耶！』（《文集》册十二，《上圖稿本》第四五册，第二七六頁）

又按：徐熥《薛君佐像贊》：『文而且秀，俠也而儒。懷連城之璧，握明月之珠。氣如太阿之出匣，神如清冰之在壺。腸能吐錦，腕善操觚。才何慚于倚馬，學有類于童烏。少而都，曾擲果之盈車；壯而癯，日來乎清虚。美哉，丈夫！無忝於君家之鳳雛。』（《幔亭集》卷十九）

又按：以上兩篇《像贊》作年不詳，附於此。

作《送吴邦臺之嶺南》（《鼇峰集》卷十）。

冬，王繼皋自金陵歸，以《何氏語林》（缺首二册）見贈。有書致王穉登，徐熥姻親黄道晦遊吴，薦之。

作《挽葉水部椿石先生》《甲午除夕》(《鼇峰集》卷十三)。

按:《何氏語林》題記:『甲午(一五九四)之冬,王元直自秣陵歸,得一部,闕首二册,遂以贈余。』(馬泰來整理《新輯紅雨樓題記　徐氏家藏書目》,第一一〇頁)

按:王繼皋,字元直。

按:參見萬曆二十三年(一五九五)、萬曆三十八年(一六一〇)、崇禎六年(一六三三)。

作《寄百穀》:『重陽時,張子華還吴,修一緘復記曹,并鄙作,附陳生詩,爲先生解憂……先生逃禪半偈,生滅之相,當幻泡視之,鼓盆之戚,自不攖念,第不知悼亡有詩如安仁乎?無也。二郎君桂林消息杳然,讀南省薦書,覺神氣不王,輒不能竟。青雲只在平地,不識何日公道開也。𤊹海濱賤士,年已及壯,猶然故吾。每一念及,不勝短氣。伯兄往來吴越間,跡如雲鶴。南有堂前,曾加剥啄乎?布衣黄道晦,伯兄姻友也,多讀古書,亦精一氏,言不出口,居深山者四十年,一旦有吴越之役,欲一謁先生,當侯封万户……涷筆不能多譚,𤊹再稽首。』(《文集》册三,《上圖稿本》第四二册,第二七六—二七七頁)

按:九月有《爲王百穀悼亡姬》詩並書,詳上。

又按:黄道晦,即黄隱居,侯官溪源人。徐熥有《黄隱君室人鄭氏墓誌銘》(《幔亭集》卷十六)

是歲,兄熥在南京爲刻《紅雨樓稿》,後徐𤊹每憶及此事,有悔其少作之意。

按:《答王元禎》:『不佞《紅雨樓稿》,是甲午歲先伯兄梓之白門。皆弱冠時所作,十分乳臭。門下何從得之乎?子雲悔少作,即此稿之謂也。』(《文集》册六,《上圖稿本》第四三册,第三〇

八頁）

是歲，長子陸五歲，已好親筆硯。

按：《亡兒行狀》：『兒生即聰穎，五六歲胸中了了，好親筆硯。』（《荆山徐氏譜·詩文集》）

又按：陳衎《徐存羽墓誌銘》：『存羽生而穎異，甫能言，即好筆墨，不與諸凡兒伍。五歲，就外傅誦《孝經》《論語》如舊習。』（《大江集》卷十九）

又按：陸生於萬曆十八年（一五九〇）。

是歲，茅元儀生。

按：茅元儀（一五九四—一六四〇），字止生，號石民，茅坤之孫，國縉之子，歸安（今浙江湖州）人。以薦授翰林待詔，尋參軍務改授副總兵，以兵嘩下獄，遣戍漳浦。入閩，與閩中詩人酬倡。有《石民四十集》等。

萬曆二十三年乙未（一五九五）　二十六歲

徐熥三十五歲，謝肇淛二十九歲，曹學佺二十二歲，林古度十六歲，徐陸六歲

正月，元日有詩。

作《乙未元日》（《鼇峰集》卷十三）。

二月，鄧原岳於京城作書寄徐興公，言徐熥在京城事，並言夏將有轉餉之役，趁便可過家。

鄧原岳《寄徐興公》：『別後凡得手書二紙，如見故人也。開春十又一日，阿和抵都。於是，不佞方有通州之役，與阿和劇談丙夜，遲明而別，心甚恨之。旬日，始竣事。歸，阿和已移居東邊，時時跨蹇馬過從，各出近作，繁聲歌之，覺易水悲風不減荆卿時狀。此亦何必緑玉叢竹中哉！初得幼孺書，謂病甚，不果來，令人無色。一日，與曹能始共飲阿和樓中，忽見幼孺使者風雪中至，云：「以前月二十三日抵彭城矣，計程三日且至。」爲狂躍不能自制。此君來，便成鼎足，但不知執牛耳者何人耳！不佞夏間恐有搜粟之役，則荔子丹時又得一聚首也。』（《西樓全集》卷十八）

按：陳薦夫以前月二十三日抵彭城，再過三日至京，知此書作於二月。熥四上春官（其中萬曆十九年，至京即聞父訃，匆匆南奔），惟是歲與薦夫同時上春官，故知此書作於此時。參見是歲《熥譜》。

春，兄熥二下第。

按：詳夏。

春、夏間，送王振甫入蜀。

作《送王震甫入蜀中》（《鼇峰集》卷十三）。

五月，鄧原岳還家，見訪，興公有詩酬之。

作《得鄧民部書却寄》：『開緘忽見風雲氣，驚起馴鷗過野塘。』（《鼇峰集》卷十三）

按：鄧原岳《與王玉生山人》：『不佞以五月二十六日抵家，始知足下竟遊燕。』（《西樓全集》卷十八）原岳歸家，擬見訪，有書先至，故作此詩寄之。

作《酬女高見訪乙未》（《鼇峰集》卷十）。

夏，得兄熥下第書，有詩紀其事；陳薦夫同時下第。得鄧原岳書却寄。有書致劉克治（季德），有書致謝肇淛，言謝雖入仕而猶有山林氣，以爲雅道與吏事元不相妨。有書致曹學佺，賀其成進士；又言王崑仲夏初有燕山之遊，爲依人計。又致鄧道鳴都閫，言未能送行之憾。

作《得惟和落第書》：『歷夏徂冬又復春，天涯消息苦難真。艱危縱得還鄉信，南北誰憐失路人。塵土暗消青鬢客，門閭愁倚白頭親。一氈本是吾家物，到處橫經莫嘆貧。』（《鼇峰集》卷十三）

徐熥有《下第後書懷》二首，其一：『自是揚雲白未玄，不才那敢怨蒼天。回看故國八千里，誤戴儒冠十七年。貧倚詩書元失計，窮知文字信無權。雄心銷盡囊如水，流落依人面可憐。』其二：『一領青衫萬斛塵，溝隍十口計全貧。關河偏阻空囊客，童僕潛歸得意人。雲路豈能容野性，帝鄉元不住閑身。長安浪説春光好，未見杏園非是春。』（《幔亭集》卷八）

陳薦夫有《下第後書懷》：『故園今去嘆途窮，半死形骸似夢中。筆障已隨蝸角北，心旌又逐馬頭東。千家曉色蒼黃日，二月春光慘淡風。雖是思鄉情不淺，江南羞見杏花紅。』（《水明樓集》卷五）

作《寄劉季德》：『憶在芝山把臂，忽經六載，別後雖魚鴻不絕，而前度劉郎，不知丰神更當何似耳。陳振狂挾敝鋏還家，談羊城珠寺奇勝，愴然有舊遊之思……不佞年已及壯，猶然故吾，讀禮已輟，而心緒鹵莽，腸胃枯如霜枝，生意頓盡……況君家次公、吾家伯氏，長安消息又俱杳然。』（《文集》冊三，《上圖稿本》第四二冊，第二七七—二七八頁）

按：興公早歲隨父客粵，故有『舊遊之思』。『讀禮已輟』，自萬曆十九年（一五九一）至是歲，居喪五年。是歲，熥再下第。

作《報謝在杭賀生子》：『足下已冠進賢乎？而山林氣誼猶然未改也。使者南歸，損八行之惠，知足下尚不寒鷗盟哉！繼讀汝大、惟秦、無競三君子扇頭，字字琅玕，燦爛人目，又知雅道與吏事元不相妨耳。闊別許久，同調雨散，每念及羅山待月，鼇頂飛觴時，已越七載。不佞馬齒且長，聰明大不如前。間一抽毫，至于刲腸嘔肝，不成片語，足下謂我少年豪俠之氣猶在耶？聞春來載弄之璋，自是謝家寶樹……惟和既蹶南宮，不日即歸故廬矣。不佞秋時將糊其口於四方，爲依人之計，不識謝使君座下有魚乎無也？尊大夫暨北堂想清吉，向已寄書，茲不再贅。』（《文集》冊三，《上圖稿本》第四二冊，第二七八—二七九頁）

按：今春謝肇淛得子（十個月而亡）。謝肇淛父汝韶，去歲詳養湖州，詳《謝譜》。

又按：秋，熥遊吴越，詳下。

作《寄曹能始賀□□》：『暮春得捷音，屐齒幾折，猶望足下臚唱也。乃闕題名，殊未愜願。朝廷安所稱至公哉！當今頭上進賢岌岌矣。且錦繡其文，雲霞其思，《三都》《兩京》之賦，舍足下其誰，勉旃！千秋之業，毋令枚叔、馬卿專美也。家伯兄名不見收，敝貂羸馬，落魄還家，何減蘇季、劉蕡之困？竟不以苜蓿自飽，而彈短鋏、歌無魚于貴人前，得無鍾鳴漏盡乎！不佞讀禮已輟，病日甚而貧日增。閩中穀價不異去年，雖有庚癸之呼，第不能奪我歌聲出金石也。玉生夏初有燕山之遊，爲依人計，碌碌天涯，念之黯然。足下齒頰重於泰山，倘不惜游揚，當無愧公家曹丘耳。兹鄧將軍入賀，想與足下把臂，納一札于橐鞬中，問起居，臨楮不勝瞻企。』（《文集》册三，《上圖稿本》第四二册，第二八〇—二八一頁）

按：暮春復捷音，閱題名已在夏季。

作《與鄧道鳴》：『蓬門枉駕，獲挹清風，覺炎敲頓盡也。明將軍食客如雲，俸錢不堪自飽，廼損及朱提之惠，得無減去客中杖頭之資乎……霓旌明日出都門，更當飲餞江干，托古人折柳之誼，然知當道群公，飛蓋聯翩，書生不敢以韋布躝入，徒有魂銷而已。』（《文集》册三，《上圖稿本》第四二册，第二八一頁）

按：鄧道明入賀，與公無『身分』，不得送之江干，故作書送之。鄧氏枉駕，焬有作《秋日鄧道鳴閫帥見訪》（《鼇峰集》卷十三），作于萬曆二十一年（一五九三），鄧氏『枉駕』或不止一次。

夏、秋間，有詩壽大司馬吴文華。廣陵朱敬甫客居法雲寺，以詩見贈。

作《壽大司馬吴公四首》（《鼇峰集》卷十三）。

按：吳大同馬，即吳文華。吳文華（一五二一—一五九八），字子彬，號小江，晚年更號容所，連江人。嘉靖三十五年（一五五六）進士，官至南京兵部尚書。有《濟美堂文集》《濟美堂後集》。

作《廣陵朱敬甫文學客居法雲寺，以詩見贈，賦答》（《鼇峰集》卷十三）。

七月，將有金陵之遊。與陳椿、鄧原岳、陳宏己、陳翰臣、陳薦夫、袁敬烈等訪燮兄熥集緑玉齋，送鄧原岳督餉兩浙。與兄熥祖道別原岳。原岳於囦溪舟中作書致興公兄弟。原岳過武夷山遊天遊觀，讀興公壁間作，悵然有懷。

作《送陳永奉之留郡謁趙中丞，時予將遊白下》（《鼇峰集》卷十三）。

作《予馬首將發矣，薛晦叔忽有武林之遊，賦此送之》（《鼇峰集》卷十三）。

按：薛瑞光，字晦叔，福清人。興公集有《薛晦叔初度賦祝八月十一日》（鈔本《鼇峰集》）詩，附薛瑞光答詩。其叔薛夢雷，隆慶五年（一五七一）進士，官至雲南布政使。

按：參見去歲。

作《秋日陳汝大、鄧汝高、陳振狂、陳子卿、陳幼孺、袁無競、惟兄集緑玉齋，時子卿、幼孺、惟和下第歸自燕都，汝高將奉使入浙，余亦吳越之遊》（《鼇峰集》卷十三）。

鄧原岳有《秋日陳女大、振狂、幼孺、子卿、袁無競集徐惟和興公緑玉齋，時子卿歸自長安，幼孺歸自吳興，興公將遊秣陵，余將以使事之淛》：『高齋雨過散秋雲，三徑蕭條易夕曛。雙劍相逢憐去住，尺書何處寄殷勤。薊門鴈向閩山落，白下江從浙水分。唱罷陽關各南北，城頭哀柝豈堪聞。』（《西樓全集》卷六）

陳薦夫有《秋日同汝大、振狂、子卿、汝高、惟和、惟起、無競集緑玉齋，時惟和、子卿下第歸自燕，予歸自吴興，汝高將以使事入浙，惟起將遊吴越》：『聚散匆匆共夕陽，交歡情短别情長。那堪遠道還家日，更對臨岐送客觴。到處雲山分旅夢，舊遊風土斷人腸。相逢又作生離恨，不信尊前是故鄉。』（《水明樓集》卷五）

徐熥有《秋日陳汝大、鄧汝高、陳振狂、陳子卿、陳幼孺、袁無競、興公弟集緑玉齋，時余與子卿、幼孺下第歸自長安，汝高將使浙中，興公將遊白下》：『竹林文酒暫盤桓，聚散無期後會難。燈下幾人分去住，尊前雙淚帶悲歡。傷心此别魂俱斷，落魄初歸夢未安。他日東行占太史，客星遥傍使星看。』（《幔亭集》卷八）

作《送汝高督餉浙中》（《鼇峰集》卷十三）。

葉向高有《送鄧汝高督餉兩浙》：『朝看擁節向江津，馬首花飛欲暮春。不爲供儲勞使者，那從山水借騷人。吴門粳稻全輸薊，越嶺風烟半入閩。覽勝時尋天竺路，可能回首落京塵。』（《蒼霞草詩》卷五）

陳薦夫有《送鄧汝高督餉之吴興》：『銅扉粉署度支郎，銜命猶聞舌有香。粟引千艘浮震澤，槎乘八月渡錢塘。盤龍殿古尋天聖，伏虎山高訪道場。雖是使君留不住，瓜期也待柳枝黄。』（《水明樓集》卷五）

徐熥有《送鄧汝高户曹督餉之浙》：『粉署含香又幾年，轉輸今識鄭侯賢。還家樹不言温室，行部山應訪冷泉。玉麈夜揮天竺月，畫船秋放太湖烟。江南水旱憂非細，願悉民艱疏御前。』（《幔亭集》

卷八）

鄧原岳有《江上重別惟和兄弟》：『驛路風吹楊柳枝，江雲江雪不勝悲。也知遠道絡須別，借得離筵駐片時。』（《西樓全集》卷十）

鄧原岳《與惟（原作『唯』）和兄弟》：『不佞萬里風塵，神骨俱俗，然每憩緑玉齋，便如華胥之國。君家兄弟風流爾雅，人士所宗，以不佞參之，則臭味矣。湖上重辱祖道，相對黯然，至不能出一語而別。既登舟，則出贈言，作曼聲歌之，何必曉風殘月哉！唯起當以秋暮入越，不佞幸先至，且勅道場山靈邀杖履也。困溪舟次寄聲。』（《西樓全集》卷十八）

鄧原岳有《天遊觀讀陳价夫、徐𤊹、陳鳴鶴、林應起壁間作，悵然寄懷》：『何年采藥入名山，玉女峰頭控鶴還。今日獨來人不見，白雲芳草水潺潺。』（《西樓全集》卷十）

八月，啓程遊吳越，作詩留別社中諸子。兄熥、陳仲溱、陳振狂附舟往遊武夷。解纜後，陳椿携酒追餞不及。十三日發白龍江，中秋遇風雨，十六日次困溪，陳振狂興盡而返。廿一日次延津，遊玄妙觀。廿四日次建安，遊芝山，會莆田吳文潛。文潛適從武夷歸，又挾之登舟同往。在建安購得宋王楙《野客叢書》等。二十八日次建陽。

作《留別社中諸子》（《鼇峰集》卷十三）。

陳椿有《送徐興公遊秣陵》：『脱劍贈行色，揮杯成短歌。世途飜覆有如此，君去客遊當奈何。憐君雅有登臨癖，不爲艱危辭遠役。攬勝常携謝朓詩，尋真欲訪茅盈宅。到處逢迎有故人，當杯握手興維新。但言白眼難諧俗，寧論黄金可贈貧。君家孝廉富才藻，題詩舊滿金陵道。看君此去續清

遊，兄弟機雲名總好。』(《晉安風雅》卷四)

按：時徐熥、徐𤊹有『二徐』之稱，故此詩譬之『二陸』：陸機、陸雲。

又按：陳椿卒于萬曆二十七年(一五九九)，此前𤊹兩次往吴越，一在萬曆二十年(一五九二)往吴爲父乞銘，一爲此行。此行原擬遊秣陵，至吴之後折回杭州。

陳鳴鶴有《送惟起之金陵》：『江雨隨風撲面飛，飄零一杖復何依。荒年作客糧難聚，壯歲投人計已非。馬曳吴門看白練，燕飛淮水吊烏衣。文章到處知名姓，莫道青雲故舊稀。』(《泡庵詩選》卷五)

王毓德有《送徐興公之白下》：『西風匹馬向征途，霜冷楓江木葉枯。王氣千秋盤建業，鐘聲半夜響姑蘇。荒臺露草吴宫鹿，廢苑衰楊白下烏。懷古詩成何處所，景陽宫殿石城湖。』(《晉安風雅》卷九)

按：王毓德，字粹夫，王褒裔孫，應山子，侯官人。萬曆間布衣。應山所著《閩大記》《閩都記》均經其訂補。有《浪遊稿》。

安國賢有《送徐興公之金陵》：『江干草色别魂銷，才子南征訪六朝。河上酒人青雀舫，樓頭歌妓紫鸞簫。月明古渡尋桃葉，烟鎖臺城問柳條。莫忘秣陵佳麗地，故園松菊待逍遥。』(《晉安風雅》卷九)

作《初别家》《解纜後，汝大先生携酒追餞不及，作此》(《鼇峰集》卷十)。

按：徐熥《遊武夷山記》：『歲乙未，仲弟興公有吴門之役，余遂附舟往遊。先期報陳惟秦、陳振狂與俱，以八月十三日發白龍江，十六日次困溪。振狂以病留困溪，賦詩而别。廿一日次延津，廿四日次建安……二十八日次建陽。九月朔日，未及武夷數里，從舟中望大王、獅子諸峰，巋然天表，客皆踴躍稱快。』（《幔亭集》卷十七；又衷仲孺《武夷山志》卷十七，『振狂以病留困溪』作『振狂以病留』）

徐熥有《遊武夷發白龍江》四首（《幔亭集》卷十四）。

徐熥有《溪夜，時與惟秦、興公遊武夷》：『往日遊都倦，兹行心獨閑。片帆投月宿，一笠戴雲還。夜色沙邊水，秋光烟外山。旅懷長似此，那解鬢毛斑。』（《幔亭集》卷六）

作《題黯淡寺》（《鼇峰集》卷十）。

按：黯淡寺，在今南平市延平區東。（順治）《延平府志》卷二《方輿志》『東溪諸灘』條：『其中黯淡一灘，古稱最險。宋天聖中，郡守劉滋開其港道。』又卷六《祀典志》『黯淡寺』條：『在演仙下里。唐建。舊爲院，元改爲寺。當黯淡灘之陽，灘水陰悍，舟過多覆。僧無示者始結庵於此，募工疏鑿，湍勢稍平，因以庵名。明宣德重建。』

徐熥有《泊黯淡灘登觀音寺》：『古寺俯空灘，溪深客到難。浪疑南海涌，山作普陀看。旛影臨流濕，鐘聲出谷寒。禪心如止水，元不礙風湍。』（《幔亭集》卷六）

作《宿劍州次韻答無競》（《鼇峰集》卷十三）。

按：劍州，延平府舊名。李賢《大明一統志》卷七十七《福建·延平府》『建置沿革』條：『南唐改置劍州，宋太平興國中因利州路亦有劍州，改曰「南劍州」……本朝洪武初改爲延平府。』

徐熥有《過劍津》：『神物飛騰自有靈，至今風雨帶餘腥。道人欲喚龍魂醒，再合雌雄鑄七星。』（《幔亭集》卷十四）

按：此詩作於八月二十一日。

作《延平玄妙觀》（《鼇峰集》卷十三）。

按：李賢《大明一統志》卷七十七《福建·延平府》『玄妙觀』條：『在府城南，宋名天慶，元改今額。本朝洪武初重修。』

徐熥有《登延平玄妙觀》：『玄都俯瞰碧溪濆，上帝高居接五雲。入院經聲朝斗拜，繞壇香氣降真焚。龍精護法豐城劍，鳥篆書符玉洞文。月滿松關天籟寂，飄飄笙鶴半空聞。』（《幔亭集》卷八）

作《同吴元翰、陳惟秦、惟和兄遊芝山丹青閣》（《鼇峰集》卷十三）。

按：吴文潛，字元翰（瀚），莆田人，布衣。孤癖苦吟，詩不多作。有《竹房稿》《元翰詩略》。

又按：芝山，即紫芝山。（康熙）《建寧府志》卷四《山川上》『紫芝山』條：『在鐵獅山右。王審知據閩日，其山産紫芝，故名。』

又按：丹青閣，在今建甌市。曹學佺《大明一統名勝志·福建》卷八《建寧府》：『丹青閣，在寺（開元寺）側，宋元豐初，太守石禹勤建。』

徐熥有《登芝山善見塔》：『百轉清溪繞梵宮，千尋丹磴勢盤空。曇花亂散諸天雨，橋板斜飛一線虹。塔影層層青嶂外，鐘聲隱隱白雲中。憑闌不敢輕呼吸，帝座溟濛近可通。』（《幔亭集》卷八）

按：此詩作於八月二十四日。

又按：題《野客叢書》：『余購此已[三]十年，前後經過，得楊氏本頗多……天啓丙寅（一六二六）夏日，三山徐惟起。』（馬泰來整理《新輯紅雨樓題記　徐氏家藏書目》，第一〇八頁）天啓丙寅，距是歲三十二年。『三十』，舉其成數。參見天啓六年（一六二六）。

九月朔至武夷。朔至初九，江騰輝導遊武夷。宿沖佑宫，大王峰觀仙蜕，宿接笋峰懷仙館，宿天遊觀，遊鼓子峰道院，桃花澗訪隱者吕棲谷，遊玄都觀，過山當庵，宿水簾洞。初九，武夷溪口别兄徐熥及吴文潛、陳仲溱、江騰輝，度分水關，熥作詩送之。過江西鵝湖。有詩送王叔魯葬西郊。

作《宿沖祐萬年宫》（《鼇峰集》卷十三）。

按：徐表然《武夷志略·一曲諸勝》『沖佑萬年宫』條：『在大王峰下，先名武夷觀，漢設壇墠……宋咸平間太宗御書「沖佑」二字爲額……（元）天曆間改觀爲宫，加「萬年」二字。』

徐熥有《宿沖祐觀》：『風燈零落夜鐘殘，數卷玄經掩不看。藥采刀圭還玉液，火留文武養金丹。瑶池月滿鸞笙杳，石榻雲深蝶夢寒。斷盡世緣須及早，肯將白髮戴黄冠。』（《幔亭集》卷八）

作《大王峰觀仙蜕》（《鼇峰集》卷七）。

按：徐表然《武夷志略·一曲諸勝》『大王峰』條：『在萬年宫後，拔地萬仞，矗立雲表。上鋭下下歛，峭壁斗削……昔魏王子騫與張湛等十三人隱於此峰……昇真洞，即仙蜕巖，可坐十數人，洞中有雷紋甆甌五，以盛仙人蜕骨……又有四船相覆，以盛仙函，半枕於洞。船皆圓木刳成，仙函二十有餘。』

作《再宿接笋峰懷仙館》（《鼇峰集》卷十三）。

按：曹學佺《大明一統名勝志・福建》卷八《建寧府・崇安縣》『接笋峰』條：『在隱屏峰右屏，有兩峰相連，西南一石附于屏，狀如立笋，有斷痕，復續者三。』

徐𤊹有《宿接筍峰道院》：『絶壁懸厓入杳冥，丹房長借白雲扃。地分六曲成三島，臺聳千層禮七星。暮靄晴飛巖瀑翠，秋烟寒隱石燈青。一聲獨鶴醒殘夢，卧聽黄庭半部經。』（《幔亭集》卷八）

徐𤊹有《懷僊館》：『九曲溪流枕上聽，白雲遮斷數峰青。金鷄叫罷山天曉，鶴在松間夢未醒。』（《幔亭集》卷十四）

作《贈廖道人》《晚過田家》（《鼇峰集》卷二十四）。

作《宿天遊觀》（《鼇峰集》卷十三）。

按：徐表然《武夷志略・六曲諸勝》『天遊觀』條：『即天遊峰頂，乃宋道士劉碧雲、張希微建，法師張虛一棲真于此。』

徐𤊹有《天遊觀》：『高臺獨上翠千重，吹散嵐烟有鐵龍。地種三花元漢畤，門扃五粒是秦封。雲邊螺髻層層結，雨後蛾眉點點濃。倚遍危闌遥極目，九環衣帶束芙蓉。』（《幔亭集》卷八）

作《天遊觀聞劉曲水羽士吹洞簫》（《鼇峰集》卷二十四）。

作《遊鼓子峰道院》（《鼇峰集》卷十三）。

按：曹學佺《大明一統名勝志・福建》卷八《建寧府・崇安縣》『鼓子峰』條：『在八曲溪傍，一峰屹立，有石如鼓。峰前有鼓樓巖。』

徐𤊹有《宿鼓子峰道院》：『芒鞋歷遍翠微巔，修竹陰中别有天。洞隱黄冠皆净侣，巖封白骨盡飛

僊。石當隙處精廬構，路到窮時棧道懸。夜静焚香同禮拜，步虚聲散一爐烟。』（《幔亭集》卷八）

作《桃花澗訪隱者吕棲谷》（《鼇峰集》卷二十四）。

按：曹學佺《大明一統名勝志·福建》卷八《建寧府·崇安縣》『三仰峰』條：『三峰之下，古有石堂寺。宋天聖二年，雷雨陷没。今石崖堆叠，相倚成門，僅可容身。門内阻，小澗横石爲矼，水流石下人其中。地乃平曠，桑麻黍稷，儼然一村落。又名「小桃源。」』

徐𤊹有《桃花澗訪吕山人》：『長日青山歌采芝，人間甲子不曾知。却嫌住近桃花澗，花落花開見歲時。』（《幔亭集》卷十四）

作《武夷雜咏十首》（《鼇峰集》卷二十四）。

按：十首細目爲《幔亭峰》《玉女峰》《仙船巖》《换骨巖》《妝鏡臺》《徐仙巖》《金鷄洞》《仙掌峰》《桃源洞》《鼓子峰》。

徐𤊹有《武夷十咏》十首，《玉女峰》：『五色苔花當繡縟，朝雲暮雨鎖模餬。清溪照出蛾眉影，錯認湖中大小姑。』《架壑船》：『壑裏藏舟經幾春，溪頭何用嘆迷津。世人自愛風波險，豈是神仙不渡人。』《僊掌峰》：『頂門開處即玄關，白日青天去不還。多少幻形俱脱化，獨留僊掌在人間。』《换骨巖》：『可憐人世似蜉蝣，誰識真還借假修。不學换心求换骨，青山依舊葬枯髏。』《大王峰》：『危峰蒼翠插雲中，爐裏丹砂色尚紅。此地大王曾羽化，至今猶自起雄風。』《徐仙巖》：『碧嶂千尋骨一函，當年曾此脱塵凡。重來忽記前身果，笑指飛昇舊日巖。』《金鷄洞》：『紅塵容易使人迷，流水無情日又西。大夢紛紛誰自覺，空勞仙洞報金鷄。』《幔亭峰》：『一曲賓雲酒一巵，共乘鸞鶴醉歸遲。至今五色霞千片，猶似當年結彩時。』《投龍洞》：『空有輝煌玉簡書，莫疑雲氣不重噓。神龍本是飛騰物，肯向千年洞裏居。』《虹橋板》：『一從仙樂散丹霄，千載長虹亘未消。待得丹成生羽翼，手攀日月過虹橋。』（《幔亭集》卷十四）

作《贈道士李瓊谷》（《鼇峰集》卷十三）。

作《贈安道人上陽》《別虛道人》（《鼇峰集》卷十）。

作《遊玄都觀》（《鼇峰集》卷二十四）。

徐熥有《玄都觀尋道士不遇》：『洞門寂寂鎖烟霞，此是玄都道士家。鷄犬無聲丹竈冷，深溪流出碧桃花。』（《幔亭集》卷十四）

作《過山當庵》（《鼇峰集》卷二十四）。

按：徐表然《武夷志略·六曲諸勝》『山當庵』條：『在三仰峰下，叠石爲門，濬流爲池。有屋數椽，中祀十三仙。上爲樓，以奉三清。四峰環抱，亦一勝區也。』

作《咏水簾》（《鼇峰集》卷十三）。

作《宿水簾洞》（《鼇峰集》卷二十四）。

按：曹學佺《大明一統名勝志·福建》卷八《建寧府·崇安縣》『水簾洞』條：『在（靈峰）山背石壁，高聳綿亘數十丈。水自巖頂瀉下，隨風飄灑，疎密不定，長如重簾，琅然作金玉聲。一名「唐曜洞天」。有清微洞真觀。』

徐熥有《遊水簾洞，時久不雨，飛沫稍微，賦得一首》：『素練冰綃一夜收，潺湲何處見龍湫。鮫人

海底餘殘淚，玉女峰前上半鈎。自有玄珠藏赤水，不須瓊液咽重樓。一瓢欲挽銀河瀉，倒掛青天作瀑流。』（《幔亭集》卷八）

作《訪和叔羽士不遇》（《鼇峰集》卷二十四）。

按：和叔，姓佘，和叔爲其字。曾與閔齡隱于武夷。閔、佘詩合集曰《同亭詩蜕》。

徐熥有《尋和叔道士不遇》：『暫去朝元出翠微，紅塵何處染綃衣。鸞傳紫府書頻至，鶴帶青城箭未歸。六甲風雷壇下守，半空日月鼎中飛。石函留得龍沙讖，莫道蓬壺會面稀。』（《幔亭集》卷八）

作《武夷溪口别元翰、惟秦、仲魚》：『悔逐桃花出水頭，仙風吹散武夷舟。客中得酒無心醉，别後逢山不愛遊。蹤跡幾時歸白社，夢魂長日戀丹丘。回腸一夜君知否，試看清溪九曲流。』（《鼇峰集》卷十三）

又按：江騰輝，字仲魚，號五芝，崇安諸生。編有《武夷山志》。

按：《筆精》卷四『江仲魚』條：『崇安江仲魚，諸生也。予從王粹夫識仲魚。乙未，予之武夷，仲魚導予遊三十六峰。仲魚雖經生，有碩人之致。武夷諸峰，各置書帙筆硯，隨意所適，留連旬月，衣道衣，冠道冠，又儼然羽流也。仲魚善詩，詩不作人間語。嘗賦《秋風懷友吟》二十餘首，皆道侶、漁父、樵夫與猿鶴而已，風塵之客不預焉。』

又按：仲魚卒時年僅三十。又按：仲魚有《秋風懷友吟》，見熥《贈江仲魚》（《幔亭集》卷六）。

又按：徐熥《遊武夷山記·由水簾洞至大王峰》：『初九日，與公别諸客，度崇安。』（鈔本《幔亭集》卷十七；又衷仲孺《武夷山志》卷十七）

徐熥有《武夷溪口送惟起弟度關》二首，其二：『青山遊侶散紛紛，況復臨岐遠送君。兩地鴈鴻難顧影，一時鸞鶴總離群。人從杜若洲邊去，路在桃花洞口分。明發登高各惆悵，鵝湖斜日幔亭雲。』（《幔亭集》卷八）

徐熥又有《送興公弟遊吴越》：『獻書予未遇，彈鋏汝何依。片刺投人拙，諸侯禮士稀。出門家纍斷，爲客衆愁歸。不必羞貧賤，詩名在布衣。』（《幔亭集》卷六）

作《鵝湖道中》（《鼇峰集》卷十三）。

按：李賢《大明一統志》卷五十一《江西・廣信府》『鵝湖山』條：『在鉛山縣北一十里，山之上有湖生荷，舊名荷湖山。後有龔氏畜鵝湖於此，故又名鵝湖。』

作《旅懷》（《鼇峰集》卷十三）。

作《過望夫石憶内》（《鼇峰集》卷二十四）。

九月，曉發子規嶺，經桐廬，釣台謁嚴光祠，月杪到杭州。

作《曉發子規嶺》（《鼇峰集》卷二十四）。

作《望香爐山》（《鼇峰集》卷二十四）。

按：李賢《大明一統志》卷四十一《浙江・嚴州府》『香爐山』條：『在桐城廬縣西二十五里。遠望山形若香爐然。』

作《釣台謁嚴先生祠》（《鼇峰集》卷二十四）。

按：嚴先生，即嚴光，字子陵。李賢《大明一統志》卷四十一《浙江・嚴州府》『富春山』條：『在桐廬縣西三十里，一名嚴陵山。清麗奇絶，號錦峰繡嶺。乃漢嚴子陵隱釣處。前臨大江，上有東西二釣臺。』又『嚴光』條：『漢會稽人，少與光武同游學。及光武即位，以物色訪之，得於齊國。拜諫議大夫，不就，去，耕釣於富春山。今釣臺，即漢富春縣地也。』

又按：曹學佺《大明天下一統名勝志·浙江》卷十一《嚴州府·桐盧縣》『富春山』條：『山有東西二臺，以光故，名「釣臺」，各高數百丈。《西征記》云：自桐君而西，群山蜿蜒如兩蛇對走於平野之上，三江之水竝流於崖下，驚波間馳，秀壁雙峙，上有嚴子陵釣臺，孤峰特操，聳立千仞。』

作《富春阻風》（《鼇峰集》卷四）。

作《客舍聞鄰人彈絲》（《鼇峰集》卷二十四）。

十月，在杭州，鄧原岳招遊龍井。與謝兆申宿净慈蘭若。雷峰訪虞長孺、僧孺。與方承郁遊天竺。遊靈隱寺、天聖寺。與黄之璧時時過從。又於杭州肆中得鈔本《麻衣先生易髓》。致書黄之璧。又致曹學佺，曹時在京，言己滯武林城中，耑待歸家過武林聚首。又致鄧原岳、謝肇淛、王濳之。又致吴文濳，言爲飢寒所驅，跋涉風塵，秋杪始入武林，投刺朱門，神氣不王。又致薛君佐。有詩懷陳薦夫、林祖恕、陳仲溱。

作《錢塘懷古》（《鼇峰集》卷十三）。

按：錢塘，杭州古名。李賢《大明一統志》卷三十八《浙江·杭州府》『建置沿革』條：『陳置錢唐郡，隋廢。』

作《鄧汝高使君招遊龍井》（《鼇峰集》卷十三）。

按：李賢《大明一統志》卷三十八《浙江·杭州府》『龍井』條：『在西湖上，舊名龍泓。相傳有龍居之。』

又按：題《黄白仲西湖放生頌》：『憶乙未之歲，汝高督餉入浙，駐節虎林，而余日在公署，白仲時時過從，三人交最歡也。』（沈文倬《紅雨樓序跋》卷二，第九〇頁）

又按：黄之璧（？—一六〇〇），字白仲，上虞人，處士。之璧卒，興公有詩哭之。

鄧原岳有《初冬同徐興公憩龍井》：『爲選南山勝，欣從初地遊。峰回疑鹿苑，泉涌即龍湫。雨散雲歸峽，天低風滿樓。山僧能送客，一過虎溪頭。』（《西樓詩選》卷上）

按：題《麻衣先生易髓》：『余乙未（一五九五）冬得之杭州肆中，抄寫精善，爲故家所藏者。』（馬泰來整理《新輯紅雨樓題記　徐氏家藏書目》，第一〇二頁）

又按：參見萬曆三十六年（一六〇八）。

作《與黄白仲》：『睽違四載，忽爾復合。天涯漂泊之夫，得二三兄弟，啣杯傾倒，真不知何處是他鄉矣。更承枉顧旅寓，又失倒屣爲歉。擬今晨過婆羅館中，一聆玄言，苦爲雨師妬客，兀坐小閣，狀同枯蝦。汝高使君龍井之期，竟爲所阻，奈何……或天稍霽，走西子湖頭，一供吟眺，庶幾質諸山靈，了此區區也。遠遊孤客，行李薄如秋雲，携來僅有茘香、佛子柑，謹獻數顆，作長齋之供。』（《文集》册三，《上圖稿本》第四二册，第二八一—二八二頁）

按：『四載』，萬曆二十年（一五九二），㘈吴中之行過武林。『龍井之期』，觀上引《鄧汝高使君招遊龍井》詩，未爲雨所阻。

作《寄曹能始進士》：『鄧都閫入賀，曾附尺一於其橐鞬中，計已開緘矣。惟和落羽南歸，得八行珍重，情義懇至，更兼以朱提之惠，感愧駢集。足下貴矣，猶不忘布衣之交，曹丘生誼至高哉！昨於汝高處，得聞足下請告消息，日望車音。不佞爲貧所驅，作依人面孔，今尚留滯武林城中，耑待聚首，爲兩高三竺之遊。若足下抵杭，而吾在霅，亦當寄聲相聞，乘扁舟圖一晤語。一水盈盈，必不至河漢耳。鴻便草草奉報。餘不悉。』（《文集》册三，《上圖稿本》第四二册，第二八二—二八三頁）

按：是歲曹學佺成進士。

又按：時徐𤊹尚在武林。『鄧都閫入賀』，見是夏《寄曹能始》書。

作《報汝高使君》：『龍井之遊，遂成雅集，歸來夢魂如在潺湲蒼翠間。然非仗使君法力，幾時能躡屐走磴道二十里許乎？旅中無聊，賦一詩用紀勝事，并謝主人雅情。公暇當答一篇，勿使山靈揶揄不已也。何日遣人走苕溪，弟欲附書與在杭。』（《文集》册三，《上圖稿本》第四二册，第二八三—二八四頁）

按：徐𤊹詩、原岳詩並已見上。

作《同謝伯元宿浄慈蘭若》（《鼇峰集》卷十三）。

按：李賢《大明一統志》卷三十八《浙江·杭州府》『浄慈寺』條：『在西湖上。周顯德中建寺。有五百羅漢，各高數丈。』

又按：謝伯元，即謝兆申。詳隆慶四年（一五七〇）。

作《雷峰訪虞長孺、僧孺所居》（《鼇峰集》卷十三）。

按：李賢《大明一統志》卷三十八《浙江·杭州府》『雷峰塔』條：『在西湖南山之南皮園。吴越王錢氏所建，尚存。』

作《寄謝司理在杭》：『不佞饑來驅出，妄意依人，乃以仲秋十三日别家，意重陽前後可到吴興，與足下把黄花紫萸，浮烏程緑蟻也……秋杪始抵武林，汝高使君念布衣之交，不作貴人面孔相對，遂羅致衙齋，經旬不令一出，加以淫雨濛濛，幾成檻猿。昨始同遊西子湖，作竟日之樂，亦大快事。然别家頗久，情況不佳，雖汝高雅有推食之意，而使者公門如水，無事可以染指實吾橐中。今且留滯此中，徐以俟之，若再踰旬日，竟落莫也者，則當就仁祖食也。黄金炊桂，安能久居乎？聞戴郡守倏然長往，銅符當足下握之，若果爾，則下孺子之榻，良易易耳。』（《文集》册三，《上圖稿本》第四二册，第二八四—二八五頁）

按：『遊西子湖』，即招遊龍井等處。㘅擬去武林之吴興。

作《與王潛之參軍》：『昨聆芝宇，并聆玄譚……不佞海島野人，徼季迪齒牙，得與大方周旋，真如披雲見天。淫雨作苦，且多在鄧使君衙齋，不能時時過幕中把臂。新刻二種，奉呈請正。』（《文集》册三，《上圖稿本》第四二册，第二八五—二八六頁）

按：此書仍作于鄧原岳衙中。新刻，當有熥去歲刻于金陵之《紅雨樓集》。

作《同方伯文、林朝望遊三天竺》（《鼇峰集》卷十三）。

按：方承郁，字伯文，一字衷素，沆從子，莆田人。萬曆二十六年（一五九八）進士，授歙縣知縣，官至工部主事。有《關洛紀遊草》。

作《寄吳元翰》：『武夷分手，黯然魂銷。足下馬首已南，而吾始北……弟爲饑寒所驅，跋涉風塵，秋杪始入武林，投刺朱門，作依人面孔，大是不堪……弟自別來，神氣不王，雖逢佳山佳水，亦懶往遊，縱遊亦懶於題咏，間一操觚，嘔出心肝，竟不成句。蓋友非司調，離群索居，安能花生筆底耶！足下此時閉户深山，上奉雙親……如弟者，老母倚閭，弟兄兩地，病妻伏枕，兒女啼饑，且孤身漂泊於數千里之外。勞生擾擾，不知何所底止也。黄白仲才一見，遂有海虞之行……玆方伯文孝廉還莆，聊寄八行。』(《文集》册三，《上圖稿本》第四二册，第一八六—一八七頁)

按：八月，與吳文潛遊武夷，作《武夷溪口別元翰、惟秦、仲魚》(《鼇峰集》卷十三)，詳上。此時文潛已回到莆田。

又按：投刺朱門，即依鄧原岳。觀此文，徐氏于鄧衙齋，未必稱快。

作《客武林寄懷薛君大，時初歸閩》(《鼇峰集》卷十三)。

按：武林，杭州古名。李賢《大明一統志》卷三十八《浙江·杭州府》『郡名』條：『武林，因武林山而名。』

又按：君大遊武林前，徐熥有詩送之。徐熥《送薛君大秀才遊武林》：『司馬南遊正少年，可堪人去鴈來前。孤舟白擁蘆藏月，兩岸青殘柳散烟。帆外客星灘七里，湖中佛日竺三天。射潮不用錢王弩，但有觀濤賦幾篇。』(《幔亭集》卷八)

作《寄薛君佐、君大》：『客子漂泊，元非壯遊。瀕行急於度關，豈恝然離別，政恐勞從者車轍出祖也……秋杪始抵武林，即踪跡次公不得，聞解纜已遥，兩不相值……次公還家，新詩當得江山之助。

不佞雖躡屐三竺，鼓枻六橋，然旅況侵人，絶無佳句，深負山靈也者，奈之何，奈之何！粹夫想時時過從，浪子天涯，長懷故國；清風朗月，安能無玄度之思哉！』（《文集》册三，《上圖稿本》第四二册，第二八七—二八八頁）

按：粹夫，即王毓德。

又按：去歲薛君佐遊武林，𤊹作《送薛君佐遊西湖》（《鼇峰集》卷十）。參見去歲。

作《得陳伯孺幼孺書》《客中感懷寄林叔度》《客舍即事寄惟秦》（《鼇峰集》卷十三）。

作《靈隱寺》（《鼇峰集》卷十）。

按：李賢《大明一統志》卷三十八《浙江·杭州府》『靈隱寺』條：『在武林山，晉咸和初建。寺有觀風、虚白、候仙、見山、冷泉、五亭。』

作《寄懷伯孺》《寄家兄弟》《寄内》（《鼇峰集》卷十）。

作《天聖寺》（《鼇峰集》卷十三）。

十月十二日，離武林；十三日，入湖州，訪謝肇淛。旅中遘微疾，伏枕數日。胡白仲至，漸平復。與謝肇淛、顧長卿、世卿遊峴山、碧浪湖，登浮玉塔看月。道場山拜孫一元墓。與謝肇淛劇譚，用鄉曲里語。于謝肇淛處遇陳永奉，謝肇淛等給其衣食。題《趙承旨東嶽行宫碑》，又題《重修吴興令黄公生祠記》；又與張睿卿復彙《太初集》，重刻之。

作《入吴興，追懷徐子與使君》（《鼇峰集》卷四）。

謝肇淛有《喜徐興公來訪》：『抱病五日頭未梳，故人千里來問余。孤笻已掛幔亭月，釣竿還指苕

溪魚。老妻愛客作鷄黍，稚子雪案開圖書。酒酣却訊鄉園事，亂後米價今何如？』（《小草齋集》卷十九）

作《謝在杭招遊峴山，同顧長卿、世卿，得泉字》（《鼇峰集》卷十三）。

按：李賢《大明一統志》卷四十《浙江·湖州府》『峴山』條：『在府城南五里，本名顯山。晋太守殷康建亭於上，名顯亭。唐改曰「峴山」。山多石，草木踈瘦。』

又按：謝肇淛《遊峴山記》：『吴興山至多，獨峴山蟠郡南而近，下據碧浪湖，遊客蓋肩相摩云。歲乙未冬十月，徐興公自閩過訪，先有約訂：「余必吸盡五湖烟水乃去。」余謂：「千里之行，自足下始，請以峴山爲期。」適余幼弟殤，弗果。無何，顧長卿、世卿從吴江來，乃以望日發尺一召客，戒舟於涘，漱肴於麓……已與興公劇譚鄉曲里語。顧氏二仲弗解也，相視大笑。』（《小草齋文集》卷七）

謝肇淛有《冬日同徐興公、顧長卿、世卿登峴山》：『鴻雁孤飛人倚欄，湖光峰影掌中看。浪花風起兼天碧，山葉霜深滿地丹。酒注窪罇拚客醉，月生車蓋照人寒。相逢踪跡渾難定，一曲悲歌髮指冠。』（《小草齋集》卷十九）

作《同在杭長卿、世卿碧浪湖泛月》（《鼇峰集》卷十三）。

按：曹學佺《大明一統名勝志·浙江》卷三《湖州府·歸安縣》『碧浪湖』條：『與玉湖相接……（峴）山下有峴山漾，一名碧浪湖。山南有蘇灣，宋蘇軾爲郡守，築湖堤于此。』

謝肇淛有《十月望同徐興公，顧長卿、世卿泛舟碧浪湖，登浮玉塔看月》：『斜照入寒山，落霞滿秋水。刺舟碧浪中，坐看孤雲起。風急蘆花飛，霜清木葉墮。明月忽飛來，寒色射四坐。玉鏡半空開，金光百道繞。時掛浮圖巔，還如慧燈照。漁艇弄横笛，棹破水中影。斷鴈哀遠天，疎鐘隔遥嶺。夜盡露氣微，相對澹忘歸。澄江净如練，却媿謝玄暉。』(《小草齋集》卷四)

謝肇淛有《鄧女高、王玉生、徐興公、陳永奉集郡齋》：『宿雨既云霽，新醪亦初熟。天末逢故人，感嘆骨與肉。孤月生高松，寒聲滿修竹。欲別意茫然，風塵多愁目。』(《小草齋集》卷四)

按：謝肇淛《〈送陳永奉還家〉引》：『永奉，書生也，未知遊。乙未冬，爲其從子要之吴，道相失。至姑蘇城下，爲盜所劫。奔金陵，丐衣於其從子。時方盛寒，從子以葛衣畀之，凍餒幾死。適遇周喬卿、徐興公，衣食之。』(《小草齋集》卷八)

又按：周千秋，字喬卿，號一邱，如塤子，莆田人。文雅能詩，與謝肇淛友善。晚歲目瞢，入武夷，築室北山碌金巖，静攝數載復明。後其子迎歸養，數載卒。

作《報汝高》：『十二日乘月出關，晨起即抵吴興。司理幼弟初殤，情懷鬱結。然天涯骨肉，一旦相聚，喜可知也。司理官雖親民，而門則如水。寓此浹旬，猶然落莫。日惟於郡齋中看校詩文，玩弄圖畫而已。况西吴水國，天氣漸寒，借宿羽宫，風威刺骨，旅中遂遘微疾，伏枕數日。昨白仲至苕，始櫛沐對飲，今日漸覺平復。行路之難，真堪涕淚耳。然幸得吴江顧氏伯仲在此，稍可度日也。行部何日入苕，當挾謝生大醉於道場蒼弁之間。』(《文集》册三，《上圖稿本》第四二册，第二八九頁)

按：謝肇淛爲⿰火勃甥，故云『天涯骨肉』。

又按：顧氏兄弟，長卿、世卿。

謝肇淛有《白仲興公見過》：『江城秋盡暮烟微，二仲何來款竹扉。長夜頻添桑落酒，輕寒初上薜蘿衣。虛亭過雨苔仍合，獨樹驚霜葉盡飛。塵土相看俱是客，不堪更送塞鴻歸。』（《小草齋集》卷十九）

按：二仲，白仲、徐仲（𤊹）。

作《道場山拜孫太初墓》（《鼇峰集》卷十三）。

按：孫一元（一四八四—一五二〇），字太初，號太白山人。自稱秦人，避地入吴，又客湖州。與劉麟、吴琉、陸昆、龍霓結社，號『苕溪五隱』。有《太白山人漫稿》。

又按：張燮《吴興遊紀》：『抵湖干，步行西上，則道場山麓也。……下山，經孫太初墓。』（《霏雲居續集》卷四十一）

按：曹學佺《大明一統名勝志·浙江》卷三《湖州府·歸安縣》『道場山』條：『（碧浪湖）又五里，爲道場山。禪宗正脈云：如衲禪師證道于此，故名。山有伏虎巖、瑶席池、虎跑泉、歸雲庵諸勝。』

謝肇淛有《同汝高登道場山》：『摇落秋風江上亭，醉携雙屐度蒼冥。雲封野寺僧初定，露滴寒松鶴未醒。天外湖光當檻白，杯中峰影隔簾青。歸來一片苕溪月，處處漁歌倚棹聽。』（《小草齋集》卷十九）

謝肇淛有《過歸雲庵吊孫太初》：『路入歸雲一徑幽，青山落日滿松楸。老僧廢寺瓢猶掛，詞客荒墳草自秋。九月空林聞蟋蟀，百年殘碣上蝸牛。共將杯酒澆千古，腸斷苕江天際流。』（《小草齋集》

卷十九)

按:《大明一統名勝志·浙江》卷三《湖州府·烏程縣》:『歸雲庵者,取僧皎然《寄閻士和詩》「相思一日在孤舟,空見歸雲兩三片」語也。明山人孫一元掛瓢堂在焉。』

又按:題《趙承旨東嶽行宮碑》:『萬曆乙未冬入吴興,訪在杭司理,搨此本裱藏。趙承旨碑刻在吴興頗多,僅得此耳。』(沈文倬《紅雨樓序跋》卷二,第七一頁)

又按:《趙承旨東嶽行宮碑》,元趙孟頫書。

又按:趙孟頫(一二五四—一三二二),字子昂,號松雪道人、水精宫道人等,吴興(今浙江湖州)人,歷翰林學士承旨,封魏國公,謚『文敏』,故又稱『趙吴興』『趙承旨』『趙文敏』。

又按:題《重修吴興令黄公生祠記》:『余處士字學米元章,《黄公生祠記》尤有風骨。乙未歲偶客吴興,搨此本,蓋黄司寇之治行、王司寇之文章並重,足稱三絶云。』(沈文倬《紅雨樓序跋》卷二,第八九頁)

又按:米元章,即米芾(一〇五一—一一〇七),初名黻,後改芾,字元章。

又按:題《太白山人詩》:『乙未(一五九五)歲遊吴興,與友人張睿卿復彙《太初集》重刻,增入遺落者數十首,比舊本頗多。屬余較讎,刻爲最後,板亦最精。』(馬泰來整理《新輯紅雨樓題記　徐氏家藏書目》,第一五九—一六〇頁)

又按:參見萬曆二十六年(一五九八)。

作《吊董伯念儀部》《同顧道行學憲遊峴山,憩滴翠軒》(《鼇峰集》卷十三)。

十一、十二月間，之姑蘇。同張應文、吴嘉芳等集張獻翼曲水堂。劉會卿太醫招飲，同徐桂、謝友可、張獻翼。過王鑒幽居。返回湖州，鄧原岳邀遊毗山。謝肇淛有詩送其歸家。過杭州，與王鑒定交。

作《宿震澤口》（《鼇峰集》卷四）。

作《吴門懷古》（《鼇峰集》卷十三）。

謝肇淛有《送興公之姑蘇》：『江抱孤城舊闔閭，片帆東去雪花初。吴宫草色秋堪吊，茂苑砧聲歲欲除。瘦馬飲殘支遁澗，夜烏啼近館娃居。知君何處增惆悵，落日寒潮泣子胥。』（《小草齋集》卷十九）

作《同張成叔、吴石甫、黄仲華、錢功父集張幼于曲水草堂，因憶與吴之衛、林碩堂對酒鼓琴，倏忽五載，而二君相繼物故，淒然傷感》（《鼇峰集》卷十三）。

按：張應文，字成叔，慈溪（今屬浙江）人。貢士。

又按：黄嘉芳，字仲華，長洲（今蘇州）人。處士。

作《贈雁門太守黄梓山擢雲中兵備》（《鼇峰集》卷十三）。

作《劉會卿太醫以二月十四日初度，索詩爲贈》（《鼇峰集》卷十三）。

按：此詩係事前所作。

作《劉會卿太醫招飲，同謝友可進士、徐茂吴司理、張幼于太學、王熙伯、錢功父、董教之山人、張孟孺、謝荊山將軍、黄道元文學觀妓，賦得燭下隱美人，共用前字》（《鼇峰集》卷十二）。

按：謝廷諒（一五五一—？），字友可，號九紫，金溪（今屬江西）人。萬曆二十三年（一五九五）

進士，授南京刑部主事，官至順慶知府。與弟謝廷贊並有文名。有《薄遊草》等。

又按：徐桂，字茂吴，號大滌山人，長洲（今蘇州）人，徙家武林。萬曆五年（一五七七）進士，除袁州推官。有《大滌山人詩集》。

又按：黄道元，永嘉（今浙江温州）人。

作《過王德操幽居》（《鼇峰集》卷十三）。

按：王鑒，字德藻，吴（今蘇州）人。《寄王德操·序》：『予以萬曆乙未與德操先生定交。』（鈔本《鼇峰集》）

作《鄧汝高計部招遊毗山，同王玉生、謝在杭，分得人字》（《鼇峰集》卷十三）。

按：李賢《大明一統志》卷四十《浙江·湖州府》『毗山』條：『在府城東九里。山最近城，取「毗」爲名，言其近也。唐柳渾嘗建亭於上。』

謝肇淛有《汝高招遊毗山，同玉生、興公賦》：『滿地金風吹夕曛，客來驚起鹿麛群。松濤飛自千峰落，野氣遥從一水分。獨鶴啼殘蒼弁月，遠帆歸帶洞庭雲。天涯幸有同心侶，尊酒何妨盡日醺。』（《小草齋集》卷十九）

作《送方伯文、林朝望下第還莆，兼懷佘宗漢、吴元翰》（《鼇峰集》卷十三）。

作《贈張子冀少府》：『太湖烟水闊，垂鈎卧斜陽。』（《鼇峰集》卷十）

作《平望夜泛，懷黄仲華、姚叔乂、强善長》：『客身初離越，鄉語又聞吴。』（《鼇峰集》卷十）

作《哭吴之衛》（《鼇峰集》卷十）。

按：興公離吳，吳城爲其壯行。興公至湖州，吳城竟卒。

十二月，杭州相遇鄭琰，鄭琰自邊歸，相與話舊，並聽其講邊事。謝肇淛送別。除夜前二日，與徐桂於汪宗姬觀妓。

作《逢鄭翰卿話舊》（《鼇峰集》卷十三）。

按：鄭琰《半生行》，其《序》云：『余垂髫與徐興公交莫逆，萬曆庚寅，浪遊南北，音問杳然。乙未臘月，遇興公于武林。』（《列朝詩集》丁集十）

鄭琰有《逢徐興公話舊》：『天涯離别九回腸，今日逢君復異鄉。潞水聞猿雙涕夜，黑山歸馬五年霜。兵戈消息何須問，弟妹漂零且自傷。此會匆匆又分手，暮雲衰草更淒凉。』（《晋安風雅》卷九）

按：五年前，即萬曆十八年（一五九〇），鄭琰之邊，有詩送之。參見該歲。

作《鄭翰卿像贊》：『以爾爲儒耶？而儒不拘以爾爲俠耶？而俠不迂，長耳豐頷，赤頰頳鬚。其外瓠落，其中甚腴。志千秋而獨上，駕五字以長驅。向識爾也，嫣然年少；今見爾也，魁然壯夫。誰爲寫此七尺之軀，是爲鄭生翰卿也乎！』（《文集》册十，《上圖稿本》第四五册，第二七九頁）

按：『今見爾也』，徐𤊹與翰卿多年不見，此次重逢話舊，琰又作《半生行》長歌寄意，故推測文作於此時。

謝肇淛有《錢唐逢鄭翰卿》：『少年作客不還家，裘馬快意天之涯。豈能區區守妻子？手足縶繫如匏瓜。去年寄食薊門秋，日日使酒卧青樓。今年遇我錢唐上，醉挾强弩射潮頭。黄金轉眼聚還散，俠氣向天天爲愁。酒酣側理掃千語，寒光紫氣非吳鈎。青袍白幘厭奔走，回首故園多離憂。故園田舍長茂草，兒女衣食泣道周。汝有幼弟能作賦，千金安得長門求？勸汝行役早歸來，四海烽火道阻修。嗟余辭家亦五載，聞道桑田近成海。故人零落可柰何？昔日朱顏今已改。與君俱非少年時，世情冷暖君自知。貧賤富貴何足問？但當努力千秋期。一曲悲歌不可竟，松間秋月漏新影。唾壺擊盡空斷腸，蕭蕭四壁蛩聲冷。』（《小草齋集》卷八）

謝肇淛有《錢唐逢鄭翰卿》：『壯士相悲不問年，青袍白馬紫絲鞭。一身作客長看月，五度逢春半在邊。細雨垂楊淮口渡，平蕪芳草薊門烟。更聞西北風塵滿，醉把吳鉤笑倚天。』（《小草齋集》卷十九）

按：以上謝肇淛二詩，或言『五載』，或言『五度逢春』，與『五年霜』意同。

作《歲暮柬鄭翰卿》《聞翰卿談邊事》（《鼇峰集》卷十三）。

又按：梁章鉅云：『（鄭琰）有《與徐興公》長歌一首，云：余垂髫與興公交莫逆，萬曆庚辰浪遊南北，音問杳然。乙未臘月遇興公于武林，已而復別。』（《東南嶠外詩話》卷九『鄭炎（琰）』條）

謝肇淛有《送興公還家》：『楓落空江生凍烟，西風羸馬不勝鞭。冰消浙水知家近，春到閩山在客先。斜日雁邊看故國，孤帆雪裏過殘年。憐予久負寒鷗約，魂夢從君碧海天。』（《小草齋集》卷十九）

作《除夜前二日，同徐茂吳、金漢孫、鄭翰卿集汪肇郃宅觀妓，分得人字》《乙未武林除夕》（《鼇峰集》卷十三）。

按：汪宗姬，字肇郃，号休吾子，歙縣（今屬安徽）。國子生。

是歲，從陳淳夫求《何氏語林》首二册，足成全部。

按：題《何氏語林》：『甲午（一五九四）之冬……既閱歲，偶過陳淳夫，齋頭見有《語林》半部，淳夫曰：「向爲人陸續持去，今亦不全矣。」余從淳夫求首二册，足成全部。（首）［前］二册有「戊辰進士」「筆子山」印章，乃淳夫尊人憲副公也。後十册有「撝謙」「常與堂」印章，乃晉陵吴公撝謙也。』（馬泰來整理《新輯紅雨樓題記　徐氏家藏書目》，第一一〇頁）

又按：陳淳夫，莆田人。太學生。萬曆二十五年（一五九七），徐熥作有《分得胭脂井，送陳淳夫太學之金陵》（《幔亭集》卷九），徐𤊹有《分得邀笛步，送陳淳夫之金陵》（《鼇峰集》卷十四）詩送之金陵。

又按：馬泰來曰：淳夫『尊人憲副公』爲陳祖堯，隆慶二年戊辰（一五六八）進士，官雲南副使（馬泰來整理《新輯紅雨樓題記　徐氏家藏書目》，第一一〇頁）。

又按：參見萬曆二十二年（一五九四）、萬曆三十八年（一六一〇）、崇禎六年（一六三三）。

是歲，送葬王叔魯葬西郊。

作《送王少文藁葬西郊》（《鼇峰集》卷二十四）。

徐熥有《送王少文槁葬西郊》：『蕭蕭孤櫬出郊關，執紼空餘涕淚潸。滿目松楸西郭路，半天風雨北邙山。函中白骨孤雲裏，世上紅塵一夢間。除却千年華表鶴，更於何處望君還。』（《幔亭集》卷八）

陳薦夫有《送王少文入城西殯宮》：『薤露歌成不可留，長辭華屋向山丘。人隨白馬如雲散，兆有

青鳥計日求。暮雨寒狐入繐帳，夕陽山鬼弔松楸。縱然相送知何處，門掩荒郊水亂流。』（《水明樓集》卷五）

陳薦夫有《秋日過王少文殯宫》：『華屋無人蕙帳空，素車白馬各西東。秋來落葉埋官路，野火隨風繞殯宫。』（《水明樓集》卷八）

是歲夏秋間，閩郡大旱。陳薦夫有詩紀之。

按：《竹窗雜録》：『萬曆乙未夏秋，閩省大旱，官府令諸鄉村作土龍捕蜥蜴祈雨，富人閉糶索高價，陳幼孺有《禱雨謡》。』（《榕陰新檢》卷十六《詩話·大旱禱雨》引）

萬曆二十四年丙申（一五九六） 二十七歲

徐熥三十六歲，謝肇淛三十歲，曹學佺二十三歲，林古度十七歲，徐陸七歲

元月，元日，客武林，許然明、陳季相集徐桂宅；同日，兄徐熥在家得興公書，有詩紀之。同鄭翰卿遊西湖；苕溪別鄧原岳、謝肇淛。在苕溪與朱謀鶴、康彥登劇飲。啓程歸閩，詩別曹以新、王穉登、文從龍、彭興祖、沈咸、沈野。途中遊釣臺、過瀫水，有詩。

作《丙申元日，客武林》（《鼇峰集》卷十四）。

徐熥有《丙申元日，得惟起弟越中書，聞王玉生客苕消息，因柬錢叔達》：『青尊何意醉流霞，覽鏡空驚鬢易華。階下蓂開新歲葉，隴頭梅寄隔年花。人逢老去常懷舊，客到春來定憶家。此日交遊多失路，豈君踪跡獨天涯。』（《幔亭集》卷九）

作《元日，同許然明、陳季相集徐茂吴宅丙申》（《鼇峰集》卷十）。

按：許然明，杭州人。徐熥有《延津逢許然明還武林，詩以送之》（《幔亭集》卷九）。

作《春日，同鄭翰卿西湖晚望，因懷同社諸子》《贈陸履素使君》（《鼇峰集》卷十四）。

作《錢塘江口別翰卿》（《鼇峰集》卷十四）。

謝肇淛有《錢唐逢鄭翰卿》：『壯士相悲不問年，青袍白馬紫絲鞭。一身作客長看月，五度逢春半在邊。細雨垂楊淮口渡，平蕪芳草薊門烟。更聞西北風塵滿，醉把吴鈎笑倚天。』（《小草齋集》卷

十九）

作《發苕溪別女高、在杭》（《鼇峰集》卷十）。

按：李賢《大明一統志》卷四十《浙江・湖州府》『苕溪』條：『在府治西，有兩源。一源發自天目山，一源發自獨松嶺，合浮玉山水，俱至安吉縣，合流至府城西。』

又按：《與朱太沖》：『別苕川十載……回思在苕時，與康元龍劇飲高齋。』（《文集》册三，《上圖稿本》第四二册，第三五九頁）

作《別謝左史》《震澤普照寺咏古檜》（《鼇峰集》卷十）。

按：朱謀鶴，字大沖，號鹿洞，朱奪父，明宗室。

作《春日出武林，寄曹以新、王百穀、文夢珠、彭興祖、沈穉咸、沈從先諸君》（《鼇峰集》卷十四）。

按：文從龍，字夢珠，長洲（今蘇州）人。舉人。

又按：沈咸，字穉咸，吴縣人，布衣。

作《雪夜泊釣臺》《瀫水驛道中》《思歸》《懷翰卿》（《鼇峰集》卷十四）。

二月，到家，有詩。錢行道客閩，與之小齋雨坐。送陳价夫之吴門。花朝，社集，送佘翔之江西南康。送張光大之海南瓊州。二十九日，送了空禪師之金陵。有詩贈屠本畯。代人作啓賀丘（邱）大城別駕誕辰。

作《到家》：『不盡淒凉久客情，還家偏喜及春明。』（《鼇峰集》卷十四）

作《春夜同錢叔達小齋雨坐丙申》（《鼇峰集》卷十）。

按：錢行道，字叔達，號匡廬，吴興（今浙江湖州）人。萬曆中布衣，後薙髮爲僧。有《閩遊草》。徐熥《閩遊草序》：『錢叔達，吴興人也。家故貧，而二親髮且種種，無可以爲養者。叔達天性至孝，日餬其口于四方。筆耕舌耨，以供菽水，而猶時時不給也。』（《幔亭集》卷十六）

徐熥有《春夜同錢叔達、陳惟秦齋中雨坐》：『高齋開亂竹，孤燭坐潺湲。世味隨年減，浮生到夜閑。交應同白水，語不離青山。城市紅塵滿，烟霞獨此間。』（《幔亭集》卷六）

作《月夜，聞錢叔達吹洞簫》（《鼇峰集》卷七）。

按：徐熥《錢叔達像贊》：『長不踰七尺，而金相玉質；年已滿四十，而修眉白皙。玄契混沌之宗，禪入維摩之室。書法永和，詩宗大曆。清嘯入雲，紫簫裂石。動操兮流水高山，坐隱兮蒼苔翠薜。雖腹笥五車，而家徒四壁。但能一語千秋，何論三旬九食。咦，曾生所貌者君之形，徐生所贊者君之神。得其神，忘其形，然後知粉澤之爲幻，而皮相之非真也。』（《幔亭集》卷十九）

又按：《像贊》亦贊及錢氏吹簫。《像贊》作年不詳。

作《分得洞庭霜，送陳伯孺之吴門》（《鼇峰集》卷十四）。

按：梁章鉅《東南嶠外詩話》卷九『徐𤊹』條：『興公集中警句，清真婉至，足與幔亭抗衡。如……《送伯孺》云：「孤身漂泊辭知己，八口饑寒仗友生。」』

徐熥有《分得要離塚，送陳伯孺之姑蘇》：『漆燈明滅半無光，斷碣凋殘字幾行。黄土一抔封馬鬛，紫苔三寸繡魚腸。月中似聽英魂泣，地下難埋俠骨香。況與伯鸞丘壟近，煩君並爲薦椒漿。』（《幔亭集》卷九）

陳薦夫有《分賦百花洲，送伯孺家兄》：『清波如練遶吴門，孤渚青青花正繁。影落湖中西子面，香歸月下館娃魂。東風羅綺芙蓉幕，晴日笙歌柏葉樽。惟有江楓漁火客，斷腸桃李憶芳園。』（《水明樓集》卷五）

作《再送伯孺》（《鼇峰集》卷十四）。

徐熥有《再送陳伯孺兼柬在杭》，其一：『尊前酒盡即他鄉，豈爲分携始斷腸。失路客身輕似葉，倚門親鬢白於霜，歸裝不望中人産。内顧先營百日糧，未必綈袍能解贈。臨行還囑寄衣裳。』其二：『天涯休用嘆窮愁，得稱閒心是浪遊。湖上翠蛾三竺寺，月中青雀百花洲。囊無重載身何累，交有深知刺易投。貧賤依人君莫愧，布衣誰不謁諸侯。』（《幔亭集》卷九）

陳薦夫有《送伯孺兄遊吴興，遂之姑蘇》：『扁舟適越更遊吴，飄泊行踪半五湖。鳥外嵐光玄墓小，城頭山色洞庭孤。交情白首誰知己，世路黄金是丈夫。弟去兄來同此地，還將面目媿陶朱。』（《水明樓集》卷五）

作《送佘宗漢之南康》（《鼇峰集》卷十四）。

徐熥有《花朝社集，送佘宗漢明府之南康訪楊使君》：『滿路流鶯送客軺，匡廬山色望中遥。朱門何處堪餬口，白髮逢人反折腰。月下歌聲虚竹徑，天涯離恨記花朝。知君此去經彭澤，陶令高風未寂寥。』（《幔亭集》卷九）

作《送張叔弢廣文之官瓊州》（《鼇峰集》卷十四）。

按：張叔弢廣文，即張大光。張大光，字叔弢，長溪（今福安）人。萬曆十三年（一五八五）舉人。

歷瓊州教授、羅浮知縣。

陳宏己有《送張叔跂之官海南》：『一官如逐客，萬里獨投荒。路出珠厓盡，山過鐵嶺長。瘴烟沉騎黑，毒霧着衣黄。稍喜青氈冷，窮冬免霜雪。』（《晋安風雅》卷六）

作《贈屠田叔轉運》（《鼇峰集》卷十四）。

按：屠田叔，即屠本畯。詳隆慶四年（一五七〇）。

作《二月十九送了空禪師還金陵，是日爲觀音大士降誕》（《鼇峰集》卷十四）。

按：了空，金陵長干寺僧。

徐熥有《送了空禪師歸長干寺，是日爲觀音大士初度》：『尋聲疑自普陀來，又贈楊枝海上回。緇衲折蘆初地去，白衣成果普門開。數千里路看飛錫，五十三參送善財。他日懷師勞遠夢，棲霞蘭若雨花臺。』（《幔亭集》卷九）

陳薦夫有《送了空上人歸長干寺，是日爲觀音大士降生》：『古寺浮圖舊帝京，緇衣去日白衣生。潮音南海身初轉，錫影東林脚又行。此别從來元屬幻，他年何處更尋聲。離心未必能無礙，菩薩生時也在情。』（《水明樓集》卷五）

作《賀丘别駕誕辰啓代》：『伏以纓結瑞横，棠種東風偏野；孤懸宵漢，星纒南極連天。時當白雪陽春，慶萃黄堂壽考。恭惟門下郡牧，循良府僚，翹楚家聲，標于五嶺，惠政洽於八閩。岳降申生，月逢丑序……聊展稱觴，微敬仰祈。』（《文集》册二，《上圖稿本》第四二册，第一三五—一三六頁）

按：丘别駕，即丘（邱）大城。乳源（今屬廣東）人。萬曆間福州通判（别駕），丘（邱）姓者只有邱大城一人。萬曆共四十八年，〔乾隆〕《福州府志》卷三十一《職官四》記載萬曆間通判三十六人，丘(邱)氏排在第十五位，大致與萬曆二十四年(一五九六)的年分相當，『岳降申生』，此歲丙申年。『家聲』『五嶺』，切於其籍乳源。

二、三月間，有詩懷吴文潛，又有詩寄長樂知縣郁文周。

作《懷吴元翰》(《鼇峰集》卷十四)。

徐熥有《懷吴元翰》：『總是飄零未定身，不知吴楚與燕秦。遠天夜雨孤舟冷，古道秋風一劍貧。到處南冠羞對客，誰家西第肯留賓。薄遊只恐無歸計，跡落江湖又幾春。』(《幔亭集》卷九)

作《寄長樂郁文叔令君》(《鼇峰集》卷十四)。

按：郁文周，字文叔，江陰人。萬曆中長樂知縣。

作《賦得飛燕有贈》(《鼇峰集》卷十四)。

三月，轉運使屠本畯招同錢道行、陳薦夫、王毓德、曹學佺飲鄰霄台，又與諸社友集草堂；邀黄景莪、張邦侗、張公魯等集萬歲寺。屠本畯同陳彦宗、陳仲溱見訪。同社送轉運副使屠本畯之京。

作《春日雨中，屠田叔轉運招飲鄰霄臺，同錢叔達山人、陳幼孺孝廉、王粹夫文學和家兄，分得觴字》(《鼇峰集》卷十)。

按：鄰霄臺又作『凌霄臺』，一名清虚臺、進香臺，在福州烏石山頂。王應山《閩都記》卷十《郡城西南隅》『烏石山』條：『與九仙對峙，眉目海上。郡城最勝。烏石秀拔，週廻有加于九仙，左弱右强。唐天寶中，敕改爲閩山。宋時，又名道山。山有三十六奇。鄰霄臺在山之巔，石刻「鄰霄臺」三字。』

屠本畯有《鄰霄臺別諸社友》：『可怪蘭石集，紛飛雨映空。盍簪難藉草，張幕亂依叢。雲積遥吞海，臺高易受風。兹遊興不愜，歸醉暝烟中。』（王應山《閩都記》卷十《郡城西南隅》）

徐熥有《雨中屠田叔使君招集烏石山，同錢叔達、陳幼孺、王粹夫、曹能始、興公弟，分得深字》：『選勝坐危岑，山高紫翠深。受潮千澗滿，翳雨半峰陰。衣中春寒薄，鐘過暮靄沈。使君行役近，猶不廢登臨。』（《幔亭集》卷六）

陳薦夫有《春日雨中屠田叔使君招集鄰霄臺，同錢叔達，徐惟和、惟起，王粹夫，分得齊字》：『□徑蹋香泥，蘼蕪一望齊。臺登疏雨背，塔拄亂雲西。却蓋依松色，停騶讓鳥啼。山公新理咏，不唱白銅鞮。』（《水明樓集》卷三）

作《邀黄仲高、張孺願、錢叔達、張公魯，及同社諸子集萬歲寺，因送徐仲和還錢塘》（《鼇峰集》卷十四）。

按：黄景菼，字仲高，鄞縣（今浙江寧波）人。萬曆三十二年（一六〇四）進士。

又按：張邦侗，字孺願，號越門，時徹（一五〇〇——一五七七）子，鄞縣（今浙江寧波）人。以父廕官光禄署丞，有《儲草》。

又按：張公魯，甬東（今寧波）人。

徐熥有《邀黄仲高、張孺願、錢叔達、張公魯、陳女大、陳女翔、陳惟秦、王玉生、陳幼孺、王粹夫、顔廷愉、曹能始、興公弟雨中集萬歲寺，即席送徐仲和歸錢唐》：『共酌醍醐送客還，晚風吹雨暗禪關。

緑波春草長途别，白社蓮花半日開。家望雷峰烟外塔，夢回天竺月中山。净瓶分得楊枝贈，垂柳臨歧不用攀。』（《幔亭集》卷九）

作《雨中屠田叔枉集草堂，同陳彦宗、陳惟秦，分得山字》（《鼇峰集》卷十）。

按：陳彦宗，莆田人，秀才。徐熥有《與陳彦宗秀才》（《幔亭集》卷二十）。

徐熥有《屠田叔雨中過酌草堂，分得窮字》：『誰謂諸侯貴，來過一畝宫。天低峰影逼，雲秏雨聲窮。殘溜虚檐滴，新苔怪石蒙。慚無池館勝，不敢醉山公。』（《幔亭集》卷六）

作《分得荆軻市，送屠田叔使君之京》（《鼇峰集》卷七）。

陳仲溱有《賦得姑蘇臺，送屠田叔司農之京》：『姑蘇高臺接天起，輝煌半照西江水。虹梁繡柱邇銀河，綺鳳盤龍映蘭所。珠箔雙鈎乍捲風，流蘇百結綴簾櫳。銅龍緩咽宵方半，銀燭高燒曲未終。就中殊色浣紗女，傾國傾城嫣笑語。粉黛奩前試巧妝，纖腰掌上誇輕舉。妙舞嬌歌樂未休，翠華馳道侍宸游。走狗幾回過茂苑，鬬鷄隨復向長洲。鬬鷄走狗笙歌沸，鳥旐龜旟紛列隊。内監驚傳鳳輦歸，中宫争看龍顔醉。醉上姑蘇百尺臺，隔江遥見越兵來。沉檀委地皆成土，羅綺薰天散作灰。世事興亡如轉轂，臺前已見游麋鹿。寶鏡空顰西子眉，屬鏤枉抉東門目。霸業蕭條世代非，山川曾見破吴歸。荒臺幾度銷金鏃，義士誰人更錦衣？君今正過姑蘇路，水殿荷花總非故。半夜雲歸響屧廊，中天月照楓橋樹。楓落烏啼易感傷，懷人吊古共淒凉。此時定有吴都賦，好托西風遠寄將。』（《晉安風雅》卷四）

陳鳴鶴有《社中分得淮陰市，送屠田叔轉運之北京，兼呈沈相公》：『層濤叠浪淮水西，鷓鴣格磔市中啼。雄心不惜袴下死，至今劍氣凌虹霓。袴下橋邊水花碧，橋上行人長太息。一飦難逢擊絮人，千金空有垂綸客。千金一飦那足齒，割肝輸膽爲知己。重瞳不識戲下郎，何況閭閻少年子。往事悠悠春夢殘，荒城寂寂秋風寒。南昌亭長不好客，三尺魚腸行路難。憑君此地莫停轂，漢室高壇今正築。相國應須笑酇侯，王孫去後方追逐。』（《泡庵詩選》卷三）

鄧原岳有《賦得苧羅村，送屠田叔轉運便道歸越》：『若耶溪上春風暖，草軟花嬌香不斷。芳魂艷質擅風流，落日孤村苧蘿短。美人粉黛殊可憐，清歌妙舞春風前。宛轉娥眉貯金屋，越宫吴苑争嬋娟。興亡反覆一回首，富貴繁華亦何有。響屧廊荒柳已催，鬭鷄陂廢苔應厚。使君好古復好奇，浣紗遺跡君自知。但駕扁舟尋范蠡，不妨藻句弔西施。』（《西樓全集》卷二）

陳薦夫有《賦得戲馬臺，送屠田叔使君之京》：『吕梁洪下黄河曲，河水茫茫山簇簇。驚濤濁浪卷彭城，烟火蕭條幾家屋。河上層臺土半傾，離離秋草接雲平。沐猴人去無消息，逐鹿場空只戰争。當年霸氣氛馳騖，此是都門盤馬處。磴道疏龍狂自高，何曾極目違西顧。銀鞍玉勒錦纓繁，驅出天閑影欲翻。帳下美人嬌一笑，千群汗血盡承恩。炎矩西來雲棧絶，臺上經年久離别。名駒鐵騎逐戎行，不到臺前重簡閲。軍中夜半楚歌聲，吹散雄心作怨情。此日黑騅猶是戲，驕嘶欲逝不成行。往來陳跡成今古，幾百年來經宋武。九日離筵倒離尊，千金霸業餘黄土。黄土無情暈碧花，臺前駐馬久咨嗟。空悲歲月隨河水，不見山川屬漢家。河流瀰瀰風雲散，此去知君腸欲斷。懷古偏當客路中，思鄉並在荒臺畔。使君名宦自無媒，却憾鯫生困草萊。若過當年曾戲處，定收駿骨上金臺。』（《水明樓集》卷二，又《晉安風雅》卷四）

王毓德有《賦得高唐觀，送屠辰州之任》：『君不見襄王昔幸高唐觀，十二峰巒插霄漢。峰前雲氣黯千重。黛色須臾窮變幻。有情朝暮出陽臺，薦枕時聞神女來。環姿瑋態不可悉，宋玉作賦何奇哉。使君剖竹之荆楚，此地行春應吊古。朱輪曉入朝雲祠。畫軾霄過雲夢浦。雲影氤氳鬱不收，還知太守擅風流。箋端自有千秋賦，豈羨當年宋玉遊。』（《晉安風雅》卷四）

徐熥有《分得黄金臺，送屠田叔轉運使京》：『燕山日落悲風起，百尺高臺留故址。滿地狐踪丘隴間，千金馬骨荆榛裏。至今行客説燕昭，愛士高風久寂寥。侵階碧草空留色，翳土黄金已盡銷。我家定鼎都燕薊，正是黄金臺上地。萬里星槎上漢來，諸侯露冕朝天至。臺前賢士集如雲，柱笏彈冠謁聖君。陽氣自生吹黍谷，英雄豈説樂將軍。屠君擁傳辭閩海，自有高才輕郭隗。休嘆鹽車上太行，何須吊古登寒壘。至尊側席正求才，太室明堂日日開。白璧虞卿先拜賜，黄金寧用築空臺。』（《幔亭集》卷三）

袁敬烈有《賦得幔亭峰，送屠使君之京》：『武夷峰巒三十六，中有幔亭何矗矗。石壁丹梯駕紫烟。金箱玉笈藏仙籙，人傳仙子會蓬瀛。綵屋虹橋非世情。不知幾度曾孫老，明月猶聞笙鶴聲。于今三月桃花落，霞褥雲裀綺相錯。遊人誤入武陵源，渡口漁舟何處泊。漁郎日暮引歸舟，一聲鐵笛林泉幽。瓊枝瑶草交明媚，九曲清溪相映流，使君持節趨京邑。此地經過探舊跡，□後濡毫賦采真，一時題遍峰頭石。』（《晉安風雅》卷四）

徐熥有《二月晦日送人之安南二首》，其一：『杜宇聲中夕照斜，長途征馬踏殘花。春光今日歸何作《三月晦日送人之安南》（《鼇峰集》卷二十四）。

處，莫是隨君到海涯。』其二：『驅車萬里向蠻天，人去春歸總可憐。同是別離君更速，君行猶在曉鐘前。』（《幔亭集》卷十三）

林光宇有《三月晦日送人》：『春光已是隔年期，况復同心□路岐。華落鳥嗁添別情，斷腸偏在送君時。』（《林子真詩》）

四月晦日，與屠本畯、兄徐熥、錢道行、陳彥宗、陳鳴鶴、王崑仲、陳仲溱、陳薦夫、王毓德、陳正夫、曹學佺、林光宇等於西湖觀渡。

作《陪屠田叔四月晦日西湖觀競渡，得飄字》（《鼇峰集》卷十二）。

陳鳴鶴有《四月晦日西湖競渡》：『驅獸餘殘日，飛鳧競碧川。氣蒸桐葉雨，聲撼芰荷烟。兩岸招紅袖，方舟舞彩旃。卧龍雲外起，奔馬浪中穿。鼓□尋常駛，標争尺寸先。水花渾□□，□□赤燒天。急槳衝排荇，歸橈□□□。□□看勝負，今夜幾人眠。』（《泡庵詩選》卷四）

陳薦夫有《四月晦日屠田叔及同社集西湖觀競渡，得四支韻》：『晦節平湖上，新晴落漲時。開樽邀汗漫，洗酌破漣漪。坐向臨流合，筵因選勝移。方舟文桂楫，艷曲采菱詞。伐鼓矜先捷，懸標戒獨遲。波驚翻澤芷，棹轉亞江籬。日落明紅袖，風生拂錦陂。目隨跂足盡，手應勝心麾。歲序催朱索，年光續彩絲。由來能賦客，不作楚臣悲。』（《水明樓集》卷四）

徐熥有《四月晦日邀屠田叔、錢叔達、陳彥宗、陳汝翔、王玉生、陳惟秦、陳幼孺、王粹夫、陳正夫、曹能始、林子真、興公弟西湖觀競渡，分得寒字》：『高閣俯澄瀾，湖光入座看。遥空簫管咽，夾水綺羅寒。笑語連天沸，呼聲動地歡。揚旌過曲浦，撾鼓下驚湍。翠袖飄文檝，紅標颭畫欄。卧波蒼甲偃，回棹玉鱗蟠。共聽菱歌度，渾忘蕢葉殘。土風争不禁，禮法醉猶寬。藉草情偏洽，迷花興未闌。日斜遊騎散，墜珥滿江干。』（《幔亭集》卷十）

五、六月間，曹學佺往江西金溪吊座師周兆聖，社中諸子作詩送之，學佺有詩留别。陳鳴鶴同行，往龍虎山。與屠本畯同屠田叔、張邦侗、張公魯、錢道行等集陳正夫水亭。送張邦侗之漳州。

作《送曹能始之撫州吊周令君》（《鼇峰集》卷十四）。

按：周令君，即周兆聖。周兆聖（？—一五九四），金溪（今屬江西）人，萬曆十七年（一五八九）進士，侯官知縣。

又按：萬曆二十三年（一五九五）曹學佺成進士，次歲歸家，往江西吊周師。

陳鳴鶴有《挽周令君》：『素幔隨潮去，桃花掩縣門。邑人碑墜淚，弟子賦招魂。□□千金拙，虚名一劍存。臨風腸自斷，不待更聞猿。』（《泡庵詩選》卷四）

徐熥有《挽周侯官》：『雙鳧何處飛，父老泣沾衣。舊客雲同散，虚名露易晞。關河孤櫬遠，風雨旅魂歸。他日過荒隴，松楸大幾圍。』（《幔亭集》卷六）

陳薦夫有《送曹能始之金溪吊座師周明府》：『三載緘哀獨損神，西風吹動素車塵。知音一顧慚公瑾，良友千秋痛伯仁。枯眼尚含臨别淚，餘生猶是報恩身。憐君抗質存孤劍，繫死墳頭萬樹春。』（《水明樓集》卷五）

徐熥有《送曹二進士之金溪吊周明府》：『千里分襟悵别離，西州雙淚數年悲。途中磨鏡同徐穉，匣裏亡琴痛子期。楚璞謾云增價早，隨珠猶悔報恩遲。九原未必無遺恨，不見看花上苑時。』（《幔

亭集》卷九）

曹學佺有《留別諸同社》：『徂暑戒行邁，揮汗成浸淫。江樹吐焦色，火雲無片陰。諸子賦遠別，被歌皆楚音。重以哀傷感，隕涕烏能禁。云我酬剖璞，胡不念斷金。師友無異誼，生死難盡心。死者不可返，生者能續尋。願期秋明月，同照入山林。』（《石倉詩稿·掛劍篇》）

林光宇有《輓周明府三章》，其一：『□生遇荆璞，一見知其奇。緬懷師與我，別識亦如之。嘉文多隱僻，傲骨難委蛇。吾師今已棄，茫茫誰相知。』其二：『後死文未與，先生没已寧。緊我過劍浦，竚立想精靈。扣舷發哀響，溪樹何青青。拂拭古龍泉，光彩干寒星。』其三：『俛仰十餘載，時事信難論。偃蹇賤子命，冥寞我師魂。死辱勝生辱，棄置孰自存。髮長心已短，生意如秋園。』（《林子真詩》）

按：林光宇亦侯官知縣周兆聖所拔士。

作《送陳女翔遊龍虎山》（《鼇峰集》卷十四）。

按：陳鳴鶴與曹學佺同行，至龍虎山而別。

按：龍虎山，在今江西鷹潭。李賢《大明一統志》卷五十一《廣信府》：『龍虎山，在貴溪縣西南八十里，山峰峭拔，兩石對峙如龍昂虎踞。道書爲第三十二福地。』

陳薦夫有《送陳汝翔遊龍虎山》：『爲訪名山去，祈靈太乙壇。行隨雲縹緲，禮到斗闌干。符籙風雷秘，刀圭雪霰寒。前途方辟穀，服食當加餐。』（《水明樓集》卷三）

徐熥有《送陳女翔遊龍虎山》：『布褐與黄冠，遥尋正一壇。靈符求玉印，神鼎問金丹。禮斗七燈

焰，降魔雙劍寒。龍沙遺讖合，計日待驂鸞。』（《幔亭集》卷六）

作《賦得金山寺送客之維揚》（《鼇峰集》卷十四）。

作《同厝田叔、張孺願、張公魯、錢叔達集陳正夫水亭，分得狂字》（《鼇峰集》卷十四）。

徐熥有《同厝田叔、張孺願、錢叔達、張公魯及社中諸子集陳正夫水亭，分得文字》：『習池花木翠氤氳，忽枉高軒過使君。囊裏詩籤拈五字，尊前樂府演雙文。杯傾竹葉春頻醉，燭燼蘭膏夜已分。地主獨留髡送客，猶餘絲管夢中聞。』（《幔亭集》卷九）

作《送張孺願之漳州》（《鼇峰集》卷十四）。

七月，陳价夫客吴，徐熥、陳薦夫及興公各有詩懷之。鄧原岳招同佘翔、謝吉卿，鄧道鳴、錢道行、陳椿、王毓德、康彦登、袁敬烈集玉皇閣，鄰霄台，有詩。

作《懷伯孺客吴》：『故人踪跡隔吴閶，目斷遥天匹練長。』（《鼇峰集》卷十四）

按：陳价夫《今我傳》：『（丙申）是秋，入吴謁王伯谷，爲先茂才求傳，遂獲交吴越諸名士。』（徐㶿選鈔《招隱樓集》）

徐熥有《聞伯孺由吴興入姑蘇，遥有此寄》：『一劍飄零渡五湖，半年踪跡遍三吴。苕溪日暮愁心遠，笠澤天長客夢孤。舊隱雲深寒薜荔，他鄉春盡變蘼蕪。滿船載得烏程酒，曾酹要離墓上無。』（《幔亭集》卷九）

徐熥又有《再懷伯孺》：『登樓一望意凄凄，目極遥空白練低。匹馬烟花吴苑曲，孤舟風雨太湖西。愁中芳草迷三徑，别後垂楊暗六溪。千里懷人多感慨，每看南鴈憶封題。』（《幔亭集》卷九）

陳薦夫有《懷伯孺兄客吴興》：『日斷孤鴻去渺然，計程今在太湖邊。孤城漏咽殘燈雨，峴首笳扶半屐烟。家念轉殷爲客日，鄉愁偏劇困人天。舊遊風土同時節，兩地情懷似去年。』(《水明樓集》卷五)

陳薦夫有《懷伯孺兄》四首，其一：『行李發江干，鶯花向未闌。一從征袂解，又見客衣寒。新作夢無據，舊傳書再看。恐添羈思緩，不敢寄平安。』其二：『計程仍計日，愁雨更愁風。彼此各天外，往來俱夢中。路長知客慣，歸緩卜途窮。應是還家近，無心覓便鴻。』其三：『家貧非不返，返亦只家貧。且就同心侶，應憐失意人。去留難自決，消息豈能真。敢信歸期近，時將慰老親。』其四：『鄉書何處返，傳得在吴門。計日久應發，望歸今已煩。魂當思忽斷，淚到見無痕。來往尊鱸地，可能忘故園？』(《水明樓集》卷三)

作《送鄭震卿之錢塘尋兄》：『秋風短褐千行淚，夜雨孤燈十載言。』(《鼇峰集》卷十四)

按：鄭震卿，鄭翰卿(琰)弟。

又按：鄭琰醉後漫罵安富人吴生，爲吴構陷，瘐死錢塘。

徐𤊹有《送鄭震卿之吴越尋兄》：『汝兄遊不返，汝去遠相尋。試問孤身客，飄零何至今。見時應慟哭，語罷定傷心。坐待離群鴈，聯翩向故林。』(《幔亭集》卷六)

陳薦夫有《送鄭震卿尋兄之吴中》：『難兄多載別，聞在闔閭城。念爾相尋去，家人行復驚。風波俱浪跡，山水易關情。見面即回首，故園無弟兄。』(《水明樓集》卷三)

作《送人之蒼梧》(《鼇峰集》卷十四)。

萬曆二十四年丙申(一五九六)　二十七歲

作《七夕鄧汝高計部招同佘宗漢、謝修之明府，鄧道鳴閫帥、錢叔達山人、陳女大、王粹夫文學、陳幼孺孝廉、康元龍、袁無競茂才、惟和家兄集玉皇閣賦，得珠字》(《鼇峰集》卷十四)。

按：謝吉卿，字修之，台卿兄，晋江人。萬曆八年(一五八〇)進士，清江令。有《效顰集》。曾爲徐熥《幔亭集》作序。

鄧原岳有《玉皇閣》：『傑閣岧嶤接混茫，飛甍縹緲駐斜陽。遥空日月開銀牓，天地山河護玉皇。江上潮平無宿莽，城頭烟暝有垂楊。憑欄極目浮雲細，西北天高是帝鄉。』(《西樓全集》卷五)

陳薦夫有《七夕鄧汝高民部招集玉皇閣，同錢行道，佘宗漢，謝修之，鄧道鳴，陳汝大，康元龍，王玉生，徐惟和、惟起，袁無競分韻，時汝高以督餉使浙便道還家》：『畫閣朱欄爽氣多，勝情良會夜如何。新詩暫借雲中錦，小扇輕飄月下羅。祇畏貪懽慚玉帝，誰同乞巧效青娥。使君莫更憑高望，恐有星槎犯絳河。』(《水明樓集》卷五)

徐熥有《七夕鄧女高民部招集玉皇閣，同佘宗漢、謝修之明府、鄧道鳴閫帥、錢叔達、王粹夫山人、陳女大、康元龍、袁無競秀才、陳幼孺孝廉、興公舍弟賦，分得五歌》：『高閣開尊對薜蘿，風吹零露下庭柯。三秋白帝司權早，一夕紅妝乞巧多。夜杼暫停機上錦，凉衣初試篋中羅。少微歷歷干天象，不獨雙星夜渡河。』(《幔亭集》卷九)

作《初秋鄧道鳴將軍招集鄰霄臺，席上送鄧汝高計部督餉還朝》(《鼇峰集》卷十四)。

陳薦夫有《蚤秋鄧道鳴都閫招集鄰霄臺，送鄧汝高民部還朝》：『秋容山色兩蒼然，高處方驚氣候先。帳下班荆俱揖客，望中行李是登仙。還朝策贈鞭非柳，隔座詩成幕有蓮。總道鄰霄臺百尺，不

知何地見幽燕。』(《水明樓集》卷五)

徐熥有《鄧道鳴閫帥招集鄰霄臺,送鄧女高計部還朝》:『三疊離歌繞翠微,涼風初動葉初飛。尊傾大將葡萄酒,淚濕窮交薜荔衣。自信青山盟尚在,空憐白社客全稀。清泠臺上頻回首,目斷燕雲一鴈歸。』(《幔亭集》卷九)

八月中秋夜,邀張邦侗、錢道行、謝吉卿、曾鯨、陳椿、王崑仲、俞青父、袁敬烈等集攬鼇亭觀燈,有詩。又作詩送張邦侗、黄景莪。

作《中秋夜邀張孺願、錢叔達、謝修之、曾波臣、陳女大、俞青父、袁無競集攬鼇亭,觀萬歲、神光二塔燈,分得七虞》(《鼇峰集》卷十四)。

按:萬歲塔,在福州于山萬歲寺,又名『定光塔』,七層,俗稱『白塔』。

又按:神光塔,在福州烏石山,俗稱『烏塔』。王應山《閩都記》卷十《郡西南隅》『神光寺』條:『舊號金光明院。唐大中三年,監軍孟彪亭池其間,號南莊。明年,捨爲大雲寺。又明年,崔干請賜額於朝。宣宗夜夢神發光殿庭,覽奏異之,因賜「神光」。』

又按:曾波臣,即曾鯨。詳隆慶四年(一五七〇)。

徐熥有《八月十四日夜招張孺願、錢叔達、謝修之、陳女大、王玉生、袁無競集平遠臺觀萬歲、神光二塔燈,分得八庚》:『良夜高臺露氣清,遥空靈籟送秋聲。桂枝先自輪中滿,蓮炬還從鏡裏生。隱隱七層摽舍利,雙雙百寶放光明。龍膏燭與蟾蜍影,同向人天照化城。』(《幔亭集》卷九)

按:此詩『中秋夜』,熥詩『十四夜』,疑『十四夜』爲是;十五前後一二日亦可言『中秋』,爲約略之言。

作《送張孺願歸明州》(《鼇峰集》卷十四)。

徐熥有《送張孺願還四明》:『津亭歌罷酒杯空,目極遥天送斷鴻。馬上夕陽孤店柳,渡頭殘月半林楓。瘴雲漠漠辭閩北,鄉樹重重辨甬東。此日蓴鱸歸計得,思家張翰怯秋風。』(《幔亭集》卷九)

作《送黄仲高孝廉還四明》(《鼇峰集》卷十四)。

徐熥有《送黄仲高還四明》:『江頭尊酒别離難,滿目疏林落葉丹。家望剡川湖一曲,車驅閩嶺路千盤。關門曉色鷄聲早,曠野秋聲鴈影寒。今夜夢君何處所,半天殘月蓼花灘。』(《幔亭集》卷九)

作《秋日送客》:『八月南天旅鴈悲,不堪杯酒惜臨岐。』(《鼇峰集》卷二十四)

八、九月間,徽人閔齡自鎮江金山來隱武夷,有詩贈之。

作《送閔壽卿山人隱武夷》其一:『出家休用買山錢,方外尋真住洞天。芒屨竹笻修浄福,藥爐茶竈結清緣。一竿春雨桃花水,雙屐秋峰薜荔烟。玉笥班中新注籍,幔亭寧但十三仙。』其二:『奏罷遊仙一曲歌,方袍桐帽入雲窩。竹溪夜泛風吹笛,芝圃朝耕雪滿蓑。峰頂采真呼玉女,洞中行氣引黄婆。碧窗覓我留題處,半壁殘詩翳古蘿。』(《鼇峰集》卷十四)

鄧原岳有《送閔壽卿山人遊武夷》二首,其一:『曾向金山結草亭,人間聊復托沉冥。虹橋却赴曾孫宴,一曲遊仙夢裏聽。』其二:『十年對客説長生,買得靈山隱姓名。它日丹成生羽翰,蓬萊鸞鶴坐相迎。』(《西樓全集》卷十)

徐熥有《送閔壽卿隱武夷》:『世人遊武夷,往往思卜宅。一出清溪謝白雲,山靈無計留雙屐。始信人間事可哀，幔亭佳宴不重開。浮生只愛紅塵老，人世難逃白髮催。憐君棄家經幾載，服食還丹顔未改。已識仙都注有名，尚疑遺蜕函猶在。自入閩天誓不還，因緣合在武夷山。獨携一杖千峰裏，閑放孤舟九曲間。此山元是神仙窟，接筍天遊雙崒嵂。玉女妝殘峰頂霞，金鷄叫落灘頭月。君今築室此中居，永絶塵緣與世疎。回視形骸同糞土，能將神氣返空虛。我也行年三十幾，半生踪跡多城市。入藥空燒九轉紅，著書枉識關門紫。海外徒聞更九州，此身期伴赤松遊。何時重預曾孫宴，同醉仙人十二樓。』（《幔亭集》卷三）

按：徐熥《蓬累遊序》：『徽之布衣閔君壽卿，壯歲學爲詩，詩工矣。已而自悔曰：「此何關於性命，四大既離，五字焉用乎？」遂棄家隱茅山者幾年，又隱金山者幾年。既謂金山爲南北之衝，遊屐洊至，酬應爲勞。慕吾閩武夷之勝，裹糧來遊，將終老焉。』（《幔亭集》卷十六）

陳薦夫有《閔壽卿山人自金山移居武夷》：『真誥遥傳煮石經，十年辛苦注黄庭。鼎携揚子中泠水，榻下群仙大隱屏。碧嶂不須留蜕骨，□壚只待煉元形。功成未必雲窩住，別有虹霓□幔亭。』（《水明樓集》卷五）

曹學佺有《題閔壽卿黄（元按：當作佘）和叔偕隱九曲卷》：『茅結幔亭庵，真詮法侶參。駒陰過歲二，徂惑破朝三。長篷試清吹，扁舟時遠探。漁樵各自號，笑語傍溪南。』（《石倉詩稿・金陵初稿》）。

作《寄曹重甫》：『遠夢頻飛泖水流，愁聞鶴唳一聲秋。』（《鼇峰集》卷十四）

作《喜吴元翰遠歸過訪》《花燭詩爲林子真賦》（《鼇峰集》卷十四）。

萬曆二十四年丙申（一五九六） 二十七歲

九月，別駕張昭招集鍾山，有詩。徐𤊹有《無題》詩，陳薦夫和之，興公再和。屠本畯贈詩，酬答之。

作《張叔麟別駕招集鍾山客舍，席上觀妓，共得香字》（《鼇峰集》卷十四）。

按：張昭，字叔麟，永嘉（今浙江温州）人。

徐𤊹有《張叔麟別駕招集鐘山客舍，席上聽伎，共限冷、香二字》：『白紵歌殘欲斷腸，相逢誰是有心郎。羅幃巫峽聲聲雨，玉杵藍橋夜夜霜。燭淚半灰金剪冷，花魂初散寶釵香。紅顏自昔多憔悴，豈學愁眉別樣妝。』（《幔亭集》卷九）

陳薦夫有《張叔麟別駕及諸同社夜集鐘山客舍，聽李姬歌，共限冷、香二韵》：『一曲清歌子夜長，筌篌纖指弄微霜。紅綃浥露花魂冷，翠袖籠寒月影香。倚笑誤傾杯蟻緑，靚粧輕拂鬢鴉黄。行雲響遏餘音斷，去遶盧家玳瑁梁。』（《水明樓集》卷五）

作《和幼孺無題》（《鼇峰集》卷十四）。

徐𤊹有《無題》十首，其四：『一寸湘筠淚滿枝，百年幽恨是幽期。朱弦忽斷鸞難續，錦字私傳鳥不知。新唾花痕沾廣袖，舊分香氣散重帷。此生欲了尋春約，須及清陰未緑時。』其五：『劍化雌雄玉匣空，寒潮東逝信誰通。金生蓮步雙纏白，釧約冰肌一線紅。事去歡娱並作怨，緣乖魂夢也難同。芳菲零亂春光晚，滿地臙脂半夜風。』（《幔亭集》卷八）

陳薦夫有《和徐大無題》二首，其一：『連理凋殘璚樹枝，玉環從此杳難期。平明韓椽香猶在，心許徐君劍獨知。有夢豈能通枕席，無緣空使負床帷。鍾陵千載重相見，翻羡雲英未嫁時。』其二：『青鳥無情信誓空，靈犀難禁往來通。春遊罷去桃應笑，秋恨傳來葉自紅。蠟燭生拚雙淚盡，流蘇

死結兩心同。憑君莫怨芳菲節，不道楊花暫信風。』（《水明樓集》卷五）

按：徐大，即徐熥。熥有《無題》十首在先，陳薦夫和之，《水明樓集》存二首，分别和徐熥第四、第五首；興公又和薦夫，集存一首，所和爲薦夫詩第一首。

作《酬屠田叔使君見贈》（《鼇峰集》卷十四）。

作《題爲親乞禄卷，贈丁文統少府》（《鼇峰集》卷十四）。

徐熥有《爲親乞禄詩，贈丁文統邑丞》二首，其一：『薄宦不謀身，卑棲向海濱。暫爲黄綬客，少慰白頭親。退食稱觴便，休衙問寢頻。有人猶負米，五斗莫嫌貧。』其二：『豈是愛微官，因承禄養歡。公厨充菽水，海錯佐盤餐。振藻宜花縣，哦松傍藥欄。浮沈元世路，莫謂折腰難。』（《幔亭集》卷六）

作《題胡生遺像，胡曾與余同學》（《鼇峰集》卷十四）。

作《無題》二首（《鼇峰集》卷十四）。

徐熥有《無題》十首，其三：『錦衾羅帳淚潸然，淡月微霜夜可憐。齧臂尚思當日約，同心空結片時緣。瓶沉古井渾身碎，珠孕靈淵幾個圓。一别天台成隔世，桃花流水自年年。』（《幔亭集》卷八）

按：此二詩和熥《無題》其三。

作《送鄧將軍之東粤》：『劍光夜冷霜侵寨，弓影秋高月照營。』（《鼇峰集》卷十四）

徐熥有《送鄧道鳴參戎東粤》：『樓船横海發閩關，新擁高牙五嶺間。月滿柳營秋校獵，火飛藤峽夜征蠻。雙龍斬水妖精泣，萬馬嘶風部曲閒？名在羅浮峰四百，功成何用勒燕山。』（《幔亭集》卷

九）

秋、冬間，送林茂槐之官廣西梧州。

作《送人之燕》：『短衣粘雪片，孤棹觸冰棱。』（《鼇峰集》卷十）

按：梁章鉅《東南嶠外詩話》卷九『徐㶿』條：『興公集中警句，清真婉至，足與幔亭抗衡。如……《送人之燕》云：「短衣粘雪片，孤棹觸冰棱。」』

作《得朗公書却寄》（《鼇峰集》卷十）。

作《送林穉虛之官梧州》（《鼇峰集》卷十）。

按：林茂槐，字穉虛，又字應卿，福清人。萬曆二十三年（一五九五）進士。授梧州司理，官至四川參政、按察使。有《音韻訂訛》。

徐熥有《送林應卿進士理梧州》：『擁傳過藤峽，開衙傍鬱林。蒼梧寒岫翠，青草瘴雲深。蠻吏多夷禮，摇民雜土音。此鄉山水好，公暇足登臨。』（《幔亭集》卷六）

陳薦夫有《送林穉虛進士赴梧州司理》：『單車雲外去，銅鼓驛前停。霧濕蚺虵毒，風嘶蛤蚧腥。蠻家編作甲，峒女健成丁。徭俗原淳樸，逢君更恤刑。』（《水明樓集》卷三）

曹學佺有《將之金谿，送林應卿司理梧州》二首，其一：『適楚已殊遠，況君西粵行。蒼梧虞帝杳，赤棘漢官平。木刻模糊契，蘆吹縹緲笙。丹砂如可訪，遺我學長生。』其二：『皇皇各問津，相慰總酸辛。不脱寶刀贈，行將欲護身。哀師餘涕淚，作吏任風塵。好訂加餐約，秋高虞損神。』（《石倉詩稿・掛劍篇詩》）

作《楊白花》《緱山廟》《宫人斜》《薛濤墳》《青塚》《古戰場》《樂遊原》《陳宫》《寄遠》《夜雨寄北》《漢江》（《鼇峰集》卷二十四）。

按：以上諸詩，當爲同社雅集時所作。

作《重過洪江懷王少文》：『去年送我碧江頭，我自傷心君自愁。今日重來君不見，西風摇落水東流。』（《鼇峰集》卷二十四）

按：去歲，葬王叔魯西郊。

作《冬夜觀微上人見訪》《與微師夜坐》《送郭五之邊》（《鼇峰集》卷二十四）。

十二月，除夕，與兄徐熥皆有詩。

作《丙申除夕》（《鼇峰集》卷十四）。

徐熥有《丙申除夕》：『莫問殘冬曆一行，且將生計寄絲簧。燒燈客丐宜春帖，對鏡人凝彩勝妝。衰鬢又添新歲感，童心猶記少年場。擁爐坐聽蓮花漏，待進山厨柏葉觴。』（《幔亭集》卷九）

是歲或稍晚，有詩贈歌者吴英。

作《席上贈歌妓吴英》（《鼇峰集》卷十二）。

是歲或稍晚，有詩懷王孔震。

作《懷王震甫客蜀》（《鼇峰集》卷二十四）。

按：王孔震萬曆二十年（一五九二）入蜀，詳該年。

是歲，屠本畯撰《閩中海錯疏》三卷。徐𤊹爲之補疏。

按：屠本畯自序作于萬曆丙申（一五九六）王春正月。《〈閩中海錯疏〉原序》：『萬曆丙申仲春朔，南海周裔先書於三山之正誼堂。』

又按：《〈閩中海錯疏〉提要》：『中間又有注「補疏」二字者，則徐𤊹所續也。』（《四庫全書總目提要》卷七十）𤊹所續時間不詳，附系於此。福建師範大學圖書館古籍組《福建地方文獻及閩人著述綜録》『《閩中海錯疏》』條：『徐𤊹補原疏所未載者十有六條，補原疏所未盡者十有三條。』（一九八六年福建師範大學印刷廠印）

是歲，林崇孚生。

按：林崇孚（一五九六—一六七九），字永中，一字介山，侯官洪塘人。崇禎中諸生。入清後任惠州府尹，還家後從林弘衍後人處贖回曹學佺石倉園。後又將石倉歸曹學佺後人。有《響山稿》《瓿餘》。

萬曆二十五年丁酉（一五九七） 二十八歲

徐熥三十七歲，謝肇淛三十一歲，曹學佺二十四歲，林古度十八歲，徐陸八歲

正月，元日，與兄徐熥及閔齡、錢道行過光定寺庵訪樂上人；代人作賀知府車大任文。二十四日，題張鳳翼《陽春堂五傳》。

徐熥有《元日同閔壽卿、錢叔達、興公弟過定光庵訪樂上人》：『避俗懶迎客，齋心同結緣。樹枝增一臘，柏葉禁諸天。法供更新水，香爐宿舊烟。空門無歲月，塵世自知年。』（《幔亭集》卷六）

按：徐𤊹詩佚。

作《元旦賀車郡公代》：『伏以玉府春融，節序寄綠醽于柏葉；璣天運韶，光轉青帝于梅花……五字舊登壇，擅楚卿之《白雪》；一麾方出守，駕閩海之朱輪。冶郡芳聲，政齊龔遂；專城重寄，名比吴公。竹馬攔街，穉子唱銅鞮而拍手；土牛出郭，蒼生摇彩仗以賡歌。數載臨民，陽春有脚；四知謝客，暮夜無人。行當膺天府之褒，徵應漢庭之寵召者也。』（《文集》册二，《上圖稿本》第四二册，第一三四—一三五頁）

按：車大任，字子仁，邵陽人。萬曆八年庚辰（一五八〇）進士，除南豐知縣，歷南禮部郎中，出知福州、嘉興二府，升浙江按察副使，進右參政。有《囊螢閣草》。

又按：萬曆二十三年（一五九五），徐熥有《贈車子仁郡侯》（《幔亭集》卷八），知車大任此歲已

出任福州郡守，次歲，即萬曆二十四年（一五九六）元日，客杭州。因此推斷此文作於是歲。

作《丁酉元日》（《鼇峰集》卷十四）。

徐熥有《丁酉元日》：『歲月悠悠獨自知，屠蘇飲較衆人遲。一年苦樂俱陳迹，昨日呻吟即舊詩。才盡敢云心似錦，顔衰猶幸鬢無絲。春風不厭衛門冷，吹遍繁花雪萬枝。』（《幔亭集》卷九）

題《陽春堂五傳》：『壬辰（一五九二）秋……會吴友劉仲卿出此五傳見贈，一《紅拂》，一《竊符》，一《灌園》，一《虎符》，一《祝髮》，藏之齋頭六年，忽一披覽，伯起風流，宛然在目也。丁酉（一五九七）初春二十四日，興公識。』（馬泰來整理《新輯紅雨樓題記　徐氏家藏書目》第一七五頁）

按：參見萬曆二十年（一五九二）。

又按：張鳳翼，字伯起，號靈虚，別署靈虚先生，長洲（今蘇州）人。與弟燕翼、獻翼並有才名，稱『三張』。嘉靖四十三年（一五六四）舉人。有《陽春堂五傳》等。

又按：參見萬曆二十年（一五九二）。

三月，題宋司馬光《潛虚》。

題《潛虚》：『《通考》云：「《潛虚》一卷，司馬光擬《太玄》撰……」今《通考》更載《潛虚發微》一卷，監察御史張敦實撰，凡十篇。《考索》載張行成作《潛虚衍義》十六卷。今《發微》已附卷末，《衍義》不可復得矣。萬曆丁酉（一五九七）春三月，徐惟起識。』（馬泰來整理《新輯紅雨樓題記　徐氏家藏書目》，第九九頁）

春，同社諸友有詩送之。送陳木回松溪。送彭興祖還吴。送莆田陳淳夫之金陵。送張邦侗還温州。送張公魯歸甬東。送葉體玄還松溪。曹學佺赴京謁選，贈以左克明《擬古樂府》，作題記。閔孝昭送其尊人閔齡隱武夷之後回廣陵，與兄徐熥分別有詩送之。宿陳薦夫招隱樓。偶從市中得許中麓《光岳英華》。

作《陳可棟歸松溪丁酉》（《鼇峰集》卷十）。

按：陳木，字可棟，福建松溪人。與陳至言、葉貫、范茂先、魏浚稱『五才子』。有《神交篇》。

徐熥有《送陳可棟還松溪》：『相見復離群，一杯歌送君。輕紅辭荔火，寒翠夢松雲。樹影緣山轉，溪流向縣分。蟬聲修竹裏，明日不同聞。』（《幔亭集》卷六）

陳薦夫有《送陳可棟還松溪》：『湖海飄零氣未除，枉彈長鋏曳長裾。酒中間作驚人語，門下誰通逐客書。到處鷄群應似鶴，秋來鱸膾豈無魚。交遊贈得詩千首，南粵行裝恐不如。』（《水明樓集》卷五）

作《送彭興祖還吴》（《鼇峰集》卷十四）。

徐熥有《送彭興祖遊燕》：『都亭新柳折爲鞭，又別閩南北向燕。馬首一星邊地火，鶯聲三月御河烟。吴儂枕上紅樓曲，趙女爐頭綠酒錢。此日離情君莫忘，落花風雨寺門前。』（《幔亭集》卷九）

按：徐熥《與彭興祖》：『足下之客閩，雖逾半載，然半在清源、九鯉間。及入晋安，又以淫霖作惡，即咫尺鍾山，難於蜀道。至春和景明，天地開朗，而翠袖紅妝，擁之以去。其間能把彭先生之臂者，蓋寥寥矣。忽爾言旋，私心如割。所謂黯然銷魂者，僕猶謂江郎語淺也。足下故多情，當知此言不謬矣。』（《幔亭集》卷二十）

作《分得邀笛步，送陳淳夫之金陵》（《鼇峰集》卷十四）。

徐熥有《分得胭脂井，送陳淳夫太學之金陵》：『臙脂零落井痕荒，水面桃花照艷妝。碧甃一泓沉寶珥，紅泉千點滴銀床。金函半染鉛華色，絲綆猶牽珠翠香。莫問故宫生死地，轆轤容易轉愁腸。』（《幔亭集》卷九）

林光宇有《賦得華林園，送人之金陵》：『御溝低拂緑楊枝，濠濮空留異代思。禾黍自生終古恨，桃華猶記六朝時。春風魚鳥悲無主，夜雨蝦蟇聽豈知。沽得建康千斛酒，景陽樓下挾吴姬。』（《林子真詩》）

作《送凌元孚博士之官北雍》（《鼇峰集》卷十四）。

按：凌登名，字元孚，仁和（今杭州）人。徽州同知。

作《黄全之先生八十初度》（《鼇峰集》卷十四）。

作《送張叔麟别駕還温州》（《鼇峰集》卷十四）。

徐熥有《送張叔麟别駕歸永嘉》：『言别淚潸然，况君非少年。殘鶯孤店雨，羸馬斷橋烟。劍已分雷焕，刀猶佩吕虔。故山鄰雁宕，莫惜繫書傳。』（《幔亭集》卷六）

作《送陳志玄太學還中都》（《鼇峰集》卷十四）。

按：陳志玄，中都（今安徽鳳陽）人。明安徽鳳陽稱中都。

陳薦夫《送陳志玄還中都，兼懷陸無從、夏玄成》：『東風吹緑草萋萋，淚應芳郊杜宇啼。京口客程沙際鴈，淮南鄉夢雨中鷄。舟從别浦回偏近，天入長江望覺低。何事送君腸早斷，故人多在楚雲

西。』（《水明樓集》卷五）

徐熥有《送陳志玄還中都》：『一片離心雙淚垂，人歸偏在送春時。鷄聲殘月郵亭火，馬首疎烟酒店旗。江北瓊花孤館夢，淮南叢桂故園思。東風吹遍無情柳，滿路青青拂面絲。』（《幔亭集》卷九）

作《送曹能始進士赴闕》（《鼇峰集》卷十四）。

徐熥有《分得宫花一萬樹，送曹能始進士赴闕》：『芳菲叢裏拜楓宸，鈴索聲中雨露新。香霧有時分太極，穠華隨處拂勾陳。重重緑染宫袍色，片片紅酣御輦塵。不似曲江騎馬日，杏林惟探一枝春。』（《幔亭集》卷九）

徐熥又有《再送曹能始》：『此日鳴騶去，當年戰勝歸。故人供別酒，關吏識行衣。起草依丹禁，含香覲紫微。漢廷方貴少，年少似君稀。』（《幔亭集》卷六）

陳邦瞻有《送曹尊生北上考計》：『曹生弱冠樹赤幟，海内文章一高視。挾書早上金馬門，漢廷錯愕異人至。有才不解貯木天，坐令金匱少奇字。持籌書獄兩絶倩，功名無乃非其意。流俗偏憎白眼人，陸沉那識青雲器。世態風波故不常，男兒肝膽差堪恃。五斗還輕萬户侯，寸心自愛千秋事。誰能碌碌向貴人，乍可悠悠稱傲吏。去年探奇武夷山，千叠烟霞生篋笥。今年上計長安道，萬里風雲擁征轡。南北浮沉何不可，英雄肯自深憔悴。君不見文皇宣室感鬼神，夜半御床前賈誼。』（《荷華山房詩稿》卷五，萬曆四十六年（一六一八）牛維赤刊本）

按：曹學佺，一字尊生。

作《題魏以肅醉墨居》（《鼇峰集》卷十）。

萬曆二十五年丁酉（一五九七） 二十八歲

按：魏以肅，古田人。

作《送張公魯歸甬東》（《鼇峰集》卷十）。

徐熥有《送張公魯還甬東》：『知己難爲别，况逢摇落時。斷猿吟樹慘，羸馬過山遲。夜月嚴陵瀨，秋風賀監祠。清狂懷小阮，誰共竹林期。』（《幔亭集》卷六）

陳薦夫《送張公魯還家兼遊武夷》：『哀柳殘蟬處處鳴，可堪杯酒送君行。張顛草聖超三昧，賀客詩狂壓四明。霜淬雷公潭裏劍，月寒毛女洞前笙。還家更遂尋真樂，厭聽臨岐腸斷聲。』（《水明樓集》卷五）

按：哀柳，暮春景色。

作《聞王孔振客死瀘州詩以哭之》（《鼇峰集》卷十）。

按：萬曆二十年（一五九二），叔父王震甫往瀘州省其兄，王孔振隨行。

又按：王孔振生前曾贈興公《孟東野詩集》《杜工部集》。

徐熥有《哭王孔振客死瀘州》：『飄零萬里客，客死更誰依。路遠訃音緩，家貧吊者稀。巴歌舁櫬曲，橦布附身衣。蜀道難如此，遊魂歸不歸。』（《幔亭集》卷六）

作《送葉體玄還松溪》（《鼇峰集》卷十）。

按：葉體玄，松溪人。秀才。

徐熥有《送葉秀才還松溪》：『兹行路幾重，去矣不從容。試問君歸興，何如秋色濃。香殘霜後菊，濤響月邊松。隔斷相思夢，千峰與萬峰。』（《幔亭集》卷六）

作《送李德威先生之樵川尋珠上人》《武侯廟擬作》(《鼇峰集》卷十)。

徐熥有《送李德威先生之樵川尋珠上人》:『何以度晨昏,蕭然四壁存。緇衣憐舊主,白髮傍空門。業浄依菩薩,家貧任子孫。餘生拋不顧,老淚滴無痕。世事空花過,愁心落葉繁。願將香積供,千里勸加餐。』(《幔亭集》卷六)

作《宿幼孺招隱樓》二首(《鼇峰集》卷十)。

按:〔乾隆〕《福州府志》卷二十一《第宅園亭》一『水明樓』條:『在大義坊。中有招隱樓,陳孝廉薦夫所居。』

徐熥有《題陳幼孺招隱樓》二首,其一:『叢桂許誰攀,經年不閉關。池平吞月淺,林静受雲閑。草色春愁外,禽聲午夢間。開窗嵐翠滿,疑對八公山。』其二:『石磴轉松陰,高樓面翠岑。薜蘿春雨細,橘柚暮烟深。夜月喧林犬,微風掠水禽。一丘招隱處,應慰白雲心。』(《幔亭集》卷六)

陳薦夫有《女翔、惟秦、惟和、惟起、無競枉集招隱樓賦答》二首,其一:『獨有危樓上,嵐光四壁濃。窗窺松際月,池浸竹間峰。倚檻天盈尺,躡梯雲幾重。揔非烟火客,叢桂合相容。』其二:『雖近人烟處,憑欄面面幽。梧桐聲色雨,桒柘色宜秋。樹裏雲邊足,山蓬霧裏頭。更堪君輩客,來續八公遊。』(《水明樓集》卷三)

作《送閔孝昭還廣陵》二首(《鼇峰集》卷十)。

按:閔孝昭,歙縣(今屬安徽)人,閔齡之子。

徐熥有《閔孝昭送其尊人隱武夷,自歸廣陵,賦此以送》二首,其一:『忍淚別嚴親,長途劍衛身。

烟花歸路客，風浪度江人。馬踏梅天雨，鶯殘瓜步春。從今閩海熟，定省莫辭頻。』其二：『送父隱九曲，辭歸天一涯。他年同拔宅，此日獨還家。別夢縈芳草，征帆過落花。無勞慮甘旨，嵓洞足烟霞。』（《幔亭集》卷六）

作《送陳仲統，以曹能始書謁南平令》：『黄昏雲際路，寒食雨邊舟。』（《鼇峰集》卷十）

作《送林兆綸之武夷》（《鼇峰集》卷十）。

徐熥有《送林兆綸遊武夷》：『飄飄鸞鶴群，去謁武夷君。溪曲斜流月，峰多亂占雲。石床深草色，玉簡翳苔文。半夜天壇上，一聲清磬聞。』（《幔亭集》卷六）

作《題〈林松坡明府挽詩卷〉後》（《鼇峰集》卷十）。

題《古樂府》：『豫章左克明，鐵柱觀之道士也。編次《古樂府》十卷，緣起俱見題下，虞文靖曾爲之序。嘉靖間，新安汪尚磨重梓之，紙墨精善。首簡不載虞序，而更以鄭玄撫之作，以蕕易薰，不能無恨。曹能始用硃筆句讀。萬曆丁酉（一五九七）春，能始將赴京謁選，以此見貽。徐𤊹興公識。』（馬泰來整理《新輯紅雨樓題記　徐氏家藏書目》，第一六三頁）

題《光岳英華》：『此吾鄉高南霍孝忠先生家藏者。萬曆丁酉（一五九七）春，偶從肆中得之。』（馬泰來整理《新輯紅雨樓題記　徐氏家藏書目》，第一六四頁）

按：《古樂府》，元左克明輯，嘉靖二十六年（一五四七）刊本。

又按：參見下年。

夏，與兄熥、閔齡、柳應芳、吴文潛避暑仁王寺、平遠臺，憩天秀巖。和徐熥、吴文潛、慶上人過神光庵。

和徐熥、林光宇過西禪寺。和徐熥、蕭二丈、林光宇、徹上人、定上人過遇公轉華庵。過傅汝舟墓。爲莆田詩友吴文潛題畫像，送其之虎林謁蓮池法師。

作《夏日同閔壽卿、柳陳甫、吴元翰、惟和兄避暑仁王寺》（《鼇峰集》卷十）。

按：柳陳父，即柳應芳。詳隆慶四年（一五七〇）。

又按：王應山《閩都記》卷十《郡西南隅》『仁王寺』條：『在神光寺之西，晋天福三年，閩建重遇建。初名道清天王院，後更今名。有雨花閣、横山閣，多頹廢。萬曆間，主僧真慶募緣重建。』徐熥有《同閔壽卿、柳陳父、吴元瀚、興公弟避暑仁王寺，因憩天秀巖》：『結夏依禪窟，松關閉寂寥。摩挲猜古篆，相地徙團瓢。赤日過林盡，紅塵到寺銷。清凉元有境，人自愛炎敲。』（《幔亭集》卷六）

按：天秀巖，在福州烏石山。郭柏蒼《烏石山志》卷一《名勝》『天秀巖』條：『三十六奇之一……巖石森立。元至正二十四年，行省平章燕赤不華楷書鐫「天秀巖」三字。』徐熥又有《夏日邀屠田叔使君、佘宗漢明府、閔壽卿、柳陳父、王獻子、錢叔達、吴元翰諸山人、顔廷愉都護、興公舍弟避暑平遠臺，分得一先韻》：『借得琳宮結净緣，數聲鐘磬出諸天。龍江潮滿千溪合，雉堞雲開萬井連。瀑布亂飛丹嶂雨，山衣同歷翠微烟。莫言座上無絲竹，花外啼鶯柳外蟬。』（《幔亭集》卷九）

作《同吴元翰、惟和兄、慶上人過神光庵》（《鼇峰集》卷十）。

又按：神光庵，即神光寺，舊號金光明院，唐建。内有絓月蘭若、碧雲禪窟，襆頭石諸勝。

徐熥有《同吴元瀚、興公弟暮過神光庵》：『薜蘿深處入，一徑自逶迤。待月嫌林翳，看雲怯石危。巖陰燈影晦，山静磬聲遲。雖有重來約，重來知幾時。』（《幔亭集》卷六）

作《同惟和兄、林子真過西禪寺，次壁間舊題韻》（《鼇峰集》卷十）。

按：林子真，即林光宇。詳萬曆五年（一五七七）。

又按：西禪寺，在福州城西怡山，又稱怡山西禪寺，舊傳六朝王霸所居之地。

徐熥有《西禪寺》：『野曠烟光薄，林深暑氣微。亂蟬鳴覺路，一犬護禪扉。花竹通諸徑，旃檀大幾圍。雲房吟卧久，直到晚凉歸。』（《幔亭集》卷六）

作《憩轉華庵》（《鼇峰集》卷十）。

按：王應山《閩都記》卷十九《湖西侯官勝跡》『轉華庵』條：『在石山嶺。萬曆間建。』

徐熥有《同蕭二丈、林子真、興公弟、微上人、定上人過遇公轉華庵》：『因與山僧熟，祇園來往頻。一時無俗客，半日有閒人。嵓樹雲邊暮，池花水畔春。掃除嫌太潔，翻覺此身塵。』（《幔亭集》卷六）

作《過傅木虚先生墓》（《鼇峰集》卷十）。

按：傅木虚，即傅汝舟（一四七六—一五五五後），初名舟，字遠度，又字木虚，一字磊老，以家在丁戊山，自稱丁戊山人，侯官人。二十歲北試不第，棄舉子業，遊鄭善夫之門。好神仙，恣遊各地。正德十年（一五一五），與高瀔遊鄭善夫門，有《傅木虚集》。

作《題吴元翰畫像》（《鼇峰集》卷十）。

徐熥有《題吴瀚小像》：『披緇還戴笠，獨自坐崚嶒。有相元虚妄，無言即上乘。形將同木槁，心

已似波澄。不是舊相識，翻疑何處僧。』（《幔亭集》卷六）

按：即吴元翰（瀚），即吴文潛。詳萬曆二十三年（一五九五）。

作《送吴元翰之虎林謁蓮池法師》（《鼇峰集》卷十四）。

陳薦夫有《送吴元翰之武林尋沈蓮池關士》：『遥遥一衲水雲深，南北峰頭訪道林。斷俗可曾關祝髪，遊士元不礙冥心。幡幢古寺三秋影，鐘磬澄湖十里音。雖是孤身迷處所，白毫光裏得相尋。』（《水明樓集》卷五）

六月，黄居中北上，有詩送之。

作《送黄明立北上》：『六月苦行邁，駕言遊燕都。炎風自南來，鞍馬紛長途。』（《鼇峰集》卷四）

按：黄明立，即黄居中。詳隆慶四年（一五七〇）。

徐熥有《送黄明立北上》：『路遠無倦蹄，天長無倦翼。千里始停御，九萬方一息。未騁康莊途，終當受銜勒。未能摶扶摇，安得惜羽翮。之子驟裹姿，兼負鵾鵬力。行將垂青雲，非久困槽櫪。一去登天閑，且向南冥適。飛騰自有期，臨岐免淒惻。』（《幔亭集》卷二）

夏秋間，作《荔枝譜》；又取蔡襄《荔枝譜》與己譜合爲《荔枝通譜》。福建轉運副使屠本畯授諸梓。

作《[缺題]》：『（上缺）雄篇並姚先生雅咏，政足爲十八娘傳神，此《譜》益增聲價矣。即令印呈，不盡覼縷。』（《文集》册四，《上圖稿本》第四三册，第一一頁）

按：此書殘缺，僅存三十一字。『十八娘』，荔枝品種名；《譜》，即《荔枝通譜》；『即令印呈』，時當《荔枝通譜》修畢尚未印時，故來詩尚可補入。

又按：題《蔡忠惠年譜》：『𤊹以萬曆丁酉（一五九七）取忠惠［之］《荔枝譜》而續之，時居田叔爲閩轉運，通其譜而受諸梓。』（馬泰來整理《新輯紅雨樓題記　徐氏家藏書目》，第八二頁）

作《〈荔支譜〉小引》：『荔支自宋蔡忠惠公《譜》録，而其名益著。世代既遐，種類日夥，騷人韻士，題品漸廣，然散逸不收，則子墨之失職，而山林之曠典也。惟時朱夏，側生斯出，名題於西川，貢珍於南海，吾閩所產，實冠彼都，可謂盧橘慚香、楊梅避色者矣。爰仿蔡書，別構兹《譜》，狀四郡品目之殊，陳生植制用之法，旁羅事蹟，雜采咏題。品則專取吾閩，事乃兼收廣蜀，物匪舊存，品惟今疏。深愧聞見未殫，筆劄荒謬，博雅君子將塵掛漏之譏，予小子其何敢辭焉。萬曆丁酉晉安徐𤊹興公記。』（鄧慶宷《閩中荔支通譜》卷二，又《説郛續》四十一）

七月，初三日，跋《浦源詩》。《荔支譜》撰成，又有《荔枝雜咏》並《小引》。

作《浦源詩跋》：『源，字長源，常州無錫縣人。洪武中晉府引禮舍人，與福清林鴻同時仕。而入閩以詩謁鴻，鴻不見，使門人周玄、黄玄問所從來。源出所懷詩投之，曰：「以此相評耳。」二玄讀之，至「雲邊路遶巴山色，樹裏河流漢水聲」，驚嘆曰：「吾家詩也。」白鴻，出見之，相得益歡。避所居舍，源日與爲詩。由是浦舍人詩名籍甚。舍人所著詩多軼弗傳。𤊹輯諸家所選者爲一卷，淘沙揀金，業已見寶，自不必連篇纍牘也。萬曆丁酉秋日，三山徐𤊹興公題。』（《石倉十二代詩選・明詩一集》卷之十七林鴻《繕部集》卷附浦源詩）

按：《浦舍人集》，明浦源撰。徐𤊹輯。稿本。

又按：此文馬泰來整理《新輯紅雨樓題記　徐氏家藏書目》未録。

又按：浦源，字長源，號海生，無錫（今屬江蘇）人。『閩中十才子』之一。

又按：林鴻，字子羽，福清人。洪武間爲將樂訓導。洪永間『閩中十才子』領袖，有《鳴盛集》。

又按：興公另有題《浦舍人集》，參見崇禎十三年（一六四〇）。

作《荔枝雜咏四十首》（《鼇峰集》卷二十四）。

按：此詩另有《小引》，見《荔支譜》七（鄧慶宷《閩中荔支通譜》卷八），題作《荔支咏小引》。《荔支咏》題下七絶四十首同《鼇峰集》。《荔支咏小引》：『《譜》既成矣，異名奇品，片語單詞，皆所必録。筆劄之暇，取品目之佳者，各賦一詩，得如干首，附於卷後。殫其伎倆，未足擬諸形容，空貽貂續之譏，不無弩末之愧。萬曆丁酉七月既望，徐𤊹興公識。』又按：《荔枝咏》後有鄧慶宷《識語》，參見崇禎元年（一六二八）。

又按：《〈荔支咏〉小引》『《譜》既成』之《譜》，即《荔支譜》；《小引》作於是月既望，知《荔支譜》成于夏秋之間。

又按：徐熥《荔枝浪淘沙》八首，其《序》云：『夏日山居，荔枝正熟。偶憶歐陽永叔《浪淘沙》詞，風韻佳絶。遂按調效顰，歌以佐酒。本欲爲十八娘傳神，反不堪六一公作僕矣。』（《幔亭集》卷十五）𤊹《荔支譜》成後又作《荔枝雜咏四十首》，疑熥《荔枝》詞與𤊹前後作。

八、九月間，屠本畯、黄履康分别爲徐𤊹《荔支譜》作序。

屠本畯《〈荔枝舊譜〉序》：『萬曆乙未，移貳閩鹺。越明年，時惟朱明，届節丹支離。翠幄舒張。見絳苞之錯落；瓊瓤剖迸，訝甘液之旁唐。齒頰浮香，眉宇競爽矣。古今人唉之不足，故歌咏之。

歌咏之不足，故從而譜之。於是宋蔡君謨開美于前，明徐興公抉奇於後。色、香、味、品，悉爾無遺；生、植、采、製，粲然大備，使食可執品以按圖，閲者可披圖而索品矣。自蔡公所傳名存于今十而三四，徐生所增奇名異品十而六七，將五百年間，僅二譜焉。摛藻固難，考索未易，其不然歟！伊余不慧，飽啖是宜。客有談楊梅勝於荔支者，又有談龍眼可稱伯仲者，不慧初啖，謂客言爲然，遞嘗乃知耳食非真身歷爲信。勒斯荔譜成一家言。』（鄧慶寀《閩中荔支通譜》卷十一）

按：此稱『舊譜』。相對于鄧譜而言之。徐𤊹所撰名《荔支譜》。下黄履康序同。

黄履康《〈荔支舊譜〉序》：『晉安徐興公先生，更取蔡《譜》而廣之，其攟摭富，其搜羅博，其詞采陸離，其人抗志青霞，擷芳藝苑，蓋嫻於箋疏者。余取而讀之，覺流膾吻齒間，涎津津不能收，何必箕踞樹下啖三百顆也？甬東屠田叔使君來爲吾閩農府丞，稍爲考訂蔡、徐《通譜》，授梓焉……《通譜》行，爲絳衣之稗官，爲端明之藎臣，爲南部之勝事。萬曆丁酉歲九月望日。』（鄧慶寀《閩中荔支通譜》卷十一）

按：屠本畯又論徐𤊹《荔支譜》録其荔枝詩，云：『或問本畯曰：「徐興公譜荔支，既搜文與賦矣，而復系之以詩，何居？」應之曰：「夫《譜》與文第能署荔之色、香、味、品，生、植、采、製，而盛德形容，非詩莫美，譬之寫照，《譜》（慶元按：疑『賦』字之誤）與文，部位繪事也；而阿堵之妙，恒藉乎詩而貌之，是惟國工擅之；非國工而擅精神意態，信手泚瀋，混濁模糊，肖也，遠矣。」或問宋元之詩，非俗工歟？曰：斯筆俗而神態肖焉。既肖矣，烏乎弗録？此録詩之大旨。』（徐𤊹《荔支譜三》引屠本畯，鄧慶寀《閩中荔支通譜》卷四）附繫於此。

又按：屠本畯又有《荔支紀興》二十六首，其《序》云：『予在晉安喜啖荔支，日可二百餘顆。居民因有貽者，遂得厭飽。隨意紀興，作七言絶句，貽之騷壇執牛耳者。萬曆丁酉六月書。』（徐熥《荔支譜》六引，鄧慶寀《閩中荔支通譜》卷七）『騷壇執牛耳者』，或即指熥。

秋，張德南比部招同錢道行、朱善侯、顏服周、孫昌裔、袁敬烈集凝青亭，送錢道行還湖州。與同社諸子過閩王審知墓，賦詩。送林應聘北上謁選入京。

作《秋日，張德南比部招同錢叔達、朱善侯、顏服周、孫子長、袁無競集凝青亭，分賦》二首（《鼇峰集》卷十）。

按：朱善侯，延津（今南平）人，有《攬莽齋詩》。徐熥《攬莽齋詩序》：『髫齡受詩，潛心雅頌。公車之暇，播爲聲歌，響叶宫商，調諧律吕，翰動若飛，思如泉涌。當弱冠之年，而成一家之語。』（《幔亭集》卷十六）

又按：孫昌裔，字子長，號鳳林，學稼父，侯官人。萬曆三十八年（一六一〇）進士，掌吴興教授，杭州知府，官至浙江提學副使，棄官歸。結書屋於烏石山，題曰『大明孫子長讀書處』。有《蘭雪軒集》。

又按：陳薦夫《張德南比部招看緋、白二桃花》（《水明樓集》卷五）亦作於是歲，或爲另一次雅集。

作《送錢叔達還吴興》：『三載滯閩關，西風憶故山。』（《鼇峰集》卷十）

徐熥有《送錢叔達還吴興》：『住傷流落久，去惜別離難。衣上三年淚，尊前片刻歡。西風楊柳岸，

夜雨蓼花灘。山水含孤調，從今何處彈。』（《幔亭集》卷六）

徐熥又有《聽錢叔達彈琴，時叔達將歸吴興》：『竹院微風動晚凉，冰弦花裏按宫商。憑君莫作思歸引，一曲哀聲易斷腸。』（《幔亭集》卷十四）

作《山居即事》（《鼇峰集》卷十）。

作《再送孝昭還廣陵》：『人歸秋色裏，正值雁來先。』（《鼇峰集》卷十）

作《過閩王審知墓》（《鼇峰集》卷十四）。

按：《竹窗雜録·詩題王墓》：『閩王審知墓在蓮花峰下，宣德四年爲盗所發，獲金寶無算。有司仍復修治。古今題其墓者甚多，余伯兄惟和一首爲最……審知在軍中好騎白馬，人呼白馬三郎。』（徐𤊹《榕陰新檢》卷十六《詩話》引）

又按：王應山《閩都記》卷二十五《郡東北侯官勝跡》『閩王審知墓』條：『在蓮花峰下。唐賜神道碑，張文寶撰文。國朝宣德四年，爲盗所發。得金鐲、玉帶、玻璃碗及王畫像。林謹夫爲記其事。有司隨即修治。近塚有岡，土色深紅，其光燁然，俗呼「臙脂山」。相傳閩王有女葬此，洗臙脂注積。』

又按：曹學佺《大明一統名勝志·福建布政使司》卷一《福州府》：『閩王審知墓，在城北三十里，山形圓秀若菡萏。郡之主山也。』

陳椿有《秋日吊閩王審知墓》二首，其一：『荒塚纍纍總可疑，舟藏夜壑竟誰知。千年王氣隨流水，異代行人指斷碑。陶竈草生烟冷處，古城猿嘯日斜時。傷心況復當摇落，不待雍門涕已垂。』

其二：『騎馬經過古墓傍，悄然停筴吊閩王。寒鴉曉樹烟初斂，野兔爲巢寢已荒。遺廟尚聞供伏臘，空山誰復薦馨香。不堪薤露歌殘夜，歸路蕭條指北邙。』（《閩都記》卷二十五《郡東北侯官勝跡》；《晋安風雅》卷九録其二，題作《吊閩忠懿王墓》）

陳鳴鶴有《忠懿王墓》：『蓮花峰下白日黑，老鴉啞啞啼秋色。南山有隙玉凫飛，毁壤高低長荆棘。幾星鬼火照青楓，□折殘碑土花蝕。君不見，東偏戰坂西古城，夜夜冤魄自嘆息。三郎百戰定閩州，今日一抔歸未得。』（《泡庵詩選》卷三）

陳仲溱有《謁閩忠懿王墓》：『寢園霜露冷蕭疎，七主纔經霸業虚。黄土有靈騎白馬，緑林遺恨發金魚。狐啼荆棘斜陽後，鬼泣松楸落月初。莫嘆古城今寂寞，錢王陵樹亦丘墟。』（《晋安風雅》卷九）

袁敬烈有《秋日過王審知墓》：『經過下馬薦江蘺，百代銷沈吊豈知。足踏孤墳崩敗土，手披荒莽見殘碑。築城猶説陶磚日，卜劍空傳拜劍時。已自逢秋悲宋玉，更看興廢涙雙垂。』（《閩都記》卷二十五《郡東北侯官勝跡》）

徐熥有《閩王審知墓下作》：『玉輦何年去不回，霸圖千古總成灰。秋深兔穴依寒壟，歲久魚燈暗夜臺。故國關河甌越在，遺民蘋藻鼎湖哀。蓮花峰下黄昏月，猶見三郎白馬來。』（《幔亭集》卷九）

按：《復葉相公》：『《閩王墓詩》，偶爾遊適，興念無情，既不關朝政，又不觸時諱，司空公以爲不必作，何耶？杜少陵千古詩聖，而白帝、蜀主，往往寫之筆端；蘇東坡一代文宗，而作《表忠觀碑》，後世傳爲盛事。夫白帝稱孤，錢鏐霸□跡，其行事，與閩王忠懿，不甚相遠，蜀人可歌，越人可碑，閩人何可獨諱閩王耶？此誠不可解也。司空公一生好持論，然不知其説可以壓服衆心否？』（《文集》册八，《上圖稿本》第四四册，第三〇一—三〇二頁）

作《陸沉金馬歌，送林志尹之京》（《鼇峰集》卷七）。

陳鳴鶴有《賦得陸沉金馬，送林志尹謁選北上》：『兩闕撑天寶光紫，八尺河精控麟趾。披羊老客掉頭歸，江雨江烟釣江水。歲星夢覺金波明，據地酣歌戲天子。圍玉團犀屯綺雲，平居不入雙眸裏。抱樓古鳳鷗鷺群，金馬分明呼鹿豕。林生勿復戀黄鵠，且索長安一囊粟。割肉朝從天上歸，少婦絞綃新睡足。』（《泡庵詩選》卷三）

作《送林志尹謁選之京》（《鼇峰集》卷十五）。

按：林志尹，即林應聘。詳隆慶四年（一五七〇）。

又按：此詩雜于萬曆三十一年（一六〇三）中，恐誤。

徐熥有《送林志尹謁選之京，時予將入燕》：『數聲南鴈叫秋烟，路指交河北到天。鷄送邊城霜後角，馬驚沙磧雪中鞭。貧來遠道親雄劍，老去長安索俸錢。我已藏名燕市久，相尋休向酒壚前。』（《幔亭集》卷九）

秋、冬間，有詩題贈蔣子才。送王獻子還袁州。送俞本初還吴。送鄧良佐官沔陽知府。

作《題博古齋贈蔣子才》（《鼇峰集》卷十）。

徐熥有《題博古齋贈蔣子才》：『寄跡多湖海，逃名且市廛。一區楊子宅，四壁米家船。玉辨荆山裏，書收汲塚前。躭奇同有癖，相過定留連。』（《幔亭集》卷六）

謝肇淛有《蔣子才像贊》：『顙廣而圻，似巨靈之所劈；頤張而簣，是齊諧之所宅。面不日黔而黑，肩可自反而擊。生今而好古，食貧而愛客。座上想其譚鋒，而市中防其擲礫。夫夫也，可以神摹，而不可以貌得。貌既醜矣，圖之何益？』（《小草齋文集》卷二十三）

按：此《像贊》作年不詳，附於此。

作《王獻子遊閩，流落半載，當事者無綈袍之贈，不能還家，暫至袁州依張使君》（《鼇峰集》卷十）。

徐熥有《送王獻子還袁州》：『相逢當夏首，相別忽秋殘。逆旅淹留久，空囊去住難。蘆飛鴻外白，楓落馬頭丹。已乏綈袍贈，霜風今又寒。』（《幔亭集》卷六）

作《送俞本之還吳》（《鼇峰集》卷十）。

徐熥有《送俞本之山人還金昌》：『滿徑黃花桑落酒，送客關門折衰柳。涉世空懷失路悲，干時自乏譚天口。片刺侯門不得通，桂薪玉粒哭途窮。半年逆旅貂裘敝，一劍飄然馬首東。勸君休下楊朱淚，客裏秋風易憔悴。伏枕愁爲越國吟，吹簫歸向吳門醉。此日諸侯厭布衣，可憐窮達世情非。君歸莫嘆行裝薄，多少空囊人未歸。』（《幔亭集》卷三）

按：俞本之，蘇州人。

作《送鄧德咸刺史》（《鼇峰集》卷十四）。

按：鄧良佐，字德咸，從化（今屬廣東）人。歷任上杭知縣、沔陽知府。

徐熥有《送鄧德咸刺史官沔陽》：『楚江猿嘯豈堪聽，野水連天過洞庭。夜月褰帷逢漢女，秋風行部吊湘靈。九疑峰色參差碧，三峽雲光黯淡青。君去不愁難寄遠，蕭蕭蘭芷滿寒汀。』（《幔亭集》

卷九）

作《寄題黄懋忠太史碩寬堂》（《鼇峰集》卷十四）。

按：黄洪憲，字懋中（忠），號葵陽，號碧山學士。嘉興（今屬浙江）人。隆慶元年（一五六七）浙江解元，五年（一五七一）進士，授翰林編修。

徐熥有《題黄懋中大學士碩寬堂》：『多年簪筆侍螭頭，焚却銀魚早乞休。十畝雲霞開徑日，半樓烟雨捲簾秋。小山桂樹蓁蓁緑，曲澗桃花片片流。不是能耽泉石趣，幾人青鬢老菟裘。』（《幔亭集》卷九）

陳薦夫有《碩寬堂爲黄懋忠太史賦》：『謝却浮名早掛冠，門多桃李室芝蘭。語溪月曉閑孤棹，震澤波平夢一竿。雪點寒廬驚髪變，霜催秋葉覺心丹。也知板蕩興歌日，未許詞臣賦考盤。』（《水明樓集》卷五）

作《送李與熙孝廉北上》（《鼇峰集》卷十四）。

十月，作《田園雜興》六十首並序。

作《〈田園雜興〉序》：『宋范石湖《吴中田園雜興》六十首，鄧司農汝高取而和之，晋安風景摹寫略盡矣。余鉛槧之暇，掇拾見聞，次爲是編。汝高以軒冕之華，術丘園之賁，語反切情。余以草莽之臣，談農圃之務，言無足采，則鐘缶之不同音，而升釜之不同量也。况汝高已著，不敢復陳閩俗所無，不敢餙説。觀風成謡，如斯而已。第學步者不責其善跡，啜醨者不嫌其無味，以此自解。大方君子，其或恕之。萬曆丁酉陽月序。』（《鼇峰集》卷二十五）

按：陽月，十月。詳鄭玄《詩・小雅・采薇》『歲亦陽止』箋。

又按：六十首細目：《春日雜興十二首》《晚春田園雜興十二首》《夏日田園雜興十二首》《秋日田園雜興十二首》《冬日田園雜興十二首》（《鼇峰集》卷二十五）。

曹學佺有《得徐惟起書且惠田園雜興》：『一行爲俗吏，久矣別知歡。當路移文數，深山枉訊難。方謡情酷肖，幽事性偏安。還似將蘿薜，移來枕簟看。』（《石倉詩稿・潞河集》）

按：曹學佺《潞河集》收入萬曆二十六年（一五九八）詩作。

冬，兄徐熥三上春官，康彦登同行至武林。送至古田困關，同康彦登、兄熥集古田困關居本晙三層閣，有詩。過溪山書院，書院有朱子祠遺址。在古田，過鄭子警、林春秀二山人居。過黄中墓。雪晴，過極樂寺。寓居古田吉祥寺。與徐熥別後，有詩書寄之，以爲『在家愁比異鄉多』。題何孟春注《孔子家語》。

徐熥有《將赴京作》：『北望幽燕欲斷魂，留連未忍別家園。直須三徑秋光老，開盡黄花始出門。』（《幔亭集》卷十四）

徐熥有《題諸友送行卷後》：『七年三上春官日，各賦詩篇送我行。今日蠹魚生滿紙，主人依舊一儒生。』（《幔亭集》卷十四）

按：徐熥先後於萬曆十六年（一五八八）、二十二（一五九四）上春官，次行爲『三上』。萬曆十九年（一五九一）北上，至京，父訃至，遂南奔，不計在内。

作《困關送康元龍之秣陵》（《鼇峰集》卷十四）。

按：何喬遠《閩書》卷三《方域志》『古田縣』：『困溪，溪流自縣出，與嵩溪會，名「水口」，關曰

「困關」。宋轉運使楊克讓所遷縣治處。』

徐熥有《劍浦送康元龍遊吴》：『余自吴門歸，君望吴門去。來往本無期，延津忽相遇。一望故山雲，一問他鄉路。語罷各分離，愁心滿烟渚。』（《幔亭集》卷二）

按：困關上水，下一個驛站即到劍浦。

陳薦夫有《送康元龍之白下》：『頻年飄泊正相悲，又是天涯嘆别時。京口帆衝殘雪響，石頭船觸斷冰遲。朱門有路難投謁，白社無媒只贈詩。但遇平原君可繡，不愁離緒不成絲。』（《水明樓集》卷五）

作《同康元龍、惟和兄集屠田叔運丞三層閣，適使者來自明州，齎海錯家釀至》（《鼇峰集》卷十四）。

按：三層閣，福建轉運副使公署。

屠本峻有《登三層閣詩》：『除歲吟詩俯碧洲，山腰官閣迥添愁。蠻烟瘴日荒荒落，巖韻松聲脈脈流。把劍蓬心聊暫暢，禦寒米汁自淹留。已知傲吏卑棲久，不用逢人嘆白頭。』（王應山《閩都記》卷三十《郡西北古田勝跡》）

作《古田道中即事》《過鄭子警山人市隱堂》（《鼇峰集》卷十四）。

作《過溪山書院遺址》：『城東遺蹟古，傳是紫陽祠。』（《鼇峰集》卷十）

按：溪山書院，在古田困關，有朱熹祠遺址。王應山《閩都記》卷三十《郡西北古田勝跡》『溪山第一亭』條引此詩題作《過溪山亭址》。

作《過林子實山人幽居》（《鼇峰集》卷十四）。

按：林子實，即林春秀，孝子逸夫之父，古田人。有《枕麯集》。

又按：〔乾隆〕《古田縣志》卷七《文苑傳》『林春秀』條：『字子實。謝在杭序其集云：「數奇流落，白首一經；操劍悲歌，氣填胸臆。」其詩學博才雄，氣弘理約。操心深而寄興遠，風度飭而神情恬。至于歌行，渾泓蹀躞，步伍不亂，尤得初盛之軌。徐惟和贈以詩曰：「何人能識醉中趣？獨我許留身後名。」庶幾實録。』

又按：《筆精》卷四《詩評四》『林春秀』條：『古田隱士林春秀，字子實，號雲波，性嗜酒耽詩，家貧不能取酒，有友鄭鐸多良醞，日往飲焉。醉後則酒狂不可禁。鄭度其量，錫造一壺，刻「雲波」二字，至即盛酒飲之，三十年如一日也。』

作《過黃印坤博士墓》（《鼇峰集》卷十）。

按：黃中，字印坤，古田人。有《江上草》。

又按：〔乾隆〕《古田縣志》卷七《文苑傳》『黃中』條：『字印坤。延平教授。品端方，工詩。創紫陽詩社。所作多選入《晉安風雅》。』

徐熥有《題畫菊贈黃博士印坤》（《幔亭集》卷六）。

作《贈李惟順二尹》（《鼇峰集》卷十）。

按：李元若，字惟順，號帶泉，高凉（今廣東茂名）人。萬曆間古田縣丞，後陞江西贛州府龍南知縣。有《小山稿》。

作《雪晴過極樂寺》（《鼇峰集》卷十四）。

按：王應山《閩都記》卷三十《郡西北古田勝跡》『極樂寺』條：『在縣西十二都。唐天寶元年建，有息見亭、白省軒、放生池、西竺、伏虎庵。國朝永樂三年重建，成化七年重修。』

作《歲暮，寓居古田吉祥寺》（《鼇峰集》卷十）。

按：王應山《閩都記》卷三十《郡西北古田勝跡》『吉祥寺』條：『在縣治北。宋太平興國四年建。徐𤊹《吉祥寺》……（按：即此詩）』

作《寄家兄書》二首，其一：『弟兄南北隔關河，貧病侵人歲月過。莫謂異鄉愁作客，在家愁比異鄉多。』（《鼇峰集》卷二十四）

作《得惟和秣陵書》：『不知此地開緘日，又過天涯何處州。』（《鼇峰集》卷二十四）

作《丁酉除夕》（《鼇峰集》卷十四）。

題《孔子家語》：『此書乃余于西惠先君子者。「甲辰冬」以下九字余公之筆。萬曆丁酉（一五九七）徐𤊹記。』（馬泰來整理《新輯紅雨樓題記　徐氏家藏書目》，第九二頁）

按：《孔子家語》，明何孟春注。嘉靖刊本。

又按：馬泰來曰：『徐氏題記旁有「甲辰（一五四四）冬仲七日嵩雲惠」九字。』（馬泰來整理《新輯紅雨樓題記正編》『孔子家語』條，第九三頁）

是歲，托屠本畯移書建州守索蔡襄《茶録》搨本。

按：題《茶録》：『萬曆丁酉，屠田叔爲閩轉運副使，乃托田叔移書建州守索之，才得此本。』（沈文倬《紅雨樓序跋》卷一，第二三頁）

又按：建寧府，治今建甌市。李賢《大明一統志》卷七十六《福建·建寧府》：『唐武德中置建州，治建安縣……（宋）紹興末陞爲建寧府，元改置建寧路。本朝復爲建寧府。』

是歲，兄熥編選《晉安風雅》竣，並作《〈晉安風雅〉序》。

按：徐熥《〈晉安風雅〉序》：『萬曆丁酉暮春六日，書于風雅堂。』（《晉安風雅》卷首）又，此文又見《紅雨樓序跋》卷一，爲𤊹作，題作《〈閩中詩選〉序》。文中『摘爲一十二卷』作『摘爲八卷』；『總二百六十人有奇』作『總二百人有奇』；『萬曆丁酉』作『萬曆戊戌』。《〈晉安風雅〉序》下題『郡人徐熥惟和撰』，非徐𤊹撰甚明；題亦非《〈閩中詩選〉序》；經核《晉安風雅》原刻，卷次與人數也應以該書爲是。熥既編選《晉安風雅》，『風雅堂』之堂名也必爲其堂之名，而斷非𤊹之堂。

是歲，擬爲父及生母于鼓山半院買一穴，未果。

按：《祭酒嶺造墳記》：『丁酉□□，買鼓山半院右隅一穴，將起塚，而友人林熙工相□，地弗吉，力止之，事遂寢。』（《文集》册九，《上圖稿本》第四四册，第四〇一—四〇二頁）

是歲，斯學上人卒。

按：《四庫全書總目》卷一八〇『《幻華集》二卷』條：『是集爲萬曆丁酉斯學没後，屠隆裒其遺稿，與姚士粦同編。』

又按，次年徐熥下弟後有《哭鹽官斯學上人》。

萬曆二十六年戊戌（一五九八） 二十九歲

徐熥三十八歲，謝肇淛三十二歲，曹學佺二十五歲，林古度十九歲，徐陸九歲

正月，元日，有詩。

作《戊戌元日》（《鼇峰集》卷十四）。

春，得武夷閔齡、佘和叔二道友詩，答之。與佘和叔與林章别，有詩贈之。

作《得壽卿、和叔二道友武夷詩劄却寄》：『武夷春水送雙魚，銜得山人兩紙書。』（《鼇峰集》卷十四）

按：閔齡與佘和叔道人隱于武夷山。閔齡號『九曲漁父』，和叔號『三十六峰樵者』。兩人詩之合集曰《同亭詩蜕》。

作《閔壽卿、佘渾然同隱武夷，一號爲九曲漁父，一號爲三十六峰樵者戊戌》，細目：《九曲漁父》《三十六峰樵者》（《鼇峰集》卷十）。

按：佘渾然，即佘和叔。

作《龍源廟》（《鼇峰集》卷十四）。

作《爲屠田叔使君悼燕姬》（《鼇峰集》卷十四）。

徐熥有《爲屠田叔悼亡姬》二首，其一：『渺渺凌波去絶踪，每看遺桂恨重重。魂同睡蝶招難返，血比啼鵑拭更濃。黄土有情封玉骨，青銅無計鑄花容。君行正近高唐路，腸斷巫陽第幾峰。』其二：『一别妝樓閉寢門，梨花風雨泣黄昏。蚌枯滄海珠無淚，魚葬青山玉不温。金谷尚傳三斛價，羅幃空負十年恩。春來忍看孤飛燕，恐是嬌姬戀主魂。』（《幔亭集》卷九）

陳薦夫有《爲屠使君悼燕姬姬卒於囦溪》二首，其一：『驚波流盡死生恩，寒食梨花閉寢門。燕市换來餘駿骨，延津歸去失龍魂。秋風屏暗芙蓉影，暮雨衾銷翡翠温。他日西陵埋玉地，蕭蕭松柏更含冤。』其二：『新抛珠翠施金鈿，一夢行雲二十年。結子桃花愁易落，宜男春草佩無緣。香雲影斷翩翩蝶，□血聲催夜夜鵑。留得鸞膠裙帶上，恐君終絶琵琶弦。』（《水明樓集》卷五）

作《别林生章》：『東風歸路劍裝輕，芳草連天别恨生。有淚似從珠浦落，無緣如在王山行。斷雲孤棹春江夢，殘月疎鐘曉寺情。最是流鶯知客意，嬌啼來去不停聲。』（《鼇峰集》卷十四）

按：林章，詳隆慶四年（一五七〇）。

春、夏間，宣城梅景憲遊閩，且歸，有詩送之。同陳鳴鶴、王崑仲過陳宏已吸江亭。

作《宣城梅景憲拜丹徒博士，未幾以憂去位，千里遊閩，於其歸也，贈之以詩兼寄令叔季豹，令弟禹金、子馬》（《鼇峰集》卷十四）。

按：梅景憲，守箕之侄、鼎祚、蕃祚之兄，宣城（今屬安徽）人。與陳鳴鶴等過陳宏已南臺吸江亭。

又按：梅守箕，字季豹，號文岳，鼎祚之叔，宣城人。屢試不第，潦倒自放。流寓十年，貧不能餬口，死于白下。有《梅季豹居諸集》《梅季豹居諸二集》。曹學佺有《梅季豹詩序》（《西峰六八集》）。

又按：梅禹金，即鼎祚。詳隆慶四年（一五七〇）。

又按：梅蕃祚，字子馬，鼎祚從弟，宣城（今屬安徽）人。以上舍爲寧鄉主簿，遷滋陽縣丞，詩率意不甚求工。與曹學佺結金陵詩社。有《主簿稿》《涉江草》《王程草》。

作《同女翔、玉生過振狂吸江亭，時振狂自吳歸》：『蘚痕粘徑密，花影壓亭欹。』（《鼇峰集》卷十）

按：〔乾隆〕《福州府志》卷二十一《第宅園亭一》『吸江亭』條：『在城南，陳山人宏己別業。』

夏，有書致湖州僧公朗上人；又致王人鑑，並贈詩扇。曹學佺送《海色篇》，有書答之，並贈《田園雜興》一種，言之前《荔支譜》已由徐熥携帶入京呈送。有書致顧長卿、世卿；又有書致沈穉咸。

作《題扇贈朗公》（詩佚，題筆者所擬）。

按：詳下條。

作《與公朗上人僧》：『康元龍歸自語溪，挾我師一札，知注念如昔，兼拜詩箑，詞翰雙美……不慧往歲客苕，擬扣寶函樓，未果……客冬，惟和伯兄過禪室，聞弟數言而別。茲又不得第，單車羸馬，且歸，當與吾師作半日之話耳。不慧邇年閉户山中，灌園種樹，暇則披古人陳編自快，江湖之興索然。不知何日更能握手也。友人林志尹博學蘊藉，茲有長安之行，道經檇李……病起腕弱，不能一一。外拙詩題扇頭求政。』（《文集》冊三，《上圖稿本》第四二冊，第二九〇—二九一頁）

按：公朗上人，錢塘僧，能詩。《筆精》卷六《詩話》：『予遊四明時，與僧公朗交甚密，詩多奇警，亦終日陶陶然醉，屠緯真諸公亦不責之持戒。』徐熥《寄朗上人》：『扇頭諸詩，直入三昧，讀之灑然。漫賦三章奉寄，納之謝司理橐中。』（《幔亭集》卷二十）

又按：徐熥下第，且歸。熥去冬過浙，詳去歲。

作《與王德操》：『往歲客吴閶，足下與孟孺將軍枉顧舟次。再一把臂，鷂首旋飛，欲過訪知希齋啜茗長談，竟不遂此願……足下才情雋永，詞翰雙絶，以緗帙見委，不覺神氣索然，搦管含毫，毫端幾腐，竟不成語，但作近體一章塞命，聲律鄙穢，不暇計也。敬書扇頭求政，擲之何如，兹友人林志尹行便，草草奉問興居。』（《文集》册三，《上圖稿本》第四二册，第二九一—二九二頁）

按：萬曆二十三年（一五九五）十、十一月間徐𤊹訪王鑒，作《過王德操幽居》，參見該歲。

作《與曹能始》：『兩歲不得足下一札，閲除目見足下拜計部郎，且典試長安，得士皆出驪黄之外。同社拂鬱不得志者衆，如足下雄飛霄漢，一鳴驚人，寔吾儕堪附，而聲施后世者，勉旃！千秋之業，毋令于鱗、元美獨擅芳名也。能守還家，時時相晤，橐中挾《海色篇》見貽，讀之爽然，近來想更奇進，倘已殺竹，須遠寄示教。京師賢豪所聚，談詩之士，想不乏人，不知誰爲勍敵？弟年來羈累太深，擬今秋或明年，將懷短劍作燕市遊，寄食貴人門下，以五字而餬八口，又恐世無知音，終然落魄，足下爲我謀之何如？惟和囊中携《荔枝譜》，諒已经目，乞爲改削，筆硯之暇，能叙數言於首乎？若鄙陋不足辱大方家爲玄晏，則不敢請耳。友人林志尹遏选入京，例得幕府功曹，欲修刺門下，林生雖起家三語，寔儒者氣象，足下試與語便知徐生之言不虚也。草草奉問，《田園雜興》一種請教。』（《文集》册三，第四二册，第二九二—二九三頁）

按：能守，當爲曹學佺族兄弟。與公集中僅此一見。

作《與顧長卿、世卿》：『兩歲不得足下一札，殊切瞻企……二丈今讀禮已輟，嚮約爲武夷之遊，今其時矣。且大中丞金先生，與尊府君同年同門同僚……若有長遊之興，俾弟朝夕追隨，杯酒話舊，是所願也。尊公文集殺青已久，何不寄我一部？日夜懸望，如有便鴻，幸無相忘。惟和家兄今歲又復落第，茲將乞一氊爲養，有負尊公昔年玉成之意，爲之奈何！友人林生志尹行便，草草奉問……《書經註疏》，弟遷延日久，未得印寄。今林生覓一部爲贄，神物復合，乞收藏幸甚。』（《文集》册三，《上圖稿本》第四二册，第二九三—二九五頁）

按：長卿、世卿之父顧大典，曾爲福建提學使。

作《與沈穉咸弔》：『往歲楓橋坐月霏談，夜分定交之始。及足下過吳興，乃不鄙辱臨蕭寺，再一把臂……歲暮舍親陳淳夫太學還家，拜手書珍重……吳中故多才地，今得足下與從先左提右挈，風雅詞翰，足先古人，恨不佞無翼可飛，日與足下朝夕也。向歲許我單條小幅山水，延想有年，山居筆硯之便，乞作一紙見寄，何如？茲友人林志伊行便，草問興居。志伊博學蘊籍，深沉好書，每在不佞處讀詩翰，輒思識韓，今敢爲之紹介。』（《文集》册三，《上圖稿本》第四二册，第二九五—二九六頁）

按：徐熥下第消息傳至閩中，當已進入夏季。

作《寄沈從先弔》：『往歲楓橋霜月，一談千古。既歸山中，湖海之興索然，吳門花月，第形之夢寐。憶足下贈我詩，借問重來在何日，行行且復立江濆，至今讀之，不成語讖哉？客歲杪冬，友人陳淳夫歸，得足下手札，附書穉咸書末，始知麻衣如雪矣……在杭司理之序，曾已一見，而詩則未嘗覩也。何日倒囊示教，慰我渴饑。舍親林生志伊，與弟最莫逆者，茲入長安謁選，當拜幕府功曹，道經吳會，嘗在弟齋頭誦沈郎詩。每恨未識其人，今扣門問字，試與周旋，吾郡陳參軍不得專美也。病起腕弱，草草奉問興居。』（《文集》册三，《上圖稿本》第四二册，第二九六—二九八頁）

按:『在杭序』,即謝肇淛《沈從先詩序》,略云:『其詩從容委宛而色澤不枯,軼才王思,横生筆外,如蹁躚獨鶴,而非山澤之癯。即有時捧心坐嘯,擁膝兀吟,以寫其離憂孤憤不自聊賴之情,而卒亦煉心定性,歸之大雅,無復昔人咄咄書空之態。蓋從先之窮,徒皴其皮骨,不能稿其肺腸。從先固無如窮何,窮亦將如從先何?惟和又言從先且病痺足,不能至地。余笑謂:貧病皆詩人佳境,而從先兼得之,信不廉矣。左氏失明,茂陵消渴,皆有所托以不朽於千秋。噫嘻!從先任爾窮且病,不佞且握尺一麈尾,起其菜色而鍼其膏肓,政使腰消瘦甚,亦應不失作君家休文,千載而下,寧無知從先者哉?』(《小草齋文集》卷四)

又按:林應聘入京謁選,以上六書,應聘充其書郵者。

五月,題許中麓《光岳英華》。

題《光岳英華》:『此吾鄉高南霍孝忠先生家藏者。萬曆丁酉(一五九七)春,偶從肆中得之,重加裱飾,秘之篋中。版已模糊,邇來未見翻刻,梓而傳之,尚竊有志。卷首「高氏惟一」印章。惟一名均,見府志「孝行傳」,國初人。南霍其裔孫也。戊戌(一五九八)端午,興公題。』(馬泰來整理《新輯紅雨樓題記 徐氏家藏書目》,第一六四頁)

按《光岳英華》,明許中麓輯。此本從書肆中得之。

又按:參見去歲。

七月,感慨年届三十虚名未立。

作《自題畫像》:『生在洪都長在閩,海鷗情性鶴精神。江湖到處堪容足,丘壑隨緣即置身。混俗任

從牛馬喚，投閑惟與蠹魚親。虚名未立紅顔改，落魄人間三十春。』(《鼇峰集》卷十四)

按：『三十春』，興公年二十九，初度之後，三十矣，故云。

作《粹夫歸自淮南，與惟秦、無競小集山齋》：『爽氣西來早，秋聲落碧梧。』(《鼇峰集》卷十)

八月，題《太白山人集》。

題《太白山人詩》：『太初詩，余家有分類一種……此本乃先正鄭少谷爲太初授梓者，編彙年次，備於他本，年久版亦不存，人家鮮有藏者，林志尹偶得之，持以見貽，印章又爲高石門家物，披誦之際，不啻拱璧，書以志喜。萬曆戊戌年(一五九八)秋日，徐惟起識。』(馬泰來整理《新輯紅雨樓題記　徐氏家藏書目》，第一五九—一六〇頁)

按：《太白山人集》，明孫一元著，正德鄭善夫刊本。此本爲林應聘所贈。

又按：高石門，即高瀫(一五〇六—一五五四)，字吕宗，號石門子，又號霞居子、庖羲谷老農。早善屬詞，家貧苦吟，晚益進山水之遊。正德間鄭善夫執閩中牛耳，高瀫與博汝舟左提右携，遂曰中興。有《石門詩集》。

又按：參見萬曆二十三年(一五九五)、萬曆二十七年(一五九九)。

謝肇淛有《太白山人詩序》：『吴興張生睿卿校先生詩，而又搜得其散軼者附之梓。雖所存寥寥，然白璧之環，缺而爲玦，亦足寶也。於是喜而序之，且以告世之爲山人者。』(《小草齋文集》卷四)

八、九月間，有詩懷陳薦夫、林光宇。

作《懷陳幼孺久客邵武》《得林子真書，子真客冬之清流，余有古田之役，未得一别，賦此寄懷》(《鼇峰集》卷十)。

九月,題宋周守忠《姬侍類偶》。兄熥以《紅雨樓集》《閩畫記》《荔支譜》《田園雅興》寄武林徐茂吴。兄熥納新姬,有詩。與兄熥、弟熛等載酒訪王崑仲,有詩。林應聘寄元傅若金《傅與礪詩集》。

題《姬侍類偶》:『余從謝伯元處借得此書,翻閲一過,惟恐未盡,欲抄録備覽,性懶未能。友人葉振父偶爾相過,知余此志,請爲余書之。不出旬日,彙訂成帙。書以志喜,且不忘葉君筆劄之勞也。萬曆戊戌(一五九八)菊月初四日,徐𤊹興公題於緑玉齋。』(馬泰來整理《新輯紅雨樓題記　徐氏家藏書目》,第一一六頁)

按:《姬侍類偶》,宋周守忠輯,萬曆葉振父鈔本。

又按:此條叙友人筆劄之勞。

徐熥《寄徐茂吴司理》:『不肖以重陽日還故山,雖行橐蕭然,而瑶篇在篋,每一披誦,覺南海之裝猶薄矣……仲弟《紅雨樓集》一部、《閩畫記》一部、《荔枝譜》一部、《田園雅興》一帙,季弟《制義》一部,統塵巨觀。向許《歐陽行周》《林子羽》二集、王崑崙《荔枝詩》,若有便鴻,想不孤此諾也。外《無題》八絶,漫爾效顰,並録博笑。』(《幔亭集》卷二十)

題《傅與礪詩集》:『萬曆戊戌(一五九八)菊月,林志尹寄惠。』(馬泰來整理《新輯紅雨樓題記　徐氏家藏書目》,第一三九頁)

按:《傅與礪詩集》,元傅若金撰,洪武刊本。此本林應聘贈。

又按:參見萬曆二十八年(一六〇〇)。

作《和伯孺爲惟和催妝韻》（《鼇峰集》卷十）。

按：徐𤊹是歲納新姬。姬，陸姓。

陳鳴鶴有《催妝詩爲惟和賦》：『浴罷蘭房荳蔻湯，女奴勸着嫁衣裳。纏頭轉覺紅羅重，繫臂猶聞絳縷香。銀燭影斜如意枕，寶釵聲落合歡床。舊人別有黄金貯，遥聽笙歌夜漏長。』（《泡庵詩選》卷五）

作《賦得金步摇送陸姬》（《鼇峰集》卷九）。

徐𤊹有《賦得繫臂紗送陸姬》：『紅汗沾猶濕，纏綿玉釧知。暗香生皓腕，微暈隱豐肌。疑作同心結，看如續命絲。守宫今褪盡，情重枕郎時。』（《幔亭集》卷六）

作《秋暮訪玉生郊居》（《鼇峰集》卷十）。

徐𤊹有《秋日載酒同陳汝翔，黄伯寵，惟起、惟揚二弟訪王玉生郊居》：『緑酒因君載，青山與客同。畫成真道子，隱去即龐公。丘壑村村合，桑林巷巷通。坐來香不斷，窗外木犀風。』（《幔亭集》卷六）

按：黄應恩，字伯寵，福州人。

陳鳴鶴有《同黄伯寵、徐惟和兄弟過王玉生郊居，分得川字》：『躬耕無薄田，一室隱東禪。魚鳥新濠濮，園林小□川。□香松葉露，人醉蓼花烟。莫惜頻沽酒，□多□□□。』（《泡庵詩選》卷四）

作《壽張睿父憲副》：『秋深鹿走芝田月，夜冷烏棲柏府霜。』（《鼇峰集》卷十四）

作《送張令之羅浮》（《鼇峰集》卷十四）。

徐𤊹有《送張叔弢令羅浮》：『瓊海曾乘博望槎，惠陽爲政又携家。琴床半落姑仙雪，印匣全封葛

令砂。輸稅山農冠箬葉，趁墟蠻女賣梅花。官閑好作羅浮長，四百峰中早放衙。』（《幔亭集》卷九）

按：張令，即張大光。

作《陪屠田叔使君遊仁王寺，與元龍、無競、惟和，分得衣字》（《鼇峰集》卷十四）。

徐熥有《陪屠田叔使君遊仁王寺，同康元龍、袁無競、與公弟分得回字》：『鐘磬近香臺，鳴騶半路回。莊嚴菩薩界，善信宰官來。合掌緣同結，攢眉禁暫開。山僧能愛客，蓮漏不頻催。』（《幔亭集》卷六）

作《得沈穉咸書》：『荷花暮雨雲邊蕩，楓葉秋霜月下橋。』（《鼇峰集》卷十四）

冬，袁敬烈過齋夜談，有詩；與兄熥等陪屠本畯遊仁王寺，有詩。

作《冬夜無競過小齋夜談》（《鼇峰集》卷十）。

徐熥有《冬夜袁無競過酌》：『鐘聲排小閣，燈影墜孤尊。竹净雲陰薄，花疎霜氣繁。早暄雖近市，幽僻亦深村。坐久兒童睡，山風自掩門。』（《幔亭集》卷六）

作《送黃若木還家》（《鼇峰集》卷七）。

按：黃光，字若木，莆田人。天啓七年（一六二七）舉人。

徐熥有《送黃若木還莆》：『執手向城隅，送君歸鯉湖。風濤危渡峽，雨雪倦登途。遣日携書卷，消寒問酒壚。不須嗟伏櫪，千里待名駒。』（《幔亭集》卷六）

十、十一月間，兄熥與鹽運同知屠本畯倡建的高賢祠落成，有詩。

作《高賢祠落成，屠田叔以詩見貽，答贈一首》（《鼇峰集》卷十）。

徐熥有《高賢祠成，答屠使君》四首其一：『廟貌壯千秋，英靈托一丘。藻蘋無俗客，香火總名流。白骨化已久，清魂吟未休。預知百歲後，同得此中遊。』其二：『八代斯文振，全閩雅道尊。精靈同不滅，顯晦未須論。權自操吾黨，名非藉子孫。泱泱東海上，真可霸中原。』其三：『新祠勞仰止，神理定非遥。五世應難斬，千秋永不祧。像從詩外想，魂向賦中招。後死吾徒在，遺風未寂寥。』其四：『俎豆隆殊典，山林更有光。詩真傳在世，没果祭於鄉。身後榮如此，生前困不妨。當年冠蓋者，誰敢望宫墻。』（《幔亭集》卷六）

按：明年熥卒，入祀高賢祠。

陳薦夫有《謁高賢祠》：『詞壇一片地，千古聚精英。墓朽孤吟骨，碑鐫大雅名。神應通後死，業不負前生。想到青宵裏，泠泠白雲聲。』又：『作興兼著述，功總在詞壇。去取詩中定，精神卷裏看。樂章歌舊草，酹酒縮幽蘭。雖有相臨分，同堂坐亦安。』（《水明樓集》卷三）

陳薦夫有《祭高賢祀文》（《水明樓集》卷十四）。

按：郭柏蒼《柳湄詩傳》：『萬曆二十六年，鹽運同知屠本畯與熥倡建高賢祠于福州郡治烏石山西，祀自唐至萬曆間閩中鄉先生善聲詩者六十餘人。』（《全閩明詩傳》卷三十二）

十一月，諸社友送屠本畯之官沅陵。十八日，與兄熥、陳薦夫自芋江登舟至困關，與屠泣别，有詩。

作《送屠田叔還沅陵太守》（《鼇峰集》卷四）。

徐熥有《送屠田叔之官沅陵五十韻》：『爵服諸侯列，聲華一代先。英靈鍾嶽秀，詞藻動星躔。入幕參軍事，含香侍御筵。符分京兆貴，禮典太常虔。榷稅淮陽郡，司鹾瘴海邊。炎天舟載雪，斥鹵竈生烟。大隱官如水，閑曹吏是仙。交遊盟草澤，嘯咏狎林泉。白屋身能下，緇衣好獨偏。掄才忘牝牡，爲政薄鷹鸇。豈以官情累，都將世味捐。文章時倡和，杯斝定留連。車騎譜閭巷，干旄耀市廛。後生投刺滿，多士過門闐。不輟分題會，寧辭倒屣延。素心尤愷悌，名理太淵玄。董子帷常下，江郎筆更鮮。形骸容放浪，禮數畏拘攣。結社裁詩律，鐫書割俸錢。《考工》存舊記，情采著新編。屈些增吴疎，《毛詩》補鄭箋。《荔枝詞》膾炙，《海錯譜》流傳。經施莊嚴寺，僧皈大乘禪。寄詩懷五岳，留偈榜諸天。樂府精宫羽，謳吟叶管弦。兩童供墨妙，十吏捧丹鉛。交誼町畦絶，談鋒壁壘堅。畫圖摹往哲，俎豆祀高賢。古道譏能爾，今人詎有焉。使君真岳岳，公子果翩翩。閩部方推重，辰州急轉遷。悲風寒凛凛，遠道思綿綿。共款襟期隔，還勞夢寐牽。雙旌萬里去，五馬一城專。問俗朱輪駕，行春錦綬懸。家元饒竹箭，庭只掛蒲鞭。眷顧恩三錫，勳階禄二千。辰砂搜古洞，西室檢殘篇。沅水遥通沔，峒溪近接滇。鷓鴣聞竹浦，鷄犬覓桃川。刀劍民争賣，襜帷帝許褰。邏燈嚴夜堞，耨火勸春田。閩楚程難縮，關山阻可憐。傷離當此日，投分已三年。邈矣思良晤，淒其念後緣。歌聲宣鬱鬱，書紮訂惓惓。往復虚青簡，賡酬散白蓮。感知心獨耿，惜别淚空漣。眠食須珍重，功名合勉旃。停驂頻悵望，何地再周旋。』（《幔亭集》卷十）

作《賦得習家池，送屠田叔守辰州》（《鼇峰集》卷七）。

陳鳴鶴有《賦得二酉山送屠田叔守辰州》：『祖龍一炬炙天起，秘籙遺編焰中死。蒼頡臺前鬼不啼，周家柱下空如水。秦山楚山俱寂寞，大酉小酉鄰山郭。帝遣夔靈重東關，千重擁護□壽壑。壁中篆籀待時開。肯與閒人讀糟粕，司農使者太乙精。摩研編削是平生，蘭臺秘府意不足。朝探汲塚莫陽明，年來持節煮南海，海□龍宮雔豕亥。一麾更守楚雲西，秦人抱簡還相往。蠟光刮月照蝌蚪，珊瑚交枝金鎖鈕。太皡軒轅一片心，今日山中爲君剖。請君細檢碧浪函，信有蛇身聖人否？』（《泡庵詩選》卷三）

陳益祥有《賦得芋江曉渡，奉送屠田叔使君赴守辰州》：『芋江渡頭霜葉曉，寒流咽帶鴻聲渺。積雨重陰此日晴，練泉百道飛林杪。大夫心符江水清，馮夷鼓柁蛟龍迎。扣舷琅琅吐辭賦，蒼如古瑟操韶韺。石尤風息錦帆駛，波浄霞明兩重綺。仰看神女弄珠遊，側聽鮫靈剪綃起。別酯未醉芋江濆，離心已入桃源裏。歷馬行春幾縣花，隨車甘雨遍桑麻。宦邸清貧隨白鶴，枕中鴻寶煉丹砂。丹砂煉就三千黍，原是瑶皇□案侶。狂瀾砥柱藐君山，南斗避文回玉杵。二酉采奇快宿心，五溪擁棹曉雲深。朱輪好遂澄清志，流水遥知憶賞音。』（《采芝堂文集》卷三）

王毓德有《賦得高唐觀，送屠辰州之任》：『君不見襄王昔幸高唐觀，十二峰巒插霄漢。峰前雲氣黯千重，黛色須臾窮變幻。有情朝暮出陽臺，薦枕時聞神女來。瓌姿瑋態不可悉，宋玉作賦何奇哉！使君剖竹之荆楚，此地行春應吊古。朱輪曉入朝雲祠，畫軾宵過雲夢浦。雲影氤氲鬱不收，還知太守擅風流。筆端自有千秋賦，豈羡當年宋玉遊。』（《晉安風雅》卷四）

王毓德有《賦得浙江潮，送屠田叔使君》：『銀濤遥轟海門開，天外平驅萬馬來。鼇背曉山晴涌雪，虎林秋月夜聞雷。奔騰不散錢王射，嗚咽猶銜伍相哀。此去停舟應有賦，定是枚叔是仙才。』（《晉安風雅》卷九）

陳薦夫《鹿門山歌送屠田叔之任辰州太守》：『襄陽東南古蘇嶺，松檜陰森泉石冷。漢水晴多緑一泓，峴山秋老黄千頃。雙雙石鹿峙層巒，□説龐公住此山。壟上釋耕烟漠漠，峰頭采藥雪漫漫。景升即位雄荆楚，欲使鵷鶵甘腐鼠。鴻鵠黿鼉各自安，閑雲孤鶴飄然去，千載芳塵誰與雙。唐家居士後身龐，能將萬有歸空界。盡挈千金沈漢江。後先遺跡相輝映，來者伊誰皮與孟。清簡流風古不磨，翠微精爽今猶競。使君乘傳此經過，懷古情深可奈何。遥屏鳴騶隨谷鳥，先抛錦綬入烟蘿。因聲爲訪山中老，麋鹿高懷徒自保。刺使今非劉景升，遺安莫戀長林草。』（《水明樓集》卷二）

徐熥有《分得九疑山，送屠田叔守辰州》：『楚都山水稱奇險，突出高峰青九點。天外巫黔路渺漫，峰陰溪澗流深淺。峰峰相間色參差，無數青螺鏡裏窺。變幻烟霞看莫辨，滿天雲雨望堪疑。重華當日巡南服，駐蹕蒼梧窮地軸。一夕龍髯上鼎湖，數聲鸞吹傳空谷。鸞吹龍髯去不還，湘江帝子慘朱顔。愁眉久鎖峰前黛，血淚長留竹上斑。山色含顰望巡狩，時時似聽簫韶奏。飛瀑寒流到處奇，丹崖朱洞天然秀。瀟湘烟月洞庭雲，遠岫聯綿一帶分。鷓鴣夜叫黄陵廟，狐兔秋悲虞帝墳。古跡荒凉不堪語，果有啼烟兼嘯雨。使君剖竹向荆門，正近瀟湘洞庭浦。有時行部擁雙旌，定吊娥皇與女媖。風前好薦瓊芳把，月下如聞環珮聲。九疑峰影何重叠，峰下褰帷勞應接。懷古寧辭駐一麾，搜奇不惜停雙屐。摇摇桂棹楚江濆，嫋嫋秋風木葉聞。遺我不須搴杜若，騷成只待寄湘君。』（《幔亭集》卷三）

作《送屠使君至芋原驛，是夕留飲驛亭，以梨園佐觴，使君首倡，依韻奉答》（《鼇峰集》卷十四）。

徐熥有《送屠使君至芋江，是夕留飲驛亭，以梨園佐觴，使君首倡，依韻奉答》：『追歡三載别今朝，對酒離魂黯欲消。楚國行春迎露冕，郵亭卜夜駐星軺。殘鷄唱斷風生柝，萬馬聲寒月送潮。暫歇

梨園留刻燭，莫教紅蠟一時燒。』（《幔亭集》卷九）

陳薦夫有《送屠使君至芋江，留飲驛亭，以梨園佐觴，使君首唱，依韻奉答》：『陽關歌罷渭城朝，恨結雲峰黯不消。半歲簡書催去棹，滿囊詩卷滯征軺。難乾别淚江頭雨，新長離愁驛外潮。暫借餘閒聊上夜，傳奇高演燭高燒。』（《水明樓集》卷五）

作《囦溪十里橋與屠田叔泣别》（《鼇峰集》卷十）。

徐熥有《囦溪十里橋與屠田叔泣别》：『從來軒冕淚，不滴芰荷衣。獨有今朝别，使君先淚揮。地偏愁會隔，天闊恐書稀。望望車塵遠，人人哽咽歸。』（《幔亭集》卷六）

陳薦夫有《囦溪十里橋再送屠使君》：『訣别到溪梁，無言黯自傷。片時腸已絶，數日噩難當。遠淚山含雨，愁顔葉帶霜。因君先哽咽，不敢出離觴。』（《水明樓集》卷三）

作《仲冬望後屠田叔奉命入楚，同社諸子買舟追送，余與玉生、伯孺、幼孺、惟和共載舟中，携筆硯書畫之屬，相對甚適，玉生作野航，恰受兩三人畫意，各以杜句爲韻，余得野字》（《鼇峰集》卷十四）。

徐熥有《仲冬十八日同王玉生、陳伯孺、幼孺、興公弟送屠田叔使君自芋江，登舟至囦關，時積雨初收，川原競爽，促膝翻書，扣舷覓句，香繞筆床，烟籠茶鼎，情景清絶，偶憶少陵野航恰受兩三人之句，因令玉生繪圖，共折杜句爲韻，各賦一體，以紀勝遊，余拈得三字》：『擊汰芋江上，前峰日半含。山容晴旦翠，水色净拖藍。帆飽行偏駛，舲虚坐正堪。榜歌喧浦口，漁唱隱溪南。鸛鶴追殘照，牛羊下夕嵐。石稜衝浪瘦，楓葉醉霜酣。沈水香烟細，烹泉茗汁甘。雲霞諸子共，丘壑衆情耽。名理交參伍，新詩改再三。風波童穉狎，港路長年諳。身入圖中景，人爲物外談。浣衣臨曲渚，沈

硯覓深潭。清福閑能受，玄言静可探。杜陵詩句好，此境果無慚。』（《幔亭集》卷十）

陳薦夫《送屠使君至囦溪，余與二徐、玉生、伯孺同舟，玉生作野航，恰受兩三人圖，因折杜句爲韻，得兩字》：『晨發芋江濱，水木澹清賞。逡巡釋筍輿，沿回溯蘭槳。山光鬱蒼茫，霽色澄漭瀁。溪疑漁者源，川勝摩詰網輞。孰是聚首歡，無乃歸岐愴。礚礴筆愈神，呻吟技争癢。抽緒成閒寂，矜工恣雄長。念至曠忽垂，硯深而多仰。或爲春蚓吟，半作秋蛩響。妨同搜思僻，厭俗造語謊。神睹無目，句負泚有顙。憭慄計離合，鬱陶意今曩。披圖眷兹遊，前希後無兩。』（《水明樓集》卷一）

作《至水口驛，屠使君以詩留别，次韻贈答》（《鼇峰集》卷十四）。

徐熥有《囦關再别屠使君，次來韻》二首，其一：『使君才藻似枚皋，立得詞壇赤幟高。薄俸半因開杜費，閒心多爲著書勞。年來淮桂歌招隱，此去湘蘭賦反騷。五馬驂驔人獨遠，楚天遥望首空搔。』其二：『萬里沅陵楚水隈，一麾今出越王臺。當筵客盡留詩别，卧轍人多掩淚回。津泛雙龍悲劍去，峰過回鴈望書裁。九疑漸近三山遠，何處登臨屐再陪。』（《幔亭集》卷九）

按：徐熥又有《既别田叔，歸過囦關公署，悵然有懷》二首（《幔亭集》卷十四）。

陳薦夫有《囦溪再和田叔使君》：『沅芷湘蘭緑滿皋，雙飛征旆楚雲高。鷄壇夢逐關山遠，熊軾寒衝雨雪勞。囦水暮流情宛轉，幔亭秋葉影蕭騷。離鐏欲盡頻回首，短髮臨風不耐搔。』（《水明樓集》卷五）

十一、十二月間，作《題盛行之〈畫梅卷〉，爲林夷侯賦》（《鼇峰集》卷七）。

按：《畫梅卷》，明盛行之畫，林夷侯藏。

又按：林夷俟，福州人。工書，尤善歐體。曾與王宇（永啓）、徐熛等講業釣龍臺之濱，稱『五子』。徐熥有《題盛行之〈畫梅卷〉》：『盛君畫梅太奇絶，老幹如龍更如鐵。筆底幽魂泠不徹，滿紙枯株三丈雪。六月披圖身欲僵，一堂坐客皆聞香。就中先輩多評章，佳者長沙之李東陽、華亭張駿。當時此物果誰有，楊公成玉揚州守。公也珍之若瓊玖，自謂此圖傳不朽。子孫棄之同敝帚，百年竟落他人手。峽冰林君偶得之，不惟愛梅兼愛詩。猶記當初兵火時，居民鼠竄家流離。書籍圖畫焚無遺，此圖藏之高樹枝。倭奴雖黠那能知，淫雨沾濕寒風吹，鬼神呵護無損虧。吁嗟此圖亦已奇，付與妙手重裝池。千秋萬歲無離披，千秋萬歲無離披。』（《幔亭集》卷三）陳薦夫有《題盛行之〈梅雪卷〉，贈林生夷俟》：『古來畫梅誰更絶，玉骨冰姿失孤潔。徒令含笑迎春風，肯與嚴霜鬥奇節。盛君行之厭常品，别作梅花太清澈。淡墨濡成黯黯天，素藤暈出枝枝雪。老幹横梢慘淡中，沙塵簸蕩霜飆烈。展卷驚看不得終，六花勢重銅柯折。一筆斜揮數尺長，玉龍鱗甲逡巡裂。怪石全傾積霰凝，疏篁半死層冰結。揚州太守初得時，東閣行唫詩興熱。玉堂諸老競文章，冥搜秘思乾坤竭。子孫失守百年來，林生展轉求之切。林生林生奇巀嵲，一枝自許寒林傑。幽芳雅素與花同，恨不得行之爲點綴。丈夫骨氣應自别，瘦勁槎枒要如鐵。君不見，玄冥不放帝青回，蒼虯戰死璚瑤血。』（《水明樓集》卷二）

徐熥有《題薛素畫蘭》二首，其一：『朱鳥窗前翠黛殘，閑將幽恨寄齊紈。薛家閨秀稱雙絶，洪度花箋素素蘭。』其二：『空説湘江九畹春，殘枝憔悴不堪紉。深林豈是幽香少，半采天涯寄遠人。』作《題薛素畫蘭》（《鼇峰集》卷二十四）。

（《幔亭集》卷十四）

按：薛素，即薛素素，有《南遊草》。錢謙益《列朝詩集小傳》閏集：『素素，吴人，能畫蘭竹，作小詩，善彈走馬，以女俠自命。』

作《題朱竹》（《鼇峰集》卷七）。

徐熥有《題朱竹》：『根如赭蚪髯，葉如丹鳳尾。有時截作釣鼇竿，珊瑚亂拂桃花水。有時擲杖化爲龍，白日青天赤鱗起。能將紅霧變蒼烟，産在朱明幾洞天。須臾絳節生彤管，只向松間滴露研。』（《幔亭集》卷三）

作《題朱竹》（《鼇峰集》卷二十四）。

謝肇淛有《朱竹》：『秋老龍孫醉不醒，却疑淚血灑湘靈。只緣悞染紅塵色，無復琅玕舊日青。』（《小草齋集》卷二十七）

陳薦夫有《朱竹歌》：『湘妃血洗湘山赭，數尺篔簹産平野。火龍吹土破辰砂，爗爗龍孫赤成把。虚心勁節凌紫霞，焰聲戛戛扣交加。繁霜積雪不敢壓，點點銷鎔成落花。何人寫此真殊技，解使琅玕成火齊。裁將彤管配朱弦，六月南風享炎帝。』（《水明樓集》卷二）

按：《筆精》卷五『朱竹』條：『朱竹，古無所本，起于國初。宋仲温有一卷，不知何人筆。高季迪題《水龍吟》云：「淇園丹鳳飛來，幾時留得參差翼。簫聲吹斷，彩雲忽墮，碧雲猶隔。想是湘靈，淚彈多處，血痕都積。看蕭疏瘦影，隔簾欲動，應是落花狼籍。莫道清高也俗。再相逢、子猷還惜。此君未老，歲寒猶有，少年顏色。誰把珊瑚，和烟换去，琅玕千尺。細看來，不是天工，却是那春風筆。」此卷舊爲王太史家物。伯兄惟和收得之，珍若重寶，自題其後云：「根如赬虯髯，葉如丹鳳尾。有時截作釣魚竿，珊瑚亂拂桃花水；有時擲杖化爲龍，白日青天赤鱗起。能將紅霧變蒼烟，産在朱明幾洞天。須臾絳節生彤管，只向松間滴露妍。」伯兄卒，卷售他人。』

作《送鄭君大出葬白雲莊》（《鼇峰集》卷二十四）。

徐熥有《歸次建溪聞鄭君大訃詩以哭之》四首，其一：『忽爾傳君死，猶疑訃未真。哀來魂欲斷，痛定淚沾巾。泉路何其近，皇天太不仁。高陽修舊社，應少白頭人。』其二：『送我荷亭上，相看惜解携。生離猶唧唧，死別重淒淒。世不容豪俠，天疑愛滑稽。魂兮招不返，歌罷數行啼。』其三：『正擬還家日，對君懷抱開。如何千萬語，總作一聲哀。淚不到泉壤，書難通夜臺。或君靈爽在，知我已歸來。』其四：『交遊君最長，矍鑠有誰群。對酒杯邀月，看山屐躡雲。貧猶開白社，老不厭紅裙。何意經年別，歸來便哭君。』（《幔亭集》卷六）

按：熥落第歸經建溪在是歲九月，詳《熥譜》，君大卒當稍早。出葬時間則稍晚。

作《宗思兼先生向爲余作山水小幅，揮灑未完，以病目奪去，未幾，先生往矣。偶檢敝篋，捉筆足成一幀，歌以紀之。畫作于丁亥之歲，迄今十有二載矣》（《鼇峰集》卷七）。

按：宗周，字思兼，閩縣人。萬曆中監生，官余姚主簿。

又按：萬曆十五年丁亥（一五八七），過十二載，即是歲。

作《冬夜惟秦偶至，擁爐對酌，共用燈字》（《鼇峰集》卷十）。

徐熥有《惟秦冬夜偶至，擁爐對酌，率爾成咏》：『音從空谷聽，興似剡溪乘。榾柮殘爐火，松營半

壁燈。俗情談後滅，詩草別來增。濁酒堪消夜，渾忘朔氣凝。』（《幔亭集》卷六）

作《贈本净上人》（《鼇峰集》卷十）。

徐熥有《贈本净上人》：『信心歸净土，行脚到閩天。度衆時開講，降魔夜不眠。聞鐘能悟性，補衲恐妨禪。何日参猊座，焚香聽白蓮。』（《幔亭集》卷六）

作《寄答林子真》《寄鄭翰卿》（《鼇峰集》卷十四）。

作《丹陽葛逸人雙壽詩》（《鼇峰集》卷十四）。

徐熥有《雲陽葛隱君雙壽詩》：『句容元説葛洪家，配得仙姬蕚緑華。幾度化龍陂上竹，尋常喂鶴鼎中砂。笙吹緱嶺聲聲月，衣剪茅山片片霞。待到丹成同拔宅，遥空雙駕紫鸞車。』（《幔亭集》卷九）

按：丹陽，舊名雲陽。

十二月，顔容軒于西陽懷徐熥、徐𤊹兄弟。

顔容軒有《西陽懷徐惟和、惟起，時候屠田叔未至，客周二松江樓》：『歲晏單車傍險行，幽棲益動故交情。途因地主程多緩，夜爲詞人夢不成。湖海飄零鄉思切，家山迢遞旅魂驚。何時明月驅雙駕，酒盞歌籌弟與兄。』（《鳴劍集》，《石倉十二代詩選》之《社集》）

按：屠本畯去歲十一月去閩，二徐等送至困溪而別。屠本畯去閩後先回浙東，故顔氏候其未至。

作《戊戌除夕》（《鼇峰集》卷十四）。

徐熥有《戊戌除夕》二首，其二：『獨對殘燈暗自驚，世途誰復念虚名。索錢有虜詩難退，祀竈無靈術未精。半壁圖書先代業，四鄰歌管少年情。二毛豈必緣衰老，只恐窮愁白易生。』其二：『辦得椒盤橐已虚，殘年衣褐嘆全無。先人墨綬空廉吏，賤子青衫只腐儒。自祭詩神斟柏葉，欲驅窮鬼掛桃符。燈前不改貧家樂，堂上慈顔膝下雛。』（《幔亭集》卷九）

按：徐熥詩較𤊹多幾分滄桑。

是歲，偶得寒疾，捐藥債購元代《丁鶴年詩》，並題記。

題《丁鶴年詩》：『萬曆戊戌（一五九八）歲，偶得寒疾，乍起櫛沐，體猶委頓，忽有持《丁鶴年集》來售，余捐藥債購之。據床吟誦一過，倏然病已，因記之。筆研惰農徐惟起書。』（馬泰來整理《新輯紅雨樓題記　徐氏家藏書目》，第一四二頁）

按：參見萬曆三十六年（一六〇八）。

是歲，題明王禕《王忠文公文集》。

題《王忠文公文集》：『萬曆二十六年戊戌（一五九八），友人薛君和歸自婺州見惠。東海生徐惟起志。』（馬泰來整理《新輯紅雨樓題記　徐氏家藏書目》，第一四三頁）

按：《王忠文公文集》，明王禕撰，正統刊本。此本薛君和贈。

又按：薛君和，薛夢雷之仲子，福清人。太學生。薛夢雷，隆慶五年（一五七一）進士，官至雲南布政使。滇歸後築室于烏石山薛老峰下。有《彩雲篇》。

是歲或稍前，有詩題公選蕉雨亭。

作《題陳仕卿蕉雨亭》（《鼇峰集》卷七）。

按：參見萬曆三十一年（一六〇三）『題蕉雨亭詩』條。

徐熥有《題陳仕卿蕉雨亭》：『虛亭四面芭蕉緑，踈雨瀟瀟聽斷續。幾點啼殘屋上鳩，數聲滴破隍中鹿。洗盡紅塵翠色寒，美人含淚倚朱闌。題詩好趁初晴後，醉墨淋漓濕未乾。』（《幔亭集》卷三）

陳薦夫有《題仕卿侄蕉雨亭》：『仲容入林不種竹，繞砌芭蕉發春緑。空庭晝静山雨來，蔌蔌千聲碎寒玉。清陰翳翳雨泠泠，疏密同歸葉上聽。樹裏飛泉敲暗緑，林間殘雪破深青。新苞引翠瑩如拭，幾陣黄梅蒼欲滴。微風忽送半窗凉，萬斛珠璣灑空□。夢回復鹿不聞喧，有客銜泥扣華門。相對倚闌吟思足，不同深院鎖黄昏。』（《水明樓集》卷二）

是歲或稍晚，據葉向高所述福清林丙卿遊俠邪事，作叙事詩《玉主行》。

作《玉主行》，其《引》云：『林丙卿，福清人，生平倜儻，好遊俠邪，遇當意，揮千金不顧。劉姬鳳臺者，年十五，有聲教坊。貴游争慕之，姬不與狎。一見丙卿，歡甚，托以終身。丙卿破數百金納爲妾。久之，丙卿遊吴越間，道聞姬死，慟哭幾絶。疾馳抵燕，日夜哀痛，刻玉爲主，提携不去。左右爲賦長短句，題玉上曰：「入時倒郎懷，出時對郎面。隨郎南北復東西，芳草天涯堪繞遍。勝寫丹青圖，勝妝水月殿。玉魄與香魂，都在此一片。願作巫山枕畔雲，願作盧家梁上燕。莫似生前輕别離，教人看作班妃扇。」歲丁酉，丙卿去燕，復遊西粤。僦舟東下，爲舟人陳亞三所殺，沉其屍于江，掠其貲以去。蒼梧林司李，丙卿友也，半夜忽見婦人稱冤狀，因呼邏卒嚴捕禦人者，卒搜亞三槖，得玉主。司理大驚，窮索餘黨伏辜。求得屍，顔面如生，肌肉不損，觀者異之。葉太史傳其事，余爲作《玉主行》。』（《鼇峰集》卷七）

按：萬曆二十五年（一五九七），丙卿去燕遊西粤，遇害，其事輾轉至閩中，當在是歲或稍晚。鄧原岳有《〈玉主行〉并序》。序曰：『玉融林玄江，少年遊燕，日醉長安曲中，求得劉姬鳳娘者，傾貲買之。無何，死，林念之甚，則爲玉主祀之，繫懷袖間，并刻所製《斷腸詞》於陰，詞甚悲愴。久之，林客蒼梧，遇盜，殺而投之江，盡掠其行李，則玉主在焉。梧州李林君與山人舊相識，稔知其生平。一夕，夢麗人泣且訴，若有冤者。越明日，而偵卒以盜告，則故郡隸矣。其人素兇悍，每出，輒十餘日不歸，人以此疑之，然絶無所得踪跡。搜其家，乃獲所爲玉主者。林君詫曰：「此吾鄉人某物，女何從劫之？」盜駭服惶，遽咋舌死。捕其黨與，始悉其狀，蓋沉之江者月餘矣。檢出，顔色勃勃如生，腦後中一斧。林君遂盡付群盜於理。縉紳聞其事，以爲奇。葉宗伯爲《玉主傳》，而郭太史作長篇歌之。俱行於世。』詩曰：『林君少小負奇氣，二十結客學文字。長安遍謁諸賢豪，小語纚纚各有致。有時走馬入平康，平康美人號鳳娘。相逢相昵無此客，願持箕箒侍君房。俠烈相期豈瑣瑣，芳心一寸炯如火。便將白璧售娉婷，何惜明珠買婀娜。美人嬌媚婿風流，紫陌香奩不解愁。春風暖抱鴛鴦帳，明月光窺翡翠樓。世間萬事有翻覆，玉缺珠沉一何速！自埋匣鏡不回光，既斷琴弦那再續。旅泊淒凉閑舞衣，羅幃風動是邪非？始信佳人難再得，幾番夢裏空歔欷。賦罷招魂魂不返，腸斷鉛華日應遠。聊將良璞刻芳名，比作苕華勒琬琰。餘哀寫出斷腸詞，并入瓊瑶寄所思。決絶難消千載恨，連綿更訂九泉期。生死提携不相離，五色絲條勒繫臂。身隨南北復東西，卧即同床行並轡。無端忽作蒼梧行，瘴江瘴草愁孤征。何物舟師太無賴，緑林暴客誰知名。砍頭陷胸意何酷！擲向深潭飽魚腹。並將玉主爲珍藏，新鬼含冤舊鬼哭。蒼梧理官方少年，與君鄉曲習君賢。夜夢美人拜且泣，醒來惴縮心忙然。便令處處尋踪跡，玉主光芒射四壁。破壁如聞叱咤聲，捧出人人皆動色。使君一見心生悲，吁嗟此物從何來。疇昔之夢真有以，滿堂摵摵陰風吹。賊也聞言咋舌死，快意當前寧有此。盡縛餘黨察根因，腐肉由來付湘水。湘水浮來七尺軀，依然面孔血模糊。使君撫屍三嘆息，群盜一一伏其辜。憶昔從君接杯酒，醉後諧噱無不有。知君俠氣永不磨，知君俠骨終難朽。異哉玉主能報仇，不妨聲價重青樓。區區千金豈足較，平生恩怨爲君酬。』（《西樓全集》卷二，又《榕陰新檢》卷十五《幽期》引《竹窗雜録》載該詩，文字稍異）

是歲，屠隆、謝兆申先後借閱《五色線》一書。

按：題《五色線》：『戊戌（一五九八）之歲，屠田叔借抄一副，意將剞劂，以辰州命下，遂弗果。昭武謝伯元有古書之好，亦借抄一種。』（馬泰來整理《新輯紅雨樓題記 徐氏家藏書目》，第一一一頁）

又按：參見次歲。

是歲，永嘉黄道元贈《文壽承書隸千字文》。

按：題《文壽承書隸千字文》：『戊戌歲，永嘉黄道元寄惠。』（沈文倬《紅雨樓序跋》卷二，第八五頁）

又按：參見萬曆二十九年（一六〇一）。

是歲，弟熛與王宇等聚于釣龍臺課業，稱『五子』。

按：徐熥《龍臺聚業序》：『王永啓、林夷侯、高叔可、王渾之及余季惟揚五子者，講業于釣龍臺

之上，鐍户下帷，切磋不輟。焚舟破釜，淬礪愈堅。』（《荆山徐氏譜》）

是歲，陳薦夫爲兄熥所輯《晉安風雅》作序。

陳薦夫《〈晉安風雅〉叙》略云：『予友徐惟和，弱冠稱詩，窮居卒業，天質爽朗，丰神令上，非性靈不譚，脱餖飣如屣。於是録國家以來，凡吾郡作者，身無顯晦，人無存歿，但取其情采適中，聲調爾雅，詞足千古，體成一家者，得二百餘人，詩若干首，名曰《晉安風雅》。間有子姓昌華，世其家學者，罔不投進先集，期見采摭。此爲易易耳。若乃成季宣孟，終焉無後；欒却胥原，忽爾代降。文獻寢滅，斯焉取斯，故或搜芳於蟲魚之口，或訪玉於敗書之肆；或展轉關借，重越裳之譯；或仿佛睹記，授伏生之臆。然猶聽斷圭蓽，折衷方寸，故有籍甚當年，而片言無取；埋聲曩代，而連篇可傳。體擅偏長，則網收一目；文僅偶合，亦鼎嘗片臠。可謂衡鑒貯懷，錙銖應手，功掩先達，光啓來祀者矣……萬曆戊戌五日郡後學陳薦夫題。』（《晉安風雅》卷首；又《水明樓集》卷十一，文字稍異）

萬曆二十七年己亥（一五九九） 三十歲

徐熥三十九歲，謝肇淛三十三歲，曹學佺二十六歲，林古度二十歲，徐陸十歲

正月，初九，陳椿招集草堂。春夜同兄徐熥、黄道晦等過林應聘書齋。題蔡識襄《茶録》。同陳椿郊行，憩雙溪庵。清流王若母苦節，請興公撰文，答之，言如作詩則不敢辭。

作《己亥元日》（《鼇峰集》卷十四）。

作《迎春日陳汝大招集山堂》（《鼇峰集》卷十四）。

按：立春在正月初九。

作《屠田叔元夕納新姬張氏，催妝一首》（《鼇峰集》卷十二）。

按：屠本畯燕姬卒於閩。納新姬張氏當爲去閩之後事，閩中諸子得其消息有贈。

徐熥有《爲屠田叔太守新姬催妝》：『燈光滿九衢，弦筦待名姝。羞嗔夫婿促，嬌倩侍兒扶。鬟濃耀寶飾，佩響按羅襦。含颦疑有態，斂色看成都。欲泣聲先顫，將行步復須。梁鷩棲玳瑁，枕怯索珊瑚。除釵勞屢唤，近帳費低呼。情通呈臉暈，語澀静脣朱。蘭膏熏所闥，香氣郁流蘇。展轉動金釧，綽約見冰膚。使君今有婦，五馬不踟蹰。』（《幔亭集》卷四）

陳薦夫有《屠辰州納小姬張氏，戲寄二十韻》：『緑珠還碧玉，錦瑟復琵琶。羅襪宫彎淺，香肩繡領斜。名通題後葉，年及破來瓜。腰細輕勝燕，環濃净點鴉。暖融衾裏雪，嬌絢鏡中霞。衣緑名方稱，牽紅禮正嘉。錦絲長步障，油壁短轅車。内傳行相慰，東鄰去不遐。麗華歸綺閣，窈窕出張家。生怯銀缸滅，徐猥翠幕遮。狂心嫌鄭重，譽口競咨嗟。意得形骸略，恩深寵遇奢。停驪愁夜漏，凝□惜春華。帳底羔羊酒，琴邊小鳳茶。交聲揚皓齒，借手押紅牙。巧笑迎歸院，含情促放衙。宜男□日草，結子異時花。妝省秋娘妬，書從故友誇。温柔鄉足老，判不采辰砂。』（《水明樓集》卷四）

作《春夜同道晦、惟和過志尹書齋己亥》（《鼇峰集》卷十）。

作《春日同汝大郊行，因憩雙溪庵》（《鼇峰集》卷十）。

題《茶録》：『蔡君謨《茶銘録》，石刻小楷，爲平生得意書。劉後村去君謨未遠，家有數本，而其一爲方氏得之，不啻重寶。當時珍貴如此，況五百載之後乎！斯刻自君謨置之建州治，爲土掩瘞，不知年歲。近重修府藏，掘地得之，守識其古物，洗刷仍置庫舍後。附刻《茶詩》六首，字稍大於《茶録》，亦頗缺蝕。㶿聞其石在公署，無從印拓。萬曆丁酉，屠田叔爲閩轉運副使，乃托田叔移書建州守索之，才得此本。守去，今復棄置，無有貴重之者，不亦惜哉！己亥春日，三山徐㶿興公跋。』（沈文倬《紅雨樓序跋》卷一，第二三頁）

按：原題作《茶録》，據正文别作《茶録銘》。

又按：《茶銘録》，宋蔡襄書。

作《與王相如》：『尊堂苦節，得裴冢宰立傳，足當華衮，更重以陳宗伯、葉太史之文，可垂不朽。如弟之末學淺陋，何敢厠名于名公之列耶？或作詩歌，則不敢辭耳。伯孺刻下過蔣子梁家寫軸，可自面之。』（《文集》册三，《上圖稿本》第四二册，第三三三—三三四頁）

按：王若，字相如，清溪（今清流）人。布衣。負奇氣，變姓名，創奇服，散財結客，海内稱俠。有《文園集》《漁滄社集》。損資爲徐熥刻《幔亭集》。

又按：徐熥，别字調侯。

又按：將子梁，即蔣柏，子才弟。

又按：萬曆二十六年（一五九八），屠本畯任辰州知府，徐熥、徐𤊹送至困溪（即水口）。徐熥作《困關再别屠使君，次來韻》二首（《幔亭集》卷九），徐𤊹作《至水口驛屠使君以詩留别，次韻答贈》（《鼇峰集》卷十四）而别。

按：熥是歲下第，至此已三困公車。作此書時熥尚在世。

正、二月間，與陳薦夫、兄熥由瓊河泛舟至義溪，宿二孺（陳价夫、薦夫兄弟）水明樓，聽雨。陳薦夫作五古《感遇和會真詩韻》，和之。有詩贈陳公選。題《常建詩集》，又題《太白山人詩》。

作《賦得殘月如新月》（《鼇峰集》卷十二）。

陳薦夫有《殘月如新月》：

『一樣娥眉質，那分魄死生。清宵還共缺，後夜益難盈。側鏡看俱類，開簾拜不成。應潮迷海客，占候悮胡兵。影照殊蓂莢，星瞻認啓明。閨中何以辨，殘漏與初更。』

（《水明樓集》卷四）

作《賦得團扇承落花》（《鼇峰集》卷十二）。

徐熥有《賦得團扇承落花》：『飛花霞並爛，紈扇月同團。素影留芳怨，餘香戀合歡。嬌疑障笑比，朱訝掩脣看。有意迎風易，無聲到地難。臙脂紛點鏡，錦繡剪堆盤。魂向輕羅散，春從薄面殘。班

姬方斂恨，閨思況將闌。』（《幔亭集》卷十）

陳薦夫有《團扇承落花》：『宫扇偃輕羅，宫花隕玉柯。偶持迎絳雪，詎遣雜青莎。帶露疑揮汗，沾朱似障歌。陣香風處遇，片影月中過。白爲叢深損，紅因坐久多。殘英兼舊寵，相戀恨如何。』（《水明樓集》卷四）

作《賦得明月照積雪十一韻》《賦得深閨秋織十三韻》（《鼇峰集》卷十二）。

作《同幼孺惟和由瓊河泛舟至義溪，過幼孺水明樓》（《鼇峰集》卷十四）。

按：曹學佺《水明樓集序》：『水明樓者，取杜少陵「四更山吐月，殘夜水明樓」之句也。』（《水明樓集》卷首）

陳薦夫有《春日陪惟和、惟起由瓊河泛舟至溪上同賦》：『瓊河曲曲長春流，十里桃花引釣舟。馬瀆客帆天外港，龍江漁火竹邊洲。山凝宿雨全青眼，浪觸罡風半白頭。三十六溪看不盡，微茫烟樹水明樓。』（《水明樓集》卷五）

徐熥《同幼孺惟起由瓊河泛舟至義溪》：『寒風微雨共揚舲，無數漁歌竹外聽。浦口小洲懸半月，海門孤塔涌羅星。洪濤劍勢奔歸峽，衆水分流散入汀。三十六灣溪路轉，一灣山色一重青。』（《幔亭集》卷九）。

作《宿水明樓贈二孺》（《鼇峰集》卷十四）。

作《題水明樓贈幼孺》（《鼇峰集》卷七）。

作《贈陳仕卿》（《鼇峰集》卷十）。

徐熥有《水明樓贈陳仕卿》：『日日來相訪，愛君幽意長。畫題隨客命，詩債逼人償。聽雨坐蕉徑，放雲開竹房。入林無小阮，終少七賢狂。』（《幔亭集》卷六）

按：陳公選，字仕卿，陳价夫、薦夫族子，閩縣人。庠生。

作《水明樓聽雨短歌》（《蘢峰集》卷七）。

陳薦夫有《水明樓答惟和兄弟春宵聽雨歌》：『主人樓居僅如斗，山色溪聲無不有。灼灼紅歸隔水桃，盈盈青入垂墻柳。尋常景色艷陽多，何事偏君帶雨過。已似檐前飛宛瀑，更疑軒外落銀河。樓頭孤雨燃孤燭，白晝無何宵不足。響打疏櫺顆顆珠，寒敲碎瓦聲聲玉。與君看畫更題詩，雨裏清閒事事宜。若待晴來堪出户，題詩看畫已無時。』（《水明樓集》卷二）

徐熥有《陳伯孺兄弟水明樓春宵聽雨歌》：『我家有齋名緑玉，齋前種得千竿竹。君家亦有水明樓，半畝方塘山影流。君頻訪我蘢山麓，我每尋君溪水曲。與君來往十年餘，到此樓中幾回宿。今春買棹來相尋，峽江風起波濤深。樓中賓主黯相對，四山陰翳生淫霖。簷前坐聽聲聲雨，聊把琴書供笑語。燭盡猶然興未闌，詩成自覺心相許。瀟瀟風雨莫深愁，百尺樓中且暫留。憑君貌出巴山夜，一幅丹青當卧遊。』（《幔亭集》卷三）

作《宿水明樓聞溪聲》、《題伯孺所居池邊粉壁》、《題宋宮扇》四首、《别水明樓呈二孺》（《蘢峰集》卷二十四）。

作《和陳幼孺情詩用會真韻》（《蘢峰集》卷四）。

陳薦夫有《感遇和會真詩韻》：『薄霧隱雕櫳，長河帶遠空。徑穿花茂密，窗隔樹朦朧。玉漏頻敲竹，銀床半落桐。水晶簾受月，雲母帳藏風。媒介知心似，詞申肅客童。晚妝看處淡，春睡喚回濛。寶鏡明霞暈，輕綃膩雪籠。襪羅纖露鳳，巾領窣垂虹。冶態嬌傾國，微言乞入宫。一書城早下，百折水還東。媚眼含羞賣，柔情巧笑通。交深那更忌，意密自然蒙。曲巷楊遮路，寒厓桂托叢。鴛鴦躭繡枕，鸚鵡怨樊籠。恨滿胸長結，啼多氣不融。粉鉛銷臉色，釧玉失肌豐。別促空嗟命，緣乖但撫躬。篝燈防夜蕊，倚户剔春蔥。事迫權方設，謀殷變豈窮。佳期元易過，好夢亦難終。皎皎盟仲志，蒼蒼帝誘衷。雷生雙劍合，范蠡一舟同。奮似歸巢鶴，飜如脱網蟲。朱樓雲氣重，翠被日光曈。世俗嚴涇渭，人情阻華嵩。誰憐心裏素，競蹴路傍紅。浪跡悲流梗，離腸轉塞蓬。秋回差似燕，春去不如鴻。舊事烟隨滅，新愁火更沖。殘魂應不惜，纏死玉樓中。』(《水明樓集》卷四)

作《賦中得霞林樵隱贈梁逸人》(《鼇峰集》卷七)。

徐熥有《霞林樵隱爲梁逸人賦》：『山中一道明霞起，照得林巒色俱紫。初疑晴彩結爲帷，還訝餘光散成綺。林間仿佛見高標，白日青天掛絳綃。梁君霞外神仙客，時向山中稱隱樵。斧柯來往壺公谷，伐得晴霞成幾束。曉起常依洞裏行，夜深衹傍巖邊宿。擔頭挑得赤城歸，却似桃花片片飛。斫來自足山家業，服處真成隱者衣。殷紅滿目看如絢，朝暮陰晴千萬變。此物由來高可湌，願向深林求一片。』(《幔亭集》卷三)

陳薦夫有《霞林樵隱歌贈梁生》：『莆陽南去多平野，中有霞林出樵者。丁丁腰斧隔林聲。伐得明霞束成把，樵者埋名豈賣樵，誰知俠骨與清標。召來賜爵長安市，歸去霞林懶折腰。荆卿意氣君卿舌，曾北走燕南走越。古畫名書取次求，奇珍秘玩尋常閱。看君隱處滿林霞，莫是桃源二月花。

我亦溪頭漁釣者，與君相近欲移家。』(《水明樓集》卷二)

作《和幼孺美人買鐵馬歌》(《鼇峰集》卷七)。

徐熥有《美人買鐵馬歌和幼孺》：『瑶宫僊子遺環珮，百結流蘇向空墜。半天亂逐片雲飛，無數琅玕一時碎。趙璧隨珠半已殘，重將彩線串團圞。良工持向街頭賣，臨風忽聽聲珊珊。珊珊送入妖嬌耳，玉筍提携心暗喜。探得青蚨出錦囊，買來掛在雕簷底。一陣微風一陣聲，美人含笑聞琮琤。飄揚秖益春心動，淒切翻令午夢驚。銅壺夜静催銀箭，留得檀郎宿深院。却愛鄰姬睡乍酣，玎璫莫向空中戰。』(《幔亭集》卷三)

按：熥歿後，愛妾去帷，疑即這一位。詳萬曆二十八年(一六〇〇)。

陳薦夫有《美人買鐵馬歌》：『明珠瑩玉垂垂結，八角流蘇響淒切。風前雙掛玳梁高，自有宫商按成節。初聞鳴佩委清都。又似飛泉點玉壺。征人曉淚霜天盡，怨女秋魂夜月孤。東鄰竊聽疑璚玖，琮琤握在良工手。少婦帷中溢價酬，雙鬟簾下分番守。但道清和比玉揚，詎知幽怨結玎璫。重門風雨孤燈暗，悔殺黄金買斷腸。』(《水明樓集》卷二)

題《常建詩集》：『女大出此見贈。後余以其漫漶，手録一册，置之笥中數年，友人陳惟秦常愛此詩，又謂出余手録者，遂丐以去。余只留此本也。余家藏《百家唐詩》，中有常建一卷，較此本十只六七，又多訛誤。兹雖蛀羡，然校讎無差，又爲社長所贈，尤當珍惜也。己亥(一五九九)春仲，惟起書。』(馬泰來整理《新輯紅雨樓題記　徐氏家藏書目》，第一一九頁)

按：《常建詩集》，唐常建撰。徐𤊹手鈔。

萬曆二十七年己亥(一五九九)　三十歲

又按：鈔本之底本爲陳椿（女大）贈。椿生於嘉靖十三年（一五三四），年最長，故稱『社長』。興公題此集數月，椿卒，詳六月。

又按：此條叙社友贈書，已重過録，及其他社友愛此集之事。

又按：參見萬曆十六年戊子（一五八八）。

徐熥有題《常建詩》：『廬陵楊文貞公同陸伯暘造其師吴孟勤。時孟勤有《常建詩》一册，文貞與伯暘皆欲得之。孟勤未决所與，笑指門外汲井者曰：「二賢請賦此，先就者持去。」文貞應聲曰：「皎潔如明鏡，銅瓶下愈深。妝成不照影，應恐墜金簪。」遂揖而取之。三人相視大笑，伯暘因不復賦。偶憶楊詩，漫識卷末。』（《幔亭集》卷十九）

按：徐熥所題爲别本。

又題《太白山人詩》：『此本乃吾鄉鄭漱石先生所藏者。右方五行，鄭公之筆，且述其父蒲澗與少谷定交之言。余偶得於市肆舊書中，遂購以歸。漱石善詩，工草書，與先君子同貢于鄉，未仕而卒，子孫寢微，書籍散逸多矣。此本今在余家，得非不幸中之幸耶！己亥（一五九九）春仲，徐惟起書。』（馬泰來整理《新輯紅雨樓題記　徐氏家藏書目》，第一六〇頁）

按：《太白山人詩》，明孫一元撰，嘉靖刊本。

二、三月間，林如周就婚入楚，有詩送之。鎮江金山持心上人以造塔募緣入閩，與兄徐熥分别贈以詩；上人歸，送之。送張宗道遊秣陵。

作《送林道魯就婚入楚》：『合歡車子遠迎郎，三月夭桃滿路芳。』（《鼇峰集》卷十四）

按：林如周，字道魯，號孫膚，別號勾漏道人，林春澤之孫，林應起之子，侯官人。曹學佺有《林道魯先生墓誌銘》（《西峰古稀集文》）。

又按：《林道魯像贊》：『昔也，朗然眉宇；今也，蒼然鬚髭。昔也，苦心製藝；今也，寄興詩詞。主騷壇，標乎赤幟；闡經術，開乎絳帷。郎官之星，已上應列宿。行將綰銅墨，而冠如箕。厥祖享壽百四歲，容貌儼若而肖之。』（《文集》册十二，《上圖稿本》第四五册，第三一八頁）

又按：此文作年不詳，附於此。

陳薦夫《送林道魯就婚之楚》：『楊花如雪馬駸驔，去住情深兩不堪。之子夭桃江漢上，王孫芳草洞庭南。化龍津古分雙劍，回鴈峰高寄一函。此別心知歸隔歲，莫搴汀芷贈宜男。』（《水明樓集》卷五）

徐熥有《送林道魯就婚之楚，婦翁王獻父時爲吉藩左相》：『二月春風咏摽梅，征衣還見錦初裁。舟經劍浦乘龍去，路入衡陽捧鴈來。巹合賢王新賜醴，鏡開神女舊妝臺。兔園正授枚生簡，年少誰當作賦才。』（《幔亭集》卷九）

按：興公詩『三月夭桃』，熥詩『二月春風』，或後前作。

作《金山持心上人以造塔募緣入閩，喜而有贈》（《鼇峰集》卷十四）。

徐熥有《金山持心上人以造塔募緣入閩，喜而有贈》：『錫杖年來遍五湖，津梁隨處度凡夫。寶沉漢水思龐蘊，金布祇園問給孤。七級月中光舍利，諸天雲裹涌浮圖。當時玉帶今何所，猶自逢人説大蘇。』（《幔亭集》卷九）

陳薦夫有《金山持心上人以募緣造塔入閩，贈之》：『浮圖勢壓大江深，劫火灰殘變古今。燈歇海門雲外影，鐸聞京口月中音。幾番梅雨勞行脚，到處榆錢勸發心。翻笑頭陀功行少，開山惟掘下方金。』（《水明樓集》卷五）

作《送朝宗上人歸金山寺》（《鼇峰集》卷十四）。

徐熥有《送朝宗上人還金山》：『天涯行脚偶相逢，又向空門憶舊松。千里月嘶春澗馬，半江雲起曉堂龍。臨流獨浣歸山衲，禮佛重鳴到寺鐘。聞説慈航堪度世，幾時禪榻待周顒。』（《幔亭集》卷九）

陳薦夫有《朝宗上人以募金造塔入閩却還金山寺，詩以送之塔中藏舍利子大如菽米，□□正月五日放光亘天》：『寶輪金鐸十方緣，來□江南瘴雨天。緇錫却回烟裏寺，旗槍歸試石間泉。清秋聲合洪濤險，獻歲光生舍利圓。聞説浮杯勝過櫓，不妨雲水定中禪。』（《水明樓集》卷五）

徐熥有《送金山持心上人序》：『塔功甫成，緣師示寂。其徒持心尚以佛像未全，廓廡未備，崖岸善崩，持許少傅、馮太史疏文入閩抄募……於其歸也，余社諸子各賦詩爲贈，且以告諸四方之善信。』（《幔亭集》卷十六）

蔡獻臣有《送持心上人募緣還金山》：『吴頭楚尾大江流，三山縹緲日夜浮。就中金鼇最奇特，片石砥柱帝王州。憶昔維舟曾幾遍，銀宫金闕參差見。近傳絶巘浮屠顛，丙夜神光放匹練。問誰發心建弘圖，持公師弟愚公徒。芒鞋踏破閩山草，手中募疏與尼珠。吾聞大地多變滅，碧海桑田不須臾。況復佛身今在否，敲石閃電亦何有。願公且持半偈歸，鹽豉冷泉餬其口。何時重過江天居，解

裝爲汝立躊躇。』（《清白堂稿》卷十二上）

按：《題金山募緣疏》：『京口金山，在宋季有塔屹峙江心，歲久毀於火。歷數百年，無有興造者。老衲萬緣與其徒持心曾募金巨萬，創成七級塔。功成矣，第佛像未完、廊房未備，猶乏偉觀，常念四方檀施多捨金錢，助工有差，獨閩中遠隔海濱，無因抄化。萬曆己亥，上人賚陸五臺太宰、馮具區太史二公疏文入閩，時施二華使君暨徐幔亭孝廉欒然興念，協力募題，善果方成，而使君擢南計曹以去，孝廉遂捐賓客，上人竟歸矣。』（《文集》册九，《上圖稿本》第四四册，第三三七頁）

又按：『歷數百年』，『百』字原缺，據熥《送金山持心上人序》及文意補。

又按：此《疏》作于萬曆三十年（一六〇二），參見該歲。

作《送蘇令公擢南計曹》（《鼇峰集》卷十四）。

按：蘇令公，閩縣知縣蘇兆民。

徐熥有《送蘇明府擢南計曹》：『鷄舌新含入舊都，幾時閩海更還珠。中牟理邑方馴雉，南部趨朝好聽烏。百里歌猶傳蔽芾，一官清不愧萊蕪。度支若上籌邊策，願賜江南一半租。』（《幔亭集》卷九）

作《送張宗道遊秣陵》：『少年爲客狎天涯，歲歲花時説别離。丘壑雲霞千里夢，樓臺烟雨六朝詩。緑楊渡口留歡曲，紅杏村邊賣酒旗。目斷王孫南去遠，莫因芳草滯歸期。』（《鼇峰集》卷十四）

徐熥有《送張宗道之白下》：『春風頻聽白門鴉，匹馬驕嘶踏杏花。匣貯豐城埋後劍，帆開博望泛時槎。梁間玳瑁尋盧女，井角臙脂吊麗華。夜泊秦淮重買醉，隔江依舊月籠沙。』（《幔亭集》卷九）

陳薦夫《送張宗道遊金陵》：『何處頻傷客路賒，白門楊柳萬條斜。月中古渡過桃葉，雪裏高臺上雨花。山色尚圍吴苑囿，江聲空咽晋年華。知君舊有蓴鱸興，莫待秋風蚤憶家。』（《水明樓集》卷五）

作《得陳女翔惠州書並新詩見寄》《偶作》（《鼇峰集》卷十四）。

又按：林正清題記：『《太初集》，余架上有一部，兹復得此本，以先正徐興公宛羽樓所藏，故留之。戊戌九月晦日，洙雲識。』（馬泰來整理《新輯紅雨樓題記　徐氏家藏書目》第一六〇頁）

三月，上巳，與兄徐熥、趙世顯、陳薦夫等禊飲桑溪，相與倡和，王崑仲即景繪圖。送陳仲溱遊端州。侍楊德政於延津，與徐熥分别上詩。

作《桑溪禊飲》：『維兹春暮，既合且和。良儔至止，載咏載歌。冥心川上，滌志崇阿。緬懷古哲，感彼流波。』[一]（《閩都記》卷十一《郡東閩縣勝迹》）

作《桑溪禊飲詩》：『和氣滿六合，萬彙敷春陽。時禽忽變聲，草木柔且長。祓除出東郭，同志相携將。茂林蔭長阪，喬松被崇岡。朝陽照我衣，惠風吹我裳。行行抵林麓，山水含蒼茫。桑溪夾叢薄，淺瀨鳴湯湯。奔泉漱石齒，殘溜衝溪光。細草承列坐，餘花逐浮觴。佳景暢幽愫，臨淵羡濠梁。觀瀾恣逸樂，盥濯隨徜徉。微尚既云合，心賞於焉償。嘯咏遵遺俗，遊豫思先王。山川宛如昔，陵谷嗟匪常。古人不可作，俛仰成悲凉。寥寥千載外，誰當嗣其芳？』（《鼇峰集》卷四）

[一] 原詩無題，此處詩題爲筆者所擬。

按：徐熥《桑溪禊飲序》：『東郊桑溪，距閩城十里而近，故王無諸流觴之所也……萬曆己亥，祓除之日，和風初扇，晴旭乍開，遂集諸賢禊飲其上。泉聲琮琤，石勢盤曲，蒼林蒽蒨，黄鳥嚶鳴，草色疊爲裀氈，松籟韻爲弦管。或踞磐石之次，或席叢薄之陰，列坐不拘，浮觴無算。臨流泚筆，酒再詩成，以咏以遨，窮日而反。搜先代之遺墟，躡會稽之芳躅。歐閩至今二千餘歲，寥寥今昔，來者爲誰？王子玉生即景繪圖，余叙其概。倡和諸什，列于左方。』（《幔亭集》卷十六）

趙世顯有《三日社集桑溪，分得八言體》：『佳辰欣修禊向東溪，藜杖朋尊共竹裹携。未盡水中觴欲沉醉，任傳勝事與永和齊。』（《芝園稿》卷二十八）

陳价夫有《桑溪禊飲》：『茂林修竹，清流激湍。春禽弄波，晴翠映瀾。千載一集，兹遊實難。觴來勿辭，請君盡歡。』[一]（《閩都記》卷十一）

陳薦夫《桑溪修禊詩》詩引：『桑溪在閩郡東，故王無諸禊飲之所，惟和考郡志得之。日在上巳，約同社流觴，遠循舊事。人賦四、五言各一章。爲圖而系之。』（《水明樓集》卷一）同賦者有曹學佺、徐𤊹、陳价夫、陳薦夫等。

徐熥有《桑溪禊飲詩二首》，其一：『春風載柔，遵彼長林。我有旨酒，與子同斟。幽懷既愜，玄想彌深。悠悠逝波，寔愴我心。』其二：『暮春有餘閒，出郊騁遊目。桑溪激情湍，澄泓遁洄洑。微暄起川涘，輕陰垂灌木。群賢互箕踞，浮觴泝溪曲。周遭信堤岸，斟酌勞童僕。石矗防仄傾，流駛慮

[一] 原詩無題，此處詩題爲筆者所擬。

顛覆。幽賞豁塵襟，餘薌散春服。尊罍猶未罄，羲輪欲回轂。俯仰成古今，動靜悟往復。誰哉契我心，蘭亭有高躅。』（《幔亭集》卷二，又王應山《閩都記》卷十一載四言一章，作《桑溪禊飲》）

陳薦夫有《桑溪修禊》：『泛泛清漪，盈盈羽觴。臨流不接，凝思未遑。情怡曲渚，目睇連岡。逝川閱水，感念前王。』（《水明樓集》卷九，又《閩都記》卷十一，文字略異）

作《送惟秦遊端州應田參戎之招》（《鼇峰集》卷十四）。

徐熥有《送陳惟秦客恩州》二首，其一：『客枕愁聽五嶺猿，瘴江何處不消魂。羊城月送春潮上，蜆水風催夜渡喧。茉莉賣錢香滿市，芭蕉成布緑連村。明知此去蠻鄉惡，無奈飄零別故園。』其二：『樹樹桐花夾路開，思鄉還上粵王臺。裹鹽峒客投墟去，沽酒蠻姬泛艇來。市肆盡傳鷄骨卜，垣墻多雜蠣房灰。送君解説炎方俗，二十年前此地回。』（《幔亭集》卷九）

陳薦夫《送惟秦之端州》：『盡説端溪可斷腸，總緣風土是炎方。蠻村椰子家家酒，嶺樹奇南步步香。毒霧布陰巖峒黑，瘴雲蒸日海天黄。古祠錦石山前路，知愧千金陸賈裝。』（《水明樓集》卷五）

王毓德有《送陳惟秦之端州》：『爲愛漂零百粵遊，短衣揮淚到恩州。藤邊烟竈猺人峒，樹杪風帆貝客舟。千里瘴雲征馬急，五更殘月嶺猿愁。南飛莫道無鴻雁，只恐歸期不待秋。』（《晉安風雅》卷九）

王宇有《送陳惟秦遊東粵》：『閩天盡處是潮陽，送客還傷道路長。三伏不堪驅瘴嶺，孤身況自入蠻鄉。山城暮雨芭蕉緑，野店秋風蔓葉黄。翠羽啼花聲不歇，夜深淒斷旅人腸。』（《烏衣集》卷四）

作《上楊大參叔向先生》二首（《鼇峰集》卷十四）。

按：楊太史，即楊德政。楊德政，字公亮，一字叔向，號楚亭。鄞縣（今浙江寧波）人。萬曆五年（一五七七）進士，入翰林，授編修，出爲福建參議，遷副使，駐延津（今南平），歷山東參政。有《夢鹿軒稿》。

又按：題《楊太史〈延津八咏〉》：『不佞於己亥歲侍先生于延津。』（沈文倬《紅雨樓序跋》卷二，第八六頁）

徐熥有《上楊叔向參知》二首：『清朝騷雅見遺音，愛士常懷倒屣心。太史文章高倚馬，右軍書法得來禽。家饒美竹堪爲箭，爨有焦桐解辨琴。行部時時過劍水，匣中風雨作龍吟。』（《幔亭集》卷九）

四月，王孔振贈唐孟郊《孟東野詩集》，題之。從舊肆得元吳海《聞過齋集》，批誦數回，題之。從鄉高孝忠處得《五色線》，題之。又題朱翰輯《檇李英華》；又題元張憲《玉笥集》。

題《孟東野詩集》：『（王）孔振案頭有此集，翻閱良久，孔振心知余愛誦，遂以見贈。余袖歸，珍若寶玉，兩携入吳越，妄意批點。兹孔振謝世五載，每一披覽，不勝河山之感。己亥（一五九九）四月初三日，雨中無事，彙檢唐賢詩，因捉筆書于紅雨樓，天竺山人徐惟起識。』（馬泰來整理《新輯紅雨樓題記 徐氏家藏書目》，第一一二頁）

按：《孟東野詩集》，唐孟郊撰。此本王孔振贈。

又按：《聞王孔振客死瀘州詩以哭之》（《鼇峰集》卷十）、徐熥《哭王孔振客死瀘州》（《幔亭集》卷六）作于萬曆二十五年（一五九七），詳該年。此條『謝世五載』，馬泰來曰『疑爲「謝世三載」』

之誤』（馬泰來整理《新輯紅雨樓題記　徐氏家藏書目》，第一二二頁），是。

又按：參見萬曆十八年庚寅（一五九〇）。

按：題《錢起詩集》、題《皇甫持正文集》（馬泰來整理《新輯紅雨樓題記　徐氏家藏書目》，第一二〇、一二四頁）疑亦作於此前後。

按：此二條較簡略，無落款。據《孟東野詩集》所題：『己亥（一五九九）四月初三日，雨中無事，彙檢唐賢詩。』（馬泰來整理《新輯紅雨樓題記　徐氏家藏書目》，第一二二頁）當前後作，附繫於此。

題《聞過齋集》：『吾鄉先輩吴先生朝宗，爲人尚行檢，重氣節，洪武初隱居不仕，與永福王翰友善……此版乃藤山鄭公濬重梓者，迄今百二十餘歲，版復散失，傳者尠少。先生之文，不絶如綫矣。余偶從舊肆得之，批誦數回，輒興景仰之懷。嗟嗟，文章顯晦，固自有時，由今以至千百歲後，不知誰爲王，誰爲鄭也。謹什襲秘藏，俟吾鄉有博雅好古之士出，當謀梓以傳。時萬曆己亥（一五九九）初夏三日，後學徐𤊹謹題。』（馬泰來整理《新輯紅雨樓題記　徐氏家藏書目》，第一四〇—一四一頁）

按：《聞過齋文集》，元吴海撰，明福州藤山鄭公濬重梓本。此本得之於舊肆。

又按：吴海，字朝宗，閩縣人。先世爲元臣，元亡不仕，隱居烏石山麓。

又按：又題《聞過齋集》，參見次歲。

題《五色綫》：『此本余得之鄉先輩高南霍先生所藏者……二君（按：指屠本畯、謝兆申）俱博洽君子，此書俱未嘗經目，想傳之人間尠少也。己亥（一五九九）初夏望後，雨坐山樓，偶爾翻及，漫識其

後。』（馬泰來整理《新輯紅雨樓題記　徐氏家藏書目》，第一一一—一一二頁）

按：高孝忠，字南霍。此本得之鄉先輩。

又按：參見去歲。

題《檇李英華》：『檇李石田朱翰隱居鄉校，所著有《石田清嘯集》，多摹擬盛唐諸作，有數首可傳。余有朱詩一帙，閑取披閱，恒嘆其名漸湮滅也。但選擇頗真，去取有法，始知朱君不獨善詩，且善選詩也。夫選詩最難，湖州有《吴興詩選》，新安有《徽詩匯編》，寧波有《四明風雅》，吾郡有《三山詩選》，皆有小疵，視諸朱君之選，當讓一籌耳。己亥（一五九九）夏四月，興公書。』（馬泰來整理《新輯紅雨樓題記　徐氏家藏書目》，第一六八頁）

按：《檇李英華》，明朱翰輯。

又按：此條言區域選詩之難，以爲《三山詩選》（即熥所選《閩安風雅》）亦有瑕疵。

題《玉笥集》：『勝國人才之盛，超宋接唐，當時善鳴者凡數百家，皆流麗逸宕，以情采風致勝……此本余得之故家所藏，不絶如線矣。重加裝訂，秘之篋中，尚俟質之諸同調，再刻以傳也……萬曆己亥（一五九九）初夏晦日，惟起書。』（馬泰來整理《新輯紅雨樓題記　徐氏家藏書目》，第一四一頁）

按：《玉笥集》，元張憲撰，成化刊本。

又按：此條評元詩『超宋接唐』『皆流麗逸宕』，似有異於他家。

閏四月，從于山平遠臺山房瀚上人處乞得《寒山子詩集》，歸，作跋。

跋《寒山子詩集》：『余他日偶訪瀚上人于平遠臺山房，見案頭有寒山子詩一帙。上人不知愛重，鼠齧其腦，漸至於中。余曰：「寒山之詩，詩中即偈。師其知寒山之禪機乎。」上人茫然不答。余遂丐歸。上人視之如棄敝屣。山窗無事，手自粘補，重加裝潢。第鼠齧處（闕深傷）字［闕］，［深］爲可恨也。載觀卷首朱晦翁、陸放翁二劄，則明老、南老賢于瀚上人遠矣，識者能不呵呵大笑耶。己亥（一五九九）閏四月，徐惟起跋。』（馬泰來整理《新輯紅雨樓題記　徐氏家藏書目》第一一九—一二〇頁）

按：《寒山子詩集》，唐釋寒山子撰。此本得之於釋子山房。

又按：瀚上貽興公集，興公却有微詞，看似欠忠厚。然興公數與上人倡酬，次歲又作《懷友詩·如瀚上人》：『浪跡去無踪，空房偃舊松。禪心江上水，旅夢月邊鐘。住選何年寺，行經若個峰。黄梅君故土，仔細辨南宗。』（《鼇峰集》卷十）又推許其禪心。究興公意，以上人不甚顧惜書籍，故心恨之，如此而已。

夏日，與兄園居，有詩。謝友諒見訪。送大中丞金學曾官還武林。

作《夏日園居》（《鼇峰集》卷十四）。

按：徐熥有《夏日園居和興公韻》二首，其一：『荒園四面緑陰齊，菜甲縱横剩幾畦。絡架瓜藤青不斷，亞簷檉葉翠難低。石堪清聽敲靈壁，茶可消煩煮建溪。坐對博山香漸滅，數聲歸鳥過窗西。』其二：『一條邛杖繞疎籬，正是閑行得句時。縛帚竹尋將槁葉，插瓶花愛半開枝。多情乳燕梁間壘，無意蜘蛛屋角絲。樹影臨窗遮欲盡，晝長真與睡相宜。』（《幔亭集》卷九）

作《謝友可大行見訪，時余將楚遊》（《鼇峰集》卷十四）。

作《送大中丞金公解官還武林》（《鼇峰集》卷十四）。

按：金大中丞，即金學曾。金學曾，字子魯，錢塘（今杭州）人。隆慶二年（一五六八）進士，授工部主事，萬曆間任福建巡撫都御史。時從菲律賓引進番薯藤，金學大力推番薯種植，閩人至今德之。

六月，與兄徐熥考得《高秦仲山水圖》，相顧踴躍考證。此月前後，輯《閩畫記》。陳椿（汝大）卒，哭之。

徐熥《高秦仲山水畫圖》：『藏之十年，竟莫知爲誰筆也。近興公弟撰次《七閩畫記》，繙閱《長樂縣志》，見永樂丁酉科有高淮者，字秦仲，邑之後澳人，疑此圖出其手。然郡邑志乘俱不載其能畫，苦無證佐，遂篝燈分檢國初諸公遺稿，亦無及淮者。至王典籍恭《白雲樵唱集》，有《題〈高淮水墨扇〉》一絶，云：「偶坐孤亭趣不稀，片雲空翠濕羅衣。相逢莫話前朝事，剩水殘山只鴈飛。」不覺相顧踴躍，始知真爲淮筆也。蓋國初印章，如「胸中丘壑」「無聲詩」，善畫諸公互相摹刻，不足據也。淮工於繪事，二百年後，卒無有知之者。僅寄於皆山樵者一絶，以徵不朽，信非偶然矣……己亥六月六日。』（《幔亭集》卷十九）

按：高秦仲，即高淮。高淮，長樂人。永樂十五年（一四一七）舉人。

又按：《七閩畫記》，即《閩畫記》。

又按：十年懸而未解的疑惑，二徐篝燈分檢典籍，終於水落石出，欣喜之狀露於言表。

作《哭陳汝大先生》二首（《鼇峰集》卷十四）。

按：陳鳴鶴《東越文苑》卷六：『陳椿，字汝大，閩縣人。父曰子文，爲湖廣憲副。椿少爲博士弟子，治博士家言，及父卒，椿擇葬地，乃治形家者言，精於青鳥之術。居有頃，母得滯病，椿復治黄帝扁鵲之言，爲母診病。病良已，椿忽自悟曰：「醫之所及，歲不能至百，不足治，治服形度世之言。」於是椿所治凡數百萬言，無所不見。乃發而爲詩，遂臻其妙。年六十六卒。所著《景于（按：奪一「樓」字）集》八卷、《養生悟言》三十卷、《竹軒雜録》十卷。椿之卒，巍然柴坐，左右手翼如。或曰此形解也，然不可知。』郭柏蔚同書按語：『陳椿，萬曆中庠生，所著《景于樓集》八卷，爲徐熥所選，先生亦手自參校。陳元凱、曹能始爲之序。』

又按：陳椿《景于樓集》爲徐熥、袁敬烈所選[一]；《榕陰新檢》稱引椿《竹軒雜録》多條。

陳薦夫有《哭陳汝大》二首，其一：『詩懷瀟洒酒腸寬，忽爾霜摧楚澤蘭。別館夜譚違碣石，空庭秋色夢邯鄲。新阡自相青郊塚，故里誰登白社壇。不爲詞林公議在，幾人罇俎祀儒冠。』其二：『分題刻燭氣猶雄，意興何嘗似老翁。垂白尚聞驚坐語，殺青初就苦吟功。一時朋好蕭條甚，六代

[一] 陳椿年長徐熥三十七歲，係與袁表同一輩分的詩人。陳勳《景于樓集序》論其詩，略云：『女大先生藏山之業既成，徐惟起、袁無競爲選其古風、歌行、近體詩，而先生亦手自參校，簡其上駟，列爲八卷，于全稿裁十之三四。蓋其精如此。先生之學無不窺，自六籍迨于百家之言，多所賅總，而尤注思于丹元、內景、神脩，又在道山絳闕間。嘗著書言大道之要，顧自深秘，世莫得而窺也。徒知其詩而已。愚嘗觀閩中先進之詩，其聲必出于唐，鮮或雜而爲他，蓋風氣實然。繼之先生始以異才絕力，遵軌杜陵，逼其神髓，嗣響彬彬，又哲匠不乏。景從諸鉅公，間作斟酌盛唐名家，而沖融雄渾，殆得其宗。邇日群公超乘而興，雙甄所指開元、大曆之壘，無所不靡，於是閩中之詩雄海內矣，卓然與有唐同風。而女大先生年稍尊，早與袁先生上下切靡，工力悉敵晚在諸君，社中稱祭酒。然則，先生之爲詩可知已……先生妙契玄理，人不得而窺也，而神明澡練，胸栖清氣，觀于其詩，有晶潤而沆瀣流，蕭冷而天籟發者，則所謂出于機，先生亦有不得秘者乎！讀者嘗試以是觀之。』（《元凱集》卷二）

英靈唱和同。惟有詩名長不朽，幾曾埋没北卬中。』（《水明樓集》卷五）

六、七月間，趙世顯贈邛竹杖于徐氏兄弟，各有詩。

作《邛竹杖》（《鼇峰集》卷十）。

徐熥有《趙仁甫先生以邛竹杖見惠，賦此答謝》：『種本傳西域，曾聞貢漢宮。一枝非嶰谷，萬里出蠶叢。曳去穿雲際，携來到水窮。節應虛緑玉，頭可掛青銅。莊叟逍遥外，盧敖汗漫中。未嘗臨俗客，偶爾借鄰翁。采藥兼瓢往，挑經與錫同。静緣幽徑曲，詩興野橋東。共步添良友，扶顛當小童。長房吾自愧，君已似壺公。』（《幔亭集》卷十）

作《靈壁石》《枯木榻》《瘦木瓢》《夜吟》《寄王仲衍》（《鼇峰集》卷十）。

八月，八日，兄徐熥病卒。同社諸友作詩吊之。有詩答陳宏已。

作《先兄亡後，振狂以詩見慰次答》（《鼇峰集》卷十四）。

按：陳鳴鶴《東越文苑》卷六『徐熥』條：『萬曆已亥，熥病侵。有程倉曹者禱於城隍，願以餘年代熥。晝夜禱，叩頭，頭盡流血。』

又按：陳价夫《徐惟和行狀》：『越月五日，始入城，視其疾，則已益篤，猶然執予手，如相訣狀。蓋身後之事，旬日前自知不起，已預諄諄屬之介弟矣。林從事志尹者，莫逆友也。惟和自玉田病歸，即移外寢，呼志尹與居。悉屏去婦人，不令近，獨志尹侍湯藥床笫者月餘。至仲秋八日，疾竟不起。嗚呼，傷哉！惟和所生母林已騷然黄髮矣。男子才丱角，女子才八歲，其餘尚呱呱而啼。卒之日，親朋百人哀號震慟，滿城行哭，可謂死而哀者。』（徐𤊹選鈔本《招隱樓稿》，上海圖書館

藏）

又按：《徐熥傳》：『卒萬曆二十七年己亥十月初十日己時，年三十九。葬西關外丸店張半洲墳左侖。』（《荆山徐氏譜·世系考》）《荆山徐氏譜·世系考》所記，恐非。陳价夫《招隱樓稿》爲熥弟㶿所選，上海圖書館藏鈔本鈐有徐㶿印章。熥卒切確時間當以《行狀》爲是。

九月，徐熥入祀烏石山之高賢祠。

按：陳鳴鶴《徐熥傳》：『及熥卒，閩士大夫、四民過客，亡問知與不知，皆爲垂涕。自遠方來吊者，趾相錯。故嘗與熥爲詩者相與祀熥與陳椿于高賢祠。』（《東越文苑》卷六）

又按：高賢祠爲徐熥與轉運副使屠本畯倡建。

秋，朝鮮官員魯認自日本亡命附商舶至閩，守臣送歸本國，興公與既薦夫等有詩送之。送李豹玄孝廉還京口。送鄭邦衡之楚。

作《送魯公識還朝鮮。萬曆甲午，倭奴破朝鮮，公識起兵勤王，全家死之，孤身見執至日本。會平酋死，得亡命附商舶至閩，守臣送歸本國。公識能詩善書，仕六品官》二首，其一：『風掃舟師百萬兵，轉憑商舶托殘生。心恢箕子封時國，身陷倭奴破後城。天盡路歸蠻徼遠，月高帆掛鴨江平。纍臣九死干戈地，不似當年李少卿。』其二：『平壤城空戰血枯，艱危臨敵效捐軀。包胥誓在終存楚，李廣亡歸竟破胡。絶島風波過對馬，隔江烟火辨玄菟。帛書好寄高麗繭，莫遺遼陽隻雁無。』（《鼇峰集》卷十四）

按：魯認，字公識，朝鮮官員，居官六品。萬曆二十五年（一五九七）六月，在朝鮮全羅道南源戰役中被日軍所俘，全家二十多口死之。認被押送到薩摩州島津儀弘，萬曆二十七年（一五九九）三月逃脱，乘中國商船至福建南部沿海，四月到達福州，與秀才謝兆申等交往。秋，歸國。著有《錦溪日記》，記載萬曆二十七年（一五九九）二月至六月事（七月以下，文佚）。

陳薦夫有《送魯公識還朝鮮》二首，序云：『公識名認，仕朝鮮，爲六品官。萬曆甲午，倭奴攻破朝鮮，公識起兵勤王，全家死之。孤身見執，至日本，會關白死，得亡命附商舶還閩。守臣以聞，馳傳送公歸，公識善□□□草書，贈之□□。』其一：『萬里樓船散作灰，全家赴難一身回。張良引去韓誰重，蘇武生還虜氣摧。豕首白知鄉路近，鴨頭緑見瘴江回。令威故園無心返，城郭人民盡可哀。』其二：『釜山烽暗海雲低，夜夜征魂怨碧蹄。報國有心秦社哭，還家無計楚囚啼。新巢燕子空林裏，舊宅楊花古渡西。到日定知春事淺，人參五葉雨中齊。』（《水明樓集》卷五）

謝兆申有《贈别朝鮮魯公識四首》，其一：『凉風飄客袂，言念子流離。仰視日月光，俯觀山海徠。行人新奉詔，屬國舊封黎。憐爾營溝壑，萬死不忘歸。昔爾逢倭難，釜山日夜圍。國破爾欲死，荷戈揚義旗。同仇争勇剽，慨慷有餘悲。血戰忽成虜，復仇以爲期。間關歸我土，俛俾戀高麗。爲我愬心曲，事與願俱違。丈夫未成名，詎肯葬蠻夷。一訴一行淚，聞者盡噓唏。將子莫如雨，言旋會有時。』其二：『故鄉有旋日，中華難再至。今已躡屣履，何必非爾地。聞斯弦誦聲，見斯禮樂器。君子演箕疇，小人戲文菽。皇皇唯我師，孔曾齊所契。幸爾覯聖賢，一日如千歲。當時戰場死，焉得今留滯。莫以嘆式微，思還遠莫致。瞻彼參與辰，明星復晢晢。道路阻且修，寤寐忽如寄。親愛不克俱，東望空流涕。中國柔遠人，子其休以侍。』其三：『休侍苦煩紆，今爾各一隅。白露零秋草，日夜悲故閭。且莫悲故閭，樂浪有王居。天回戴日月，云何鬱以盱。倭奴梟未已，但恐更長驅。誰當一厲馬，子欲矢捐軀。父母與妻子，不知安且危。壯士報國仇，飲恨在斯須。惜哉不得濟，其虛以其邪。東轡長鳴鋏，豈伊食無魚。激烈就功名，嗚咽常告予。予且與爾別，何以慰躊躕。』其四：『躊躇終當別，送我何殷懃。聆爾何悲憤，視爾若銷魂。我行不可留，無爲自苦辛。中丞將遣送，東歸道有因。白日暴秋江，金飈蕩埃塵。去去遠行客，悠悠懷所親。今我還綏水，載驟已駸駸。獨憐再會難，鴨緑清且深。他日返王京，引領望甌閩。東南雖迴隔，率土莫非臣。明明我天子，令德來遠人。爾國列賓貢，詎若胡與秦。相見何所期，言覲爾獻琛。』（《謝耳伯先生全集》卷二）

謝兆申有《又別二首》，其一：『別緒引秋風，寥淚度雲鴻。我返閩西西，子歸遼東東。送我涕如雨，會面安可逢。玄菟怨烏夜，明月在天中。相去修已阻，相思夢亦空。不如飲子酒，且以佇匆匆。』其二：『我行且登舟，子莫徒離憂。眷眷戀我側，去去難久留。嘆息唯參辰，愁思不可抽。丈夫在四海，譬彼水浮舟。聚散無定期，感子叙綢繆。』（《謝耳伯全集》卷二）

王毓德有《送魯公識還朝鮮》：『幾回生死到中華，海色連天去路賒。八道傷殘猶有國，一身淪落已無家。夢過遼水驚歸鶴，愁斷開城聽暮鴉。還相舊君如范蠡，十年生聚剪夫差。』（《晉安風雅》卷九）

作《送李豹玄孝廉還京口》：『天涯旅食度秋光，一夕西風憶故鄉。』（《鼇峰集》卷十四）

陳薦夫有《送李豹玄孝廉還京口，兼呈鄔子遠》：『留君無計繫蘭橈，江上新霜脆柳條。裝薄却愁寒汛早，途窮頻仗酒權銷。瓦鐺夜煮中冷月，鐵甕秋聽半夜潮。爲問故人離別後，舊遊何地更逍

遥。子遠有《逍遥遊册》，余嘗爲賦詩。』（《水明樓集》卷五）

按：鄔子遠，字嘉文，丹陡人。處士。

作《送鄭邦衡之楚》：『凉生水國蒹葭月，秋老寒林橘柚霜。』（《鼇峰集》卷十四）

陳薦夫有《送鄭邦衡之襄陽》：『孤帆影盡楚天長，衡嶽峰回一鴈霜。雙佩月空清漢女，千金花醉大堤娼。採蓮夜聽澄湖曲，芳杜秋搴北渚香。才思莫爲離别盡，好吞雲夢賦瀟湘。』（《水明樓集》卷五）

林光宇有《送鄭邦衡之楚謁屠使君》：『楚天無際客傷神，况問歸期屬莫春。蘭佩解將遊漢女，桃華迷却避秦人。水經霜降三江净，山及烟銷九點新。不爲依劉當此地，欲投詞賦吊靈均。』（《林子真詩》）

作《贈羅將軍》（《鼇峰集》卷十四）。

冬，客遊延平、沙縣。登延平凌虚閣，謁唐李先鋒廟。楊德政招集劍州公署。于普通寺讀兄熥舊題，愴然。借居普通禪林，讀黄見庭《題橋記》。過梅山寺，移居天寧寺禪房。過沙縣過雲際寺，謁羅從彦祠。寓興國寺，寺檢編《幔亭集》，撫卷凄然。謁陳瓘祠。自沙縣返，過延平，有詩懷楊德政參藩。除夕，抵家，有詩哀慟徐熥。

作《自洪江泛舟至劍津途中作》（《鼇峰集》卷十四）。

作《登凌虚閣謁李先鋒廟》（《鼇峰集》卷十四）。

按：凌虚閣，在延平城東。〔順治〕《延平府志》卷二十一《稽古志》『凌虚閣』條：『即百角樓。

唐先鋒李係之神廟，歷［代］多名公題咏。』

又按：先鋒廟，即李招討祠。〔順治〕《延平府志》卷六《祀典志》『李招討祠』條：『在府城東。祀唐招討湖南觀察使李係之神。係，忠武王李晟曾孫也。有捍御功，民戴而祀之。建炎三年，賜廟額。』又：『政和六年，上舍貢士范浚《紀德碑記》曰……先鋒大王李氏，諱系，本江南升州江寧府人，生五代之間。義勇超群，武功冠世。領師御敵，不避鋒鏑，摧堅破陣，屢爲前軍，故有先鋒之任。』

作《冬夜楊大參公招集劍州公署，即席有賦，因呈李之文先生》（《鼇峰集》卷十四）。

作《題普通禪房》（《鼇峰集》卷十）。

按：普通寺在延平。李賢《大明一統志》卷七十七《福建·延平府》『普通寺』條：『在府治北，梁普通初建。宋爲院，元改爲寺。』

徐熥有《題普通寺》：『山城已在山，寺更翠微間。蹬路危因石，杉松密護關。鶯聲無意巧，雲影自然閑。徐步經行久，桐花滿地斑。』（《幔亭集》卷六）

按：徐熥是歲春有延平、沙縣之行，作此詩。

作《普通寺讀惟和兄舊題，愴然有作》：『桐花開落後，此地昔曾吟。墨蹟宛如昨，詩魂安可尋。碧紗無日障，蒼蘚有時侵。因在空門裏，暫忘生滅心。』（《鼇峰集》卷十）

作《天寧寺訪劉公晦，時將之玉華》（《鼇峰集》卷十）。

按：玉華，即玉華洞，在將樂縣。

作《寓普通寺。游宗謙來訪，喜贈》(《鼇峰集》卷十)。

按：游日益，字宗謙，子騰祖，及遠父，莆田人。布衣。

作《過梅山寺》(《鼇峰集》卷十)。

按：〔嘉靖〕《延平府志》卷二《地理志》『梅山』條：『在府城東隅，有梅山寺。』

作《移居天寧寺禪房》(《鼇峰集》卷十)。

按：李賢《大明一統志》卷七十七《福建·延平府》『天寧光孝寺』條：『在府治北，唐名廣濟，宋改天寧萬壽，又改報恩光孝，元改今額。』

又按：《寄徐際亭》：『憶萬曆庚子歲，不佞客寓延津時，令祖師孔公同敝友劉占白枉顧天寧蘭若，定交莫逆，盤桓者旬餘。』(《文集》册四，《上圖稿本》第四三册，第一四八頁)

又按：此書作於崇禎十三年(一六四〇)，參見該歲。

作《過雲際寺》(《鼇峰集》卷十)。

按：雲際寺，在沙縣。〔嘉靖〕《延平府志》卷四《地理志》『雲際寺』條：『元延祐元年建，景泰四年重建。』

作《謁豫章羅公祠》(《鼇峰集》卷十)。

按：豫章羅公，即羅從彥。羅從彥(一〇七二—一一三五)，字仲素，人稱豫章先生。南劍州(今南平)人，生於沙縣。宋代理學家。與楊時、李侗、朱熹並稱『閩學四賢』。

按：羅公祠，在沙縣。李賢《大明一統志》卷七十七《福建·延平府》『羅仲素祠』條：『在沙縣西一十里洞天巖西麓。元至元中建祀宋儒羅從彦。本朝洪武中重修。』

作《贈沙縣吴令君》(《鼇峰集》卷十四)。

按：李賢《大明一統志》卷七十七《福建·延平府》『沙縣』條：『在府城西一百二十里。本晋延平縣地，劉宋析置沙村縣……南唐改屬劍州，宋元仍舊。本朝因之。』

又按：吴令君，即吴道昭。南海(今廣東佛山)人。舉人，沙縣知縣。

作《寓沙陽興國寺》(《鼇峰集》卷十四)。

按：李賢《大明一統志》卷七十七《福建·延平府》『太平興國寺』條：『在沙縣治東。唐中和初建，宋改今額。李綱嘗寓居此，有寓軒。』

作《謁宋陳忠肅公祠》(《鼇峰集》卷十四)。

按：陳忠肅，即陳瓘。陳瓘(一〇五七—一一二四)，字瑩中，號了齋，沙縣人。宋元豐二年(一〇七九)進士。授官湖州掌書記，歷越州、温州通判，左司諫等職。力斥蔡京、蔡卞，遭遇坎坷。有《了齋集》《了齋易説》《尊堯集》等。

作《客中寄小姬》(《鼇峰集》卷十四)。

作《吴令君招同楊廣文、丘孝廉重遊洞天巖》(《鼇峰集》卷十四)。

按：〔嘉靖〕《延平府志》卷二《地理志》『洞天巖』條：『在縣西和仁坊。石壁峭絶，依險架閣，祀定光佛。宋羅薦可居其下，因自號「巖阿老人」。』

作《興國寺檢編〈幔亭集〉，撫卷凄然，感而有作》：『客堂寒夜檢遺篇，名在人間骨在泉。半世窮愁

緣著述，千秋詞翰合流傳。夢中永絶生花筆，篋裏誰分殺竹錢。挑盡孤燈揮淚眼，一番吟咏一潸然。』（《鼇峰集》卷十四）

作《沙陽旅懷》：『依人元失計，逆旅傍雙林。冷枕虚歸夢，殘燈伴苦吟。』（《鼇峰集》卷十）

按：興公此行目的爲『依人』，但未能達到目的。

作《劍州述懷獻楊參藩》（《鼇峰集》卷十四）。

按：楊參藩，即楊德政。

作《己亥除夕，是歲有伯兄之喪》：『光陰如水急相催，一棹飛從劍浦回。臘火爆殘當户竹，雪花開盡小園梅。蓬門不忍更春帖，椒酒空將滴夜臺。骨肉緑枝零落後，形影相弔獨興哀。』（《鼇峰集》卷十四）

按：《與黄見庭廣文》：『去歲冬杪，不肖借居普通禪林。慈雲上人出《題橋記》相示，始知先生藻江文海，語語造玄，書庫經櫥，頭頭是道，囊括千古，流布人間，方之漢卿、實甫，未識鹿死誰手。族館殘燈，披吟再四，刻有脱訛，僭爲讎校。除夕自沙陽抵家。伏睹先生遠寄奠章，哀我伯氏。』（《文集》册三，《上圖稿本》第四十二册，第三一五—三一六頁）

又按：《與黄見庭廣文》作于萬曆二十八年（一六〇〇），參見該歲。

是歲，有詩題《墨竹》。

作《題墨竹》（《鼇峰集》卷七）。

陳薦夫有《墨竹歌》：『北風吹林黝烟濕，玄丘露葉孤筠泣。紫瓊緑玉矯蒼顔，黑土芽龍破春蟄。

橫披豎掃纔半竿，九苞彩落玄霜寒。伶倫夜響遏雲叫。帝命錫以青琅玕。冥風黑雨毫端起，義管光摇黑池水。湘君淚遍洗瑶枝，蒼梧月白驚山鬼。』（《水明樓集》卷二）

是歲或次歲，慶上人坐關，王應山有詩，和之。

作《慶上人坐關仁王寺，王懋宣先生有詩題贈，和韻貽之》（《鼇峰集》卷四）。

是歲，次兒阿室生。

按：詳下年《哭次兒阿室》詩。

是歲，弟熛取《箋注唐賢絶句唐三體詩法》觀，並小注地名；熛遊端州，作詩送之。

按：題《箋注唐賢絶句唐三體詩法》：『十年前舍弟取觀，遂於題下小注地名。』（馬泰來整理《新輯紅雨樓題記　徐氏家藏書目》，第一六六頁）

又按：題《箋注唐賢絶句唐三體詩法》作于萬曆三十六年（一六〇八），『十年前』，即本歲。參見萬曆三十六年（一六〇八）。

是歲，經營兄熥喪事，及之後辨窀穸，亦不煩熥房、熛房一錢。

徐鍾震《先大父行略》：『己亥，先伯祖謝世，復遭先曾王母二喪，咸自經營，假貸襄此大事。即至措辨窀穸，亦不煩二房一錢。人以此服大父高誼云。』（《雪樵文集》）

按：據此條，三兄弟分房，經濟各自獨立。兹後熥房與興公發生糾葛。

是歲，爲普陀山了義上人作募疏。

作《南海普陀山募珠燈疏》：『南海普陀洛迦山，乃觀音大士之道場也……邇年，道場毀于雷火，賴十方佈施，殿宇一新。有了義上人者，延平人也，自幼出家，捨身南海，入閩抄募，積有歲年。思見省城大架珠燈，穿絡工巧，懸掛佛殿，百寶光明。苦於瓶缽蕭條，力難置辦，敢告諸位檀越，隨心喜捨，集買一燈，晝夜現琉璃之光，照耀奪玉毫之影。俾佛堂一燈至於百千燈，燈燈無盡；而福德一劫，至於萬萬劫，劫劫無窮矣。謹疏。天竺居士徐惟起題。』（《紅雨樓集》册九，《上圖稿本》第四四册，第三四一—三四二頁）

按：次歲春了義歸普陀，是疏當作於是歲。

是歲，遵兄遺命，歷尋父母葬地，無當意者。

按：《祭酒嶺造墳記》：『己亥秋，伯兄病篤，遺命：「先君不禄，家運漸屯。吾死不足惜，恨先人尚在淺土，吾不瞑。二弟食貧，何以能襄大事？無已，當啓東嶽壽藏而封焉。」伯兄喪畢，𤍠日延地師歷尋葬地，無一當余意者。』（《文集》册九，《上圖稿本》第四四册，第四〇二頁）

又按：參見萬曆八年（一五八〇）、萬曆二十一年（一五九三）、四十一年（一六一三）。

是歲，於劍浦作《古廟神書》一文。

按：《榕陰新檢》卷十《靈異》引《竹窗雜録》：『余於己亥年客劍浦，聞其事，與四明李之文告之神，始得觀焉。歸而記之。』

萬曆二十八年庚子（一六〇〇） 三十一歲

謝肇淛三十四歲，曹學佺二十七歲，林古度二十一歲，徐陸十一歲

正月，聞陳翰臣卒，哭之。

作《庚子元日》（《鼇峰集》卷十四）。

作《聞陳子卿訃哭之庚子》：『去歲霜殘後，題書遠寄吾。風塵暌異郡，生死渺分途。』（《鼇峰集》卷十）

按：陳翰臣卒於去歲冬，時興公在劍浦，故云『異郡』。

春，鄧原岳于雲南致書徐𤊹，傷吊徐熥去世。侄徐莊之粵訪張大光。陳价夫往古田修縣志，送之。過宿林光宇道山别業。送了義上人募緣歸補陀。過荆溪訪族兄徐文統逸人隱居。作《分類杜詩》題跋，再題《聞過齋文集》，題杜牧《樊川集》。齋居，因懷社中舊友陳椿等十二人，作《懷友詩》（其中王叔魯、陳椿、徐熥已先後卒）並序。

鄧原岳《寄徐惟起》：『既與足下别，遂徑西，然私心未嘗不念阿和，慮其弱不任病。滇雲過夜郎數千里，馬牛不相及，魚雁何有。前寄鄉書，一再問訊，都不得報。入春夢寐殊惡，食息不寧，無何，兇信至矣，爲之慟哭幾絶。阿和聰令穎徹，風流神隽，吾輩中夐然寡儔，此宜爲造化所忌，蘭摧桂折，有識同悲。况不佞骨肉兄弟，相期有素，而足下以友于兼師資，稱手足者乎！平生遑遑爲噉名計，顧名是何物，形乃先化，此子桓所以興悲、季鷹因而致慨也。今遺言具在，後世必有知者，決不與七尺同盡。即使百年垂老，亦不過令異代知有徐生而已。么麿功名，更不足道。卿相而朽也，與孝廉而傳也，孰軒輊哉！阿和地下固無恨，獨後死者不能不痛人琴之亡，悵山河之邈耳！更望足下珍攝節哀，以自理自遣。外《哀辭》一首，《挽章》十二絶句，托足下讀而焚之靈床，致悠悠之懷，見平生之誼也。先後諸稿，稍暇一一葺録，不佞倘得善地，當爲鏤行。三尺新阡，徐乃議之耳。』（《西樓全集》卷十八）

按：萬曆二十七年（一五九九）鄧原岳之滇，時熥尚在世。董應舉有《已亥贈鄧汝高學憲之滇陽》（《崇相集·詩》）

作《送莊佺之粤訪張叔弢，兼寄汝翔》：『陟岵歌殘淚暗揮，孤身千里可誰依。裝輕作客艱危甚，路遠懷鄉信息稀。暮雨獨驅羸馬過，夕陽愁見野烏飛。故人著論同劉峻，莫令西華着葛衣。』（《鼇峰集》卷十四）

按：張大光于萬曆二十六年（一五九八）令羅浮，徐熥有《送張叔弢令羅浮》（《幔亭集》卷九）送之。

作《送陳伯孺之古田，應劉令君聘修縣志》（《鼇峰集》卷十四）。

按：劉令，即劉曰暘，字藎卿，江西南昌人。以鄉貢任古田縣令，陞全州守。萬曆二十八年（一六〇〇）修《古田縣志》。

作《宿林子真道山別業》《道山別業曉起》（《鼇峰集》卷十四）。

萬曆二十八年庚子（一六〇〇） 三十一歲

按：道山，即烏石山。

作《送了義上人募緣歸補陀》（《鼇峰集》卷十四）。

按：了義入閩募緣，徐𤊹曾爲其作《南海普陀山募珠燈疏》，參見去歲。

作《過荆嶼訪族兄文統逸人隱居》（《鼇峰集》卷十四）。

按：荆嶼，即荆溪。興公一支由侯官荆溪遷臺江，又由臺江遷城南。

又按：梁章鉅《東南嶠外詩話》卷九『徐𤊹』條：『興公集中警句，清真婉至，足與幔亭抗衡。如……《訪族兄》云：「半榻暮雲推枕卧，一犂春雨挾書耕。」』

作《暮春晦日遊白鶴巖》（《鼇峰集》卷十四）。

題《分類杜詩》：『先君子少時所披誦者，藏余家將六十年。印章有「少坡」「東山」二印。蓋先君舊號「少坡」，而「東山」者乃薛廣文欽之别號，當時曾共讀者也。余兄弟幼學詩，即覽此集，雖他有善本，亦不喜觀。今先君殁已十載，不無手澤之感。萬曆庚子（一六〇〇）三月朔日，徐惟起書。』（馬泰來整理《新輯紅雨樓題記　徐氏家藏書目》，第一二一頁）

按：《分類杜詩》，唐杜甫撰。

又按：此條叙家藏此集近六十年，亦父棉書歸𤊹又一證。

又題《聞過齋集》：『其文章之沈著藴藉不必論，至於答待制左丞之書，可謂澄之不清，淆之不濁，即嵇叔夜莫是過也。惜其子孫寖微，未能闡揚先德，而後學如𤊹，貧而且賤，又不能爲先生授梓行世，然每批誦，輒動高山之仰爾。庚子（一六〇〇）暮春朔日又題。』（馬泰來整理《新輯紅雨樓題記　徐氏

家藏書目》，第一四一頁）

按：《聞過齋集》，元吴海撰。明刊本。

題《樊川文集》：『《雍録》曰：「……杜佑別墅在焉，故裔孫牧目其文爲《樊川集》也。」《別集》一卷，姚西溪《叢語》以爲許渾之詩。許曾至鬱林，杜未有西粤之役，而《別集》有「松牌出象州」之句，姚語或有據也。然其中又有《寄許渾》并《華堂今日綺筵開》詩，乃牧之作。疑信相半，難以別白。萬曆庚子（一六〇〇）春，徐惟起。』（馬泰來整理《新輯紅雨樓題記　徐氏家藏書目》，第一二五頁）

按：《樊川文集》，唐杜牧撰，明刊本。

又按：《筆精》卷三『樊川別集』條略同。

作《懷友詩》，序曰：『余少喜吟咏，先後結社談詩，約十數子，文酒過從，匪間也。十年之間，窮達殊途，存亡異路，春雨齋居，孑然無侶，生離繫念，死別攖懷，各賦一詩，以志交誼。』《懷友詩·惟和兄孝廉》：『半途俄死別，骨肉痛連枝。多少家中事，難令地下知。竹房孤試茗，花徑罷敲詩。不及黄泉路，相隨未有期。』（《鼇峰集》卷十）

按：所懷諸友：陳汝大文學、陳汝翔秀才、鄧汝高學憲、陳振狂山人、陳惟秦山人、惟和兄孝廉、鄭翰卿山人、謝在杭司理、曹能始廷尉、如瀚上人、王元直太學、王少文秀才，計十二人。

四、五月間，應建陽知縣魏時應之邀，往修《建陽縣志》，擬作游、劉、朱、蔡、熊五世家。道經劍津，兩致書黄見庭廣文，以爲自兄歿後，己哀慟慘怛，如醉夢中；並《紅雨樓集》《荔枝通譜》，不意爲見庭之子中途丟失，又言年來貧病相侵，家難洊至，饑寒亂心，虚度壯年；言己制義『頗窺一斑』，而自謙『古文辭絶不掛齒』。寓建陽福山，謁考亭祠，謁劉爚祠，遊混元庵、雲谷庵、靈峰寺、清修寺。告别建陽諸友，至建安。與陳季迪、方承篪登丹青閣。

按：題《游定夫集》：『庚子（一六〇〇）歲，建陽令魏公命修縣志，將以游、劉、朱、蔡、熊作五世家，遊氏子孫抄録祖先事實，送余采擇。』（馬泰來整理《新輯紅雨樓題記　徐氏家藏書目》，第一二九—一三〇頁）

按：游酢（一〇五三—一一二三），字定夫，建陽人。學者尊稱廌山先生。曾受業於程顥、程頤。元豐五年（一〇八二）進士，初任蕭山縣尉，歷舒州和濠州州官。有《中庸義》《易説》等。謚文肅。

又按：魏時應，字澹明，江西南昌人。萬曆二十三年（一五九五）進士。建陽縣縣令。

又按：徐𤊹爲（萬曆）《建陽縣志》分纂者之一。參見萬曆三十二年（一六〇四）。

作《與黄見庭廣文》：『舊歲伯兄薄遊劍浦，獲交黄先生，還家與不肖談先生胸中如武庫，令人虚往而實歸。然只讀先生《贈伎》排律，略見一斑。去歲冬杪，不肖借居普通禪林，慈雲上人出《題橋記》相示，始知先生藻江文海，語語造玄……旅館殘燈，披吟再四，刻有脱訛，僭爲讎校。除夕自沙陽抵家，伏睹先生遠寄奠章，哀我伯氏，述其生平，採其詩史，一字一淚，白日無光。且辱手書慰唁，不肖情深義篤，刻肺鏤腸。長者先施，即當裁答，緣溪山間阻，通問實難，匪忘之也。晨下復有鐔城之遊，幸與賢郎把臂，悉知先生動定，更從丘孝廉處讀誦《金開府》一文，立意高遠，詞華豐達，足占先生神益王耳。一水盈盈，未得登堂摳侍，聞所未聞，矯首雲山，惟有悵惘。不肖自伯兄不禄之後，哀慟慘怛，神理頓盡，雖妄意千秋，而思昏才窒，憒憒如醉夢中。憂能傷人，豈虚言哉！舊草數種，寄求郢正。若孺子而可教也，毋靳藥石。幸甚！』（《文集》册三，《上圖稿本》第四二册，第三一五—三一七頁）

按：黄見庭，劍浦（今南平）人，時年已八十。

又按：借居普通寺，除夕自沙陽抵家，在萬曆二十七年（一五九九），『伯兄不禄』亦在是歲。參見該歲。

作《又[與黄見庭廣文]》：『向日遠寄一緘，問長者無恙。客次冗雜，十分厓略，乃辱先生手書三至……昨隨喜普通禪房，讀先生爲寺僧作《五十壽言》，大暢宗風，廣樹文幟，即六朝善鳴諸君子，亦當遜席。八十老翁，猶然筆花璀璨如此，誰信江淹才盡耶？拙稿本不足當巨觀，前以舊刻《紅雨樓集》并《荔枝通譜》請政，乃賢郎竟作洪喬涼德，不留心遠致，豈將爲小子匿醜，故任其浮沉乎……小子質本庸凡，才尤駑鈍，連不得志于有司，遂焚其筆硯，甘與草木同腐，不敢妄意千古，聊寄一時之興而已……年來貧病相侵，家難洊至，饑寒亂心，無暇行燈下帷，與蠹魚爲伍，虚度壯年，良用爲耻，長者何以策之？熛弟制義頗窺一斑，而古文辭絶不掛齒，承諭真藥石之格言，敢不佩誦！第恐淺才不堪鞭策，有負先生厚望耳。是月朔後，先遣其還家，作經生故業也。小子旦日，又有建陽之行，端節後復還鐔城。』（《文集》册三，《上圖稿本》第四二册，第三一七—三一九頁）

作《延平溪上送舍弟先歸》：『夕陽投岸早，春漲下灘危。』（《鼇峰集》卷十）

按：據《又[與黄見庭廣文]》及此詩，弟熛隨興公至劍浦。

作《寓建陽福山寺》（《鼇峰集》卷十）。

萬曆二十八年庚子（一六〇〇） 三十一歲

按：〔道光〕《建陽縣志》卷十九《仙釋附寺觀》『福山寺』條：『即開福寺，在治西仙桂坊大潭山凹。山勢環繞如土城，深邃爽塏。唐大中建……宋天禧庚戌賜今額。』

作《謁考亭祠》（《鼇峰集》卷十）。

按：考亭祠，即考亭書院，在建陽。〔康熙〕《建寧府志》卷十五《祀典志》『宋考亭祠』條：『即考亭書院。祠内原以黄、蔡、劉、真四先生配。明萬曆乙未，提學徐即登移蔡居左，而黄次之，劉、真仍舊。』

又按：〔道光〕《建陽縣志》卷三《壇廟》『考亭書院』條：『即朱子祠。在三桂里。考亭玉枕峰之麓。』朱熹築精舍於此，名『竹林精舍』。淳熙四年（一一七七），御書『考亭書院』四字匾於門。

作《贈丘則行》《贈陳仲潁》（《鼇峰集》卷十）。

作《同魏君屏、丘思舉遊混元庵》（《鼇峰集》卷十）。

按：混元庵，在建陽童游。〔道光〕《建陽縣志》卷十九《仙釋附寺觀》『混元道院』條：『元時建。明永樂間重建。』

作《同君屏遊雲谷庵》（《鼇峰集》卷十）。

按：曹學佺《大明一統名勝志·福建》卷八《建寧府·建陽縣》：『雲谷山，在崇泰里……西循小山而上，以達中阜，歷石池，山楹藥圃、井泉。南入竹中，得草堂三間，所謂晦庵也。復上山頂北望，俯見武夷諸峰，南循岡脊，下得横徑，徑南即谷口。』

又按：〔道光〕《建陽縣志》卷一《山川》『雲谷山』條：『翠嵐環繞，内寬外密……朱子愛其幽勝，構草堂，扁曰「晦庵」。山之下有蔡西山、劉氏書院。』

又按：朱熹有《雲谷記》。

作《謁宋劉文簡公祠》（《鼇峰集》卷十）。

按：劉文簡公，即劉爚。劉爚（一一四四—一二一六），字晦伯，號雲莊，建陽人。受業於朱熹、呂祖謙。乾道八年（一一七二）進士。歷山陰主簿，連城、閩縣知縣，通判潭州，丁父艱，歸。講學武夷山。有《雲莊集》等。卒，謚文簡。

作《劍上逢歌姬吴英英，感而有贈》（《鼇峰集》卷十四）。

作《贈魏建陽令公》（《鼇峰集》卷十四）。

按：魏時應，字澹明，南昌人。萬曆二十三年（一五九五）進士。建陽縣知縣。

作《賦得瀟湘春雁，送僧歸衡嶽》（《鼇峰集》卷十四）。

作《同諸友遊靈峰寺》（《鼇峰集》卷十四）。

按：靈峰寺，在建陽考亭。（道光）《建陽縣志》卷十九《仙釋附寺觀》『靈峰寺』條：『在考亭玉枕峰之麓。襟山帶水，松竹交映。元至大庚戌建。』

作《修建志答田公雨丈見示》《建陽即事》（《鼇峰集》卷十四）。

作《建溪驛送羅德可之北雍，兼訪婦翁謝大司寇》（《鼇峰集》卷十四）。

按：（康熙）《建寧府志》卷七《公署》上『建溪水驛』條：『在縣治南三桂里。宋政和間，遷縣西，改名東陽，元因之。明洪武二年更今名。』

陳薦夫有《送羅德可遊北雍》：『柳色黄沙一望中，新河北上與天通。橋横子夜瀘溝月，門敞清秋海岱風。璧水半環周國學，甘泉誰賦漢離宫。君才夢鳥時争重，不信無人肯薦雄。』（《水明樓集》卷六）

作《贈丘思舉》（《鼇峰集》卷十四）。

作《宿清修寺，同魏君屏賦》（《鼇峰集》卷十四）。

按：清修寺，在建陽崇化里。（道光）《建陽縣志》卷十九《仙釋附寺觀》『清修寺』條：『在崇化里書坊。宋元祐壬申建。』

又按：崇化里爲建陽刻書和書肆之地。

作《題幔亭吏隱，贈鄧晦父少尹》《寄小姬》（《鼇峰集》卷十四）。

作《出潭城留别李君弼、李湛川、李汝濟三明府、范思道郡丞、劉羽鳳、王汝孚二學博、傅君聘太守、朱惟賢兵馬、朱惟武參軍》（《鼇峰集》卷十四）。

按：潭城，建陽别稱。

作《同陳季迪、方伯邕集丹青閣》（《鼇峰集》卷十）。

按：陳季迪，建寧府（今建甌）人。舉人。

又按：方承篪，字伯邕，沆子，承笏弟，莆田人。萬曆二十五年（一五九七）舉人。

夏，題朱寔昌《周易象》。在建陽，得元陳孚《陳剛中詩集》，題之。購得《靈棋經》。題宋黄仲元《四如黄先生文稿》。致書曹學佺，謀刻徐熥《幔亭集》。

題《周易象》：『此《費氏易》也。今《易》悉遵王弼，不免割裂全經，古《易》遂幾亡矣。斯本天水胡纘宗所梓，可謂好古，但未知費氏之傳，二跋俱未分明，于《易》原委亦似憒憒，且名曰《周易象》，何取義，宜改作《費氏易》則善矣。庚子（一六〇〇）夏，徐惟起書。』（馬泰來整理《新輯紅雨樓題記　徐氏家藏書目》，第七〇頁）

按：《周易象》，明朱寔昌撰，嘉靖刊本。

題《陳剛中詩集》：『陳剛中《觀光》《交州》《玉堂》三稿，洪武壬午（一四〇二）刻在浙江布政司，版不多見。此本乃天順庚辰（一四六〇）雲間沈琮所梓也。字頗漫漶，余得之于建陽丘惟直家。萬曆庚子（一六〇〇）夏，徐興公書於交溪客舍。』（馬泰來整理《新輯紅雨樓題記　徐氏家藏書目》，第一三九頁）

按：《陳剛中詩集》，明陳孚撰，天順刊本。此本得之于建陽丘惟直家。

又按：題《靈棋經》：『萬曆庚子（一六〇〇），余遊建陽，得《靈棋經》一册。』（馬泰來整理《新輯紅雨樓題記　徐氏家藏書目》，第一〇〇頁）

又按：參見次歲。

題《四如黃先生文稿》：『萬曆庚子（一六〇〇）夏，買於建州。』（馬泰來整理《新輯紅雨樓題記　徐氏家藏書目》，第一三七頁）

按：《四如黃先生文稿》，宋黃仲元撰，明刊本。

又按：黃仲元（一二三一—一三一二），字善甫，號四如，莆田人。咸淳進士。按國子監薄，不赴。

入元，改名淵，號韻鄉老人，教授鄉間以終。

作《同陳汝翔、曹能始、沈從先合祭陳汝大墓文》：『繄維先生，吾社祭酒。遺言足傳，芳名不朽。去歲云亡，鶴羈瘴鄉。異域聞訃，摧肝裂腸。佺也無似，金陵謫寓。凶問遥傳，有泪如注。野産吴中，夙契高風。入閩結契，先生考終。熁曾隨衆，寢門大慟。偶客建州，柳車莫送。埋骨踰期，宿草離離。同盡一哭，知兮不知。』(《文集》册十，《上圖稿本》第四十五册，第一〇七頁)

按：陳椿(汝大)卒于上年，此文云『去歲云亡』，則作于本年無疑。曹學佺時在金陵，同社之祭，故名亦在其中。

作《寄曹能始》：『春首，宗生入金陵附一札奉候，久不得報章，良用懸望。閩邑洪九霞令公翩翩大雅，下士若渴，君家能證與吾家惟揚皆出其門下得意士。屢欲謀梓先伯兄詩文行世，而寒家未有副本，故遲遲不得進呈。兹者録出古近體十四卷、文六卷，伯兄生平事業，都在於此。若湮而弗傳，九原之目未瞑。交遊之中莫逆者，無如足下，當爲伯兄善圖之，尤所願望耳。弟年來家務零替，無以爲生，邇者餬口建陽。建陽令魏君澹明，足下同年進士也，雅有緇衣之好，委修邑乘，留滯多日，與温陵田明經居中者同事。田生文追古則，詩邁時流，以試期逼近，辭往留都，謹附八行問起居，倒屣虛懷。足下素有雅望，不待徐生爲曹丘也。吴元翰、王玉生、王元直、葉尹德同時遊白門，未能一一寄書，爲弟述意。元翰、玉生，貧士也，足下須極力遊揚之，庶不失同社之誼。新詩想多，能寄教我否？客舍草草，不盡欲言。』(《文集》册三，《上圖稿本》第四二册，第三二一—三二三頁)

按：洪都，字九霞，號霞公，青浦人。萬曆二十三年(一五九五)進士。閩縣知縣。曹學修、徐熛皆出其門下。

又按：『田明經居中』『田生』，當作『黄明經居中』『黄生』。黄明立，字居中。

又按：此書作于建陽修志期間。

七月間，建安在芝山寺書鋪購得金元好問《遺山先生文集》。初七，抵延津，有書致建陽令魏時應，請楊德政參知審讀《建陽縣志》，並面請刻工。十七日，次兒阿室病亡。並憶及今春旬日間喪兩女兒。

題《遺山先生文集》：『萬曆庚子（一六〇〇）秋七月，購於芝山寺書鋪，與公識。』（馬泰來整理《新輯紅雨樓題記　徐氏家藏書目》，第一三九頁）

按：《遺山先生文集》，金元好問撰，弘治刊本。此本購於書鋪。

作《答魏建陽》：『客潭三閲月，荷明公無涯之愛，銘在肺腑。芝城留滯兩日，七夕始抵延津，投謁楊參藩公，談款移晷……《潭志》送入，亦頗稱善，一時未能遍覽，大抵病舊志綱目紊亂，收載駁冗，持論與尊見有合。更需三五日，方得覽竟，復還記曹也。不肖歸心頗亟，辱楊公挽留，尚在劍中，催俟此書發出，然後敢行。更所譚善書林君，業已面請，并達尊意。楊公以此志卷帙浩繁，非一人所能辦，今不令其至潭。弟謂刻欲善手，如古田者爲得，惟高明酌之。』（《文集》册三，《上圖稿本》第四二册，第三一九—三二〇頁）

按：建陽又稱潭城。徐𤊹四月到潭，時已七月，故稱『三閲月』。

作《哭次兒阿室》：『去秋喪伯兒，殘臘哀孤侄。今春兩女兒，淪亡在旬日。最愛有少男，始生名阿室。孩笑知人情，提携恒著膝。何期歲逾周，肌膚未曾實。倏爾嬰微寒，竟患河魚疾。抱病不五朝，奄奄餘喘息。巫覡尠靈符，醫師寡仁術。氣運歸盡時，初秋月十七。淒風方簸颺，苦雨正蕭瑟。弱魂杳何之，黄泥瘞枯骼。嗟哉情鎖鍾，我輩詎能釋。掩淚哭荒郊，啼螿聒秋夕。』（《鼇峰集》卷四）

按：據此詩，阿室生於去歲。

八月，又有書致建陽令魏應時，言楊德政參知竄易《建陽縣志·藝文志》。送游及遠客益藩。

作《又［答魏建陽］》：『居延津數日，候楊公删閲《新誌》。苦於冗奪，未遑遍及。某先告歸。前月廿二日，楊公過省，徑由他路抵漳，今日復旋軫藩司……第《藝文》一志，楊公尚欲竄易，意謂建陽先賢著作甚夥，雖拔一二關係文字，終未能盡其生平，只載先儒著書名目，如諸史《藝文志》之例，附書林、書目以足之。俟見問商定，另有報也。』（《文集》册三，《上圖稿本》第四二册，第三三〇—三三一頁）

八、九月間，黄之璧卒，哭之。時有女作男劇之風，陳价夫有詩紀其事，戲和之。

作《聞黄白仲訃，哭之》（《鼇峰集》卷十四）。

作《伶姬蘇湘雲善作男劇，陳伯孺有詩贈之，戲和一首》（《鼇峰集》卷十四）。

陳薦夫有《和興公女會作男劇》：『紅牙隊裏軟腰肢，暫着青衫强自持。唐苑才人偏日角，漢家京兆也娥眉。蓮花步促趨蹌辨，杏子衫長拜舞知。從此中郎花燭夜，轉隨崇古變男兒。』（《水明樓集》卷六）

作《寄贈蒙泉宗侯》（《鼇峰集》卷十四）。

作《送游元封客益藩》（《鼇峰集》卷十四）。

按：游及遠，字元封，適父，莆田人。布衣。

作《寄張鵬父》（《龕峰集》卷十四）。

按：張鵬父，江西人。

作《寄謝修之明府》（《龕峰集》卷十四）。

按：謝修之，即謝吉卿。詳萬曆二十四年（一五九六）。

九月，九日，邀佘翔、謝吉卿、謝兆申、黄居中、黄堯衢、杜杕生等謁高賢祠；謝吉卿應興公之請，爲徐熥《幔亭集》撰序。

作《謁高賢祠二首》（《龕峰集》卷四）。

作《九日邀佘宗漢、謝修之、謝伯元、黄堯衢、杜杕生集高賢祠》（《龕峰集》卷十四）。

謝吉卿《幔亭集序》：『惟和之弟興公手其所鐫《幔亭全集》若干卷示余，遂書數語首簡，微獨爲惟和慨也，爲世運慨也。萬曆庚子重陽後五日，前進士温陵友弟謝吉卿書。』（《幔亭集》卷首）

按：《與黄明立國博》：『自庚子與堯衢過我山齋……』（《文集》册六，《上圖稿本》第四三册，第三二一）

作《送蕭士威廣文典試還楚，便道上春官》（《龕峰集》卷十四）。

秋，武當山孔道人見訪。題王鏊《春秋詞命》。題元傅若金《傅與礪詩集》。

作《武當山孔道人見訪，兼貽丹藥喜贈》（《龕峰集》卷十）。

題《春秋詞命》：『王文恪公匯輯《春秋詞命》，刻版散逸，傳世甚尠。屠使君田叔極愛其詞簡古，可入尺牘。之官沅陵，乃授梓以行。楚中紙烟殊佳，余小齋中復增一種奇書也。萬曆庚子（一六〇〇）秋，豐州徐𤊹書於豆花棚，是日天凉氣爽，覽之終卷。』（馬泰來整理《新輯紅雨樓題記　徐氏家藏書目》，第一六四—一六五頁）

按：《春秋詞命》，明王鏊撰，萬曆刊本。

又按：王鏊（一四五〇—一五二四），字濟之，號守溪，晚號拙叟，人稱震澤先生，吴縣（今蘇州）人。成化十一年（一四七五）進士。授編修，官至文淵閣大學士。博學有識鑒，有《震澤集》，又有《〈詩經〉文粹》。

題《傅與礪詩集》：『傅若金詩，在勝國卓然傑出者。胡元瑞持論甚正，《詩藪》多引傅句。惜梨棗漫漶，紙烟模糊。此本洪武間刻，世不多得，重録珍藏，尚有所待。萬曆庚子（一六〇〇）秋，徐惟起識。』（馬泰來整理《新輯紅雨樓題記　徐氏家藏書目》，第一三九頁）

按：《傅與礪詩集》，元傅若金撰。明洪武刊本。

又按：傅若金（一三〇三—一三四二），字與礪，一字汝礪，新喻（今江西新余市）人。受業楟之門，以異才薦於朝廷。官至廣東路教授。

又按：參見萬曆二十六年（一五九八）。

十月，曹學佺自金陵歸家，臨哭徐熥殯宫，感而賦詩。同陳价夫集張德南比部園亭看洛陽花。同陳鳴鶴、陳价夫、沈野、曹學佺、林光宇過陳宏已江亭看菊。送王毓德之新安。作《喜曹能始到家》（《鼇峰集》卷十）。

按：《建溪驛送能始之留都》：『去歲當杪秋，聞君乞休沐。』（《鼇峰集》卷四）此詩作於次歲，知能始歸家在是歲杪秋之後。

又按：曹學佺《問陳振狂梅花消息》：『兹冬十月予乍回，相期猶趁菊花開。』（《石倉詩稿·藤山看梅詩》）此詩可確證在十月。

又按：梁章鉅《東南嶠外詩話》卷九『徐𤊹』條：『興公集中警句，清真婉至，足與幔亭抗衡。如……《喜曹能始到家》云：「巷選窮中住，山尋僻處登。」』

馬欻有《喜曹能始至自留都時添注廷尉正》：『廷尉官乃假，伊人意自閒。行踪清似水，談話過來山。白下月相暎，武夷雲與還。况携吴會友，到處有詩删。』（《漱六齋集》，《石倉十二代詩選》之《社集》）

作《冬日，同伯孺集張德南比部園亭看洛陽花》（《鼇峰集》卷十四）。

作《曹能始臨哭先兄殯宫，感而賦答》（《鼇峰集》卷十四）。

又按：曹學佺《祭徐惟和文》：『噫！予昔送子於潞河兮，河水其漣。子泛泛而歸兮，未及一年。余金陵既謫居兮，子貽我書。余答子以再兮，忽往其虚。余聞訃乃反走兮，爲位而絶。徒恨不得歸兮，今歸何益。既登子之堂兮，復省子之殯宫。欲招子其來下兮，子其不與我同。余感痛於時節兮，奄忽長至。乃告子以文兮，一字一淚。曰：人孰無死兮，獨傷哉乎子也。求四十而不得兮，何景光之甚迫也。爾才太高兮，神明嘯號。爾器太利兮，造物所忌。爾平日其好道兮，死而不以爲夭。爾生前其急人兮，宜其死後而貧。子曠然其無累兮，去世若敝屣。子雖在地下兮，實

不忘乎風雅。彼昔人之立名兮，幽何殊於明。子其優以遊兮，予後死之有春秋。』（《石倉文稿》卷二）

作《雨中同汝翔、伯孺、從先、能始、子真過振狂江亭看菊，分得先、庚二韻》：『菊叢秋雨過，清賞小園邊。』（《鼇峰集》卷十）

林光宇有《陳振狂江亭看菊二首》，其一：『蹇驢沖片雨，出郭遠相尋。白酒開新甕，黄英發故林。落來因露重，老去爲秋深。莫踞東籬下，悠然處士心。』其二：『即事人功罕，黄華與丈齊。江風吹又起，簷溜壓將低。秀色偏臨水，殘香偶著泥。興來還獨往，不似武陵迷。』（《林子真詩》）

按：曹學佺當有詩，今佚。

作《送王粹夫之新安》二首（《鼇峰集》卷十）。

十二月初一日，祭法海寺碧天和尚。與曹學佺、沈野、陳鳴鶴、陳价夫、曹學佺、曹學修等往藤山、峬山看梅；遊高蓋山，有詩。除夕，追懷父棉兄熥，有詩。

作《祭碧天和尚發引文庚午十二月初一》：『法海開山，惟師碩力。三十餘年，能事已畢。幻體不留，冥然歸寂。爰卜鼓山，塔成藏魄。究竟涅盤，往即幽宅。果滿人天，千秋永隔。』（《文集》册十，《上圖稿本》第四五册，第一〇八頁）

作《同從先、汝翔、伯孺、能始藤山看梅，宿林氏别業》（《鼇峰集》十）。

曹學佺有《同沈從先、陳天中、弟修借宿林氏别業，次日徐興公、陳汝翔至，又次日陳伯孺至》：『空館寄閑身，情深見主人。喜於城市遠，直結梅花鄰。弟友各來處，後先無定晨。園邊且試步，隨意

插盈巿。』(《石倉詩稿·藤山看梅詩》)

林光宇有《同陳伯孺、徐興公看梅》:『藤山行不遠，瘦馬獨沖寒。梅樹從來好，伊予最後看。隔邑千畝合在，覆水數枝殘，一宿諧幽賞，歸途去轉難。』(《林子真詩》)

作《寄王百穀先生》(《鼇峰集》十四)。

作《藤山看梅》(《鼇峰集》十四)。

按：藤山，在今福州倉山區，山有梅塢，爲賞梅佳地。王應山《閩都記》卷十四《郡南閩縣勝跡》『藤山』條：『其脉一起一伏，如瓜引藤，亘五六里，故名。山多梅花，開時郡人載酒出遊。有明真庵在梅塢中。由藤山分派一峰，反顧於後，爲鼇頭山。藤山之東爲下渡，廛居成市。』徐熥《約女大、女翔、振狂、惟秦在杭藤山看梅》二首，其一：『藤山梅萬樹，冬盡一齊開。』其二：『十里花爲市，千家玉作林。』(《幔亭集》卷五)

曹學佺有《藤山》:『看花必逐節，節往花自衰。茲物有至性，恒與霜雪偕。而我歲寒友，嘆賞詎相違。一馳尺素約，好事紛然來。渡江戒舟楫，藉草陳尊罍。林攢應無暇，徑曲步屢疑。鴻雁自北至，驚叫聲忽哀。貞心寂何寄，良在擢素枝。』(《石倉詩稿·藤山看梅詩》)

作《峬山看梅》(《鼇峰集》十)。

作《登高蓋山徐女峰》(《鼇峰集》十)。

按：高蓋山，在福州倉區，爲賞梅佳地。王應山《閩都記》卷十四《郡南閩縣勝跡》『高蓋山』條：『在仁豐里。有三峰九島，藩司第三案也。漢徐登修煉於此，後入永福高蓋上陞，鄉人於此望祀之，遂緣其名……山絶頂有青龍池，一名天池。』此條引有徐𤊹此詩。

曹學佺有《高蓋山》：『高峰真侶蓋亭亭，徐女當年學鍊形。極浦潮來千樹白，遠村雲斷半山青。鶴巢歲久移何處，猿嘯風高入杳冥。信有瑶池在天上，應知此地會仙靈。』（《石倉詩稿·藤山看梅詩》）

作《從曹能始覓小狸奴》（《鼇峰集》卷十）。

按：狸奴，貓之別稱。

作《庚子除夕》：『浮生如夢太支離，愁病相侵歲月移。篋裏父書貧廢讀，堂前先像遠難追。欲占豐歉求新曆，爲補精神祭舊詩。一自雁行中斷後，不聞佳句咏春池。』（《鼇峰集》卷十四）

冬，致書屠本畯，談及徐熥好俠喜義，賣田結客。又言明春擬出遊，有往辰州依屠本畯意。

作《寄百穀先生》：『今歲三拜手書，一得之蘭溪翁相士，一得之王申伯，一得之蔣子才，長跽開緘，恍若面質。至於傷逝數語，肝腸爲裂。載誦輓章，一字一淚，生死交情，斯時乃見。哀從中來，情何能已。先伯兄於不肖，友于師資，兩者兼盡，倏然長往，吊影慚魂，雖痛人琴之俱亡，又愧子猷之苟活。蓋白髮在堂，孤嫠誰卹，不敢相從於地下耳。哀中撰得《行狀》，明歲賫求一言，以銘其幽，肯念及亡人而泚筆乎……不肖備役建陽，道傍築舍，《志》成終淪平鈍，可發一笑。以先生視之，真登泰嶽而觀培塿矣。今往一帙，幸賜教正。沈從先孤高簡潔，不忝名士，閩中雅道寡儔，明歲還家，當笑秦無人也。外賦小詩奉寄，題之扇頭。』（《文集》册三，《上圖稿本》第四二册，第三〇五—三〇六頁）

按：《志》，即《建陽縣志》。四月，𤊹往建陽修，五個月後修成。

又按：沈野還姑蘇，參見次歲。

作《寄屠田叔》：『奉違顔範三載云週……今秋從楊大參公署中得接翰示，足徵記念，且辱腆貺遠頒，奠儀遥寄，此之爲感，徒有銘心而已……且伯兄生平好俠喜義，賣田結客，典衣鬻書。一旦棄捐，猶子不免負薪之困。人生極酷，莫甚此時。今春扁舟劍浦，伏謁楊楚翁，盻睞有加，賓禮見寵，周旋兩月，文酒相歡，下士之風，不減古人。倘非明公齒牙餘論，不肖安敢曳長裾而瞻棨戟乎！不肖生計寥寥，擬明春浪遊四方，作依人之計，屈指平日知交，意氣千古者莫明公若。且將浮洞庭，泛沅湘，歷覽楚都名勝……兹因汪郡公便，草草修候。汪公在閩，政聲籍籍。舍弟又其門下所取士。』（《文集》册三，《上圖稿本》第四二册，第三二三—三二五頁）

按：見楊德政在七月。詳上。

又按：此時屠本畯爲辰州知府。

是歲，有感陳薦夫與徐熥情誼，作短歌贈之。

作《短歌寄幼孺》：『吾兄吟魂落九地，寥寥此道誰講求。惟君造語實我輩，襟期風調真吾儔。心思鑿破混沌竅，筆氣沛决江河流。君今貧病吟啾啾，我爲旅食嗟淹留。』（《鼇峰集》卷七）

按：此詩作于兄熥卒後，時興公淹留建州。

是歲，爲先妣陳孺人撰行狀。

作《先妣陳孺人行狀》：『先孺人卒于萬曆壬辰十月初三日卯時，享年七十有五。棄諸孤者九年於兹矣。孺人生平慈懿之行，伯兄熥每欲泚筆撰述，輒哀輒輟。今熥先從孺人於地下，不肖敢不抆淚述狀，以求大方之言納諸墓中乎！孺人姓陳諱閔，家世閩邑人。始祖伯魚，宋季官大中大夫。伯魚生昭嗣，官金紫光禄大夫。昭嗣生疇，官中奉大夫。疇生成之，官至司户承直郎。成之生自然，官通直郎。四傳至豫登，永樂甲午鄉薦，是爲孺人之高祖考也。陳爲閩中甲族，家世貴顯。不肖外祖父諱通，以貲雄里閈。故蘄州守陳公震弼，外祖父之從孫也，以《易》教授弟子甚衆，先君少遊其門，甚爲陳氏所賞識，即以孺人擇配先君，許先君有遠器，而徐氏門第之微弗論也。他日亢宗者，其在斯人乎！孺人二十歸先君，事王父王母孝敬備至，瀡瀡必恭。先生隸籍博士，久淹黌校，家赤貧。孺人雖産巨室而拮据，女紅以佐。先君誦讀無一倦容，年幾四十未有子，勸先君置妾以廣嗣續。先生既納妾數年，不宜子，孺人彷徨彌亟，乃再娶不肖者所生母林。閫内嘻嘻如也。妯娌有爲妒婦之言而媒孽者，孺人叱之曰：「若輩不以宗祧是懼乎？」既而舉熥，次舉㶿，次舉熛。孺人喜不自禁，含哺鞠育，有慈無威，都忘其子之非己出也。不肖兄弟自乳齒以至娶婦，以至生孫，孺人時著膝前，撫摩不置，又忘其子之長且壯也。先君兩爲校官，再遷令長，所至挈家以隨。孺人司壺内之政，無失尺寸。與先君相莊白首，未嘗有疾言遽色。先君喜交遊，善飲酒，嘉客過從，肴核酒脯，咄嗟可辦，皆手自經理，不付之婢僕。先君或爲長夜之飲，孺人恒踧踖而俟，不敢先自就枕。蓋結褵以至中壽，毋一日少替也。不肖兄弟幼學誦習，先君庭訓甚嚴，不少假借，間有跳浪，弗遵繩墨，則夏楚隨之。孺人掩諱，且私諭熥輩曰：「毋若以吾之姑息而遂廢而家學乎？兒曹勉之！」不肖兄弟讀書未成誦，夜分不寐，則孺人亦夜分不寐。或袖棗栗，或進湯茗，暇則述先君昔年燈火之勞激勸成立，以故不肖兄弟粗通文藝，能弄柔翰，孺人督課之功不少也。今熥溘先朝露，竟未膺一命以報孺人于九原。㶿、熛又不能少自振拔，蒼天蒼天，有如是耶！窮天下之聲殆無以舒其哀矣！熥等子婦姓氏已詳先君《行狀》中，兹不述。孝男𤊹泣血狀。』（《荆山徐氏譜·詩文集》）

是歲，有書林之役。

按：《〈紅雨樓藏書目〉序》：『庚子（一六〇〇）又有書林之役，乃撮其要者購之，因其未備者補之。』（馬泰來整理《新輯紅雨樓題記　徐氏家藏書目》，第二〇七頁）

按：本年書林之役，指建州之行，購金元好問《遺山先生文集》等書。詳上。

是歲，長子陸年十一，能作舉子業，王宇見之，延於家塾。

按：《亡兒行狀》：『年十一，能作舉子業，文字纚纚不絶，如宿構者。』（《荆山徐氏譜·詩文集》）

按：徐陸生於萬曆十八年（一五九〇）。詳該年。

又按：陳衎《徐存羽墓誌銘》：『十一歲，作舉子業。御氣鑄格，掞藻摛華，揣摩聖賢，大旨必研，幾極深而後已。一時名宿皆爲聲地，王公永啓有鑒量而少許可。時尚未第，然負才名久矣。一見存羽，許其岐嶷，面試藝文二篇，俄頃立就，洋洋纚纚，音彩殊絶，雖老於帖括者不能也。永啓雅與興公交厚善，至是心折小徐，齒遇之，謂其資履雖未深，而器韻遒上，非凡物也。因延於家塾，適館授粲，踰年倚注不衰。』（《大江集》卷十九）

是歲，題邊文進畫《荔枝鸜鵒》。題魏山人君屏《畫梅》。

作《題〈邊文進荔枝鸜鵒〉》（《鼇峰集》卷七）。

按：邊文進，字景昭，沙縣人。永樂間召至京師，授武英殿待詔。宣德間仍供事内殿。善畫花果翎毛，爲後人所宗法。

作《林夷侯出其先大父〈松聲樓卷〉，索題其後》（《鼇峰集》卷七）。

作《結交行》（《鼇峰集》卷七）。

林光宇有《結交行》：『有手不鼓鍾期琴，茫茫知己空爾音。有心不許延陵劍，冥冥良友伊誰念。請君但記結交情，莫使桃哀專得名。陳餘張耳多翻覆，泜水今猶鳴咽聲。結交行，面不同，人心回互更無窮。輕輸情實□相賣，不投好尚徒自工。君不見，翟公爲廷尉，門前衆賓還意氣；又不見，蘇季佩黄金，膝行不敢仍前倨。丈夫貴賤會有時，任爾世情自來去。自去自來奈爾何，同行對面隱干戈。一行一步轉淒惻，畏途裹足防荆棘。結交行，難盡陳，深山鹿豕可爲鄰。相皮塵壒誰知己，滿目風波愁殺人。』（《林子真詩》）

作《題魏山人畫梅》（《鼇峰集》卷七）。

按：魏山人，即魏君屏，建陽雲谷人，善畫梅。

陳薦夫有《寄畫梅魏山人君屏》：『當時我北赴燕都，歲序忽忽行將狙。遥將建州出雲谷，嶺梅飄雪光模糊。此鄉聞有魏高士，瀟灑清貞與花似。尋君欲宿幔亭雲，征騎匆匆那得住。於今倏忽八年來，有客傳君之畫梅。銅柯玉蕊筆奇絶，使我見之增徘徊。卷裹疎枝孤罨映。似有暗香來陣陣，恍似當年嶺上看。欲覓東風寄芳信，來歲驅車再向燕，倥偬知不似前年。披圖更奏梅花弄，鐵篴亭前對子騫。』（《水明樓集》卷二）

按：『有客』之『客』，即徐熥。熥是歲有建溪之行，《畫梅》爲其所携回。萬曆二十二年（一五九四），薦夫上春官，至今八年。

是歲，有書致張鵬甫，並題詩贈扇。

作《題扇頭寄張鵬甫》（詩佚，題筆者所擬）。

按：詳下條。

作《寄張鵬甫》：『去秋足下之入無諸也……正欲掃蓬門，迓高軒，作十日之飲，乃先伯兄抱疴在床，日夜惶悸，以故足下馬首東還，遂不能歌驪出祖，諒知己不我罪也。不佞自先兄見背之後，哀極而昏，神理頓盡……近日游元封歸，深知足下無恙。千里故人，一歲之間不一通問安，所稱莫逆乎？聊賦一詩，題之扇頭，以見遠意。』（《文集》册三，《上圖稿本》第四二册，第三〇四—三〇五頁）

按：無諸，無諸城，指福州城。

是歲，致書江中丞，乞憐熥子徐莊。

作《上江中丞》：『曩日台臺，分符閩省，先大夫某晦跡山林，屢荷垂盻，而盛情有加。爾時先伯兄某方困諸生，台臺拔之儔人之中，重以國士之禮。躬侍函丈，恩義彌深。至於某之不才，亦荷見録……先君于辛卯之冬即世，過辱師臺遠寄吊奠……不意舊歲之秋，先兄倏然長逝，屢瀆公車，家徒壁立，白頭老母，黄口孤兒，一旦棄捐，無以爲命。且某落魄孤寒，業儒匪就，獨有一弟，雖列青衿，而餬口不給，况有三喪未舉……獨念先兄生平所最受知、受恩，實無過於台臺者。倘不以存亡異心，視熥猶子，幸祈垂念，憐及西華，是重生之父母，再造之洪鈞也。』（《文集》册三，《上圖稿本》第四二册，第三一

一—三一二頁）

按：江中丞，即江鐸，字士振，仁和人。曾任福州太守。

是歲，致書張比臺乞爲兄作挽詩。又致長樂知縣郁文周。

作《與張比臺先生》：『先伯兄不禄，海内同聲諸公咸寄輓詩，久之成帙，某哀感其誼，欲謀之梓，獨念先兄曾受老伯一日之知，僭乞片言而華衮之。昔歐陽行周年四十而歿，藉昌黎《哀辭》一篇，而名播千古，不肖敢附斯誼，徼惠長者惟憐而泚筆。』（《文集》册三，《上圖稿本》第四二册，第三一三—三一四頁）

按：歐陽詹（七五七—八〇二），字行周，晋江人。貞元八年（七九二）進士，與韓愈同榜。授國子監四門助教。其志在古文。卒，韓愈作《歐陽生哀辭》。有《歐陽行周集》，萬曆三十四年（一六〇六）徐熥與學佺謀刻於金陵。

作《報郁文叔令君》：『某海濱賤士，無片善寸長，徼幼于、道行兩先生之愛，得瞻台範。乃明公不棄韋布，輒枉干旄，問及索居…… 聞玉體違和，政欲扁舟吴航，叩明公衙齋，一問眠食無恙，恐煩起居，心殊耿耿，且知有乞歸之疏……更重以厚貺寵頒，得無損明公月俸乎！』（《文集》册三，《上圖稿本》第四二册，第三一四—三一五頁）

按：郁文周，字文叔，江陰人。萬曆二十四年（一五九六）爲長樂知縣，當年熥有《寄長樂郁文叔令君》：『銅章新佩始爲郎，萬樹桃花一縣香。結客不辭分月俸，救荒偏許薄秋糧。』（《鼇峰集》卷十四），可知郁文周已經不止一次周濟徐氏。

又按：吴航，長樂別稱。

是歲，代古田縣丞作知縣劉曰暘《〈初政紀事〉序》。

作《初政紀事序代》：『古田去邑城二百里。界萬山中。蓋巖邑也。往昔令茲土而稱良吏者，代不乏人……若今豫章劉侯，豈古之所謂不剛不柔、敷政優優者乎？不肖無似，來丞玉田。唯夙夜以奉侯命，視侯之治狀甚悉……蓋侯之治，無察察之明，無煦煦之恩，治張如弛，治囂如謐，治革如仍，治赫如悶，此寧值理一邑，即治術盡是矣。侯政方及瓜，而偉績則□甚。不肖佐理之暇，取侯之條擬精詳、最關治體，足爲世矜式者若干首，捃摭成篇。而以士民之詩歌附焉，請授剞劂氏，以傳于四方。』（《文集》册一，《上圖稿本》第四二册，第一一三—一一四頁）

按：此文代古田縣丞李元若作。元若，萬曆二十五年（一五九七）任古田縣丞，已見上。

又按：是歲劉曰暘修《古田縣志》（詳前春日所作《送陳伯孺之古田，應劉令君聘修縣志》），知是歲非下車之始；『方及瓜』，三年之期。《古田縣志》有劉氏所作《治古田縣記》，其内容可能爲本文『條陳』之主要内容，故繫此文於是歲。

是歲，有舊宅於于山平遠臺圓明故院，捨宅與普光比丘，曹學佺助開山之資。與陳薦夫各代作疏文。

作《平遠臺修復圓明院募緣疏代》：『平遠高臺峭蒨，聳晋安城之左；圓明故院清幽，隸法雲寺之東。創始當顯德五年，改修在天禧三載。前朝古刹，今代叢林。零落殘僧，棄香壇而亡竄；經行過客，占丈室以藏修。展轉數家，近屬其地于興公長者；荒凉幾歲，今捨其屋與普光比丘。但前後廊房，朽壞不倖，往日東西門館，扃開猶在他人。將復舊禪宫，極丹青之壯麗；欲興新樂國，盛金粉之輝煌。妝塑寶容，惠證明於三昧；抄題檀越，示普度於十方宰官。肯捐俸鈔幾何，不日睹莊嚴之法界。居士也助錢財些少，他時成香火之精藍。』（《文集》册九，《上圖稿本》第四四册，第三〇九—三一〇頁）

按：圓明院，舊址在福州于山平遠臺、法雲寺東。

又按：去歲，兄熥新亡，今歲冬曹學佺（其身份爲南都廷尉，詳下引陳薦夫文）自金陵南來哭熥靈，學佺次歲秋離閩回金陵，此《疏》作於其間。學佺哭靈，興公捨宅爲僧院，學佺並率先捐修，此時間點似較合理，故繫此《疏》於是歲。

陳薦夫有《重興圓明院疏代》：『今比丘普光上人，戒行孤高，理懷淵遠。發心于齊雲蘭若，受偈于無瑕法師。八齡薙髮，早斷煩惱之根；十載觀空，洞證涅盤之藴。九十六種，曜末光於慧燈；六百七步，遊大竅于智刃……遂即法雲寺東，重建圓明故院。今長者徐君興公，摩詰爲心，捨下帷之宇；今廷尉曹君能始，祇陀結念，助開山之資。』（《文集》册九，《上圖稿本》第四四册，第三一三—三一五頁）

按：薦夫此文《水明樓集》未載。

是歲，《幔亭集》由清流王若捐金授梓，成。鄧原岳入滇爲學使，與公致書，乞爲《幔亭集》作序，並云熥子莊駑鈍，不堪鞭策。

作《寄鄧汝高學使弔》：『西湖分袂，倏忽三年。閩水滇雲，相隔萬里。中間哀樂，消息茫然。去冬得門下遠書弔唁，深抱存注之感，奠文哭詩，一字一淚，生托管、鮑之知，死勵范、張之誼，門下高情厚德，當於古人中求之，斯世少雙矣。伯兄見背，忽爾逾期，門户零丁，八口不給。猶子戔戔，十分駑鈍，不堪鞭策。天既不假以年，而復不昌其後，天道茫昧，豈忍爲知己道哉！伯兄遺稿，承教之後，搜輯諸集，删其太甚者，猶存古近體詩二千餘首，雜文二百餘篇，分爲十六卷。有清流王生名若者，捐金授梓，業已梓成，尚乏玄晏先生爲弁其首。伯兄生平所最莫逆意氣，無若門下；而生平所最推轂文字，亦無若門下，敢乞一篇，以垂不朽。惟早賜泚筆，即覓便鴻寄下，不啻華衮之榮矣。留神幸甚。詩文總名曰「幔亭集」，以卷帙稍繁，路遠不能寄呈，容嗣致覽。門下年來歷盡金馬、碧鷄之勝，詩文當得山川之助。倘有新梓，惠教爲望。前賦《奉懷》拙作一首，録呈請政。』（《文集》册三，《上圖稿本》第四二册，第三二七—三二九頁）

按：『倏忽三年』，『三』爲『五』之訛，萬曆二十三年（一五九五）入武林鄧原岳署中，二十四年（一五九六）正月，自武林歸。詳見該二歲。自萬曆二十四年（一五九六）至是歲正好五年。

又按：去冬弔唁一書，作於是歲春。詳前引鄧原岳《寄徐惟起》（《西樓全集》卷十八）。

又按：《幔亭集》王若刊本，卷首有屠本峻《幔亭集題詞》、張獻翼《幔亭集叙》、謝吉卿《幔亭集序》、鄧原岳《徐幔亭集先生集序》、屠隆《徐幔亭先生集序》。

是歲，代鄧原岳作《四瑞序》。

作《四瑞録序代》：『采芝象乎瑞應，藝瓜驚乎鵠飛。歷稽仁人孝子，來一物之祥，徵一事之異。古不乏賢，未聞有先百行之原，舉四端而集者也。予辱文恪公，忘年定孔李之交，既與天懋君締盟，諧秦晋之誼。稔知純孝，皆出性真，始識慕親，本由天植。邇年予轄滇南。文恪弟冏卿先生，一函遠寄，四瑞詳陳，墨士見諸詩歌，文人興乎頌贊，編梓成集，徵序于余。余謂天懋四世三孤，一掾若寄，家風不殞，苦節可貞。賃鄰圃以藝蔬，奉板輿而將母……序成，敬復冏卿，並諷世之人子。』（《文集》册一，《上圖稿本》第四二册，第四六—四七頁）

按：文恪公，即林燫。

又按：林世勤，字天懋，燫次子，博覽群書，極孝。（乾隆）《福州府志》卷六十二《人物》十四《孝義》『林懋勤』條：『萬曆間，巡按上其事，詔以「孝徵四瑞」旌之，賜坊表，郡人爲刻於九仙山巖石。』

又按：『邇年予轄滇南』，鄧原岳爲雲南學使。

是歲前後，代林世吉作《積善百行録序》。

作《積善百行録序代》：『先君子與林文恪公同舉南宫，稱莫逆。天迪爲文恪冢嗣，余忝年家世誼，恒兄事之。既而，余兒復爲林氏東床婿，得秦晋懽……天迪拜計部郎，年甫强仕，以太夫人春秋高，上疏乞歸，居林澤者數載……天迪其色養北堂也，非高悝之孝乎？其讓産于仲季也，非許武之友乎？其恤貧濟衆也，非叔孫之義乎？其施棺掩骼也，非范雲之仁乎？以余觀于數君子者，敦德行於行前，天必克其昌其後。天迪上承三世八座之澤，而下衍有餘不盡之福，而知彼蒼之厚于林氏者未艾矣。』（《文集》册一，《上圖稿本》第四二册，第一五—一七頁）

按：天迪，即林世吉。林世吉（一五四七—一六一六），字天迪，燫子，閩縣人。萬曆中官生，官户部郎中，倡瑶華社。有《叢桂堂集》。

又按：『余兒復爲林氏東床婿』，原岳子爲天懋婿。此文疑代鄧原岳作。

萬曆二十九年辛丑（一六〇一） 三十二歲

謝肇淛三十五歲，曹學佺二十八歲，林古度二十二歲，徐陸十二歲

正月，題漢焦延壽《焦氏易林》；又題唐王希明注《步天歌》。

作《辛丑元日》（《鼇峰集》卷十五）。

題《焦氏易林》：『學者欲求焦氏作《易》之旨，須用古擲錢法，折衷直日之論，庶幾近之矣。皇明萬曆辛丑（一六〇一）春正月書。』（馬泰來整理《新輯紅雨樓題記　徐氏家藏書目》，第一〇一頁）

按：《焦氏易林》，漢焦延壽撰。

題《步天歌》：『余此本得之義溪陳闇窗方伯家所藏者，與夾漈所言《步天歌》無異，似亦人間罕傳者。第天文微妙，不能如鄭公一凝目盡在胸中也。此册乃陳方伯手録並記。萬曆廿九年（一六〇一）正月，徐𤊹書。』（福建省圖書館藏本《步天歌注》卷首，又馬泰來整理《新輯紅雨樓題記　徐氏家藏書目》，第九六頁）

按：《步天歌》，唐王希明注，明陳暹鈔本。

又按：陳暹（一五〇三—一五六六），字德輝，號闇窗，閩縣人。嘉靖十四年（一五三五）進士。官至廣東布政使。精於曆算；據《筆精》卷七『藏書』條，暹藏書富於馬森埒。

又按：福建省圖書館藏本有『晋安徐興公家藏書』『閩中徐惟起藏書印』等印記。

又按：參見本年六月、崇禎七年（一六三四）。

二月，花朝，題薛瑞光所贈《靈棋經》。從王繼臯乞新茶。

題《靈棋經》：『刻版頗善，而中多脱落。友人薛晦叔家藏，乃其叔父滇中所梓者，校刊無誤，紙白如繭，余甚愛之，晦叔遂以見惠。但前删去《序卦》及舊序二篇，不無少恨耳。辛丑（一六〇一）花朝記。』（馬泰來整理《新輯紅雨樓題記　徐氏家藏書目》，第一〇〇頁）

按：《靈棋經》，漢東方朔撰。萬曆刊本。

又按：薛瑞光，字晦叔。瑞光之叔父爲薛夢雷。詳萬曆二十三年（一五九五）。

作《從王元直乞新茶》《題竹鶴老人山水》（《鼇峰集》卷七）。

三月，望日，題劉勰《文心雕龍》，言少學操觚，時取披覽，快心當意，甘之若飴。先人舊藏此本，已經校讎；近于薛瑞光家獲睹楊慎批評圈點鈔本一副，校之。題王偁《虚舟集》。

題《文心雕龍》：『劉彦和《文心雕龍》一書，詞藻璀璨，儷偶豐贍。先人舊藏此本，已經校讎。𤊹少學操觚，時取披覽，快心當意，甘之若飴。每有綴辭，采爲筌餌。此羊棗之嗜，往往爲慕古者所竊笑也。然秘之帳中，積有年歲，非同好者，不出相示。但彦和自序一篇，諸處刊本俱脱誤，乃抄諸《廣文選》中。近于友生薛晦叔家獲睹抄本一副，乃其叔父觀察滇南得歸者。中間爲楊用修批評圈點，用硃黄雜色爲記，又自秘其竅，不煩説破，以示後人，大都于其整嚴新巧處而注意也。遂借歸數日，依其批點。蓋自愧才不逮前人，而見識譾陋，得此以爲法程，不啻楊先生之面命矣……萬曆辛丑（一六〇一）三月望日，徐惟起書於緑玉齋。』（馬泰來整理《新輯紅雨樓題記　徐氏家藏書目》，第一七〇頁）

按：將近四十年，徐𤊹于《文心雕龍》七致意焉，此一；再題于萬曆三十五年（一六〇七）；三題于萬曆三十七年（一六〇九），四題于萬曆三十八年（一六一〇），五題于萬曆四十六年（一六一八），六題于萬曆四十七年（一六一九），七題於崇禎二年（一六二九），詳各年。

題《虛舟集》：『王孟揚詩，國初之巨擘也。近年馬用昭選刻《十子詩》，什刪二三，蓋與袁景從商榷去取者。較舊本去一百六十三首，雖所芟者不甚雅馴，而棄擲不收，殊爲可惜。是帙乃永樂時刻，流傳至今，不絶如線耳。因購藏山樓，重加裝訂，且記數語，俾子孫知所寶藏也。萬曆辛丑（一六〇一）暮春朔後，徐惟起書。』（馬泰來整理《新輯紅雨樓題記　徐氏家藏書目》，第一四七頁）

按《虛舟集》，明王偁撰。

又按：王偁（一三七〇—一四一五），曹學佺《王偁傳》：『永福縣人，字孟敭（揚）。其父翰，元季爲潮州路總管，故西方人也。先爲閩行省郎中，已而以潮州總管棄官，遂走閩爲黄冠，棲永泰山中十年。高皇帝聞翰賢，詔有司强起之，翰自刎死，時偁甫九歲。閩吴海者，翰執友也，義撫偁教之。洪武二十三年，偁以經義舉于鄉，明年試禮部，不第。例就祭酒授業……文皇帝即位，有司薦起之……授翰林簡討，進講經筵。已而勅脩《永樂大典》，偁爲總裁官。』（《石倉十二代詩選·明詩一集》卷之三十八《虛舟集》卷首）有《虛舟集》。『閩中十才子』之一。

又按：此條批評馬熒、袁表《閩中十子詩》未能存《虛舟集》之全帙。《閩中十子詩》爲十子詩選，非全編，王偁詩非全佚，高棅等亦非全佚。

春，作《春日閒居》詩，曹學佺有和作。兩年之後，趙世顯有次韻之作。有書致曹學佺，稱其《梅帖》有佳致。

作《春日閒居四首》(《鼇峰集》卷十五)。

曹學佺有《和徐興公春日閒居四首》,其一:『舊烟纔斷接新烟,隱几愁看小雨天。任意欲追高士傳,將身不作俗人緣。遠公禁酒樽無緑,楊子談經室有玄。春老柴門稀剥啄,儘教一日幾回眠。』其二:『抽梢翠竹古墻生,風細還添幾個鳴。家近平臺青嶂色,夢殘仙觀碧簫聲。成都擬住聊爲卜,吴市曾遊忽變名。莫怪年來太踈懶,悠悠世路不堪行。』其三:『庭前荆樹一株枯,嘖嘖都人説少孤。入夢不成春草句,傷心最在鶺鴒圖。故嗔山雨衝花塢,不禁風烟接野爐。萬卷床頭看未了,從他擔石苦催無。』其四:『茅屋春雲鎖幾重,朝昏兩度破山鐘。詩無宿債輕酬客,筆不停耕可代農。社日遠來滄海燕,花時喧動隔林蜂。杖藜閑入階前思,草碧苔青較甚濃。』(《石倉詩稿·玉華集》)

趙世顯有《次韻和徐興公春日閒居》四首,其一:『踈花散綺柳含烟,小閣春融雨後天。焦貢雅能精易理,嵇康元自少塵緣。山雲送色借浮白,谷鳥和聲恍問玄。簾幙晝垂人語寂,北窗禪榻枕書眠。』其二:『地濕莎青竹笋生,鵓鳩鳴罷杜鵑鳴。遠峰日送古松色,近寺風傳山磬聲。坐覺世榮成短夢,情知杯酒勝浮名。蓬門晝永無人到,花底携笻自在行。』其三:『倚杖行吟思不枯,閒身長共片雲孤。醉歌韋子聽鶯曲,戲榻周郎撲蝶圖。籠竹凝烟蔽茶竈,梨花飄雪點香爐。每逢林叟頻相問,泉石山中好在無。』其四:『屋後祇林樹色重,天風縹緲送清鐘。千竿寒玉邀詞客,數畝山田付老農。留草任教眠野鹿,惜花常恐聚遊蜂。紛紛塵事無心問,惟有探奇興最濃。』(《芝園稿》卷

二十三)

按：趙世顯詩作于萬曆三十一年(一六〇三)。

作《與曹能始》：『《梅帖》綽有佳致，與惟秦、幼孺吟咏幾廻，嘆賞不已。且刻板精善，堪爲齋頭清玩也。玉華奇勝，當又有詩，恨弟株守蓬蒿，不得從二三君杖屨，俟歸來讀二三君詩，當卧遊耳。幼孺目疾，頗能見光。所托事聞兄極力周旋，可嘉友道之厚。第陳君命窮，未識能濟否？弟一春以來，詩興太減，蓋衣食之累，横于胸中，又同遊星散，無可唱和，近作《雜興四章》，録求教正。從先兄不作書奉問，同此見意。』(《文集》册三，《上圖稿本》第四二册，第三一二—三一三頁)

按：《雜興四章》，即《春日閒居四首》。是春，曹學佺有玉華洞之行，後結集爲《玉華篇》。

四月，與曹學佺、沈野、龔克純由白龍江乘船，往遊鼓山東際亭、靈源洞、涌泉寺，登屴崱峰；于黄用中處睹舊本《鼓山志》，並與曹學佺等議修新《鼓山志》。此前，曹學佺曾往鼓山抄録石刻，俱體時間不詳。

按：議重修《鼓山志》，詳下月。

作《同沈從先、龔克純、曹能始自白龍江泛舟至鼓山，舟中作》(《鼇峰集》卷十)。

按：龔克純，侯官人。狀元龔用卿孫，龔爟子，龔懋壂之兄弟。

曹學佺有《夜發白龍江》：『便遠長橋外，徐移短棹東。江清雲散後，潮滿月明中。龍氣千年異，漁歌幾處同。山光如欲逼，遥望已空濛。』(《石倉詩稿·玉華篇》)

作《白雲洞，同沈從先、曹能始作》(《鼇峰集》卷十)。

按：白雲洞，在福建鼓山。萬曆十四年(一五八六)開。

又按：王應山《閩都記》卷十二《郡東閩縣》『白雲洞』條：『在海音洞洞下。由黄坑而登，可一里許，嶮巇峻峭，巨石棋置。萬曆丙戌，沙門悟宗始闢，鑿石穿竇，爲三天門，又有水懸注，名「吼雷湫」。有潭名「印月潭」。』

又按：謝肇淛《新開白雲洞碑》：『洞開於萬曆丙戌，而天門鑿於甲午。悟宗，俗姓傅氏，郡之閩縣人。』（《小草齋文集》卷十六）

曹學佺有《洞》：『小洞藏深處，危峰路轉西。當年僧不到，終日鳥空啼。海國臨尤儼，天門下屢低。此中人跡少，偏可愜幽棲。』（《石倉詩稿·玉華篇》；黄任《鼓山志》卷十一《藝文》題作《白雲洞和徐興公》）

按：鼓山之役，曹學佺還作有《東際亭》《半山》《靈源洞》《涌泉寺》《屴崱峰擬古四章》《歸舟》（《石倉詩稿·玉華篇》）。

沈野有《白雲洞》：『鐘於丹洞聽，僧在白雲逢。巖窄珠宫小，梯危石竇重。緇衣承溜洗，寶座引花供。所畏歸途晚，嵌嶄繞衆峰。』（黄任《鼓山志》卷十一《藝文》）

五月，與曹學佺等送楊德政入賀萬壽節，至古田囦溪而别，各有詩，别後製成詩册呈楊，並有書致之。致書屠本畯，言去歲修《建陽縣志》多出自其手筆；屠氏創建的高賢祠，陳翰臣（子卿）卒後其主列於祠中；陳薦夫雙眸失明已近兩年；熥《幔亭集》得王若捐刻，先刻詩十六卷，文四卷未刻。又致陳邦經，叙其子陳翰臣列其主於高賢祠事。五日，題《多寶塔碑銘》。又作文彭《文壽承隸書千字文》題跋，言己愛學書，尤喜隸古。從父執黄用中處借得鼓山舊志，二十三日題之，有修鼓山新志之願。

作《送楊叔向參藩入賀萬壽聖節，便道過家二首》二首，其二：『王程難緩別無諸，荷芰風清五月初。』（《鼇峰集》卷十五）

陳薦夫有《送楊叔向參知入賀萬壽節》二首，其一：『桂醑榴花敞御筵，緑章封事祝堯年。槎來八月銀河裏，節拜千秋玉殿前。聖主銅盤分曉露，詞臣珥筆奏鈞天。漢宮知宴西王母，金馬行看召列仙。』其二：『四牡騑騑不暫留，去隨鵷鷺綴皇州。鎖開貂使花間鑰，箭冷鷄人月下籌。聖壽遥同嵩嶽固，臣工歡動薊門秋。知君拜舞勸三祝，不厭華封獻麥丘。』（《水明樓集》卷六）

曹學佺有《送楊參知入賀》：『方嶽新持節，詞林舊吐華。千秋應作鑒，八月好乘槎。芳樹離亭合，層峰去路遮。漫云輕此別，誰復重烟霞。』（《石倉詩稿·玉華篇》）

作《上楊楚亭大參》：『三載之間，深荷垂盻……困溪拜還，轅轍難攀，睇視車塵，惟有黯然魂銷而已。頃與曹能始漫製小册，聊當歌驪，謹遣小僕賫上，乞賜台教。拙集并鄭詩附入。』（《文集》册三，《上圖稿本》第四二册，第三三六—三三七頁）

王毓德有《賦得花隱掖垣暮，送楊參知入賀聖節》：『千花開帝里，縈繞禁垣長。瑞色遮馳道，濃陰覆苑墻。龍爐分麝氣，鳳駕碾瓊芳。爛漫青柯綴，妖嬈依樹妝。傍扉凝淡靄，沿砌亞斜陽。片落胭脂濕，叢深錦繡張。點來丹陛暈，流過御溝香。密處藏春晝，疏時漏曉光。宮鶯啣出易，夏蝶採歸忙。露浥黄金掌，風傳白玉堂。詞臣行夢筆，使者入稱觴。不用蟠桃薦，寧須巨棗賞。萬年枝上影，歲歲奉君王。』（《全閩明詩傳》卷三十八）

陳薦夫有《賦得玉珂龍影度，送楊參知入賀聖節》：『珮馬夜何其，朝天度玉墀。鳴珂隨騕褭，迅影逐纖離。響急班如疾，聲徐沃若遲。鏘鑾興雅咏，遵路仰王馳。戛戛繁纓動，珊珊疋練移。琮琤飄寶鐙，錯落雜金羈。想結因風夜，鳴思立仗時。千秋追八駿，扈從宴瑶池。』（《水明樓集》卷四）

曹學佺有《賦得凉氣下瑶池，奉送楊公》：『玉沼靈都闕，金天肅氣催。明河流下上，芳樹影徘徊。溜寫蘭舟外，香浮桂殿隈。恩魚承露躍，候雁帶雲來。景接中秋宴，光添萬壽杯。應知王母降，還羡侍臣陪。』（《石倉詩稿·玉華篇》）

按：疑徐熥亦有『賦得』送楊詩，詩佚。

作《寄屠田叔》：『困溪賦別，忽逾四年，中間離合欣戚，難以具陳。緬想高風，徒增藴結。去秋於楊大參公署中，拜明公手書，來自辰陽，開緘跽誦，如挹丰采……倘秋冬之際，或附曹能始便舟，徑造勾章，瞻望顔色，圖少日周旋耳。楊大參下士若渴，不讓古人，里鄙如不肖，亦在賞識之列，而舍弟椎魯，又辱吹借，得青其衿，非明公齒牙餘論，何以有此。此之爲感，均刻五内矣。兹楊公入賀過家，草草修候，不肖年來近狀，都無足道，且加以喪兄之後，文思荒蕪，詩懷蕭索，而蠹魚之癖，不無少減。舊歲建陽令君，命修邑志，雖操觚者衆，築舍道傍，而出不肖之筆居多。試索之大參公，笥中一覽，則徐生之才盡可知矣。高賢祠之創，甚爲盛舉，但自明公離閩之後，當事駐省會者，鮮談風雅，未增一瓦一椽。先伯兄、陳汝大忝祀於中，近者陳子卿物故，輿論刻主俎豆之，第祀典缺然……陳幼儒雙眸失明，今幾兩載。天之妬才如是，爲之奈何？先兄生平所著詩，汀州王生請行于世，十之七耳。餘悉冗雜平淡，不灾之木。其所著文四卷，向經明公巨眼品騭，苦乏梓錢，不能一并流布。今往詩集一部，伏乞教正。先兄輓詩，海内來寄頗多，不肖欲附之梓。耑待明公一言，以垂不朽。幸轉乞仲高、孺愿、孺宗、

成叔、緯真諸公片詞。九原有知，當頌高誼不替也。』（《文集》册三，《上圖稿本》第四二册，第三三九—三三二頁）

按：困溪之别在萬曆二十六年（一五九八），至今四載；參見該年。

又按：去歲秋在楊德政處得屠本畯書。參見去歲。

又按：『舊歲建陽令命修邑志』，知此作於是歲。

又按：楊德政與屠氏同鄉，入賀過家，充當書郵者。

作《寄陳肅庵大宗伯進祠》：『不肖辱交賢郎孝廉君，積有歲年……舊冬恭覯尊翰，談及郎君入祠事。此論協公評，允稱俎豆。延望令孫親行送主，竟爾杳然。近辱手書，復蒙台惠，捫心有愧，没齒難忘。垂教佳章，令人慘然，動山陽之感。且以祀事見委，不肖素荷賢郎骨肉之愛，其何敢辭！遂集縉紳文士，擇以十二日先自開［元］寺告主，送入賢祠，蕪掇祝詞，奉塵台覽。其中禮節，盛使所目擊者，不能一一奉聞。外預賀并送祭名氏及物用數目，另具。』（《文集》册三，《上圖稿本》第四二册，第三四〇—三四一頁）

按：陳肅庵，即陳邦經，陳翰臣父。詳隆慶四年（一五七〇）。

作《又［寄陳肅庵大宗伯］祠事》：『賢郎仙逝，某忝交遊之末，素車白馬，未奔靈次，殊抱深嘆。至于俎豆之舉，寔八閩月旦定評。某每一展謁，痛及伯兄，便傷賢嗣，若吟魂有知，當往來于其間，與八代高賢相頡頏也。第祠宇苟完，祀典尚闕……秋祭即在轉盼，唯公謀之，俾亡者享千秋之食，而某先伯兄亦分一豆于側，寔厚幸矣。』（《文集》册三，《上圖稿本》第四二册，第三四一—三四二頁）

按：萬曆二十六年（一五九八）轉運副使屠本畯創建高賢祠，祀歷代八閩文人。次年，陳汝大、徐熥卒，入祀。隨後，陳翰臣又卒，其父陳邦經冀翰臣入祠，經評議，准入。綜合𤊹致屠本畯及此二書，𤊹似評議入祠者及管理祠堂者之一，故邦經將翰臣入祠事委之。入祠從迎主至祭典，有一套程式，𤊹亦瞭若指掌。

又按：徐熥卒後，入祀高賢祠，故云『分一豆於側』。

題《玄秘塔碑銘》：『唐會昌初建玄秘塔，觀察使裴休撰文，侍書學士柳公權書。石刻關中，今西安府學也。蒼勁秀整，風骨棱峭，唐世真書，如此不數見。昔人評書，所謂柳骨顏筋，豈其然乎！斯本首脱裴休名字，不能無恨。辛丑端陽雨中跋。』（沈文倬《紅雨樓序跋》卷二，第七〇頁）

按：《玄秘塔碑銘》，唐柳公權書。

又按：柳公權（七七八—八六五），字誠懸。京兆華原（今陝西銅川）人。元和八年（八一三）進士，歷仕七朝，官至太子少師，封河東郡公，以太子太保致仕，卒，贈太子太師。

題《顔魯公家廟碑》：『唐季真書，以顔魯公爲最。魯公之書，又以《家廟碑》爲最。此碑四面俱書，述其祖禰群從官爵甚悉。六一先生《集古録》稱公爲人尊嚴剛勁，象其筆劃。至於殘碑斷碣僅二十餘字者，亦寶愛不棄。今去六一復五百餘年，則魯公之墨蹟，不猶夜光火齊耶！天寶中禄山作亂，獨平原城守具備，常山罵不絶口，則顔氏之忠烈萃於一門。若論其書，豈區區與虞、褚輩並重哉！』（沈文倬《紅雨樓序跋》卷二，第六九—七〇頁）

按：《玄秘塔碑銘》，唐顔真卿書。

又按：顔真卿（七〇九—七八四），字清臣，小名羡門子，號應方，京兆萬年（今陝西西安）人。開元二十二年（七三四）進士。官至吏部尚書、太子太師，封魯郡公，故稱『顔魯公』。

又按：此篇作年不詳。似前後而作，附系於此。

題《文壽承隸書千字文》：『古篆以降，則爲隸書。漢唐碑刻，儼存古意。先哲如閩高廷禮，吴徐子仁，庶幾近之。至於文氏父子，一變其法，則家摹而户勒之，縱稍異於漢法，而秀雅自不可及。余愛學書，尤喜隸古，此刻實與古人頡頏，未可以晚出而耳食也。戊戌歲，永嘉黄道元寄惠。黄亦精隸書。辛丑夏五識。』（沈文倬《紅雨樓序跋》卷二，第八五頁）

按：《文壽承隸書千字文》，明文彭書。

又按：文彭（一四九八—一五七三），字壽承，徵明長子，長洲（今蘇州）人。以歲貢授秀水訓導，擢國子助教，遷博士。工詩畫篆刻。

又按：高棅（一三五〇—一四二三）[一]，更名廷禮，字彦恢，長樂人。永樂初薦辟，授翰林待詔。有《木天清氣集》《唐詩品彙》。與林鴻同爲『閩中十才子』領袖人物。

題《鼓山志》：『余自丁亥歲（一五八七）遊鼓山，迄今十五載，凡二十餘度。每欲纂集遊山詩文，苦無舊志可稽，只於老禪庵閣見舊版數十片，知其殘缺，心甚恨之。今年四月，偕曹能始復往遊焉，仍議纂修山志，廣詢積書之家，俱弗獲覩。最後借一本于通家黄君，如得拱璧，遂鈔録一副，藏之笥中，舊

［一］ 高棅生於至正十年（一三五〇）十二月二十三日，公曆已一三五一年一月二十日。本文采用年號相對應的公曆紀年。

萬曆二十九年辛丑（一六〇一）　三十二歲

本仍歸主人也。黄君尊人名用中，號鼓山，與先子莫逆。睹前序因知用心之勤，後之覽者，得無仰前輩之博恰乎。辛丑（一六〇一）五月二十三日書。』（馬泰來整理《新輯紅雨樓題記　徐氏家藏書目》，第八七—八八頁）

按：《鼓山志》，明黄用中編，鈔本。

又按：黄用中，號鼓山，福州人。黄用中《〈鼓山志〉序》：『《山志》，寺有刻板，僧秘不傳，蓋虞索者難給也。予家夙有此病，其録采尚遺，序列無紀。亟欲檢訂增刷之，以羈念泥跡，未能也……因改名之，曰「鼓山志」，并舊本藏之，以矢予之不負山靈也。嘉靖乙巳歲二月，山人黄用中書于江上之宜晚樓。』（黄任《鼓山志》卷七）乙巳，嘉靖二十四年（一五四五）

又按：黄任《鼓山志》卷六《石刻》附《論》：『曹能始往録其十一，陳汝翔往録其十二，最後武林自與徐興公、周喬卿往録其十七。』武林，即謝肇淛。

六月，再題《步天歌》。

題《步天歌》：『夏日齋居，偶王永啓持一天文書來，名曰《鬼料竅》，即此書也。前序采《通志》全篇，後附十二度，次并州郡纏次、七曜五行雜占，皆《通志》中所有者，不載可矣。第兩本訛舛甚多，尚未暇校定，俟他時頗窺斯學一班，當參靈臺秘苑，精研校勘也。辛丑（一六〇一）六月伏日，惟起記。』（福建省圖書館藏本《步天歌注》卷首，馬泰來整理《新輯紅雨樓題記　徐氏家藏書目》，第九六—九七頁）

按：參見本年正月、崇禎七年（一六三四）。

夏，題唐林慎思《伸蒙子》。謝肇淛有詩懷興公。同林光宇等集高景宅。致書沈咸，言沈野遊閩落漠，秋仲將還吳；薦清流王若。又致書張獻翼，贈詩題扇及《閩畫記》。又致屠本畯，贈《畫記》。又致書王百穀，以爲與兄熥友于師資，兩者兼盡，作熥《行狀》，乞屠氏作銘；贈詩題扇。諸書言及熥卒後，王若損資爲熥刻《幔亭集》；又言家事壓於身，頗不堪。

題《伸蒙子》：『唐林慎思作《伸蒙子》三卷、《續孟子》三卷，《崇文書目》、鄭夾漈、馬貴與書目有之，即吾鄉覯其書者亦鮮矣。余近得一本於故家所藏……起家於耒耜，［自］隱于陶之意。亦吾閩千載不朽之高士也。黄巢寇長安，逼以僞官，不受，服孟氏「捨生取義」之旨，罵賊不屈，遂遇害。今稠巖讀書石室遺址尚存。夫《太玄》擬《易》，卒致美新；《伸蒙》續《孟》，終成死節。百世而下，不能不爲子雲惜也。萬曆辛丑（一六〇一）夏，三山後學徐𤊹題。』（馬泰來整理《新輯紅雨樓題記　徐氏家藏書目》，第九三頁）

按：《伸蒙子》，唐林慎思撰。此本得之於故家所藏。

又按：林慎思（八四四—八八〇），字虔中，號伸蒙子，長樂人。咸通十年（八六九）進士，次歲中博學宏詞科第一。官至水部郎中。黄巢攻長安，被擒，委官不受而死。有《伸蒙子》。

又題《伸蒙子》：『林慎思故居在長樂縣東二十五里，兄弟五人俱登第，邑大夫名其鄉曰「芳桂」。慎思又中宏詞科，名其里曰「大宏」。墓在十四都伸蒙祠後。水部次子徵，亦第進士，居渡橋，在梯雲里，明廉憲恕，其裔也。𤊹幼從平野先生學，見其家譜甚詳。平野名庸勳，廉憲母弟也。閩郡世家，必首樂邑林氏云。徐𤊹又書。』（馬泰來整理《新輯紅雨樓題記　徐氏家藏書目》，第九三頁）

按：萬曆三十九年（一六一一），林于玄持《伸蒙子》贈徐熥，徐熥作《長樂林于玄持其鼻祖唐伸蒙子書見貽賦答》（《鼇峰集》卷五），參見該歲。

謝肇淛有《寄徐興公》：『江城偪側熱如煮，摇扇吞冰不禁暑。祖踞胡牀緑樹中，卧看槐花飛成雨。天際故人何所爲？早田稻熟鰣魚肥。飽噉荔枝三百顆，朝朝散髮弄漁磯。』（《小草齋集》卷九）

作《寄沈穉咸》：『從先丈至閩，日譚門下不去口。知尊履清泰，足慰千里之懷。從先遊閩，落落穆穆，悠悠忽忽，秋仲且將還家矣……汀州有王生若者，雅好談詩，每於不肖齋頭覩沈先生詞翰，輒籥口咋舌，以爲非人間人。兹侍裴冢宰過吴昌，投刺伏謁，幸與周旋。王生跅弛豪邁，好行其德，門下當驪黄外求之……溽暑伏枕，草草修候。』（《文集》册三，《上圖稿本》第四二册，第二九八—二九九頁）

按：沈咸八月還吴，詳下。

又按：裴冢宰，即裴應章。詳隆慶四年（一五七〇）。

作《夏日同諸子集高景倩宅，遲從先、玉生不至》（《鼇峰集》卷十）。

林光宇有《高景倩招集林亭避暑，得微字》：『爲患銷炎熱。園林似此稀。池根通浦暗，屋角見山微。地曠風多受，庭陰露未晞。欲知留客久，惟待晚凉歸。』（《林子真詩》）

作《寄王百穀》：『先兄見背之後，拙于居貧，饑無粟，寒無衣。老母七旬，三喪未舉，如此遭逢，如此心事，誰其憐之。所喜者舍弟已青其衿，制義頗有奇氣……清流有王生若，少年豪爽，好行其德。先兄遺詩滿篋，死後無有收之者，王生收而梓之，其誼至高。兹有吴門之役，望王先生如泰山喬嶽，托某爲之介紹，一登龍門……先集一部求政。』（《文集》册三，《上圖稿本》第四二册，第二九九—三〇〇

頁）

按：『三喪』，即父、母、兄喪。『先正集』，即徐熥《幔亭集》，《幔亭集》爲王若所刻。

作《寄張幼于先生》詩（《鼇峰集》卷十）。

作《寄張幼于先生》：『乙未之歲，與徐茂吴、謝友可、張成叔諸君會集曲水草堂，計今七載矣。公家太夫人違養，吾家先伯兄不禄[一]。中間欣戚離合，難以具陳……昨歲從陳季迪家讀先生《自序》一篇，纚纚幾萬言，交遊之中，庸陋如某，寔無比數……清流王生若者，裴家宰之懿親也。少年負跅弛之氣，雅好聲律，舊歲捐金刻先兄遺稿，其友誼當于古人中求之……王生喜古書名畫，有當意費千緡不惜。門下當指示之。先生向年所著《周易》諸書，兩過吴昌，冗中不及印歸。兹託王生各刷一部，不識肯垂教否？溽暑困人，裁緘不謹，幸亮，幸亮！拙詩録扇頭寄意，《畫記》一册求政。』（《文集》册三，《上圖稿本》第四二册，第三〇〇—三〇二頁）

按：《畫記》，即《閩畫記》。

又按：萬曆二十三年乙未（一五九五）訪典水草堂，作《同張成叔、吴石甫、黄仲華、錢功父集張幼于曲水草堂，因憶與吴之衛、林碩堂，對酒鼓琴，倏忽五載，而二君相繼物故，淒然傷感》（《鼇峰集》卷十三），參見該歲。

作《題陳公洛陸艇齋》（《鼇峰集》卷十）。

[一]『伯兄不禄』，原本作『伯兄不不禄』，衍一『不』字。

陳薦夫有《再爲公洛侄題陸艇齋》：『可笑齋如艇，浮生此處安。階前牽世路，門外怯風湍。破壁圍葭菼，虛簷刳木蘭。九流曾溯盡，剩得一牕寒。』（《水明樓集》卷三）

作《寄懷屠田叔太守》（《鼇峰集》卷十五）。

作《寄屠田叔太守》：『夏仲楊大參公過家，謹附短牘奉候尊履，并致先集拙詩請教……某自失伯兄之後，紛紜家政，都屬此脆弱之身，兩歲之間，荷楊太參噓咈，餬口異郡，然猿鳥之性，出山干人，非其志也。第老母七旬，無以爲養，此身安敢先填溝壑乎……今秋擬裹糧走四明，專候顔色，效巨卿鷄黍之約，未審能遂此願否？清流有王生若者，少年任俠，好行其德，且喜聲詩，先兄遺稿乃其所梓行也。兹侍裴冡宰入京，道經浙水，久慕明公盛德，冀識荆州以當萬户……揮汗草草，書不能謹。《畫記》一册求正。』（《文集》册三，《上圖稿本》第四二册，第三〇二—三〇四頁）

按：四明之行，詳是歲冬。

作《復江中丞》：『方太夫人厭世而仙也，某正罹先伯兄之變……貴役至自虎林，跽捧台函，重以厚貺，自慚疎賤，揣分奚堪，使旋附復。』（《文集》册三，《上圖稿本》第四二册，第三三二—三三三頁）

按：去歲作《上江中丞》，江中丞回復，此書又復之。參見去歲。附繫於此。

作《與王相如》：『尊堂苦節，得裴冡宰立傳，足當華衮，更重以陳宗伯、葉太史之文，可垂不朽……或作詩歌，則不敢辭耳。伯孺刻下過蔣子梁家寫軸，可自面之。』（《文集》册三，《上圖稿本》第四二册，第三三三—三三四頁）

又按：曹學佺《王母傳》：『乃清溪王若之母，則誠異焉。母之適王奉處士公，始終不過十年耳。

令不爲置貳，或置貳而已自有出，即不容貳。及處士公之歿也，母年才二十四耳。』（《石倉文稿》卷二）

又按：《龍峰集》未見咏王母苦節詩。此書暫繫於此。

夏、秋間，有詩咏陳薦夫水明樓。

作《送大參蕭公調任河南，分署魏郡兼過家省覲二首》（《龍峰集》卷十五）。

曹學佺有《送蕭參知調大名公適定諸生難，時海寇至》二首，其一：『數載馳驅返，故園非昔春。如公今又去，此地賴何人。喜見衣冠定，憂聞寇賊新。紛紛遮道別，幾日發車輪。』其二：『魏郡諸州鎮，漳河萬里流。古來重畿輔，今日仗公侯。畫一無他事，安危有壯猷。行當銷旱魃，遍野麥風秋。是地苦旱。』（《石倉詩稿·玉華篇》）

作《戲贈曹能始園中雙鶴》（《龍峰集》卷十五）。

作《次韻和幼孺水明樓即事四首》（《龍峰集》卷十五）。

陳薦夫有《水明樓雜興》四首，其一：『春波滉漾日當關，小閣藏書只一間。簾隔翠微梳杳靄，牕涵新瀑漱潺湲。清虛瘦骨非緣病，寂莫禪心不論閑。只有尋僧長日去，半梯烟雨踏雲還。』其二：『冉冉晴荷浥露新，曉來香氣襲衣巾。欄憑柳浪鶯酬和，榻倚松雲鶴近鄰。疎雨過林閑麈尾，驚飆入座響龍唇。尋常伏日山中暑，不到神清思湛人。』其三：『滿樓殘照滿樓風，人在秋聲落木中。橘柚暗垂荒圃緑，芙蓉晴艷晚陂紅。吟安噞字經時暢，抄愛奇書並日功。竹户不扃隨月到，且將疎懶借山童。』其四：『野燒星星常佛燈，一壚沈水曉烟澄。桃花繭帳圍香雪，茗葉磁瓶煮斷冰，遠岫

林疎西嶺出，小池波淺北風凝。栟櫚屋角紗牕日，先炙茅簷最上層。』（《水明樓集》卷六）

按：興公詩題與陳薦夫略異，然四首韻脚完全相同，興公詩和此四首無疑。

馬欻有《和陳幼孺水明樓》：『野塘開遍藕花新，俯檻臨流側葛巾。荔子垂丹當北牖，芭蕉分緑在西鄰。消閒只有詩經眼，遣興何須酒入唇。簾卷暮山雲一片，幾多魚鳥自款人。』（《漱六齋集》，《石倉十二代詩選》之《社集》）

八月，朔日，王繼皋招集南樓送陳鳴鶴往惠州，王崑仲往漳州，陳仲溱往聊城；又送曹學佺返金陵，沈野還吴。之後，往建州，曹學佺返金陵，遂同行；中秋，與曹學佺、陳仲溱、沈野茶洋驛坐沸雪橋看月；是夕，閩縣知縣洪都至。至建州，與曹學佺、陳仲溱、沈野遊黄華楊氏山園。在建州，購得王行《王半軒集》，並作題跋。

作《羅浮山歌，送陳汝翔之惠州》（《鼇峰集》卷七）。

陳椿有《送汝翔之惠州》：『纔税吴門駕，還飛嶺檄旌。故山猿語斷，驛路馬蹄輕。橘柚垂蠻落，桄榔暗縣城。經過時取醉，坐看海雲生。』（《石倉十二代詩選·社集》之《景于樓集》）

曹學佺有《八月朔日，王元直招集南樓，送陳汝翔之東粤，王玉生之清漳，沈從先還姑蘇，徐興公之建溪，陳惟秦之聊城，蔣之才之廣陵，余返白下》：『西風蕭瑟動離顔，一樹衰楊不剩攀。秋老幾人猶白社，月明無主是青山。征途南北高樓外，客淚縱横杯酒間。此别紛紛難聚首，天涯那許夢魂閒。』（《石倉詩稿·玉華篇》）。據此詩，興公往建州在八月朔日稍後。

按：王應山《閩都記》卷三《城郡東南隅》『南樓』條：『在嵩山之陽。朱普祖宅、元黎伯韶卜也。

三峰環宇，雙塔播空。兩河九陌，虹流鱗次。』一

陳薦夫有《仲秋朔日，王元直招集南樓，送沈從先歸姑蘇，曹能始官留都，陳汝翔之惠州，王玉生之清漳，陳惟秦之聊城，徐興公之建溪，蔣之才之白下》：『歸心離思一尊前，折遍哀楊幾樹烟。百粤去隨漳浦騎，三吴行逐建溪船。官清漢署門開網，書寄聊城箭在弦。腸斷秋風孤枕客，夢魂南北夜相牽。』（《水明樓集》卷六）

陳薦夫有《羅浮山歌，送陳汝翔之惠州，兼寄張叔弢明府》：『君不見浮山峨峨隔弱水，南望羅山百千里。一朝鼇首駭鵬騫，漂流去與羅山連。洞府幾多開福地，峰巒四百摩青天。圓經數作仙靈穴，瀑布轟銀橋鑄銕。巖頂蘢葱竹十圍，石上菖蒲花九節。葛令丹成朝紫微，鮑姑相逐棄霞衣。春風秋雨不敢爛，片片化爲蝴蝶飛。念君本是烟霞質，南遊再蠟登山屐。囊貯王生餌後丹，鼎烹檀氏飧來石。仙家酒熟幾開門，況在三更掛月村。莫謂杖頭無赤仄，相逢偏不醉梅魂。萍梗東西殊不惡，修圖更跨揚州鶴。試看神仙海上來，向日波濤也漂泊。明年我欲宴蓬萊，檢點奇峰安在哉！憑君傳語葛仙令，蚤放浮山海上回。』（《水明樓集》卷二）

陳鴻有《送陳汝翔重遊惠州》：『送君曾入粤，此際別尤難。幾處途中飯，都從瘴裏餐。海雲非一狀，嶺路更千盤。逆旅多朋舊，鄉愁得暫寬。』（《秋室編》卷四）

作《送沈從先還吴爲吊先兄至閩》（《鼇峰集》卷十五）。

陳薦夫有《賦得立馬愁將夕，送沈從先還吴門》：『征鞍愁未發，惆悵日將西。短景明金勒，離情絆玉蹄。鞭停新月渡，轡攬夕陽隄。戀別何嗟晚，鳴寒不斷嘶。珂聲催祖帳，露氣濕障泥。逸足匆

匆駐，長烟漠漠低。歸人望燈火，圉僕促分携。後夜憑高望，閶門疋練迷。』（《水明樓集》卷四）

王宇有《送沈從先還姑蘇》：『尊酒邀君塔影中，離情況復有東風。池頭柳散千條緑，水面花飛一片紅。』（《烏衣集》卷四）

作《中秋夜，宿茶洋驛同從先、惟秦、能始坐沸雪亭看月，分得凉字》（《鼇峰集》卷十五）。

按：〔嘉靖〕《延平府志·公署志一》：『茶洋驛，在府城東金砂里。』楊正泰《〈明會典〉所載驛考·福建》：『〔茶洋驛〕屬延平府南平縣。元置站，明改驛。在今福建南平市東南太平。』（《明代驛站考》二）《全閩明詩傳》卷二十六陳聯芳《茶洋溪上》題注：『茶洋，南平縣水程名。諺云：「大水大湘，小水茶洋。」大湘，南蛇也。茶洋水小，則灘險。』

曹學佺有《中秋夜，茶洋驛同沈從先、陳惟秦、徐興公坐沸雪橋看月，得斜字》：『蕭然古驛似山家，沸雪橋邊待月華。竹借影過添歷亂，亭容光入故欹斜。笛聲彷彿來空界，泉脉分明映淺沙。自別故園凡幾夜，清輝攬此使人嗟。』（《石倉詩稿·茗上篇》）

作《是夕洪令君至，因共集沸雪亭，再分明字》（《鼇峰集》卷十五）。

按：洪都，字子厓，青浦（今屬上海）人。萬曆二十三年（一五九五）進士，水部郎，後爲閩縣知縣。曹學佺有《洪子厓明府至，又限韻得佳字》：『凉秋烟霧净天街，片月堪携入客懷。海上飛鳧仙令到，竹間争席野人偕。雪聲祇借寒流得，山氣偏當日夕佳。別後須知憐此會，夢魂來往是秦淮。』（《石倉詩稿·茗上篇》）

作《秋日同從先、惟秦、能始集建州楊氏黄華山園》（《鼇峰集》卷十五）。

按：曹學佺《大明一統名勝志・福建》卷八《建寧府》：『《圖經》：黄華山，在城東北。明僉事汪佃《紀》云：「建城艮方，有山曰黄華。巍巍然爲群山宗。」蓋郡主山也。』

曹學佺有《遊楊氏園四首》，其一：『野色通籬落，秋光閉竹關。平池如束峽，兩岸即青山。閣信懸何地，軒宜置此間。來遊無隔日，應是客途閒。』其二：『已見天開闊，誰知境轉幽。松雲探並双，池井辨雙流。色落芙蓉晚，香生桂樹秋。興闌猶未已，移席上浮邱。』其三：『隱見千嵓曲，東西各洞門。不緣窺斷堞，何以別非村。鳥信生烟住，魚驚墮葉翻。仍連主人舍，鷄犬寂無喧。』其四：『苔深知石古，竹長見墻低。積翠沈波底，斜陽到岸西。搜花成小泛，摘葉任分題。何日漁樵老，相容此地栖。』（《石倉詩稿・茗上篇》）

作《古蕉行》：『建州太師東楊公，四朝作相功勳崇。特祠血食二百載，至今凛凛生英風。』（《鼇峰集》卷七）

按：『楊公』，即楊榮。楊榮（一三七二—一四四〇），字勉仁，建甌人。建文二年（一四〇〇）進士，官至少師。臺閣體代表作家之一，與楊士奇、楊溥並稱『三楊』，時『東楊』。卒，贈太師，謚文敏。有《楊文敏集》。

題《半軒集》：『先生生勝國之末，與郡人高季迪、徐幼文友善，於文字中往往及之。高工于詩，膾炙人口，而文則甚平淡，且不多見。先生詩雖不逮季迪，文實過之。每一篇中，輒出奇意，亦勝國之錚然者。翻覽之際，恒訝其贈送醫士甚夥，及讀《半軒傳》，始知先世以賣藥爲生，故與醫家往來爲密耳。辛丑（一六〇一）秋仲，偶過芝城，購於書肆，漫識卷末。』（馬泰來整理《新輯紅雨樓題記　徐氏家藏

書目》，第一四四頁）

按：《半軒集》，明王行撰。明初鈔本。

又按：王行（一三三一—一三九五），字止仲，號半軒，更號楮園，自稱淡如居士。長洲（今江蘇州）人。與高啓等稱『北郭十友』。經師，善書畫。以藍玉案受牽連被殺。

又按：高季迪，即高啓。高啓（一三三六—一三七三），字季迪。明洪武初，授國史館編修官。與劉基、宋濂稱『明初三大家』，又與楊基、張羽、徐賁稱『吳中四傑』，又與王行等號『北郭十友』。以魏觀案受牽連，腰斬。有《高太史大全集》《鳧藻集》。

又按：此條言高啓工于詩，王行之文實過於高啓。

九月，至建陽，與曹學佺等遊雲谷山。三日，與曹學佺、吴文潛、陳仲溱、周千秋、魏君屏、丘惟直登霜潭閣。于建溪驛別曹學佺，西折，夜宿麻沙公館，入邵武。曹氏有詩別之（曹氏往武夷過大安關入江西）。有詩贈邵武知府閻士選。九日，遊邵武開福禪房；兹後，又遊仁壽寺、丹台、瑞雲庵。題王鎡《月洞詩》。陳鴻有詩懷之。

作《遊雲谷山》六首（《鼇峰集》卷十）。

曹學佺有《雲谷歌》：『君不見，雲谷山，幽深峭拔非世間。澗傍水石遥相激，谷口烟雲好自閑。行到水窮谷始見，雲爲客來飛片片。谷中長嘯落水聲，雲破山空突向面。此山昔有東西寮，藥圃蓮池跨小橋。雲谷老人不知處，明月青山長寂寥。寂寥千載漫興悲，試上高臺眺武夷。一呼三十六峰欲飛動，跨鶴仙人猶恨昇天遲。昇天絶頂何嵯峨，雲中一點猶青螺。閩天欲斷楚天接，千巒萬嶂回層波。日光浩蕩直相迫，倏忽變幻那可測。老人曾記赫曦名，奪取湘西嶽無色。朱子《雲谷記》云：「予嘗名湘西嶽麓之顛曰『赫曦臺』，張伯和爲大書，甚壯偉。至是，知彼不足以當之，將移刻以侈其勝。」』（《石倉詩稿・茗上篇》）

作《季秋三日同陳惟秦、吴元翰、周喬卿、魏君屏、丘文舉、曹能始登霜潭閣，分得隨、樓二字》（《鼇峰集》卷十）。

按：丘惟直，字文舉，建陽人。有《清齋集》，謝肇淛、曹學佺爲之序。

按：霜潭閣，在建陽縣西北隅大潭山。曹學佺《建陽福山寺輪藏募緣修造疏》：『大潭山者，俯瞯大溪，潭水泓澄，故名。史載，吴王以六七千人屯大潭山，即此地。憶曩辛丑之歲，山麓城南隅有閣初成，邑令魏公問名，余目之爲「霜潭閣」者也。』（《石倉三稿・文部》卷九）

作《丘文舉贊》：『荷衣蕙帶，布襪芒鞋。烟霞腸胃，土木形骸。得句，儷丘遲短什；佞佛，效蘇晋長齋。於道暗合，與俗難諧。參禪，莫測其畔崖；積學，未抵其津涯。油油然與之偕，何異乎侶葛天而友無懷，真不忝爲吾社之朋儕。』（《文集》册十二，《上圖稿本》第四五册，第三〇〇頁）

按：謝肇淛《丘文舉詩序》：『其禪而寄之詩，非詩而逃之禪者也。夫詩必有超然之境、悠然之音、蒼然穆然之色而後可傳也，而文舉兼有之。其心無罣礙，無罣礙故無思議，乃至無法界、聲色、臭味，而所爲超然悠然、蒼如而穆如者，皆其咳唾之餘，非有意而爲之也。夫以無意而爲之，而卒闖其門，入其堂奥，世之有意而爲者，不敢望焉。夫何故？則儀卿之所謂悟者而已矣。』（《小草齋文集》卷五）

按：曹學佺《丘文舉詩序》：『予友丘文舉，其爲人澹於世味，家住建溪，風遒山響，霜落潭空，已得悟門之趣；其爲詩學王、孟，則性近而習成之，非字句摹倣可知耳。』（《石倉文稿》卷一）

曹學佺有《同諸子登霜潭閣，得來、風二字》，其一：『叠閣倚崔嵬，無期到此來。一時同看雨，九月却聞雷。徑即城頭轉，窗從水面開。誰家曾作賦，應借仲宣才。』其二：『去住人雖別，登臨興亦同。日斜孤嶺没，霜落一潭空。野艇垂村樹，溪橋度晚風。鄉關從此盡，回首悵飄蓬。』（《石倉詩稿・苕上篇》）

陳仲溱有《潭城別徐惟起》：『我適金陵道，君滯建溪湄。溪水東南流，君心與之馳。雲山千萬叠，我復與君辭。西風吹嶺樹，零雨沾車帷。兩日鄉音盡，中途情景悲。出門豈無別，而今增淚滋。感嘆緣同病，道誼貴相維。去去重回顧，繁霜凋鬢絲。』（《響山集》，《石倉十二代詩選》之《社集》）

按：潭城，建陽別稱。

又按：曹學佺返金陵，陳仲溱同行。仲溱擬經金陵往聊城詳前；徐𤊹送曹學佺，在建陽與曹氏分別，也與陳氏道別。疑𤊹另有別陳詩，今佚。

作《旅夜獨坐柬元翰、喬卿》（《鼇峰集》卷十五）。

曹學佺有《同諸子登霜潭閣，得來、風二字》，其一：『叠閣倚崔嵬，無期到此來。一時同看雨，九月却聞雷。徑即城頭轉，窗從水面開。誰家曾作賦，應借仲宣才。』其二：『去住人雖別，登臨興亦同。日斜孤嶺没，霜落一潭空。野艇垂村樹，溪橋度晚風。鄉關從此盡，回首悵飄蓬。』（石倉詩稿・《苕上篇》）

作《建溪驛送能始之留都》（《鼇峰集》卷四）。

按：建溪驛，即建溪水驛，在建陽縣南。

曹學佺《别徐二》：『出門相追隨，中道乃分袂。越境嘆馳驅，近鄉嗟留滯。秋杪天初寒，川原鬱少霽。谷風飄清霜，林間殞叢桂。鳴蟬漸無聲，來雁自迢遞。在物各有情，人生豈無繫。何能釋此憂，離居以終歲。』（《石倉詩稿·茗上篇》）

按：曹學佺與興公在建陽分手，往北入武夷；興公向西，往邵武。

作《夜宿麻沙公館懷汝載》（《鼇峰集》卷十）。

按：麻沙，在建陽縣西。興公往建陽必經之地。

又按：汝載，曹學佺之叔。

題《月洞詩》：『先生義不仕元，放情林壑，故其詩逾工。斯本乃建溪詹鼎卿孝廉所惠，至樵川仁壽寺始爲披覽，惟恐易盡。讀既盡，遂評其大略如此。辛丑（一六〇一）九月二十四夜，惟起題。』（馬泰來整理《新輯紅雨樓題記　徐氏家藏書目》，第一三八頁）

按：《月洞詩》，宋王鎡撰，宋嘉定本。

又按：《筆精》卷三『王介翁』條：『括蒼王鎡，字介翁，宋室播遷，義不仕元。《宋史·藝文志》謂鎡文集三十卷，世尠傳矣。近其裔孫之棟丞甌寧，掇拾家乘，得《月洞詩》一帙，特片鱗隻羽耳。』

又按：詹玉鉉，字鼎卿，建陽人，萬曆二十二年（一五九四）舉人。天啓五年（一六二五），徐𤊹送南居益至武夷，尚在建陽會到詹玉鉉。官同馬。崇禎八年（一六三五），徐𤊹再至建溪，詹氏已逝，徐𤊹作《予以天啓乙丑之秋客潭陽訪鄭别駕，時潭友詹鼎卿、丘文舉、鄭僑也、徐試可、江仲譽、江毅甫、李君寔、李培之、傅希丙、蕭飛卿、僧自西相欵歡甚，而清漳張凱甫寓福山寺中，俯仰才踰一紀，故人凋謝殆盡，追感往事，不勝愴然》（鈔本《鼇峰集》）。

作《九日，開福禪房》（《鼇峰集》卷十五）。

陳鴻有《九日，懷興公》：『遠别又重陽，依依劍水長。客魂銷此日，秋色過它鄉。野店寒多雨，山城夜欲霜。一尊花下酒，誰對紫萸香。』（《秋室編》卷四）

又按：建州在劍水上遊，故云『依依劍水長』。

作《贈武夷道人王浩章住持萬年宫》（《鼇峰集》卷十五）。

作《贈邵武郡守閻立吾先生》有云：『手板支頤看爽氣，北橋西塔白雲秋。』（《鼇峰集》卷十五）

按：閻士選，字立吾，綏德州（今屬陝西）人。萬曆八年（一五八〇）進士，邵武知府。

作《題仁壽寺》（《鼇峰集》卷十五）。

按：（嘉靖）《邵武府志》卷十五《外志》：『邑南之寺六，曰「仁壽寺」，隋仁壽間建，因名……洪武十二年、永樂十四年，寺僧嗣續營建，中多題咏。又有十景，曰：寶殿凌空、法堂留月、補陀勝境、梵海真源、貝葉函雲、曇花濯露、繞徑喬松、廻廊古井、大方駐錫、東海傳燈。』

作《送徐古若遊新安》《秋夜宿侯揚績山房》（《鼇峰集》卷十五）。

作《遊丹臺》（《鼇峰集》卷十五）。

按：〔光緒〕《邵武府志》卷二十八《古跡》『隋丹臺』條：『隋丹台，在郡城南，世傳隋盧道者、唐樊道者、宋支離子黄希旦皆嘗煉丹於此。』

作《題劉象九秀才屏山書屋》《寄謝在杭司理東昌》《瑞雲庵訪朱白卿、王伯效讀書處》（《鼇峰集》卷十五）。

作《寄余宜古》：『招提邂逅，遂成膠入漆中……羈旅樵城，既無計還家，又不能走灘水，一望顔色。落月屋梁之嘆，誰得知者。日與伯元先生，評騭後來之秀，才品兩優，莫足下若。須懋壯猷，鋭志文學，爲吾閩旗鼓增重，不獨耽耽一方耳……前覩端硯，石色蒼潤，又爲貢製，真趙宋物也，棄之可惜，勸足下收爲文房一寶。僕十年間，摩挲古硯幾成山，若此類者，亦不數見，敢質之足下，勿惜刀布，而失珍玩也。長發兄時時在念，並道惓惓。樵仲父子，古狂含章，統致聲。』（《文集》册三，《上圖稿本》第四二册，第三二五—三二六頁）

作《何生叔潛就試不利，却返灘陽，賦此爲送，且致期望之意》（《鼇峰集》卷十）。

作《哭何樵仲》（《鼇峰集》卷十）。

按：《寄余宜古》作後，樵仲旋卒。

十月，携《文心雕龍》至邵武，友人謝耳伯搜借。於友人徐梧家見楊廉夫手書一卷。登樵川雲橋，別朱白卿、劉象九、揚續、王伯效、于績、衷藻、景緯。致書余宜古，由邵武折回建州，購元陳高《陳子上存稿》，並作題跋。

按：題《文心雕龍》：『辛丑之冬，携入樵川，友人謝伯元借去讎校，多有懸解。』（馬泰來整理

《新輯紅雨樓題記　徐氏家藏書目》，第一七〇頁）

又按：樵城，即樵川，邵武之别稱。參見萬曆三十五年（一六〇七）。

又按：伯元，即謝兆申，邵武人。

又按：《筆精》卷四『郊居生金銅仙人辭漢歌』條：『余辛丑客邵武，于友人徐梧家見楊廉夫手書一卷，字法蒼勁。其後跋云：「此乃郊居生《題〈金銅仙人辭漢歌〉》，予謂小李絶唱後，萬代詞人不可着筆，此生膽大而有是作也。呼天籥，裂地維，鼎定天下，見於此矣。銅臺拆，當塗高，又豈爲卯金氏感慨也哉！」其詩云：「神明臺呰茂陵鬼，六宫火滅劉郎死。芙蓉仙掌擎高秋，雄雷掣碎銅蛟髓。魏官移盤天日昏，車聲轔轔繞漢門。鐵肝苦淚滴鉛水，石馬尚載西風魂。青天爲客驚曉别，天籥啼聲地維裂。銅臺又折當塗高，夜夜相思渭城月。」郊居生不知何人？讀此詩可泣鬼神，宜廉夫愛而録之。第亡其姓名，可惜也。』

題《陳子上存稿》：『按《陳子上墓誌》：「舉元至正進士，尋棄官，往來閩、浙間。」詩文總六卷，中有《福州東禪寺記》《金鷄山水竹幽居記》二篇。今寺久頽廢，讀斯文，昔日繁盛，宛然在目。而鄉先輩陳太史毁其寺以起墳，子孫寖微。福田因果之説，信有之矣。此建州楊氏藏本，辛丑（一六〇一）冬於建州購得，徐興公題。」』（馬泰來整理《新輯紅雨樓題記　徐氏家藏書目》，第一四〇頁）

按：《陳子上存稿》，元陳高撰。

又按：楊氏，即楊榮一族。

又按：上月二十四日，徐𤓰在建陽。後往邵武。

作《樵川登雲橋，别白卿、象九、揚績、伯效、於績、衷藻、景緯諸君》：『歲序欲殘辭故國，旅遊將倦怯他鄉。』（《鼇峰集》卷十五）

按：〔光緒〕《重纂邵武府志》卷五《津梁》『登雲橋』條：『登雲橋，即舊吊橋，跨南濠水。宋紹興間，里人黄子成建……萬曆間，邑人朱楫纍石爲墩樑，以木架屋其上。有司嘗餞諸生赴舉於此，故改今名。』

又按：白卿、象九、揚績、伯效、於績、衷藻、景緯，均邵武士子。

十一月，長至後，過鉛山訪費元禄，元禄贈《鼂采館清課》，徐𤊹贈以《荔枝譜》，元禄有詩紀其事。

題《鼂采館清課》：『萬曆辛丑（一六〇一）長至後，過鉛山，謁費學卿，出此示教。是夜風雨寒甚，宿鼂采館中，圍爐達旦，遂閲終卷。徐惟起識。』（馬泰來整理《新輯紅雨樓題記　徐氏家藏書目》，第一一〇頁）

按：長至，十一月二十八日。

又按：《鼂采館清課》，明費元禄撰。此本費元禄贈。

又按：《復費學卿》：『自從奉扣園居，飛觴對雪，促膝圍爐，一臂偶交，遂深莫逆。隙駒易馳，忽忽十年。嗣後兩過鵝湖，皆爲同伴者促行……恨不裹十日糧，直抵鼂采館，一譚千古之爲快耳。向在虎林書肆，見新梓《甲秀園集》，誦往歲雪中見贈之作，知門下不忘故人甚也。去秋喻郡公至，蒙吹噓過情，即今下榻式廬，不棄菅蒯之賤，伊誰之用歟？』（《文集》册六，《上圖稿本》第四三册，第三〇九—三一〇頁）

萬曆二十九年辛丑（一六〇一）　三十二歲

又按：此書作于萬曆三十九年（一六一一），參見該歲。

費元禄有《雪中徐興公過訪，出〈荔枝譜〉相視賦》（《甲秀園集》卷十五）。

按：此條叙讀友人見贈之作達旦。

冬，過上饒、金華、衢州，謁嚴子陵祠，遊曹娥廟。至明州謁賀知章祠。訪屠本畯不值。訪屠隆娑羅園，乞隆爲《幔亭集》作序。延慶寺訪五井、朗初上人、汪長文。海會寺看放生，登明州海曙樓。楊德政邀集樗園。于明州購置胡雙湖《易翼》。

作《費學卿鼉采館，與吴太初、鄭兆勤、吴元卿擁爐夜酌，率爾成咏》（《鼇峰集》卷十五）。

作《信州道中》（《鼇峰集》卷十）。

按：信州，江西上饒。

作《至夜姑蔑舟中》（《鼇峰集》卷十五）。

作《謁嚴子陵祠》（《鼇峰集》卷十五）。

按：嚴光，字子陵。參見萬曆二十二年（一五九四）。

作《曹娥廟》（《鼇峰集》卷十五）。

按：李賢《大明一統志》卷四十五《浙江·紹興府》『曹娥廟』條：『在府城東七十二里。漢元嘉中建。邯鄲子作碑文，蔡邕題云：「黄絹幼婦，外孫齏臼。」廟側有墓。宋治平以來，又有孝女朱娥配春秋致祭。』

作《約朗初上人遊雪竇》（《鼇峰集》卷二十五）。

按：李賢《大明一統志》卷四十六《浙江·寧波府》『雪竇山』條：『在奉化縣西北六十里。中有雪竇寺、千丈巖、瀑布泉、藤龕、錦鏡池、含珠林、隱潭，形勝非一。』

又按：興公未成行。

作《竹枝詞》四首（《鼇峰集》卷二十四）。

作《渡曹娥江遇風雨》（《鼇峰集》卷二十五）。

按：李賢《大明一統志》卷四十五《浙江·紹興府》『曹娥江』條：『在府城東南七十里。即漢曹娥求父屍不得，投江而死之處。縣長度尚葬娥於江南道傍。』

作《至明州訪楊廉憲公家園有贈》（《鼇峰集》卷十五）。

按：明州，寧波舊名。李賢《大明一統志》卷四十六《浙江·寧波府》『建置沿革』條：『（唐）鄮縣置明州……本朝吴元年改明州府，洪武十四年又改寧波府。』

作《訪屠田叔使君不值，賦此寄懷》（《鼇峰集》卷十五）。

作《謁賀秘監祠》（《鼇峰集》卷十五）。

按：賀秘監，即賀知章（六五九—七四四）。李賢《大明一統志》卷四十六《浙江·寧波府》『賀知章』條：『四明人。性夷曠，善談説，證聖初擢進士。纍官禮部侍郎，兼集賢學士。晚節尤誕放，遨遊里巷，自號「四明狂客」及「秘書外監」。天寶初，請爲道士，還鄉里。詔賜鏡湖剡州一曲。』

作《訪屠緯真先生娑羅園有贈》（《鼇峰集》卷十五）。

按：娑羅園，在明州。張燮有《蔡體國招飲娑蘿園夜集，時五月四日也》（《霏雲居續集》卷十六）。《寧紹台遊紀》：『聲元邀同戴亨文、楊參和集娑羅園。余至是凡兩集茲園。』（《霏雲居續集》卷四十二）

作《客中述懷呈李之文莊仲肩》（《鼇峰集》卷十五）。

作《延慶寺訪五井、朗初上人》《延慶寺訪汪長文》（《鼇峰集》卷十五）。

按：李賢《大明一統志》卷四十六《浙江·寧波府》『延慶寺』條：『在府城東。』

作《閨情代小姬見寄》《楊花》《海會寺看放生，呈屠緯真、慧上人》《登明州海曙樓》《寄懷許靈長，余將從東越還家》《會稽懷古》（《鼇峰集》卷十五）。

作《屠緯真先生爲先兄序詩，感而賦答》：『鴻雁分飛失故群，誰將身後定遺文。序言有幸逢玄晏，奇字遍能識子雲。天上玉樓長作客，人間彤管獨推君。千秋賞譽逢知己，翻恨難令地下聞。』（《鼇峰集》卷十五）

按：屠隆《徐幔亭先生集序》：『余伏而讀君詩也，心賞絶調，恨未論交於生前；手定遺文，願結相知於地下。嗚嘑悲哉！君有身後千古，何論眼中百年矣！萬曆辛丑歲臘月上澣日。』（萬曆本《幔亭集》卷首）詳本年《熥譜》。

又按：題胡雙湖《易翼》：『此書辛丑年置之寧波書肆，原欠外編一卷。』（沈文倬《紅雨樓序跋》，第二頁）

作《冬夜同李之文、柴彥實、徐子儀宴集楊叔向參伯樗園》（《鼇峰集》卷十）。

歲暮，客明州，蔡子行、李子敏集聞仲連山齋。居白衣寺，有詩懷居本畯等友人。歲除前一夕，蔡子行、李子敏、携酒過訪。有追和唐皮日休、陸龜蒙詩九首。

作《冬日同蔡子行、李子敏集聞仲連山齋，席上和别諸君》（《鼇峰集》卷四）。

作《和休遠上人蕭齋》《和空波上人甆鉢》《和西來上人空林》（《鼇峰集》卷十）。

作《歲暮居白衣寺，懷居田叔、張孺願、黄仲高、張公魯、吴石父、張成叔、林僊客》（《鼇峰集》卷十）。

按：白衣寺，俗稱『白衣觀音院』，在今寧波孝聞街。南宋政和間郡守周邦彦建。

作《歲除前一夕，蔡子行、李子敏、携酒過訪白衣寺，分得林字》（《鼇峰集》卷十）。

作《明州感懷八首》其一：『駕言遠行邁，仲秋辭故都。秣馬遵長道，去去天一隅。曜靈無停軌，歲序行將徂。本作燕趙客，半載猶中途。結念氣哽咽，撿袂長嗟籲。家山四千里，白雲鬱以紆。矯首望不極，俛仰空躊躇。』據此詩，興公本欲遊燕趙，至明州後，似有不得意者，決定半途折返。其四：『少小念同氣，和合成塤箎。師友相切劘，家庭日怡怡。何期在中路，鴻雁鳴聲悲。飄然失故群，手足傷分離。痛此年命促，嘆兹門祚衰。緘書勖吾季，奮飛當及時。』此詩追懷兄熥，詩『門祚衰』之嘆，期冀季弟及時奮飛。其八：『貴盛人争趨，賤貧世共棄。管鮑不可作，誰哉敦氣誼？秋高别故鄉，與君同攬轡。建水忽分携，相期秣陵地。阮生途且窮，王父遊匪易。睽違歷寒燠，千里遠莫至。行行還舊山，寄君兩行淚。』此詩懷曹學佺，建溪驛别後，學佺往金陵，相期過訪，管鮑誼深，而千里莫至，唯有兩行淚寄之。（《鼇峰集》卷四）

作《四明山九咏，追和皮日休、陸龜蒙》，細目：《石窗》《過雲》《雲南》《雲北》《鹿亭》《樊榭》《潺湲洞》《青櫨子》《鞠侯》(《鼇峰集》卷十)。

按: 李賢《大明一統志》卷四十六《浙江·寧波府》『四明山』條:『在府城西南一百五十里,周廻八百里。跨紹興、台州之境二百八十峰,其巔五峰絶高,形如芙蓉。道書謂是山爲丹山赤水之天上。有石窗四穴,通日月星辰之光,故曰「四明山」。又有石樓、石鼓之類,奇異非一。』

作《辛丑除夕,客明州白衣寺》(《鼇峰集》卷十五)。

是歲前後,詩好中晚體。

周之夔《棄草詩序》:『十六從師鄭元升先生獨知詩,稍講聲律,適伯父六旬,始得子,親友稱詩相賀,予踵其後……然初學稚語,不足道也。一時詞壇徐興公、陳伯孺輩好爲中晚體。』

按: 之夔生於萬曆十四年(一五八六),年十六,在是歲。參見崇禎八年(一六三五)。

是歲或稍晚,陸兒戲作山水扇面,有詩題之。

作《陸兒戲以墨筆蘸入水中,取扇面拖作山水,儼如點蒼石屏,因作短歌題之》(《鼇峰集》卷七)。

作《爲鄭吉甫題〈風木遐思圖〉》(《鼇峰集》卷七)。

按: 鄭憲,字吉甫,長樂人。居福州,與徐㶿比鄰。萬曆十九年(一五九一)舉人。臨江教授,鎮遠知縣。有《六一稿》。

是歲,在寧波,朗初上人贈沈明臣《豐對樓詩集》。

作《朗初上人以沈嘉則〈豐對樓詩集〉見貽,讀而有作》:『沈公往歲遊閩中,我尚乳口爲兒童。束髮受書稍識字,誦詩便已懷高風。越閩相隔幾千里,嘆息無緣執鞭弭。屠楊相繼宦榕城,稱述風流滿人

耳。今年我有甬東遊，公已登仙歷五秋。』（《鼇峰集》卷七）

按：沈明臣（一五一八—一五九六），字嘉則，號句章山人，鄞縣（今浙江寧波）人。布衣。有《豐對樓詩集》。明臣卒于萬曆二十四年（一五九六），至今已『歷五秋』。

是歲，致書謝肇淛，談及兄徐熥廢先業且盡，連累生者，年來生計蕭然。贈詩題扇。

作《寄謝在杭书》：『去秋使者歸自齊東，得手書，恍若面質。先兄不祿，遠辱賻贈，重以輓章，黄壤有光，白骨可肉矣。先兄舉孝廉十有二載，粥衣結客，賣田買書，不惟不問家人産，即凉薄先業，亦且廢盡。一旦棄捐，萬事瓦解。白頭在堂，黄口在抱。死者已矣，生者能無累乎？且先考妣歿逾十年，世無麥舟之贈，至今猶在淺土。言及于此，淚盈盈下矣。門下至親骨肉，又素所縈念者，何以爲我謀之？不佞年來生計蕭然，餬口不給。舊歲應建陽魏令君修志之招，居都亭者半載。志修愈工，而囊愈罄。歸來仍復食貧，安有好事聞于至親乎……新詩倘有殺青，幸寄示教。《下菰集》此中僅得二三部，同調傳觀，韋編幾絶。更須多寄數種，廣同好也。陳汝大、陳子卿皆歸黄壚，陳幼儒有左丘之疾，今兩歲矣。故山諸友，存亡異路，貧病殊途，良可嘆惋耳。小詩寄懷，題扇請政。《幔亭集》業已刻完，以無刷便，先寄數種奉覽。詩文總十六卷，尚乏玄晏先生，門下能掇數言於首，則有華衮之榮矣！願之，願之！』（《文集》册三，《上圖稿本》第四二册，第三三八—三四〇頁）

按：修《建陽縣志》在去歲。

又按：謝肇淛爲熥之甥，父母爲其外公外婆，二老歿已十年，尚在淺土，故熥請肇淛謀之，然而之後似無下文。

是歲，陳勳、陳一元成進士。有詩送陳勳還朝。

作《送陳元凱進士還朝》：『詞賦與經術，兼長有兩難。廟廊與丘壑，隱憂無兩端。子也富經術，成名爲美官。』（《鼇峰集》卷四）

林光宇有《送陳元凱三章》，其一：『梟小非鳳耦，安得久爲群。雲飛與泥絶，安得長隨君。居賤多戀貴，離被詎能分。處貴易忘賤，好音誰殷勤。』其二：『昔歲舉明經，今年成進士。今貌雖有殊，昔情宛相似。送送出西郊，枯荷覆寒水。雨雪上長安，春王見天子。』其三：『豫章有嘉樹，攻苦閲風霜。一旦光容人，取去爲棟梁。我若委地塵，舞風難飛揚。棄置復棄置，忽忽如有忘。何當送客恨，生此憤世腸。』（《林子真詩》）

按：據『雨雪上長安，春王見天子』，陳勳還朝當在秋冬之際。

是歲，曹學孟嘉生。

按：曹孟嘉（一六〇一—一六二九），字子興，學佺長子。天啓七年（一六二七）舉人，上春官，不第。卒年二十九。

萬曆三十年壬寅（一六〇二）　三十三歲

謝肇淛三十六歲，曹學佺二十九歲，林古度二十三歲，徐陸十三歲

元月初，元日，蔡子行招飲山齋。於四明敗簡中得元戴元《戴九靈集》，合于舊藏之本，題之。別明州楊德政、屠隆、蔡子行、李之文、聞仲連、李子敏。初七，飛雪。出四明，過車霸。展英台墓，往紹興；紹興看雪，於肆中覓得徐渭所點《古樂府》一部，題之。由紹興經豐橋往諸暨縣。元夕，客諸暨看燈。

作《壬寅元日》《元日，蔡子行招飲山齋》（《鼇峰集》卷十五）。

作《出甬東別楊叔向憲伯、屠緯真儀部、蔡子行山人、李之文、聞仲連、李子敏文學》（《鼇峰集》卷十五）。

按：甬東，寧波別稱。李賢《大明一統志》卷四十六《浙江·寧波府》『甬東』條：『《史記》：越滅吴，欲置吴王於甬東，即此地。』

作《送傳芳上人禮補陀，歸天台》（《鼇峰集》卷十五）。

按：補陀，即普陀。

又按：《家藏書目序》：『會壬辰（一五九二）、乙未（一五九五）、辛丑（一六〇一）三爲吴越之遊。』（馬泰來整理《新輯紅雨樓題記　徐氏家藏書目》，第二〇七頁）

又按：此行爲購書之役。

又按：《蕉雨亭詩序》：『余去歲偶爲越東之遊。』（《文集》册一，《上圖稿本》第四二册，第三二頁）

又按：《蕉雨亭詩序》作于萬曆三十一年（一六〇三），參見該歲。

作《出甬東還閩，留别楊憲使楚亭先生》（《鼇峰集》卷七）。

按：楊楚亭，即楊德政。

作《車壩行》：『鄞江人日飛春雪，客子遠遊經越絶。滿天烟浪夜行船，車壩艱危苦難説。水勢滔滔本向東，疏鑿盡言神禹功。何因此處各置壩，閘之不使洪流通。砌石截流江水注，莫是禹功未神處。』（《鼇峰集》卷七）

按：車壩，在鄞江上。李賢《大明一統志》卷四十六《浙江·寧波府》『鄞江』條：『在府城東。其源有二：一自奉化江合它山之水東流，一自上虞縣經餘姚、慈溪縣境東流，俱至縣東三港口，會而東注至定海縣大浹江，入于海。』

作《英臺墓》（《鼇峰集》卷十五）。

陳薦夫有《英臺墓和興公作》：『寒窗三載燭初灰，黄土無情緣緑苔。蘭蕙香風油壁過，梨花春雨墓門開。墳前沓奠椒漿合。泉裏妝歌薤露催。試唱華山畿一曲，千峰雲鎖杜鵑哀。』（《水明樓集》卷六）

作《禹穴》（《鼇峰集》卷十五）。

按：李賢《大明一統志》卷四十五《浙江·紹興府》『禹穴』條：『在會稽山。《史記》：太史公上會稽，探禹穴。』

作《越王廟》（《鼇峰集》卷十五）。

按：越王，即越王勾踐。

作《越城看雪》二首、《越城迎春》（《鼇峰集》卷十五）。

按：越城，會稽古名越州。李賢《大明一統志》卷四十五《浙江·紹興府》『建置沿革』條：『（隋）大業初改越州，尋爲會稽郡。唐初復置越州……（宋）紹興初始陞紹興府，元改紹興路。本朝復爲紹興府。』又『越王城』條：『在府城東南一十里，越王勾踐棲兵處。』

作《越相祠》（《鼇峰集》卷二十五）。

按：越相祠，即范蠡祠。

作《阻雪寓越州旅舍》（《鼇峰集》卷二十五）。

作《山陰道上至諸暨縣作壬寅》（《鼇峰集》卷十）。

按：李賢《大明一統志》卷四十五《浙江·紹興府》『諸暨縣』條：『在府城南一百二十里，本越王允常所都也……元陞爲諸暨州，本朝初爲諸全州，尋改諸暨縣。』

題《戴九靈集》：『（《戴九齡集》）藏之山齋十五年矣。壬寅（一六〇二），余有四明之役，閑坐書肆，見其敗簡中有《九靈集》一册，正余藏本所闕，遂乞以歸，合之便成全書，紙色相類。第十五卷至二十卷乃四明得來者。今尚欠第二十一卷至二十六卷耳，更圖補抄。笱雪道人徐興公書。』（馬泰來整理《新輯紅雨樓題記　徐氏家藏書目》，第一四三頁）

按：《戴九靈集》，元戴良撰，明刊本。

又按：此條言《戴九靈集》兩次得書，前後十五年，尚非完帙。

又按：上次得《戴九靈集》殘本在萬曆十七年（一五八九）。參見該歲。

題《古樂府》：『《古樂府》予家藏本有三副，皆手自句讀。今歲偶過會稽，見肆中《樂府》一部，失首一帙，中有硃筆批評，輒作證解之語。字格不俗，問之乃山陰徐渭所點者。徐字文長，號天池，博學善詩，爲越東之才士。遂購以歸，殘缺弗論耳。壬寅（一六〇二）春初，惟起識。』（馬泰來整理《新輯紅雨樓題記　徐氏家藏書目》，第一六四頁）

按：《古樂府》徐氏已藏有三部，合徐渭所點一部，計四部。此條言徐氏藏書多有副本，且相當關注評點本。

又按：嚴紹璗《日本内閣文庫的宋本與明人識文》：『現内閣文庫所藏明刊本中……《蔡中惠文集》《蔡中惠詩集全编》《鶡棲草》等，皆徐㶿編校。其舊藏入于内閣文庫者，有明初刊本《臨川王先生荆公文集》百卷等十數種。其中《古樂府》《金精風月》和《臨川王先生荆公文集》，皆有徐㶿手識文，記録如次。《古樂府》十卷，系明嘉靖年間有代表性的白綿紙精刊本。此本卷末《刻古樂府序》後餘白處，有徐㶿草書五行，其文曰……文末署「壬寅春初，惟起識」。此「壬寅」者，推考當爲明萬曆三十年（一六〇二）。此本原系徐文長批點舊藏，後歸徐㶿所有，流入日本後，先是藏于豐後佐伯藩主毛利高標處，十九世紀初歸於昌平阪學問所，明治之後，入藏内閣文庫。』（《共立女子大學、北京大學共同研究叢書·漢籍部門·藝術部門》日本共立女子大學綜合

文化研究所，二〇〇一年版）

作《曉發豐橋至暨陽》《元夕客暨陽觀燈》（《龞峰集》卷十五）。

正、二月間，過義烏，舍義烏令張維樞署，展駱賓王墓。過龍游，越黎嶺。

作《寓烏傷延福寺》（《龞峰集》卷十）。

按：烏傷，浙江義烏舊名。參見下條。

作《過孝子顔烏墓》（《龞峰集》卷十五）。

按：李賢《大明一統志》卷四十二《浙江·金華府》『顔烏』條：『會稽烏傷人，事親孝，父亡，負土成墳，群烏銜土助之，其吻皆傷，因以名縣。』又『顔烏墓』條：『在義烏縣東四里，有石碑刻云「顔烏墓」。』

作《贈張子環明府》（《龞峰集》卷十五）。

按：張維樞（？—一六三二），字子環，號玄中（又作賢中），晋江人。萬曆二十六年（一五九八）進士，官至工部左侍郎。時爲烏程令。

又按：《寄張玄中明府》：『春仲道經烏傷，辱仁丈還我幸舍，出有車，食有魚，瀕行贈我青雀，貽我薦書。此情此誼，何日敢忘？』（《文集》册三，第四二册，第三四三頁）

作《駱賓王墓》（《龞峰集》卷十五）。

按：李賢《大明一統志》卷四十二《浙江·金華府》『駱賓王』條：『義烏人。七歲能賦詩，與王勃、楊烱、盧照鄰以文章齊名，海内稱爲楊王盧駱，又號「四傑」。』

作《瀫水訪黄仲高博士賦贈》《别張子環》(《鼇峰集》卷十五)。

作《太末舟中夢陳幼孺》(《鼇峰集》卷十五)。

按：太末，龍游縣舊名。已見。

作《花燭詞寄贈故人》《自太末至清湖鎮舟中即景》(《鼇峰集》卷十五)。

作《仙河嶺酒家逢歌者王璵》(《鼇峰集》卷二十四)。

作《度黎嶺》(《鼇峰集》卷十五)。

按：黎嶺，即梨嶺，一名梨關。李賢《大明一統志》卷七十六《福建·建寧府》『梨關』條：『在浦城縣北安樂里，路通衢州江山縣，一名梨嶺。』

作《浦城買舟至家》《到家》(《鼇峰集》卷二十五)。

按：李賢《大明一統志》卷七十六《福建·建寧府》『浦城縣』條：『在府城東三百三十里……漢末置漢興縣，吴改曰吴興……(唐)天寶初始改浦城。宋元仍舊，本朝因之。』

作《武夷泛舟》(《鼇峰集》卷四)。

二月，歸家。贈景姬詩。轉運使王亮過訪。

作《訪景姬驚鴻有贈》(《鼇峰集》卷十五)。

陳薦夫有《贈景姬翩翩》二首，其一：『明珠有淚玉生光，暗裏何人不斷腸。壁月庭花詩狎客，斜陽江樹曲迎郎。趙家飛燕常輕舞，虢國雙娥只淡妝。莫問破瓜當日事，去年曾嫁汝南王。』其二：『供奉紛紛覓念奴，一帆花月出洪都。榴裙曉色飜蝴蝶，檀板東風唱鷓鴣。半醉半羞吹蠟炬。含情

含思爇熏爐。朱簾畫棟殘雲雨，更憶滕王閣上無。』（《水明樓集》卷六）

按：據『洪都』『滕王閣』，景姬當爲南昌人。

作《題景姬畫像》（《鼇峰集》卷九）。

作《酬王婁峰轉運過訪先任圉卿》（《鼇峰集》卷十五）。

按：王亮，字茂夫，又字穉玉，號婁峰，臨海（今屬浙江）人。萬曆五年（一五七七）進士，歷苑馬寺卿，謫福建轉運使。有《王穉文集》，曹學佺爲之序，見《石倉文稿》卷一。

作《送林吾宗之金陵》：『青絲遊騎踏春蕪，二月王孫入舊都。』（《鼇峰集》卷十五）

三、四月間，家居。再贈、三贈景姬詩。送林應聘之吴越販書。過王宇塔影園，題其《塔影圖》。馬欸以秋海棠見貽。侄徐莊往杭州司理訪丁啓濬，王宇之吴越，與之同行。有書致許光祚、黄景莪，請關照徐莊。致書陳志玄，謝其致挽章，及叙其與兩兄弟情誼。又有書致楊德政，謝去冬在甬東受到款待。有書致張子環，謝是歲春過烏程受到款待，並言當事者含沙之不自量力。致書屠本畯，論高賢祠事，以爲己與康生董其事爲多。又論高賢祠創建之後如何議祀，及楊德政勒文、屠本畯之《祠記》。

作《再贈鶯鴻》（《鼇峰集》卷十五）。

按：鶯鴻，指景姬。

作《送林志尹之吴越販書》：『我亦未忘吟誦癖，一犁春雨帶經鋤。』（《鼇峰集》卷十五）

按：林應聘於古籍獨具只眼。謝肇淛《林志尹墓誌銘》：『志尹少業儒，博極群書，其嗜書甚於嗜食，其蒐求異書而必得之也，甚於求美女阿堵也。凡古今四方帳中之秘、天禄之藏，與夫魚詭

蠹蝕之餘，簿目無可考證者，必質之志尹，志尹未嘗不應之如響也。』（《小草齋文集》卷十八）

作《題王永啓〈塔影圖〉》（《鼇峰集》卷十）。

按：塔影樓，王宇樓宅。林春溥《榕城要纂》卷下：『塔影樓，在南營……樓建於宋，見陸游《老學庵筆記》。今尚在。樓左板扉開一竅，日中則人影倒立，亦神技鬼工也。』又有塔影園，或得名於此樓。

王宇有《徐興公招李庭堅諸子過塔影園，分賦》：『幽居自效鹿門龐，客子如雲訪北窗。萍梗浮踪逢瘴海，蓴羹歸興動吳江。人堅談壘誰爲敵，酒破愁兵不受降。南浦風光催去棹，還同覓句續銀釭。』（《烏衣集》卷四）

作《馬季聲以秋海棠數本見貽，答謝》：『山中秋未至，乞莳早移根。』（《鼇峰集》卷十）

作《挽康闇軒郡丞》（《鼇峰集》卷十五）。

按：康立言，號誾軒，吉水（今屬江西）人。福州通判。

趙世顯有《挽康郡丞》：『正灑楊朱淚，思君陪泫然。多時聯白社，一別間黄泉。南國棠陰合，高丘柏樹連。仙靈應化鶴，華表至何年。』（《芝園稿》卷十一）

作《三贈鶯鴻》（《鼇峰集》卷十五）。

按：《訪景姬鶯鴻有贈》，一贈；《再贈鶯鴻》，二贈；此詩三贈景姬。

作《賦得消夏灣，送人之吳》（《鼇峰集》卷十五）。

按：李賢《大明一統志》卷八《中都·蘇州府》『銷夏灣』條：『在洞庭西山之趾。舊傳吳王避暑處。』

作《送王永啓之武林》《送沈廣文擢德清令》《寄丁亨文司理杭州》《夏日偶成》（《鼇峰集》卷十五）。

作《題扇頭寄許靈長孝廉》（詩佚，題筆者所擬）。

按：詳下條。

作《寄許靈長孝廉》：『别許先生十一載于兹矣。舊冬漳浦童明經入虎林，修一札奉問，想不浮沉。不佞弟遂從於越，取道烏傷，春仲抵家矣……先伯兄見背，家事零替。舍姪孤煢，食貧爲苦，兹裹一月糧，訪貴郡司理丁先生，冀食有魚，敬令其修謁門下，以叙子姪之誼。舍姪少年爲客，識事未深，惟長者進而教之。所偕行者，王生永啓，善于制業，又工古文辭。舍姪師事之，并祈奬借爲感。臨楮神往，外詩扇一執，《畫記》一册侑緘。』（《文集》册三，《上圖稿本》第四二册，第三〇七—三〇八頁）

按：萬曆二十年（一五九二）徐㶿晤許氏，參見該年。

又按：送王宇、寄丁啓濬詩見上。

作《題扇頭寄黄仲高廣文》（詩佚，題筆者所擬）。

按：詳下條。

作《寄黄仲高廣文》：『睽違五載，懷戀殊深。瀫水相逢，實爲奇遘……不佞别家七閲月，居四明者四旬……昨從楊觀察署中得接屠使君手書，知同調諸公無恙，足慰鄙懷……舍姪有武林之行，道經蘭水，特令其修謁門下，叙子姪之誼。幸進而教之。所偕行者，其師王生永啓，寔某莫逆，工制業，又善古文辭。素願登龍，并祈延接爲望。胡元瑞《詩藪》《筆叢》爲覓一部，重于南金之賜。望之，望之。

外拙作録之扇頭求正。』(《文集》册三,《上圖稿本》第四二册,第三〇八—三〇九頁)

按:客瀔水在萬曆二十四年(一五九六),去歲又與黄景莪再次相逢于瀔水。

作《答陳志玄司城》:『奉别顔色,寒暑六更。江北江南,鱗鴻阻絶。昨歲曹廷尉過家,細詢仁兄動止。知庚子年在秣陵相遇,再續舊歡,且齒及不佞,慰勞備至,深抱知己之誼。又聞王元直道仁兄今歲有閩中之遊。正在仰注,而令親毛君至,得接手書,開緘捧誦,如對故人,且念及先兄,輓章珍重,字字哀傷,而奠儀遠頒,愈增感痛。仁兄之遇不佞兄弟,何啻至親骨肉耶!古云:意氣孚合,不必同堂比肩始稱兄弟。豈不佞與仁兄之謂歟……比臺張翁年踰八衮,康健猶昔;能始曹兄已返留都,幼孺陳兄喪明數載,廷愉顔君飄零無定,四游陳兄作宰嶺表,肖墅蔣兄近入金臺,元龍、子真支床鷄骨,餘子俱無恙。』(《文集》册三,《上圖稿本》第四二册,第三〇九—三一一頁)

按:此書篇首云:『奉别顔色,寒暑六更。江北江南,鱗鴻阻絶。』萬曆二十五年(一五九七),志玄還安徽鳳陽,徐熥、徐𤊹分别作《送陳志玄還中都》《送陳志玄太學還中都》,至今六易寒暑。參見該歲。

又按:曹學佺去歲返留都,參見《曹學佺年譜》(以下稱《曹譜》)。

又按:康彦登卒於是歲九月;林光宇(子真)卒于萬曆三十二年(一六〇四)。

作《寄楊楚亭》:『某不才忝在門墻,已經四載,中間過蒙奬借,寔抱二天。歲暮浪跡甬東,尤荷青眼,較之延津傴侍,禮愈隆而情愈密……人日,出四明,過烏傷,爲餬口之計,廼故人適爲當事者所齮齕,謝絶桑梓之客,某竟歸矣。寥落之況,豈堪復言!』(《文集》册三,第四二册,第三四二頁)

按：徐㸌忝楊德政門墻在萬曆二十七年（一五九九），作《上楊大參叔向先生》二首（《鼇峰集》卷十四），參見該年。

又按：烏程縣知縣張維樞，字子環。正月過烏程作《贈張子環明府》。

作《寄張玄中明府》：『春仲道經烏傷，辱仁丈還我幸舍……匆匆告歸……欲持尊函修謁朱大將軍，稍餬八口，然魚鳥之性，生平不輕躡足轅門……近有客自浙歸，知按臺薦剡，而仁丈宦績首書，深爲喜慰，自今乘驄入鎖，不卜可俟。彼含沙者，多見其不知量也。』（《文集》册三，第四二册，第三四三—三四四頁）

按：正、二月間，興公過義烏作《贈張子環明府》。

作《寄屠田叔》：『㸌去歲之入四明也，念明公數載暌違，竊效古人千里命駕故事，間關雨雪，迢遞風波，竟不得把明公一臂，寔抱耿耿……高賢祠之立，明公捐月俸以妥神靈，堂宇苟美，輪奐一新，皆某與康生董其事。不幸先兄見背，百事瓦解，不惟寒門零替，殲此喆人，而七閩雅壇，誰爲盟主！以故祠雖創立，祀典未興。歷代先賢，不沾餘瀝。幸逢楊老宗師，秉憲會城，作興有期，伏乞轉達，謀給祭典，永爲千秋香火。則新祠不廢，唫魂可安。況議祀之時，皆明公與二三同志，擇其文章行誼，允合輿論者刻主。邇來間有恥祖先不與，謂此私祠，議欲增祀，此風一倡，則玉石相紊。必藉楊老師雄文一篇，勒之貞珉，與明公祠記並垂不朽，俾野狐不得爲雅道螫賊，此道斯貴矣。留神，留神！……某自愧年齒逾壯，聲名未揚，雖襪線之才，不堪巨眄，然楊師在鎮，不藉青雲而起微名，恐同草木澌腐。昔費文憲投分孫太初，袁文榮寵禮王百穀，遂以韋布享千秋之譽。某之愚蒙，不足比孫、王二先生萬一，而楊老師之下士，則又過于袁、費兩公矣！千載一時，自不可失，惟明公從臾之。蔡子行、聞仲連、朗初、休遠上人、李之文、柴彦實、汪長文諸公，并乞致聲。赤水先生曾爲先兄序詩，尤抱哀感，尚容修札致謝。兹司吏陳應火，乃陳伯孺族姪，以接役之鄞，附此修候。』（《文集》册三，《上圖稿本》第四二册，第三四五—三四八頁）

按：徐𤊹去歲遊明州，訪屠本畯不遇。今歲二月抵家，此時楊德政尚未還山。此書約作於抵家不久，故繫於此。

又按：𤊹以爲布衣身份，聲名尚不揚，請屠本畯向觀察使楊德政鼓吹，以藉青雲而起微名，或能享千秋之譽。

六月，題歐陽通書《多寶寺道因碑文》。

題《多寶寺道因碑文》：『《高僧傳》載道因禪師與玄奘同譯梵經，李儼爲撰碑文，蘭臺郎歐陽通書之，遒勁險峻，酷似其父。世人學歐，徒肖皮毛，未得筋骨。締玩此帖，始知古人運用不可企及。萬曆壬寅夏末，徐𤊹識。』（沈文倬《紅雨樓序跋》卷二，第六八頁）

按：《多寶寺道因碑文》，唐歐陽通書。

又按：歐陽通（六二五—六九一），字通師，歐陽詢子，臨湘（今湖南長沙）人。初拜蘭臺郎，天授初拜相，被害。工于楷，與父齊名，號『大小歐陽』。

夏、秋間，再致書屠本畯，言編《徐熥集》，十去其四，希冀屠氏再爲删去應酬，獨存近古者二册；又言及徐熥文集正在刊刻之中。

作《寄屠田叔》：『楊觀察公涖閩，郶開明公手書一紙，千言詳密周至，非誼篤通家，情聯騷雅，何以有此，且捐朱提爲贈。明公辰陽月俸幾何，退居林壑，復有斯舉，受之能無愧色耶！伏讀緣情樂府，一皆發之性情，可咏可歌……今冬明春，定與明公晤對，不至久别顔色也。觀察公初入境，尊嚴如神明，韋布之夫，隨例參謁，後遂屏迹公府，不敢繼見……第作興風雅，俎豆高賢，不能不望于觀察公耳。書來，希再及之。至于憐故人之貧，求綈袍之贈，非所敢望也。先兄生平詩草撰述頗多，蓋棺之後，某爲删潤，十去其四，而簡帙猶爲重大，即敝鄉家置一部爲難，况能傳布海内乎？承教嚴選，寔獲我心。明公若不惜針砭，爲選二册，盡去應酬，獨存近古者，則惟和白骨可肉矣。留念，留念！所著文章，向已請教，雖不一一步驟古人，亦自成一家，達意而止。某亦不忍棄之不傳。今在殺青，秋初可寄呈也……外詩扇一握，《畫記》二册侑緘；更詩扇一封，乞分致諸公。』（《文集》册三，《上圖稿本》第四二册，第三四八—三五一頁）

按：是歲冬楊德政還明州。

又按：《畫記》，即《閩畫記》。

七月，爲自編《紅雨樓藏書目》撰序，言合同父兄所儲，積書已多達五萬三千餘卷。言積書之法有四：購、乞、（見）貽、鈔。萬曆二十年（一五九二）、二十三（一五九五）、二十九（一六〇一）吴越之遊，有所搜購；萬曆二十八年（一六〇〇）建州『書林之役』，則專以購書搜書爲目的。

作《家藏書目序》：『予少也賤，性喜博覽，閑嘗取父書讀之，覺津津有味，然尚未知載籍無盡，而學者耳目難周也。既長，稍費編摩，始知訪輯，然室如懸磬，又不能力舉群有也。會壬辰（一五九二）、乙未（一五九五）、辛丑（一六〇一）三爲吴越之遊，庚子（一六〇〇）又有書林之役，乃撮其要者購之，因其未備者補之，更有罕睹難得之書，或即類以求，或因人而乞，或有朋舊見貽，或借故家抄録。積之十年，合先君子、先伯兄所儲，可盈五萬三千餘卷，藏之小樓，堆床充棟，頗有甲乙次第，鉛槧暇日，遂仿鄭氏《藝文略》、馬氏《經籍考》之例，分經史子集四部，部分衆類，著爲《書目》七卷，以備稽覽。客有譏予者曰：「子之蓄書，拮据勞瘁，書愈富而囊愈空，不幾于成癡成淫乎？好書之勞，不若不好之爲逸也。」予曰：「否否！昔宋尤延之積書數萬卷，嘗自言：饑讀之以當肉，寒讀之以當裘，孤寂讀之以當友朋，幽憂讀之以當金石琴瑟。予生平無他嗜，所嗜惟書。雖未能效古人下帷穿榻、閉户杜門之苦，然四體不勤，此心難恕，豈敢安於逸豫，怠於鑽研者耶。至於發書簏之誚，蒙武庫之譽，非予之所可幾也，亦非予之所敢望也。」客曰：「美哉，徐仲子之言。」唯唯而退。萬曆壬寅（一六〇二）初秋，三山徐𤊹興公書。』（馬泰來整理《新輯紅雨樓題記　徐氏家藏書目》第二〇七頁）

按：此條言所藏之書，係合父、兄所儲。

又按：《徐氏家藏書目》（道光七年劉氏味經書屋鈔本）著録𤊹著目，見崇禎十五年（一六四二）。

八、九月間，送新科進士陳勳還朝。

作《送陳元凱進士還朝》：『秋高使車發，道路傷渺漫。彦倫釋舊褐，貢禹彈新冠。』（《鼇峰集》卷四）

按：陳元凱，即陳勳。詳隆慶四年（一五七〇）。

趙世顯有《贈陳元凱進士》：『駟馬翩翩入里閭，春風得意晝遊初。不須束帶趨文苑，自有芳聲播石渠。麗藻争傳左思賦，綵毫重見右軍書。明庭咫尺承清問，未數當年第七車。』（《芝園稿》卷二

十二）

林光宇有《送陳元凱三章》，其一：『鳧小非鳳耦，安得久爲群。雲飛與泥絶，安得長隨君。居賤多戀貴，離袂詎能分。處貴易忘賤，好音誰殷勤。』其二：『昔歲舉明經，今季成進士。今貌雖有殊，昔情宛相似。送送出西郊，枯荷覆寒水。雨雪上長安，春王見天子。』其三：『豫章有嘉樹，攻苦閱風霜。一旦光容人，敢去爲棟樑。我若委地塵，無風難飛揚。棄寘復棄寘，忽忽如有忘。何當送客情，生此憒世腸。』（《林子真詩》）

九月，與蔣子才過集趙世顯山堂。晦日，友人康彦登（元龍）卒，興公爲作像贊。彦登卒時，庶子守廉方周歲（後爲興公婿）。

趙世顯有《徐興公、蔣子才過集山堂》：『白石翳蒼苔，青罇盎緑醅。榻緣徐孺下，徑爲蔣生開。霜氣留殘菊，寒光動早梅。林棲有餘興，不厭客頻來。』（《芝園稿》卷十一）

按：興公當有詩，詩或佚。

作《哭康元龍五十韻》，略云：『哲人鮮壽考，志士多夭殤。斯文不復振，厄運當吾鄉。痛哉我伯氏，一病身先亡。子卿擅才美，繼殞尤堪傷。伊人不可作，俛仰經四霜。猶賴二三子，風雅相頡頏。君也善名理，出口諧宫商。總角富經籍，弱冠工文章。高談邁晋宋，染翰追鍾王。耽奇匪吊詭，縱酒非荒唐。王公失其貴，俠士矜其狂。精神太矯健，意氣何飛揚。行年甫六六，所志殊昂藏。還期刷羽翮，天路争翱翔。梅溪古山邑，念母過渭陽。淹留閲旬月，瘴嵐入膏肓。自恃形色壯，未肯嚴堤防。抱病不五日，還家卧帷房。醫師寡神術，投劑皆倉皇。親友未及訣，後事未及詳。季秋月逢晦，文星倐無

光。奄奄氣運盡，四大如木僵。嗟嗟半世事，一夢成黄粱。視君畢含斂，涕泗空浪浪。』（《鼇峰集》卷四）

按：《答屠田叔》：『康元龍於九月之晦，奄然長逝，年才三十有六。如此才士，年亦不永，實聞地山川氣薄，雅道愈孤矣。想公聞之，亦爲動容。既喪惟和、汝大，再喪子卿，今後殲及元龍，大將已去，偏俾何用耶……因良友不禄，心緒不佳。』（《文集》册三，《上圖稿本》第四二册，第三五三頁）

作《康元龍像贊》：『茫茫元氣，克鍾夫君。遠播嘉譽，實揚令聞。鳳鸞爲質，龍虎其文。景命不永，中道殂分。覩斯貌像，實感精魂。雪涕興贊，貽君後昆。』（《文集》册十二，《上圖稿本》第四五册，第二七七頁）

按：徐熥《康元龍像贊》：『爾貌則古，爾神則清。諾可當乎季布，俠不愧于荆卿。臨池踵鍾王之墨妙，摛詞繼嚴樂之筆精。聞鷄函谷，飲馬長城。人以爲英英之烈士，而不知其爲恂恂之儒生。』（《幔亭集》卷十九）

又按：以上兩篇《像贊》作年不詳，附於此。

又按：《寄崔徵仲》：『小婿爲元龍庶子，周歲而孤。』（《文集》册三，《上圖稿本》第四二册，第三九一頁）

趙世顯有《哭康元龍》：『乾坤何處覓仙踪，漠漠寒雲渺渺峰。當代才名推繡虎，一時湖海失元龍。啼殘絡緯愁仍劇，響斷蒲牢夢未逢。知己暫離猶引憾，可堪新塚掛芙蓉。』（《芝園稿》卷二十二）

秋，問侯周日新寓鐘山寺。永福新知縣徐嘉言到任，有詩贈之。

作《周日新旅寓鐘山，走筆奉問》：『蕭寺輕寒旅枕高，西風吹冷白雲袍。』（《鼇峰集》卷十五）

作《贈永福徐令君》（《鼇峰集》卷十五）。

按：徐令君，即徐嘉言。〔萬曆〕《永福縣志》卷二《官師》：『徐嘉言，嘉定人，萬曆二十一年由歲貢知縣。以清静爲務……有百循吏風。』

十月，與趙世顯、陳益祥、林世吉、王崑仲、陳仲溱、陳宏己、王宇、陳邦注、陳价夫、陳薦夫、馬欻、王毓德、曹學佺、鄭登明、林光宇、康彦揚、黄應恩、商家梅等結芝社。趙世顯開社賓嵩堂。崔世召遊鯉湖歸，見訪，送之歸寧德。題鄰人吴雨化化斗齋。

作《趙仁甫司理招集賓嵩堂，即席有贈，次韻奉答》：『花外踏新苔，松間酌舊醅。池光金鏡拭，山色翠屏開。張薦窺宜竹，何郎咏有梅。幽居同栗里，曾説賦歸來。』（《鼇峰集》卷十）

按：徐熥《晋安風雅·詩人爵里詳節》：『趙世顯，字仁甫，閩縣人。萬曆十一年進士，官池州府推官。有《山居》《闕下》《入蜀》諸集。』（《晋安風雅》卷首）

又按：芝園，趙世顯園名。趙世顯《〈芝園稿〉類序引》：『芝園者，予乞歸養以來所闢也。園曾産芝，故名。園之景十。』（《芝園稿》卷首）

趙世顯有《徐興公、蔣子才過集山堂》：『白石翳蒼苔，青罇暗緑醅。榻緣徐孺下，徑爲蔣生開。霜氣留殘菊，寒光動早梅。林棲有餘興，不厭客頻來。』（《芝園稿》卷十一）

作《崔徵仲遊鯉湖歸見訪，送歸寧德》（《鼇峰集》卷十）。

按：鯉湖，即九鯉湖。李賢《大明一統志》卷七十七《福建·興化府》『九鯉湖』條：『在仙遊縣東北，昔何氏兄弟九人煉丹湖側，丹成，各乘一鯉仙去。』

作《趙仁甫開社賓嵩堂，分得四豪》（《鼇峰集》卷十）。

趙世顯有《賓嵩堂開社，陳履吉、王上主（元按：疑作玉生）、陳惟秦、陳振狂、陳平夫、伯孺、幼孺、馬季聲、王粹夫、徐惟起、袁無競、曹能始、鄭思黯、林子真、康季鷹、黄伯寵、商孟和過集，分得七虞韻》：『寒色澹平蕪，虚亭倒玉壺。風楊全卸緑，霜橘半垂朱。意氣雷陳洽，才名沈謝俱。荒筵陪上客，敢謂得驪珠。』（《芝園稿》卷十一）

曹學佺有《趙仁甫芝園開社分韻》：『有山能傍舍，因以割爲園。松樹半幽壑，藤蘿皆古垣。夕陽散霞采，明月切霜痕。頗喜從兹集，應添勝事繁。』（《石倉詩稿·續遊藤山詩》）

陳益祥有《趙仁父賓嵩館結社，余以縗絰不赴》二首，其一：『新築賓嵩勝，招携物外遊。□衣裁薜荔，詞客列曹劉。地以無營古，林應隔市幽。傷心猶枕塊，未得逐名流。』其二：『初結青山好，難從白社娱。嘶喧知列馬，笑劇想投壺。沆瀣憑軒挹，娵隅倚檻呼。行厨供六甲，羨爾集清都。』（《采芝堂集》卷五）

林光宇有《瑶華社集，分得氣字》：『瑶華池中日如沸，淡緑縠文平似熨。席移水榭近衰荷，乾華風颱猶香氣。小婦艷哥懷裹醉，酒闌寂歷聞清吹。雲來天地乍荒凉，極目江南杳空翠。』（《林子真詩》）

按：陳益祥以居喪未至詩社。

又按：據曹學佺《芝社集》，芝社中曾值社者還有林子真（光宇）、鄭思闇（登明）、王玉生（崑仲）、王粹夫（毓德）、黃伯寵（應恩）、王元直（繼皋）、康季鷹（彥揚）、陳仲溱（惟秦）、陳价夫（伯孺）、高敬和、趙仁甫（世顯）、董叔允（養斌）、王宇（永啓），參與倡和者還有袁無競（敬烈）、馬季聲（欻）、吴非熊（兆）、謝耳伯（兆申）、周方叔（嬰）、林茂之（古度）等。

又按：此時陳椿（汝大）已卒。倡酬諸作中亦無鄧原岳、陳勳、謝肇淛名。[一]

作《題吴元化斗齋》：「一室小如斗，居然在屋傍。借書吟讀易，問字往來忙。竹筍斜穿壁，藤蘿引過墻。夜深眠未穩，聞我發詩狂。」（《鼇峰集》卷十）

按：吴雨（一五七六—一六一五），字元化，閩縣人，與徐熥兄弟隔墻而居。「在屋傍」「借書」「往來忙」「穿壁」「過墻」「聞我」，爲其寫照。

十、十一月間，致書屠本畯，言及康彥登已於九月長逝；又言王應山，年已八十二，仿田汝成《西湖遊覽記》撰《閩都記》，待刊刻。

[一] 芝社由趙世顯首創，時間始于萬曆三十年（一六〇二）十月；此前，趙世顯已經組織過詩社叫玉鷺社。曹學佺《芝社篇》始于萬曆三十一年（一六〇三）元月，萬曆三十年（一六〇二）十月至十二月作品仍然載入《續遊藤山詩》。萬曆三十一年（一六〇三）八月，林世吉另開瑶華社；同月，阮自華在烏山舉神光大神；十月，曹學佺與徐㶿、林古度往漳州，十一月回會城。漳州之行至年末詩結爲《天柱篇》。曹學佺的芝社活動時間爲萬曆三十年（一六〇二）十月至三十一年（一六〇三）九月（八月有其他活動，可能停社），十一月至年末可視爲活動尾聲。萬曆三十二年（一六〇四）趙世顯卒，詩社告寢。徐鍾震所列名單，陳椿時已卒；鄧原岳、陳勳、謝肇淛並未與社。芝社活動情況參見附録二：《芝社社集表》。《芝社集》是曹學佺唯一以詩社社名爲集名的詩集。

作《答屠田叔》：『猶子自武林歸，拜讀尊札，並惠新篇，且知我公今秋舉賢曾孫…… 楊觀察抱疴杜門，已三閱月。今有起色，屢投牒乞休，兩臺弗許，寔爲七閩之福。邇聞推陞楚轄，若命下，則當離閩。高賢祀典，付之東流耳。同社諸子俱無恙。康元龍于九月之晦，奄然長逝，年才三十有六。如此才士，年亦不永，寔閩地山川氣薄，雅道愈孤矣。想公聞之，亦爲動容。既喪惟和、汝大，再喪子卿，今後殲及元龍，大將已去，偏俾何用耶！王懋宣先生，年踰八旬有二，康健如故。所撰著日富，前有《湖山紀勝》一書，今改名《閩都記》，再加删潤，倣田叔禾《西湖遊覽志》之例。畢竟無當事者爲之殺青。此書曾受明公捐俸謄寫，倘楊公久留閩臬，祈我公談及之，若行票發建陽書坊刊刻，良易易耳。何如，何如？偶因良友不禄，心緒不佳，草草不恭。亮之，亮之…… 近見沈雲將所輯《慈向集》，收戒殺、放生之事殆盡，便間希致一部見惠。更余漢城先生、農丈人稿，想已刻就，求一副。山人無所事事，惟蠹魚之僻未除，倘有醒眼希覯之書，勿吝見示。』（《文集》册三，《上圖稿本》第四二册，第三五二—三五四頁）

按：猶子，即熥子徐莊。莊三、四月往杭州依丁啓濬，詳上。

又按：王應山（一五二一—？），字茂（又作懋）宣，號静軒，毓德父，侯官人。嘉靖中諸生。有《閩大記》《閩都記》。

十一月，雨中社集與曹學佺、陳益祥、趙世顯等至吴客軒，懷沈野。冬至，阮自華初至福州。至後，同寧化知縣唐世濟、曹學佺、陳仲溱、王毓德、馬欻集阮自華司理衙齋。爲鎮江金山寺作募緣疏。

作《雨中社集曹能始吴客軒，懷沈從先》（《鼇峰集》卷十）。

曹學佺有《雨集吴客軒，懷沈從先》：『東軒别一歲，花木近能幽。忽以接高會，因之懷舊遊。池亭杯細把，蘿幔火深篝。雨集仍雨散，瀟瀟長夜愁。』（《石倉詩稿·續遊藤山詩》）

陳益祥有《雨集吴客軒有懷》二首，其一：『蘿帷深幸舍，詞客舊過從。檻憶曾題石，庭留經賞松。朔雲迷匹練，寒雨翳疎鍾。最是傷離索，梅花對短筇。』其二：『昔爲吴人客，今朝客在吴。諸君皆授簡，念子獨悲隅。雲合池光暝，天長雁影孤。憂懷方哽塞，對酒不能酺。』（《采芝堂集》卷五）

按：沈野遊閩，曹學佺爲建軒居之，沈爲吴人，故名『吴客軒』。

趙世顯有《雨集曹能始吴客軒有懷，分得四支韻》：『勝地開三徑，高朋聚一時。客歸吴市隱，人繫故情思。曲沼冰含玉，空庭雨散絲。明朝倘開霽，莫負看梅期。』（《芝園稿》卷十一）

作《贈阮堅之司理》（《鼇峰集》卷十五）。

按：阮堅之，即阮自華。詳隆慶四年（一五七〇）。

作《冬至後，同唐美承明府、曹能始廷尉、陳惟秦、王粹夫、馬季聲集阮堅之司理衙齋，分得京字》（《鼇峰集》卷十五）。

按：冬至，十一月初十日。

又按：唐美承明府，即唐世濟。唐世濟，字美承，烏程（今浙江湖州）人。萬曆二十六年（一五九八）進士，二十七年（一五九九）任寧化知縣，官至左都御史。李世熊康熙《寧化縣志》卷三有傳。阮自華《長至初至福州，夜集唐寧化美成、布衣陳惟秦、徐興公、文學馬季聲、王粹夫、廷尉評曹能始郡邸，得光字》：『銀燭宵明坐未央，絃歌得士正琳琅。郡中榻下客初蒲，海上珠還夜有光。淑

氣先期入玄月，陽春不改信朱方。一行作吏能如此，肯畏波臣日夜長。』(《霧靈山人詩集》卷九)

曹學佺有《阮司理堅之衙齋，招陪唐明府美承，仍同陳惟秦、馬季聲、王粹夫、徐興公，分得星字》：『燕市相逢俱馬首，故鄉招宴自公庭。漫雲細雨能妨月，肯信今宵匪聚星。墻外榕陰何歷亂，座中燈火鬱青熒。論詩正值能同調，對酒誰當忍獨醒。』(《石倉詩稿·續遊藤山詩》)

按：阮自華是歲秋出理福州，詳其《壬寅秋出理閩越過姑》(《霧靈山人詩集》卷九)一詩。

作《題金山募緣疏》：『京口金山，在宋季有塔屹峙江心，歲久毀于火……萬曆己亥，上人賚陸五臺太宰、馮具區太史二公疏文入閩……孝廉遂損賓客，上人竟歸矣。今歲復携瓶鉢，再入吾鄉，欲了此未了之因。幸值司理澹宇阮公現宰官身而涖兹土，機緣□合，佈施有期……不佞承乏留都，識上人有日，又重以司理公有佈金之念，敬題數語以告夫檀越。』(《文集》册九，《上圖稿本》第四四册，第三三七—三三八頁)

按：澹宇阮公，即阮自華。

又按：參見萬曆二十七年(一五九九)。

十二月，社集馬欻齋中，與趙世顯等咏紅梅。同陳价夫、林光宇看梅，宿李漢卿山樓。藤山梅塢看梅，懷陳椿、鄭君大、徐熥。水西石松寺看梅。二十四日，立春，與趙世顯等社集袁敬烈開美堂看迎春；同日，阮自華司理招集洪氏山亭。同社送楊德政還四明。

作《社集馬季聲齋中咏紅梅》(《鼇峰集》卷十)。

趙世顯有《咏馬季聲齋中紅梅，分得二蕭韻》：『檻外紅梅發，攀枝逸興饒。絳欺梁苑雪，艷壓赤

城標。越女粧偏麗，真妃酒未消。山童莫吹笛，留伴海棠嬌。』（《芝園稿》卷十一）

作《看梅宿李漢卿山樓，同伯孺、子真賦》《憩明真庵》（《鼇峰集》卷十）。

作《梅林對酒，因懷陳汝大、鄭君大、惟和兄》：『對酒吟梅塢，林邊逾短垣。』（《鼇峰集》卷十）

按：梅塢，在福州藤山，熥生前曾與陳椿、陳鳴鶴、陳振狂及弟等在此尋梅，萬曆十八年（一五九〇）作有《約汝大、汝翔、振狂、惟秦在杭藤山看梅》。

作《水西石松寺梅花》（《鼇峰集》卷十）。

按：石松寺，一名石嵩寺。王應山《閩都記》卷十九《湖西侯官勝跡》『石松寺』條：『在三都。宋大中祥符三年建。初名靈鳳。紹興十年，僧天石于石上種松，因易今名。國朝成化九年重建，後多頹廢。萬曆間興復。』

作《臘月廿四日，社集袁無競開美堂看迎春，分得六麻》（《鼇峰集》卷十）。

按：立春，二十四日。

趙世顯有《社集袁無競開美堂觀迎春，分得十四寒韻》：『條風將播暖，宿雨尚餘寒。近郭迎牛至，傾城躍馬看。勝飜飛乙鳥，席薦五辛盤。共喜春方到，擎杯坐夜闌。』（《芝園稿》卷十一）

作《立春日，阮堅之司理招集洪氏山亭，分得六麻韻》（《鼇峰集》卷十五）。

趙世顯又有《春日集林員外山堂》二首，其一：『江梅纔破臘，苑樹夙迎春。彩勝飜雙乙，雕盤薦五辛。粧隨流俗變，曲傍歲時新。羅綺紛相媚，香生九陌塵。』其二：『彩仗迎青帝，東郊騎吹回。艷聽盧女曲，歡引洞庭杯。舊好金蘭合，新詩玉漏催。明朝清興發，應不厭重來。』（《芝園稿》卷十一）

作《送楊楚亭憲伯請告還四明》四首（《鼇峰集》卷十）。

陳薦夫有《送楊叔向觀察歸隱四明》：『初衣遥剪四明雲，一片歸帆海色分。鏡曲烟霞中秘監，山陰詩酒右將軍。柏臺尚憶棲烏樹，蕙帳誰移怨鶴文。只恐簡書天上至，銀魚未許碧山焚。』（《水明樓集》卷六）

馬欻有《送楊叔向觀察致政還四明》：『曾携繡斧出彤墀，忽换黄冠采紫芝。九曲烟霞輕載舫，四明嵩壑待尋詩。寒江水緑曹娥廟，古□花深賀監祠。聖主方思芸閣舊，五湖寧許老鴟夷。』（《漱六齋集》，《石倉十二代詩選》之《社集》）

曹學佺有《送楊觀察還四明》：『東越幾千里，浩然方拂衣。鑒湖遲夜色，雪竇澹朝暉。跡豈蹈滄海，人猶看翠微。歲寒牽别思，惟有掩荆扉。』（《石倉詩稿·續遊藤山詩》）

作《壬寅除夕》（《鼇峰集》卷十五）。

是歲，林應聘（志尹）爲徐熥鈔王恭《草澤狂歌》未竟，徐熥卒，應聘强淚爲之續鈔畢，並作《王恭〈草澤狂歌〉跋》追懷之。

按：《草澤狂歌》，明王恭撰。此本林應聘、徐熥先後所鈔。林志尹有《王恭〈草澤狂歌〉跋》：『王典籍《草澤狂歌》，向未登木，徐惟和得自張海城先生，不啻若拱璧，然乃抄録未竟而逝。予藏篋中，不忍閲視，傷人琴之亡也。傾慮散佚，强淚抄成，仍送之緑玉齋，以成惟和之志。蓋亦效掛劍徐君云爾。萬曆壬寅秋志尹題。』（曹學佺《石倉十二代詩選·明詩一集》卷之十八王恭《皆山集》）

按：《石倉十二代詩選·明詩一集》卷之十八王恭詩係興公囑學佺選。

又按：曹學佺《王恭傳》：『王恭，字安中，閩縣人也。環閩皆山，而恭家故貧，則爲樵，往來群山中，自稱曰「皆山樵者」。恭善爲詩，援筆纚纚，千言立就。永樂四年，有司以儒士薦，强起至京師，年六十餘，老矣！勅脩大典，同郡王偁爲翰林簡討，同纂脩……居三年，大典成。詩試高第，授翰林典籍。居頃之，投牒歸。著詩數十卷，號曰《白雲樵唱》。其在金陵曰《鳳臺清歗》，歸田曰《草澤狂歌》，軼不盡傳。廬陵解縉稱其「布衣蕭然，不慕寵榮，强之而起，朝陽鳳鳴」。』（《石倉十二代詩選·明詩一集》卷之十八《皆山集》卷首）閩中十才子之一。

又按：此本後歸吴焯（一六七六—一七三三），焯《繡谷亭熏羽録》：『余得萬曆中徐惟起録本，前有惟起跋，相傳只有鈔本云。』（馬泰來整理《新輯紅雨樓題記　徐氏家藏書目》，第一五〇頁）

又按：參見萬曆三十五年（一六〇七）。

是歲，陳公選（仕卿）卒，囑其從父价夫、薦夫，令徐𤊹序而傳之。

按：參見次年。

萬曆三十一年癸卯（一六〇三）　三十四歲

謝肇淛三十七歲，曹學佺三十歲，林古度二十四歲，徐陸十四歲

正月，元夕，同趙世顯、曹學佺及范允臨、吴兆等社集風雅堂，同咏《走馬燈》。鄭登明直社，社集半嶺園，同咏《聞鶯》詩。陪阮自華司理遊石竹山，有詩。

作《古意》（《鼇峰集》卷十五）。

作《八音詩》（詩佚，題筆者所擬）。

曹學佺有《八音詩》，題下注：『以下二首徐興公直社。』詩云：『金風氣初厲，石滿角弓鳴。絲綸天子詔，竹帛將軍名。匏樽潛度水，土穴暗穿營。革裹尸猶願，木就怨難平。』（《芝社集》）

作《元夕同社枉集風雅堂，咏走馬燈》（《鼇峰集》卷十五）。

趙世顯有《元夕觀燈》：『隊隊香羅綺，珊珊響珮環。烟霞恍天上，星斗落人間。鳳吹隨風沸，鵁聲逐騎還。更闌天欲曙，金鎖尚開關。』（《芝園稿》卷十一）

曹學佺有《咏走馬燈》：『連騎看燈匪一群，燈輪剩有騎紛紛。似調金埒光俱射，漫拂絲鞭響不聞。日没猶然行赤地，春深信自踏紅雲。百年人世皆如隙，爲樂蹉跎任夜分。』（《芝社集》）

范允臨有《和曹能始民部咏走馬燈》：『高閣華燈向夕紛，一枝懸照五花文。乍驚天駟星同爛，轉見風車影作群。驤首似驕青海月，輕蹄如度火山雲。遊人祇共尋常翫，試問驪黄恐未分。』其二：

『火樹光中趂碧蹄，風前流影望堪迷。非關香氣驚衣袂，豈爲宵征急鼓鼙。絳焰摇時渾欲舞，銀花笑處聽頻嘶。仙郎有意憐神駿，贏得長分太乙藜。』（《輸寥館集》卷一）

吴兆有《癸卯元夕，曹能始席上咏夾紗燈屏，得花字》：『火樹當筵出，燈屏繞席斜。逶迤一片影，匼匝九枝華。薄素流明月，層波浸百花。龍膏然作霧，鶴彩散成霞。曉户鶯歸鏡，春窗蝶誤紗。盈盈空内外，瞰客若爲遮。』（《列朝詩集》丁集卷十四，《吴非熊集》、《新安二布衣詩》卷一無『癸卯』二字）

作《社集，賦得聞早鶯癸卯》（《鼇峰集》卷十）。

趙世顯有《鄭思黯社集洪女含山亭聞鶯，分得四支韻》：『烏山開社處，黄鳥囀春時。睍睆穿花早，綿蠻出柳遲。恍邀新燕語，似與宿烟期。不用携柑聽，清聲近酒巵。』（《芝園稿》卷十二）

曹學佺有《半嶺園聞鶯鄭思闇直社》：『山亭隔俗囂，鶯語入春嬌。欲覓之花底，猶言在柳條。思因初霽發，情寄好風遥。况我稱良友，相求在此朝。』（《芝社集》）

按：半嶺園在福州烏石山，郭柏蒼等《烏石山志》卷五《第宅園亭》：『半嶺園，在山南麓。明萬曆間鄞縣屠郎中隆館于此，集諸名士爲詩文甚盛，今廢。』

作《陪阮司理遊石竹山》（《鼇峰集》卷十五）。

謝雒有《同儀部屠先生、司理阮公、鄔邑侯、茅將軍、王茂才、周太學登瑞巖》：『山坳緑蘿扉，行探一徑微。泉聲添夜雨，草色净朝暉。歷勝常躋險，觀空自息機。紛紛車馬客，解到此間稀。』（《百一齋草》卷三）

按：石竹山、瑞巖，在福清。疑徐熥既陪阮自華遊石竹山，又陪侍瑞巖。

又按：儀部屠先生，即屠隆。

又按：鄔邑侯，即鄔元會。元會，奉化（今屬浙江）人。萬曆二十三年（一五九五）進士。福清知縣。

作《送游元封客益藩》（《鼇峰集》卷十五）。

二月，花朝，同閩縣知縣洪都、俞君寶、陳价夫等集曹能始園，試鼓山新茗。送夏子陽給諫册封琉球，有詩。二十四日清明，同曹學佺、王毓德、林光宇泛舟福州西湖。

作《花朝，同洪九霞令君、俞君寶、陳伯孺集曹能始園，試鼓山新茗，分得夷字》（《鼇峰集》卷十五）。

趙世顯有《花朝》：『高樹依青霄，寒雲鎖畫橋。無人過草徑，空自惜花朝。雨氣添蕭索，雷聲破沉寥。不知同調侶，何處逐塵囂。』（《芝園稿》卷十二）

曹學佺有《花朝》：『二月春欲半，百花朝舊名。此中開已落，不復較陰晴。列燭幽林影，疎鍾隔水聲。他鄉行樂處，獨有故園情。』（《芝社集》）

作《送夏給諫册使琉球》（《鼇峰集》卷十二）。

按：夏給諫，即夏子陽，字君甫，號鶴田，玉山（今屬江西）人。萬曆十七年（一五八九）進士。萬曆二十八年（一六〇〇）爲册封琉球使，因船只原因，三十一年（一六〇三）成行。

又按：明代册封琉球船隊，從福建長樂梅花放洋。船只、補給、雜役人員，諸多準備工作都在閩地進行。

蔡獻臣有《送夏鶴田給諫使琉球癸卯》二首，其一：『丹詔臨天外，金門出從臣。風烟今已净，區域總無垠。春色宫衣映，仙槎海若馴。丈夫萬里志，岐路不沾巾。』其二：『羡君饒意氣，青瑣諫書傳。爲輟螭頭直，遥臨馬齒前。故鄉持節過，孤島候風便。聖主虚釣席，歸期早計年。』(《清白堂稿》卷十二上)

許獬有《送夏都諫册封琉球詩》：『絳節平明出上台，使車暮宿越王臺。魚龍夾纜雲端静，琬琰盈函日下開。鬭鏤光分麟服寵，蟠桃欲傍鳳池栽。遥知帝德真天廣，應有望風回面來。』(《許鍾斗文集》卷五)

陳勳有《送夏給諫使琉球》：『皇仁布函夏，窮髮亦梯航。不睹夷荒會，焉知漢業昌。胙茅綏屬國，典册示朝常。祗役勞星使，宣猷借夕郎。佩分蒼水玉，袍賜錦雲章。雨露行當洒，波濤會不揚。掛帆占北斗，移棹近東皇。蜃彩看成市，鼉身駕作梁。滄溟方浩渺，島嶼忽青蒼。蕃部迎天仗，波臣襲漢裳。鳥言通德意，虎拜肅恩光。備悉諮諏體，兼存鎮撫方。分携情脉脉，瞻望旆央央。去折青門柳，歸舍紫殿香。還期濟川楫，持以佐明王。』(《陳元凱集》卷五)

按：陳勳(一五六〇—一六一七)，字元凱(曹學佺諸集多作愷)，又字景雲，閩縣人。鄭善夫外曾孫。萬曆二十九年(一六〇一)進士，仕南都時與曹學佺等并稱『四賢』。出知紹興府，未任，卒。有《陳元凱集》《堅卧齋雜著》。錢謙益云：『元凱夙標雅望，能詩善畫，未艾投簪，杜門著述，時人以陶元亮擬之。』(《列朝詩集小傳》丁集下『陳紹興勳』條，第六五〇頁)葉向高《明紹興府知府景雲陳公偕配詹安人合葬墓誌銘》：『其生爲嘉靖庚申七月十二日，没于萬曆丁巳年

三月十五日，得年五十八。』(《蒼霞續草卷》十二)

楊道賓有《贈夏給事册封琉球》：『帝寵殊方使命遥，夕郎奉詔下丹霄。天邊一葉占星度，海上諸靈擁節朝。鴻鵠乘風凌碧漢，鼋鼉扶日洗江潮。懸知博望廻槎日，麟閣高名第一標。』(《楊文恪公文集》卷二)

陳一元有《送夏給諫使琉球序代》：『今上缾序三十二載，孤臣尚其請封如令甲，制下，秩宗簡優皇華任者二人，都諫夏公以正使往治艘于閩歲餘。』(《漱石山房集》卷十)

張燮有《送夏黄門册封琉球》：『徼外藩□□□□，省闈看□□星□。□□閩嶠□□□，□□高華遠□□。已信漢官能動地，便依周髀却談天。龍文□擁風雲動，蜃氣平分日月鮮。豈有黄金携陸賈，應知銀漢接張騫。波濤無恙牙檣轉，到處觀風筆似椽。』(《霏雲居集》卷十五)

曹學佺有《送夏給事册封琉球》：『遥望海東國，積水自漫漫。聖主不忘遠，人臣詎避難。眷言辭瑣闥，利涉在波瀾。册命通夷部，威儀出漢官。四空惟灝氣，一點似蒼巒。風正帆猶駭，陽昇漏未殘。月中無雁度，雲際有龍蟠。所遇皆奇狀，平生此大觀。到知藩禮謹，歸咏祖功寬。寧似金刀使，徒携寶劍看。』(《春别篇》)

又按：以上諸詩非同時作。曹氏詩作於次歲。

作《清明日同粹夫、能始、子真西湖泛舟》(《鼇峰集》卷四)。

按：清明，二月二十四日。

曹學佺有《清明日西湖觀漲，得微字》：『積雨晴偏好，遊人思欲飛。信移湖上棹，忽入田間扉。

山翠浮何遠，松根出亦微。況於佳節值，一倍使忘歸。』（《芝社集》）

三月，上巳，曹學佺招同王仲、馬欻、王毓德，陪王亮轉運使西湖泛舟。與趙世顯等十六人於桑溪修禊，刻石爲記；此石後稱『癸卯石刻』。六日，又與陳仲溱散步東郊東禪寺，續修禊之勝。林世吉見訪山居。鄧原岳贈雲南所作《碧鷄集》，答之。黄應恩社集西湖，泛舟。林世吉同新都程士元宴集湖莊。晦日，王繼臯攜酒過集王宇塔影園。

作《上巳日，曹能始招陪王穉玉轉運西湖泛舟，同王玉生、馬季聲、王粹夫，分得王字》（《鼇峰集》卷二十七）。

曹學佺有《西湖修禊，同賦七言排律，得臨字》：『上巳西郊芳草深，聯鑣接軫競駸駸。浮橋直似通青靄，高閣虚堪映碧潯。坛借小山渾積石，堤連曲渚亦千金。簫聲松籟遥將和，扇影波紋近欲臨。濯故却憐同解帶，布新誰分獨開襟。觴行竹葉春無限，舟逐桃花漲不禁。迎犢醉魚嘉事集，貽椒泛棗樂方尋。韶光已足淹晨莫，人代何知異古今。』（《芝社集》）

作《癸卯三月三日，同趙仁甫、王玉生、陳伯孺、馬季聲、王粹夫、陳惟秦、袁無競、王永啓、林子真、曹能始、鄭思闇、黄伯寵、商孟和、高景倩、王元直桑溪禊飲，分得四言》：『條風扇暖，臨彼清流。韶光易邁，逝川悠悠。良朋式讌，芳醴載浮。灌木繁蔭，鳥鳴相求。歌以永日，樂而消憂。乘時對景，美哉斯遊。』（《鼇峰集》卷三）

按：興公修禊名單十六人，無康彦揚，有商梅；下引〔民國〕《福建通志》有康彦揚，無商梅。商梅是歲年十七，或因其年齒尚穉，未入刻。

又按：商梅，原名家梅，字孟和，號那菴，福清籍，閩縣人。少爲詩饒有才調。萬曆末年，遊金陵，與鍾惺、譚元春交好。[一]遊虞山、姑蘇，與錢謙益過往甚密。不多讀書，亦不汲古，取給腹笥，其詩幽閒蕭寂。善畫。有《彙選那菴全集》《那菴古詩解》。姚旅《露書》卷三《韻篇》上：『商孟和《遊楚詩》如秣陵俊少，衣衫冠履色色皆新。』

又按：雙溪，即鱔溪，又作桑溪，在福州城東二十里。李賢《大明一統志》卷七十四《福建·福州府》『鱔溪』條：『在府城東二十里。相傳閩越王郢時，有鱔長三丈，郢射中之，鱔以尾纏繞，人馬俱溺。唐貞元時，廉帥王翃祈雨有感，因立廟祀焉，今名鱔溪廟。』

又按：郭伯蒼（徐𤊹）《桑溪褉飲》題注：『閩縣桑溪有萬曆癸卯郡人趙世顯等修褉刻石，興公與焉。《通志》《郡志》未收。』（《全閩明詩傳》卷四十引）

又按：〔民國〕《福建通志》載刻石：『萬曆癸卯郡人趙世顯、王崑仲、陳仲溱、陳价夫、馬欻、

[一] 郭柏蒼《柳湄詩傳》：『（梅）少有才調。父令竟陵，往任所，因與鍾伯敬訂交。伯敬成進士，從之入燕，其詩遂變爲幽閒蕭寂。馬仲良榷滸墅，偕之吴門，目笑手語，無往非詩。馮爾賡備兵太倉，好其詩而刻之，共得四十卷……梅落拓京陵，妾楊烟死，葬雨花臺側。久之，以幽憂卒於婁江逆旅。』商梅向被視爲竟陵派詩人，可稱作竟陵別派，其詩風不盡爲閩人接受。然商梅返鄉，每每與閩中詩人唱酬，稍稍浸染其習。曹學佺讀其詩，有詩贈之（《詩佚》），商梅有《答曹觀察讀余詩》謝之，有句云：『寥寥成獨往，自不願人知。談到情深處，真如論定時。』（《那菴詩選》卷十八）商梅在閩無知音，『不願人知』，而學佺獨能讀之，且與之論詩，討論極深，情能感人，『論定』之説，商似服膺于曹。今本《那菴詩選》選定者，有曹學佺之名。

王毓德、徐𤊹、袁敬烈、王宇、曹學佺、王繼皋、鄭登明、高景、林光寓[一]、康彥揚、黃應恩觴詠於此。』（《金石志》卷十三）

又按：清葉觀國《榕城雜咏一百首》：『一曲桑溪淺黛渟，絶佳風日小蘭亭。如何曾集群賢地，寂寞雕鞍不更經。』自注：『桑溪在金鷄山下，相傳閩越王無諸流觴處。明謝在杭、曹能始、徐惟和兄弟嘗遊集於此（下略）。』（《綠筠書屋詩鈔》卷十）

趙世顯有《上巳，同友人桑溪禊飲》：『陽春耀晴景，選勝偕朋儔。嘉木周迴溪，碧草彌汀洲。羽觴泛綠水，引酌激浮漚。班荆藉薄席，興寄清且幽。遠駕洛濱會，詎羨蘭亭遊。日昃未言返，新詩欣倡酬。相期鏤石壁，一旦垂千秋。只此愜襟愫，焉用尋丹丘。』（《芝園稿》卷二）

按：『相期鏤石壁』，即趙世顯隸書題刻石。

趙世顯有《三日，社集桑溪，分得八言體》：『佳辰欣修禊向東溪，藜杖朋尊共竹裏携。未盡水中觴欲沉醉。任傳勝事與永和齊。』（《芝園集》卷二十八）

曹學佺有《雙溪流觴，分得四言平字體王玉生、王粹夫直社》：『行行東郊，深無人烟。言登崇岡，仍趨平田。雙溪同源，其流濺濺。天成之溝，因爲周旋。賓朋來斯，居同衿連。流觴何遲，隨人而還。遐思前人，由之無愆。』（《芝社集》）

作《過東禪廢寺》（《鼇峰集》卷二十五）。

[一]『寓』，应作『宇』。

按：王應山《閩都記》卷十一《郡東閩縣勝跡》『東禪寺』條：『在白馬山。郡人鄭昭勇捨宅爲之。舊名「浄土」。唐武宗時，廢爲白馬廟。咸通中，改爲東禪浄土寺……郡守蔡襄書額。國朝成化三年重建，改名東禪寶峰禪寺。嘉靖間，中允陳節之廢爲墓。』《閩都記》此條引興公《過東禪廢寺》。

陳仲溱有《三月六日，同徐興公諸社子散步東郊，燕集東禪寺，聊續修禊之勝》：『永和勝事成陳跡，暮春踏遍東郊陌。氣消天朗又今朝，上巳佳辰虚過隙。閑隨少長出閑村，初試羅衫淑景暄。青山僅數三五里，緑水遥通十四門。爲詢古寺何年復，剩有喬松與修竹。蝶翻輕翅上袈裟，鶯囀嬌聲佐醽醁。兹遊絶勝步清溪，梵磬無聲春日西。良會分明笑彭澤，攢眉何惜醉如泥。』（《響山集》，《石倉十二代詩選》之《社集》）

按：『續修禊』，指續三日修禊。

作《送董叔魯之京秋試》（《鼇峰集》卷十）。

陳薦夫有《送董叔魯太學應試，兼省侍岳陽》：『春城花月裏，有客唱陽關。路逐征鴻去，心隨社燕還。訶聲燕北市，雲影楚中山。好借宫袍緑，來添舞袖斑。』（《水明樓集》卷三）

作《送人之咸陽》《訪惟秦山居》（《鼇峰集》卷十）。

作《山居，林天迪計部見訪答贈》（《鼇峰集》卷十五）。

按：林世吉（？—一六一七），字天迪，瀚曾孫、庭機孫、燫子，閩縣林浦人。萬曆中官生，官户部郎中，倡瑶華社。有《叢桂堂集》。

作《送人之岳州》：『楚江風浪晝冥冥，春草連天過洞庭。』（《鼇峰集》卷十五）

曹學佺有《楚遊不果歌》：『春來騣騣動楚思，欲行不得嗟生事。心裹難論今日愁，眼中空蓄古人淚。閉門落花横惹烟，落花不點洞庭船。幾作洞庭湖上夢，青草迷人何處邊。』（《芝社集》）

按：興公詩原爲曹學佺而作，學佺不果遊，興公編集，遂棄去詩題中『曹能始』之名。

作《得鄧汝高少參楚中書，並〈碧鷄集〉見寄，賦答》（《鼇峰集》卷十五）。

按：鄧原岳去歲擢升爲湖廣右參議，詳葉向高《滇南學使者鄧公參藩三楚序》（《蒼霞草》卷五）。

又按：《碧鷄集》，原岳爲雲南學使所作。

作《黄伯寵社集西湖泛舟，分得十三覃》（《鼇峰集》卷十五）。

趙世顯有《暮春黄伯寵邀同西湖社集泛舟，分得六魚韻》：『平湖一曲抱郊墟，水色烟光十里餘。畫鷁飄飄青草外，文鴛來往緑荷初。山窺大夢峰陰落，閣睨澄瀾樹影疎。崖幘恍如天上坐，持觴那復數簪裾。』（《芝園稿》卷二十三）

曹學佺有《泛舟西湖到北庵，得多字黄伯寵直社》：『大夢山前起棹歌，青青初泛水中荷。乍看漲色西湖遠，却較幽陰北地多。堤上有情觀士女，林間無偈問維摩。酒酣不識春城路，明月盈盈卧緑波。』（《芝社集》）

林光宇有《西湖泛舟，同能始作》：『同舟之子在，屢泛不爲煩。未到湖中嶼，先行水畔邨。松枝侵牖亞，菱葉遇船飜。更覓山僧去，摩巖鳥跡存。』（《林子真詩》）

作《暮春，林天迪計部招同新都程士元宴集湖莊觀妓，因憶朱汝修、潘景升二子，即席次韻》（《鼇峰集》卷十五）。

按：程士元，新都（今四川成都市新都區）人。布衣。曹學佺《程山人遊閩詩序》：『今年程士元來寓鍾山，余見之晚；投詩甚佳。未幾，苦折肱，卧病蕭寺，老僧相伴，日夕聞鐘磬數聲而已。其于郡城三山未之遍遊，而與閩之談藝諸君子未遍識也，乃其詩亦已成集。』（《石倉文稿》卷一）

又按：潘景升，即潘之恒。詳隆慶四年（一五七〇）。

作《三月晦日，社集王永啓塔影園，席上觀妓，分得二蕭》（《鼇峰集》卷十五）。

按：塔影園，王宇宅園。林春溥《榕城要纂》卷下：『塔影樓，在南營……樓建于宋，見陸遊《老學庵筆記》。今尚在。樓左板扉開一竅，日中則人影倒立，亦神技鬼工也。』塔影園或得名于此樓。

趙世顯有《塔影園賦贈王永啓》：『幽尋恍入水雲鄉，曲檻方塘引興長。蔣徑疎花全遶屋，給園高塔半窺墻。閒同詞客拈鸚鵡，笑倩佳人奏鳳凰。縱步雲霄應咫尺，君才已自富青箱。』（《芝園稿》卷二十三）

趙世顯有《三月晦日，元直携酒過集王永啓塔影園送春，分得十三元韻二首》，其一：『何處林亭好避喧，携笻結伴過芳園。雲開別院山光入，水溢方塘塔影翻。座倚綺窗朝散帙，臺臨金粟晝開樽。花前忽報春歸去，語燕流鶯亦斷魂。』其二：『娟娟藤蘿護短垣，紛紛花氣擁柴門。當筵歌舞憐吴伎，入徑逍遥恍漆園。鴉噪珠林青靄迴，杯摇銀燭翠烟繁。春光九十歸何處，憶爾惟應倒緑樽。』（《芝園稿》卷二十三）

王宇有《三月晦日集塔影園送春，有伎》：『有客翩翩載酒過，緑陰穿破白雲多。歡遊莫惜韶華盡，還有春光在綺羅。』（《亦園詩略》，又《烏衣集》卷四）

曹學佺有《三月晦日集塔影園送春王元直當社》：『今朝還得及春遊，寂寂春陰不散愁。欲管鶯花無限思，祇憑歌舞也堪留。天垂古塔將分影，水到疎鐘不隔流。解却韶華真瞬息，隨時行樂亦何憂。』（《芝社集》）

林光宇有《和能始、元直江上詩二首》，其一：『莫道江鄉遠，扁舟得往迴。水程忽以盡，茅舍依然開。門徑逢人指，兒童見客猜。乍看疑古樸，風物自秦來。』其二：『長日開簾坐，春山映客青。水春鄰碓聒，風過釣船腥。遠樹連空闊，孤烟混杳冥。聞君説佳景，昨夜夢江亭。』（《林子真詩》）

四月，同畢懋康、曹學佺、陳价夫等登烏石山絶頂，作詩贈天章上人。高景直社湘潭知縣鄭士奎竹園避暑。贈王繼皋。王氏築室水西江上，有農家風。訪陳仲溱。

作《初夏同畢孟侯中翰、曹能始、陳伯孺登烏石山絶頂，風雨忽至》（《鼇峰集》卷十）。

按：畢懋康，字孟侯，歙縣（今屬安徽）人。萬曆二十六年（一五九八）進士，除中書舍人，擢南京通政史、歷官兵部侍郎。有《管涔集》《西清集》。

曹學佺有《邀畢孟侯登烏石山，風雨忽至》：『霽色登臨處，何知風雨來。大江遥見浪，空界隱聞雷。杯迴千峰接，亭危亂石開。所經多變幻，能使客心摧。』（《芝社集》）

作《贈天章上人》（《鼇峰集》卷十）。

陳薦夫有《送天章上人還重光寺》：『空門何所住，無去亦無歸。山雪響帆布，溪雲宿衲衣。林荒

人跡少，寺遠佛燈微。彼岸回頭是，遥遥一錫飛。』（《水明樓集》卷三）

作《夏日，高景倩直社鄭湘潭竹園避暑，分得八齊》（《鼇峰集》卷十）。

按：鄭湘潭，即鄭士奎，字仲文，閩縣人。萬曆七年（一五七九）舉人，任湘潭知縣。

趙世顯有《高景倩携酌，招集鄭明府瓊河園避暑，得四支韻》：『鄭圃何年闢，高軒與衆期。閣晴青靄散，亭午緑陰移。山色遥窺户，河流暗入池。清歌足消暑，寧惜醉瑶巵。』（《芝園稿》卷十二）

曹學佺有《集河口鄭氏别業高敬和直社》：『此地入已僻，遥望山上臺。日光背營落，石勢隔河來。密竹疑無路，空亭已自開。漁舟何處返，信有暮潮催。』（《芝社集》）

林光宇有《避暑河上》：『夏時肺病劇，煩渴患清虚。無復人間世，獨來河上居。樓含林氣潤，窗接樹陰疎。朝□真能隱，山林秋未知。』（《林子真詩》）

作《王元直築室水西江上，有農圃家風，喜贈四詩》（《鼇峰集》卷十）。

按：《王元直像贊》：『在前者珠玉耶，角目者琳琅耶？吾愛汝者，弱冠能文章耶，既擲果于路傍耶？更入户之生香耶，吾將結客少年場耶？不意天壤之末，乃有此王郎耶？』（《文集》册十二，《上圖稿本》第四五册，第二七五頁）

又按：徐熥有《王元直像贊》：『其貌仙仙，其性翩翩。才若涌泉，而辯若河懸。既怡情於典籍，亦嘯傲乎雲烟。香在荀令君既出門之後，神在衛洗馬未渡江之先。雖當弱冠之年，能與長者而周旋。盻睞者青眼，結交者白蓮。若郎君者，可謂魁然者矣。』（《幔亭集》卷十九）

又按：兩篇《像贊》作年不詳，附於此。

作《訪惟秦山居》（《鼇峰集》卷十）。

四、五月間，有詩上福州知府黄似華。同陳价夫、袁敬烈、曹學佺等集林世吉宅。

作《哭羅德可太學》（《鼇峰集》卷十五）。

作《上黄鄰初郡公》（《鼇峰集》卷十五）。

按：黄似華，字鄰初，四川内江人。萬曆十七年（一五八九）進士。時爲福州知府。

作《同陳伯孺、袁無競、曹能始集林天迪宅上，聽蓮、奇二姬歌，天迪即席詩贈二姬，戲和一首》（《鼇峰集》卷十五）。

按：此詩贈蓮姬。

作《和能始贈奇姬韻》（《鼇峰集》卷八）。

按：以上二詩曹集佚。

作《賦得洞有仙人籙，壽王穉玉使君》：『鶴髮童顔五十春，懷玄守黑如真人。』（《鼇峰集》卷八）

按：王穉玉，即王亮。已見前。

作《送程士元還新都》《壽黄郡伯初度》（《鼇峰集》卷十五）。

五月，十五日，康彦揚值社西湖澄瀾閣，與趙世顯、曹學佺、林光宇等與社。

作《仲夏望日，康季鷹社集澄瀾閣，得寒字》（《鼇峰集》卷十）。

按：康彦揚，字季鷹，號仙客，彦登弟，莆田籍，侯官人。萬曆間布衣，入趙世顯芝社。有《孤吟稿》。

又按：澄瀾閣，在福州西湖。王應山《閩都記》卷十八《城西湖濱勝跡》『澄瀾閣』條：『在荷亭之東……宋守趙汝愚浚治西湖，沿威武堂故址改西湖樓爲澄瀾閣。拓城以後，閣毁址失。徐公市濱湖池館，建閣其上。由荷亭造二木梁，躡數十級以登，仍趙忠定舊名，屬嶺南黎民表隸書之，其下爲堂，以資宴遊。』

又按：曹學佺《大明一統名勝志·福建》卷一《福州府·侯官县》：『澄瀾閣，在（西）湖北岸。明嶺南黎民表書：本宋西湖樓舊基，按察使徐中行易以今名，亦本諸趙忠定汝愚云：泛西湖者憩于此。』

又按：《康季鷹像贊》：『朗兮目，修兮眉。魁然丈夫，詞藻陸離。齊物而物無競，逃名而名我隨。其容嘻嘻，其步遲遲。豈非行吟覓句，最得意之時者耶！』（《文集》册十二，《上圖稿本》第四五册，第二八二頁）

又按：謝肇淛《康季鷹像贊》：『貌何軒軒？衣何蹁蹮？恍若凌波御風之仙。人貌而天，斗酒百篇，樂哉瀟灑美少年。』（《小草齋文集》卷二十三）

又按：以上兩篇《像贊》作年不詳，附於此。

趙世顯有《社集澄瀾閣野望，分得六魚韻》：『逃暑論心地，憑高縱目初。湖光摇睥睨，山翠入空虛。混俗才應拙，謀生計已疏。惟應與朋好，長此伴雲居。』（《芝園稿》卷十二）

林光宇有《康季鷹直社澄瀾閣，分韻》：『高閣頫漣漪，招携避夏宜。城墻臨牖直，石塔印湖攲。魚隊衝萍亂，蟬聲出樹遲。那能遽云返，待月小船移。』（《林子真詩》）

趙世顯有《西湖泛月》：『乘興移孤舫，同遊欲二更。風微波色净，雲斂月華生。桂醑銜荷氣，菱歌間漏聲。鳧鷖猶未宿，時向草間鳴。』（《芝園稿》卷十二）

曹學佺有《初夏澄瀾閣得微字康季鷹直社》：『夏日試荷衣，高樓送目微。水偏此地得，山半是城圍。澗色猶殘雨，蟬聲自落暉。定知湖月好，坐待夜深歸。』（《芝社集》）

按：曹學佺作『初夏』，徐𤊹作『仲夏』，徐『仲夏』後有『望日』二字，日期較曹具體，此一；『試荷衣』『納凉』，於仲夏景象爲近。作『仲夏』近是。

曹學佺有《西湖觀漲林天旭招》：『湖頭新水漲，携棹出看時。芳草全迷路，青松半偃枝。已堪容醉客，還欲蕩妖姬。不盡淹留興，山山暮色遲。』（《芝社集》）

作《六艷詩》，《序》云：『嘗觀俠邪佳人，狎昵才士，大都綽約多情，文人薄倖。即余目耳所睹記，或金贖蛾眉，終然淪落；或珠慳買笑，竟爾淪盟。或因入宫而見猜，或屈主家而更嫁。求其初結同心，繼諧伉儷者，僅一人焉。各賦一詩以紀其事。情之所鍾，正在我輩矣。』（《鼇峰集》卷十五）

曹學佺有《變體三艷詩》，其一：『一片香雲初覆額，閨中聲動江南客。生來幽閒本至性，鉛華洗盡開霜鏡。相逢却在芙蓉池，水底新粧步步移。不知少小偏多恨，抱着琵琶欲訴時。』其二：『東風吹裊楊柳枝，楊柳章臺飄作絲。枝頭好鳥鳴翩翩，一種身輕還並憐。碧窗如水花紋入，含嬌却面金屏立。羅衣宛轉解相親，就中欲抱郎君泣。』其三：『雨歇松棚露猶滴，凉天月明皎如璧。美人歌罷雲乍起，尚隔荷花半亭水。自言流落酒家胡，誰分當年自有夫。夫婿撙蒲傾百萬，爲妾還留明月珠。』（《芝社集》）

五、六月間，邀約福州司理阮自華宴于芝山。

作《請阮司理啓》：『伏以花醉瓊筵，洛下枉分司之駕；月明函道樓，東接開府之歡。寄興嘯歌，固以情忘賓主；賞心文酒，詎知禮隔官民。眷兹南陸末垂，輒倣西園勝會，借斗山之碩望，主風雅之齊盟，敬選地于芝山，預徼盟于穀旦。堞環榕樹，擬陳留修竹之林；峰映蓮花，當鄴下芙蓉之沼……敢向長松繫綵。縶白駒而永日，泛綠蟻經通宵。共切雲停，仰瞻星聚。』（《文集》册二，《上圖稿本》第四二册，第一三七—一三八頁；此題又作『邀阮司理宴啓』，《文集》册十一，《上圖稿本》第四五册，第二三八頁）

按：阮自華去秋出理福州，長至日到任。南陸，夏季；『南陸末垂』，約定宴會時間在六月，作啓時間略早。

六月，初四日，轉運使王亮招同知府黄似華、司理阮自華、曹學佺、游士豪、王仲、陳价夫、馬欻、王毓德、黄應恩社集西湖。林世吉招同泛舟藕花陂，主客八人：林世吉、阮自華、吴子修、王崑仲、曹學佺、徐𤊹（另兩人不詳）；女流三人。林世吉招同王亮、阮自華、趙世顯、吴子修、王崑仲、曹學佺宴集玉蟠莊。

作《季夏四日，王穉玉轉運招同黄鄰初郡伯、阮堅之司理、曹能始廷尉、游宗振、王玉生、陳伯孺、馬季聲、王粹夫、黄伯寵諸同社西湖宴集》（《鼇峰集》卷八）。

按：游士豪，字宗振，日益弟，莆田人。嘉靖、萬曆間布衣。莆田『五游』之一。曹學佺採其詩入《石倉十二代詩選》。

曹學佺有《季夏四日，王穉玉轉運招同黄鄰初郡伯、阮堅之司理、游宗振、王玉生、陳伯孺、馬季聲、王粹夫、黄伯寵、徐𤏡諸同社西湖宴集》(詩佚，題筆者所擬)。作《同阮堅之司理、趙仁甫、吴子修、王玉生集林天迪藕花陂泛舟，分得三字》(《鼇峰集》卷八)。

曹學佺有《泛舟藕花陂歌》，其《序》云：『地名北垞，勝擬西園。菡萏敷榮，澤芝吐秀。青山映則成黛，緑葉扶始勝衣。客止七人，追鄴都之飛蓋；粲云三女，宛越國之蕩舟。各賦短歌一章，余復有所代焉。』其一：『五月池塘生碧荷，六月花開嬌緑波。呼取美人來勸飲，美人顔色較誰多。仙舟竹下遥相待，綺席波間時復改。一片斜陽落不分，朱霞迸作青天綵。』(右得綵字)其二：『蓮花有艶不解歌，妾歌一曲愁更多。蓮花漸見舒紅粉，妾身祇自顰青蛾。感君見贈雙白璧，淚比明珠爲君滴。滴向蓮花倍可憐，中心之苦還相覔。』(右得歌字)其三：『紅蕖白蕖顔色亂，的的如朱復如粲。錦波素足涉畏深，身比蓮花纔及半。荷風一動池水香，猶如千斛瀉瓊漿。三婦艶中年最少，獨自調絃方未央。』(右得粲字)其四：『北山芙蓉寂無語，北垞芙蓉嬌正吐。可憐出水一時粧，欲開未開待何許。輕舟蕩折歸復遲，送客留髡正此時。山頭明月乍流影，不知偏照盧家姬。』(右得姬字)(《芝社集》)

作《林天迪招同王穉玉轉運、阮堅之司理及同社趙仁甫、吴子修、王玉生、曹能始宴集玉蟠莊，分得共、登二字》(《鼇峰集》卷八)。

陳省有《林天迪玉蟠莊社集》：『大雁風已遥，作者紛齟齬。余夙師毛萇，抽繹經緯緒。瓦釜慚雷鳴，巴言愧大吕。知音不可期，同調謬相許。君向玉蟠莊，社結金蘭侶。微雲澹碧霄，凉飈扇殘暑。怡情任所之，送目重延佇。展席列素毫，開樽顧緑醑。主人歌陽春，坐客賡白紵。蓮社昔已荒，蘭亭今再舉。折簡招山農，細流欣納茹。願加郢人斤，毋蹈雌黄語。蒹葭傍瑶瓊，形穢竟羞沮。』（《石倉十二代詩選·明詩六集》卷二十九《幼溪集》）

作《送余儀古還家》（《鼇峰集》卷十）。

按：余儀古，邵武人。能詩。謝肇淛《余儀古詩序》：『其人篤行君子也，又善爲詩，上遡漢魏，中倣初盛，下沿中晚，雖具體而微，駸駸有執鞭弭、立壇坫與海内争雄長之勢矣。』（《小草齋文集》卷五）

作《送李侍御使秦、俞都督之蜀》（《鼇峰集》卷十）。

按：此間曹學佺還有《賦得白雲抱幽石》、《清風松下來》（以上二首趙世顯直社）、《芙蓉露下落小園直社賦》，疑興公未與社或與社詩佚。（《芝社集》）

七月，七夕，董養斌招同趙世顯、曹學佺等社集鄰霄臺[一]。

作《七夕，董叔允社集鄰霄臺，分得七襄錦》：『七襄工夜織，雲錦匹初成。光分彩虹爛，鮮奪紫霞明。意逐龍梭密，淚逢鳳縑盈。黄姑相見邇，持贈倍含情。』（《鼇峰集》卷九）

按：董養斌，字叔允，養河兄。閩縣人。萬曆中監生。有《董叔允詩》。陳薦夫爲作《董叔允詩序》（《水明樓集》卷十一），學佺亦爲之作《詩序》（《石倉文稿》卷一）。

趙世顯有《七月七日，社集鄰霄臺分賦，得曬衣曲》：『七月七日大火流，金風飄颯梧桐秋。仙槎

[一]『鄰霄臺』，在福州烏山之巔，又名『凌霄臺』。

重訪支機石，艷質爭趨乞巧樓。曬衣舊事傳遺俗，文綺纖羅耀暗旭。蹇予方曝腹中書，旋看月映銀河曲。河頭牛女正相親，環佩聲摇寶帳春。焚香願乞七襄錦，製取雲衣朝玉真。』(《芝園稿》卷四)

曹學佺有《七夕董叔允直社凌霄臺》：『弦月臨高臺，初商起山阿。華燈盡露室，林鵲不處柯。賓僚辭筵暮，佳冶上妝霞。俯視針樓燦，仰觀龍轡和。調弦指星路，拭鏡動雲儀。叶。機軏皆一渚，天漢無兩河。桂昏眠乍穩，桑旭别仍俄。瀟瀟雨灑塵，傳是淚橫波。其語不可聞，大抵爲傷嗟。』(《芝社集》)

七、八月間，林世吉主瑶華社集，全閩詞客四十餘人來會，浙江四明屠隆、安徽安慶吴兆、湖南邵陽唐元竑等亦與期盟，龍溪鄭懷魁撰《詩序》。

作《瑶華社集》(《龍峰集》卷四)。

鄭懷魁有《瑶華社大集詩序》：『井幹巍樓，轆轆轉梧桐之影；闉闍近郭，睥睨對芙蓉之峰。此地有名園焉，其園則歷曲徑之盤紆，鏡滄池之澹灩。篠蕩敷衍而編町，黍稷華實以盈疇。仲長統《樂志》之書，佳木周布；潘安仁《閒居》之賦，靈果參差。兼之者，斯園也。八月兑卦，正秋萬物之所説焉；七閩坤輿，左海群哲之所鍾焉。壇坫之會在斯，衣冠之序咸秩。于時則有越吟君子，郢曲騷人，客爰操乎吴趨，主時稱乎海唱。聚瑶華之璀璨，絢玉樹之青葱。陳席駢羅，有儀在列；豹蔚虎炳，麟章鳳苞。既絡繹以稱觴，乃繽紛而行炙。發以《簫賦》，間以《琴心》。命伎徵歌，案行就隊。《梅花》之弄正好，《柘枝》之舞方新。絲竹鏗鏘，肉和聲而漸近；水木明瑟，心豈會其在多。勃窣青堤，周遭緑圃；魚潛於渚，鶴鳴在陰。飛構四虚，上縣無極之宇；流波迴薄，中有不繫之舟。坐語相親，顧笑莫逆。惟《酒德》之可頌，何「秋氣」之中人！已而卯色横天，蛾眉影月，聊因賜筵授几之暇，暫罄挈榼携壺之歡。釋山堂，臨水榭，傍綺檻，張華燈。簷低清淺之河，池下文武之露。促嘈嘖之金奏，酡光潤之玉顔。茉利盈簪，尚想粤娥之結；蕖荷可製，仍勝湘女之衣。揚詩不差，引滿無算。選義按部，結撰至思。極鼇抃之三山，詎足喻其詞鋒之峻；移鵬飜之岐海，無以測其言泉之深矣。嗟呼！無諸海上之風，久銷霸氣；武夷人間之曲，夐絶仙音。苟雅頌之代興，知古今之不隔。况乃左璚右玉，四座之觀咸榮；東箭南金，九州之美斯萃。豈可使縑緗莫録，金石無傳者乎？茲用律絶歌行，咸登側理；爵里姓字，匯紀赫蹏。將比汝南《人物》之林，同高月旦；廣山陰「少長」之會，無擇春秋云爾。』（《葵圃集》卷六）

鄭懷魁有《瑶華社大集詩》：『閩中秋氣佳，衆芳殊未歇。仙居美玄圃，賓從盛華轍。竹木繞清池，柸檔能閑設。况有綽約姿，肌膚若冰雪。酌酒彈鳴琴，新聲隨飆發。醉酣在明德，所志非麯蘗。俯眺江上峰，仰視雲中月。曠然窮宇宙，思來不斷絶。丈夫矜意氣，疆壤詎云别。比肩揖吴楚，交臂得甌越。彼美玉瑶璚，英華紛可掇。慚予磊隗資，何以動君悦。』（《葵圃集》卷六）

趙世顯有《瑶華社集得巵字》，其《序》云：『是日，全閩詞客四十餘人皆來會，而四明屠緯真、新安吴非熊、邵陵唐堯胤亦與斯盟。』詩云：『長林開霽色，高會值秋期。密竹全窺牖，疎槐半影池。橋通嘉樹館，徑入藕花陂。勝地元堪賞，良期復在茲。麈揮霏玉論，筆吐掞天詞。傾蓋俱青眼，登壇總白眉。蘭亭名數溢，香社過從奇。鳳管調儇子，鸞生奏艷姬。興深聯座促，談劇引杯遲。倚檻風生袂，穿花月映籬。扶携珠履錯，醉舞葛巾攲。意氣山川合，丘樊日月私。風騷誇往喆，豪儁起同

時。但理陽春曲，無虛白玉卮。』（《芝園稿》卷十三）

趙世顯有《林天迪瑶華社大集，分得七言古體》：『美人開徑城東隅，高梧密篠相鬱紆。百□修林嵌緑野，數泓積水涵青蒲。閬風堂控扶荔館，嘉樹亭前芳草滿。層臺縹緲入青霄，列榭逶迤吞碧疃。焚魚調鶴恣徜徉，邀賓日日傾壺觴。散步探奇紫苔破，對景開襟清晝長。把臂交歡總文雅，風流未數蓮花社。閩吴楚越萃豪英，洞壑巖巒共瀟灑。清論能令暑氣消，石壇深處竹風摇。振衣釃酒臨虚閣，岸幘移笻度短橋。妖姬楚楚吴宫艷，冉冉朱霞襯歌扇。翠翹羅袂耀前庭，鳳管龍笙喧别院。游鱗隊隊出清漣，幽鳥⿰鳥飛⿰鳥飛睨絢綖。倚醉呼盧流水畔，相將起舞落花前。落花流水無終極，古往今來嗟瞬息。浩歌痛飲且盡歡，百年莫負青山色。』（《芝園稿》卷四）

謝兆申有《林天迪瑶華社集詩》：『群雅聿先倡，友生集閬風。顥氣正垂穎，秋風被蘭叢。嚶嚶群雁鳴，舉翮戾旻穹。狎坐歌魚麗，式燕承光容。清歡以永日，方沼見遥空。渺彼洪波飲，爲歡詎足隆。千秋倏言逝，不朽孰爲崇。君子懷琬琰，榮英信以豐。誰能一撰辔，翩其乘飛龍。厭厭此夜飲，悟懷曷所封。』（《謝耳伯先生全集》卷三）

阮自華有《林天迪農部瑶華社集，分得何字》：『簿領苦相急，良辰可奈何。居邦有大夫，勝友皆軿羅。高館踐美渠，馨香襲寒波。開筵向星漢，流香渡明河。嘉樹蔭通溝，珍房連曲阿。設宴徵審坐，幽賞頻經過。乘歡醉不極，清音琢如瑳。合坐感令德，慷慨同浩歌。』（《霧靈山人詩集》卷四）

王宇有《林天迪招東園社集》：『林園勝據芳郊最，茂樹清泉相映帶。邀歡共作美遨遊，結社廣開良宴會。衆壑微紅收夕曛，群峰叠翠澄秋靄。臨池花影墜空香，隔水松濤響幽籟。選伎歌翻金縷衣，擊鮮盤縷銀絲膾。千秋詞客結中原，一笑佳人迷下蔡。古今雅集拡風流，俯仰沉淪增感慨。遥將白眼看秋旻，孤鶴高飛海雲外。』（《烏衣集》卷四）

陳益祥有《仲秋燕集瑶華社》：『積痾離人群，頗與坌囂判。蓮社折簡來，結駟東郊畔。于時秋氣清，膚雲淡河漢。軒車匝庭陰，彩筆連星爛。岑林錯丹紫，河流激潋涣。修陂復荒蕪，層樓窈遐玩。憶惜稷下才，何如曾史半。陶樂薄金甌，猶巍榮鐵冠。深媿托後旍，片塵蜚廣瀚。願言崇令德，勿以空詞翰，縞髮不再鬒，頹曦無兩旦。汲古當獲心，航海須臺岸。黄蘇雜露茹，桑落巡無算。刻燭詩甫成，明蟾已窺幔。共息瓊月岑，聽我廣陵散。』（《采芝堂集》卷二）

曹學佺有《瑶華社詩，分得釵字》：『月樹初生桂，庭陰尚藉槐。人烟古井外，客思滿天涯。落日仍調瑟，清池欲辨釵。應須卜夜樂，詎復積秋懷。』（《芝社集》）

按：瑶華社友尚有寧德崔世召、莆田黄光。崔世召《同黄若木集吉甫齋頭贈》，自注：『若木與余結社瑶華二十年往。』（《問月樓詩二集》）

作《集林天迪山莊》：『良宵徵婉孌，于時集賓旅。藝苑聯越閩，藻林合吴楚。坐深意悉敦，興洽情盡抒。』（《鼇峰集》卷四）

八月，送董養斌之岳陽省親。與曹學佺、吴兆、謝兆申、周嬰、王若、林光宇、林古度等於荷亭小集。有書致臨川周獻臣並詩。十六日，阮自華司理大會詞人于福州烏石山鄰霄臺，盛況空前，稱『鄰霄大社』或『神光大社』；屠隆作《鄰霄臺大集序》。

作《送董叔允之岳陽省親》（《鼇峰集》卷十五）。

曹學佺有《送董叔允之岳陽》:『今歲入春思楚遊,至今八月空清秋。君山一點時在眼,何必岳陽遥上樓。』(《芝社集》)

作《荷亭小集》(詩佚,題筆者所擬)。

按:荷亭,有福建西湖。王應山《閩都記》卷十八《城西湖濱勝跡》『荷亭』條:『在皇華亭後,週廻有塘,植菡萏。』

曹學佺有《荷亭小集》,原注:『同吴非熊、謝耳伯、周方叔、王相如、徐興公、林子真、林茂之諸子分賦五言古體,得筵字。』詩云:『賓客四方至,惟日張盛筵。二三素心士,我志默所專。之郊未及野,兹方欣云偏。列雉勢逶迤,湖水與之沿。輕舟豈不具,合坐情重遷。發言入妙理,要之徵幽玄。』(《芝社集》)

按:吴兆,字非熊,休寧(今屬安徽)人。有《金陵》《廣陵》《姑蘇》《豫章》諸稿。詩沈酣于六朝、唐人,博之以性情,斡之以風調,興象兼會。

又按:周嬰,字方叔,莆田人。崇禎十三年(一六四〇)御賜進士,特授上猶知縣。力排竟陵之説。有《卮林》《遠遊篇》等。

又按:《寄周方叔》:『四十年文字知交,精神意氣,服膺彌久彌篤。』(《文集》册七,《上圖稿本》第四四册,第一五五頁)

又按:《寄周方叔》作于崇禎十四年(一六四一),參見該歲。

吴兆有《與曹能始宴集西湖荷亭》:『閩海秋較遲,林飆氣亦索。雲日相凈輝,湖亭可棲托。值余客心倦，兼子宦情薄。携兹賞心侶，協彼濠上樂。原隰青迴岸，荷芰香襲酌。夢山夕霽澄，蓮峰遠翠落。彌漫水蕩空，蓊鬱樹扶閣。静眺無遺趣，曠懷盡笑謔。曖曖烟月生，望望入郛郭。』（《吴非熊集》，《新安二布衣集》卷二）

林光宇有《曹能始招同吴非熊、謝伯元、周方叔、王相如、徐興公、林茂之集荷亭，分得樹字》：『清秋天氣佳，西湖澹烟樹。之子同我懷，命酒歡相聚。遇境多躊躇，善爲旁情具。卜書非所厭，青山月光吐。』（《林子真詩》）

作《贈周窾六比部》（《鼇峰集》卷十五）。

按：周獻臣（一五五二—一六三二），字窾六，臨川（今屬江西）人。萬曆十四年（一五八六）進士，歷太康知縣，刑部郎。有《鶯林外編》。

曹學佺有《與周窾六》：『遷客來閩中，風景亦不惡。署曠偏依樹，庭閑可曬藥。談詩杯酒間，悲壯故自若。傍人了不顧，觀者何落落。我也一官如棄置，三年歸家總無事。踪跡多從山水留，名姓或堪朝省寄。神物遘會亦有時，埋藏千里光陸離。如何昔日長安市，馬首相逢總不知。此地含沙伺人久，縱然目攝須緘口。何如君謫我歸來，海天寥廓看携手。』（《芝社集》）

作《復周窾六比部》：『髫年識字，便已羶慕明公。荷主上聖明，故遷明公海上，雖云爲官拓落，而不肖某寔竊登龍之幸耳……小稿刻在十年之前，朽腐不足污目。尚有數種結撰，與先伯兄全稿，尚容面求大教。』（《文集》册三，《上圖稿本》第四二册，第三四四—三四五頁）

按：周氏左遷入閩，故云『爲官拓落』。

又按：小稿，即《紅雨樓稿》，刻于萬曆二十二年（一五九四），至今十年。

作《秋日阮司理大會鄰霄臺》二首（《鼇峰集》卷四）。

屠隆有《鄰霄臺大集序》：『今海内慕古修辭士如雲哉，而閩爲最盛。蓋庶幾家瑜户瑾，暗中索摸而皆是。屬皖城阮君堅之來爲晋安理，堅之天人也，學綜三氏，麗藻玄超，道爍群昏，靈心獨朗，且也虚左賢豪，折節寒畯，士雲涌靁動而奔之，不啻衆鳥之歸威鳳、百穀之赴滄海也。維時太守黄君二甫、鹺司王君稺玉、曹郎周君竂六，咸詞賦名家，共事南服。鄉大夫則佘君宗漢、鄭君輅斯、林君天迪、趙君仁甫、吴君子修、曹君能始，並文章喆匠，見禮邦君。歲癸卯，全閩青衿之風雅、能古文辭者，悉以賓興來集，而不佞適擁衲而客兹土。嗚呼！靈鐘之應蜀山、流徵之感蕤鐵，不偶矣。堅之遂卜中秋後三日，置酒烏石山之鄰霄臺，大會同社縉紳、逢掖布衣七十餘人，以余遠客，謬推爲社長，而堅之稱宰公。時殘暑初退，商飆薦涼，飾衣葛巾，衆共盤礴。宰公傳諭諸君子，無拘局世調，無行苛禮，無叙寒暄，無譚朝市，所抵掌者，非揚扢騷雅，則領略風月。山在都城中，拔地獨秀。千村桑拓，萬家烟火，一目可盡。臺聳起中峰，真上與霄漢鄰。余與諸君登焉。峰巒起伏，雲物變幻。大海之氣，結爲銀濤翠浪，滂潒無際。頃之，日落昏翳，若混沌未剖時。已忽朗月迸出雲表，孤光激射，似牟尼珠之閃爍暗室中也。已復陰雲四合，大雨如注，而望舒君與雲中君競爲政，桂輪時時破霾霸而出，更奇闤闠燈火熒熒，燦若列宿，乍明乍滅于烟雲草樹間。兩部梨園，雅鄭雜陳，絲肉並作。諸君深酒德者，數浮大白。好譚藝者，下上千古。耽禪玄者，蟬連名理。各自爲曹耦，而宰公時時親起膝席，行酒勸客。客無不盡歡也者。宰公志復古道，詩仿晋蘭亭體，不得出四言五言。夫領袖人倫，主張風雅，要必有人焉。蘭亭之盟，主之者右軍。蘭亭而前，兔園則以孝王，鄴都則以子建。蘭亭而後，梁社則以蕭統，齊盟則以竟陵。今閩之雅道，雲興霞蔚，而堅之適來執牛耳。諸子詩，雖言人人殊，各揚棻合度，極才人之致，俾山川映發，神明開滌，豈非文運郅隆之符哉？不佞耄矣，才盡而逃禪，無能爲役，而諸君子猶然以疇昔虛聲見推也，識者得無笑北郭先生之濫竽耶？咄咄，屠生兹行，采真彭氏兩君、何家九仙，而又尋盟七十餘子，徼天之幸良厚，余且歸而詫海上里社父老也。』（《屠緯真集》卷四，《皇明五先生文雋》卷一百六十六）

按：錢謙益云：『嘗大會詞客於凌霄臺，推屠長卿爲祭酒，絲竹殷地，列炬熏天，宴集之盛，傳播海内。』（《列朝詩集小傳》丁集下『阮邵武自華』條，第六四六頁）

阮自華有《凌霄臺大會詩》：『玄攬極明都，傾委匯靈異。綺陵若綴組，千里一環峙。衍陸蕩金景，磅礴粲精氣。群英似雲起，四國皆來聚。百川東到海，朝宗於此會。喆匠多苦心，所見各成媚。掞藻旉嘉觀，清言散晴曙。秋蘭被崇巘，潮音奏天際。吏情來無俗，丹穴信人智。』（《霧靈山人詩集》卷四）

陳省有《八月十六日阮堅之司理開社鄰霄臺》：『玄鳥北方歸，旋鴻厲高翮。颯颯商飈鳴，靉靉浮雲白。烏山鄰九霄，六六簇奇跡。值此仲秋時，風景玩無斁。遠江漾寒日，長天蕩空碧。阮公超神理，駕言往遊適。旌節肅山林，几筵依危石。遥矚汛潮帆，下看如鱗宅。公心皀陽春，萬物異光澤。更懷千古情，欲振風騷厄。列坐盡時賢，浩歌追郢客。下里合殷勤，燕石終慚璧。』（《石倉十二代詩選·明詩六集》卷二十九《幼溪集》）

謝兆申有《巘巘五章》，其《序》：『巘巘者，阮司理集鄰霄臺作也。時入社可百人，而東海屠隆，莆田佘翔，清漳鄭懷魁，閩趙世顯、林世吉、曹學佺爲之長。』其一：『巘巘石嶂，藐藐旻天。烝然維旅，式選斯髦。斯髦遹降，嚚嚚以敖。嘉殽旅矣，旨酒維醑。蔚彼君子，如雲如雨。淒矣盲風，候雁賓止。豈不雝雝，樂此孔偕。』其二：『有御既緝，笙鼓既奏。賓筵已衎，以洽詩囿。維我閩英，有耆有舊。辰彼東海，曰獻其投。於粲四始，朋爾三壽。維此孔林，徽音其茂。伊誰云糾，司理是紬。』其三：『時維夕月，天刑其申。顯允司理，赫有令聞。唱斯集斯，載濔載詢。彼燕有譽，如鹿斯奔。是用酢醻，秩秩其楚。率時祓禊，獻言具寫。爾咏以陶，賡誦且舞。』其四：『於倫風雅，侯播侯哆。彼風回回，孰鳴喈喈。窕兮柧兮，詎曰壎篪。載奏之韺，我則扃扃。既繳既繹，備言倫脊。瞻彼眈眎，祈曰爾㢧。匪破则㤉，嗑爾皇荂。』其五：『揖揖我友，率是左右。既弗胥靡，寧屆于否。彼琢其追，非章胡底。曠此高臺，匪伊名駭。矢志哉詩，尚哉譽處。言邁亹亹，式勿遄沮。予豈克列，庶陳明悊。』（《謝耳伯先生全集》卷一）

按：謝兆申《阮師集詩·序》：『師李吾閩嘗大集鄰霄臺矣，選言結韻，賦者百有十人。』（《謝耳伯先生全集》卷八）

陳薦夫有《秋日阮堅之司理大會鄰霄臺》：『天道運不積，四禪相迴環。涼風蕭秋節，白露戒微寒。主人感物候，置酒高臺端。齊優爲我舞，秦筝爲我彈。念兹千古會，中坐起長嘆。微詞紀盛集，抽思摧心肝。鶉奔溷草蟲，雅音良獨難。所慮賢否志，豈必皆琅玕。臺下有高祠，風人祀其間。願君秉玄照，采彼龍與鸞。登歌薦芳俎，庶可代幽蘭。勉旃不朽事，勿謂餙浮觀。』（《水明樓集》卷一）

陳薦夫又有《大會鄴霄臺》：『今日何日？陟彼崇阿。曰有旨酒，載咏載歌。四海之内，弟兄孔多。今我不樂，去矣如何？』（《水明樓集》卷九）

周之夔有《秋日阮澹宇司理烏石山凌霄臺社集》：『玉露啓秋陰，樓臺細烟侵。晚芳足幽氣，疎林多衆音。立與孤壁絶，飲隨凉夜深。秋山入遠海，暝色納奇岑。奇岑宴良晤，琳琅森詞賦。令德唱高言，空中之韶濩。清聽厭宫商，凝神發深悟。』（《棄草詩集》卷二）

王宇有《阮堅之招宴烏石山》：『夏火改桑柘，秋灰散葭莩。遊人會阿閣，浚旐集彼姝。高飇翔廣漢，初月垂坐隅。檻外瀕危岑，澗底摩高梧。地極望自邈，灝景明飛廬。飲暢忘其劇，卜夜以爲娱。縱跡嘆風馬，流光嗟隙駒。秉燭遊未央，對坐高言敷。閩國連吴越，齊盟狎魯邾。洋洋飛文雅，彦會揚八區。』（《烏衣集》卷四）

鄒時豐有《阮司理社集鄴霄臺》：『千秋修禊事，此道久已微。我有同懷客，招邀歌采薇。曾臺碧霄鄴，怪石白雲飛。嶇嶔眺野曠，幽深欣俗違。源雨響原薄，緒飈來吹衣。密坐樂所同，分庭薦音徽。艷曲度悲清，雜伎陳蕤葳。杯行莫厭疾，濛汜駛夕暉。翺翔徹玄夜，嫵婉相因依。投翰寫晤言，籟寂聲自希。歡情極以暢，既醉欲言歸。廻蓋市坰麓，華燈發繁輝。戀戀豈路難，念兹嘉會稀。』（《二雅篇》，《石倉十二代詩選》之《社集》）

按：鄒時豐，字有年（又作當年），清流人。萬曆四十六年（一六一八）舉人，任永福（今福建永泰）教諭，未久卒於官。

陳益祥有《秋日會凌霄臺呈阮司理》：『南天氣候殊，秋半尚歊燠。杖策陟山椒，凉飈散暄濁。阮公擅繡虎，幸舍賓如鏃。蘭卮萃衆彦，文藻皆瓊琭。有弇東南來，催詩一何速。臺高愜賞心，野曠舒遐矚。喬松摩蒼穹，陳雲栖可掬。秉燭彌夜歡，長歌間絲竹。衡紀無淹度，河流不可復。令名垂千秋，毋俾峴山獨。深愧蚯蚓吟，敢附清風穆。』（《采芝堂集》卷二）

吴兆有《阮堅之大集鄰霄臺作》：『薄遊節屢遷，涉秋復徂夏。窮念既多岐，役生苦不暇。君子有旨酒，言命城南駕。城南可登陟，臺亭起石罅。郊野互爭曠，巖巒詎相下。濛濛時雨零，飆飆涼颸射。景殊歡彌淵，抱冲慮俱謝。杯覆無餘瀝，然膏嗣清夜。』（《吴非熊集》《新安二布衣集》卷二）

曹學佺有《鄰霄臺大社阮堅之招》：『曩日處山中，兹辰厠榮宴。釋彼林谷氓，而洽江海彦。同聲自相應，何必論會面。高臺行以軒，在下俱可見。長短互阡陌，東西竟陵甸。明晦詎云常，乃貴景物變。有如君子懷，靡物不蒙眷。休美罔攸匿，瑕纇亦可薦。謙恭力罄折，流覽肆將遍。衆賓既飽德，猶然享豐膳。感慨竭所蓄，援筆爲述撰。不重千金酬，惟要一言羡。幸哉不腆邑，風雅庶云煽。』（《芝社集》）

林光宇有《秋日阮司李堅之招集鄰霄臺詩二首》，其一：『人亦有言，日月其馳。得意無幾，殷憂間之。盍姑謀樂，逝者如斯。于何寄散，山水是期。』其二：『撫景樂懷愜，寓目物理陳。華簪不自賈，勝會豈無因。』（《林子真詩》）

林古度有《撾鼓歌》（詩佚）。

按：錢謙益云：『阮堅之司理晋安，以癸卯中秋，大會詞人于烏石山之鄰霄臺，名士宴集者七十餘人，而長卿爲祭酒。梨園數部，觀者如堵。酒闌樂罷，長卿幅巾白袷，奮袖作《漁陽摻》，鼓聲一作，廣場無人，山雲怒飛，海水立起。林茂之少年下坐，長卿起執其手曰：「子當爲《撾鼓歌》以贈屠生，快哉，此夕千古矣！」』（《列朝詩集小傳》丁集上『屠儀部隆』條，第四四五頁）

又按：余懷《東山談苑》卷四亦稍略，無古度事。（《余懷集》，廣陵書社，二〇〇五年影印本）

九月，與曹學佺、吴兆、謝兆申、林古度等由瓊河泛舟至鼓崎。九日，清晨到白雲廨院，尋茶園，憩田家山樓，至涌泉廢寺，遊靈源洞。

作《瓊河發舟，夜半至鼓崎，與吴非熊、謝伯元、曹能始、林茂之拈險韻十字，因而成咏》（《鼇峰集》卷二十二）。

按：瓊河，在福州城東，南流注入閩江。明代瓊河可通舟船。

謝兆申有《將遊鼓山，夜發瓊河至鼓崎，共拈險韻十字，刻燭成咏》，其一：『金波曜暝色，晝舸浸秋江。倏爾隨潮去，翛然一葉艭。』其二：『瓊河無水閘，新月皎于煠。蕩漾一仙舟，天地覺已□。』其三：『孅阿垂半影，舟動影偏□。但見波間色，流光泊水涯。』其四：『半圭流衆港，那悟珠生蚌。臨濟不須舟，德山何以棒。』其五：『水潤潮生月，江空不掛帆。但看山色碧，一任月瀺瀺。』其六：『潮上月半減，月落山全黯。望望水光中，悠悠一憑艦。』其七：『江上沉秋月，舟中秉燭譚。夜深棹已輟，隨爾自東南。』其八：『月落思夭紹，子都未言佼。美人既不來，使我心自攪。』其九：『不見月中蟾，那知夜未厭。水底忽燃火，疑是月纖纖。』其十：『皓魄升復降，淼淼泛如洚。相對焰華燈，獨有人衣絳。』（《謝耳伯先生全集》卷二）

曹學佺有《瓊河夜泛至鼓崎，舟中限韻，刻燭成五言絶句十首》，題注：『吴非熊、謝耳伯、徐興公、林茂之同賦。』其一：『潮平纔没纜，日落半横窗。去去登山路，悠悠此渡江。』其二：『白龍還在否，我有降龍法。薄暮清風生，半江静鱗甲。』其三：『娟娟千竿竹，風吹動水涯。密林月欲出，幽意與之偕。』其四：『寂寂雲棱薄，月光照寒港。譬之如明珠，吹沙出老蚌。』其五：『美人期不至，勝事却難兼。所嗟江月好，不肯鬬眉纖。』其六：『乍暘游樂懷，復有離愁攬。何如枝上翼，雙飛覺爲巧。』其七：『漸東江中路，還移石下潭。登高須日九，水泊已更三。』其八：『霜落水上寒，披衣出憑檻。歷歷峰陰遮，半邊月色減。』其九：『泊舟不能寐，指點入松杉。欲於今夜半，乘興到巉巖。』其十：『崔嵬白雲冠，林葉似衣絳。山靈却疑我，天際真人降。』（《芝社集》）

吴兆有《月夜瓊河泛舟至鼓山，謝耳伯、徐興公、曹能始、林茂之共拈險韻十字，刻燭成詩選三》，其一：『暝色初辭郭，河流漸入江。腥風何處度，寒汐送漁艭。』其二：『連日秋懷惡，今宵有好懷。秋江泛秋月，若箇不言佳。』其三：『三更月已落，海氣雜山嵐。鷗起歌沖岸，龍驚火射潭。』（《吴非熊集》，《新安二布衣詩》卷二）

按：林古度詩集不載。

作《鼓山下院》（《鼇峰集》卷十，黄任《鼓山志》卷十一作《鼓山白雲廨院》）。

按：鼓山下院，即白雲廨院。黄任《鼓山志》卷二《寺院》：『白雲廨院，在山南麓。本涌泉寺積穀處，與寺同建，中爲殿，後爲法堂，左右爲祖師伽藍二祠。東廡爲齋堂厨竈，西廡爲倉場客省，前爲山門……嘉靖壬寅，涌泉寺灾，僧衆還居於此。』

曹學佺有《清晨到白雲廨院，得陽字》：『叢林露曙光，雲氣密蒼蒼。浄室尋猶得，飛泉坐可望。

舊遊思舊歲，重到是重陽。野草知幽意，翩翩門菊黃。』（《芝社集》）

吴兆有《白雲廨院癸卯歲》：『離舟十數里，入寺未云疲。樹古知秋早，僧閑見客遲。泉聲懸屋角，草色穢階基。前路多登頓，山房話少時。』（黄任《鼓山志》卷十一《藝文》）

作《鼓山尋茶園，因憩田家山樓》（《鼇峰集》卷十二）。

曹學佺有《茶園得青字》：『地驚能最勝，跡喜不曾經。是處雲分白，偏秋樹損青。江于斜閣散，石受短墻扃。好茗隨多乞，流泉試一聽。翔鷄知客異，防虎托神靈。野老相邀看，輿人不共停。冥搜非舊路，空殺半山亭。』（《芝社集》，黄任《鼓山志》卷十一作《茶園》）

吴兆有《茶園》：『千迴源壑裏，人有避秦風。汲井垂鬟女，耘田帶索翁。葉紅收柏子，花白老茶叢。豕笠深篁隔，鷄塒鄰壁通。雲光摇樹杪，海氣結窗中。因失尋山路，要余更向東。』（黄任《鼓山志》卷十一）

作《涌泉廢寺》（《鼇峰集》卷十五）。

按：王應山《閩都記》卷十二《郡東》『涌泉寺』條：『唐建中四年，有龍見於靈源洞，因建寺鎮之。王審知嘗命僧神晏住山，傾其國貲以給。乾化五年，改爲鼓山白雲峰涌泉院。有華巖臺、妙峰閣、一多庵、癡坐軒、憨睡室、無盡門，總名曰「華嚴」。國朝初，復改爲寺。宣德初建，成化間廨院被水，重建。』

又按：嘉靖二十一年（一五四二），鼓山燬於火，萬曆四十六年（一六一八）曹學佺等人倡議修覆，次年動土，天啓元年（一六二一）落成。

又按：鼓山涌泉寺燬於火，黄用中爲目擊者，有《鼓山白雲涌泉寺灾感而有作并序》，其《序》云：『鼓山傑勝，實背予居，古寺幽巖，尤多雅況。向曾憑僧習静擁卷禪房，飽飫烟雲，遐澄神慮。自鳳埃易念，林壑長違，染紫沾紅。身世總憐籠内；漱泉憩石，夢魂每戀松間。比壬寅二月之十三日也，予病煩不寐，夜起披衣，遠焰燭梁，開櫺駭視，則近峰漲火，紅障東南矣。初謂樵兒舉燎遺熾荆榛，雖恐延魚，未爲深念。迨曉，鄉人來告，謂寺已焚。駭嘆交生，扶病走視，則簷箱胥泯，煨燼猶嘘，唯一二殘僧對予隕涕而已。興悲無極，漫有短章用叙所由，備遺歲月。』詩云：『白雲古寺枕巖隈，把酒看山幾往迴。一夜狂飈嘘烈焰，千年靈跡化飛灰。荒凉滿眼無僧住，瓦礫盈庭有鹿來。從此登臨俱草莽，繁華銷歇不勝哀。』（黄任《鼓山志》卷十二《藝文》）

又按：涌泉寺燬於火三年之後，即嘉靖二十四年（一五四五），用中輯纂《鼓山志》成。參見萬曆二十九年（一六〇一）。

袁敬烈有《過涌泉廢寺》：『斜陽峻嶺路千盤，欲借禪棲去住難。歲久蘼蕪埋斷碣，夜深狐兔走空壇。迴風大海潮聲應，落葉秋山雁影寒。莫向人間嘆興廢，琳宫寶刹亦凋殘。』（黄任《鼓山志》卷十二《藝文》）

謝兆申有《涌泉廢寺》：『何年闢地布黄金，詎意飛灰滅古今。杳杳孤雲依殿冷，萋萋荒草没堦深。遥憐神晏開山處，那識閩王施寶林。俯仰興亡只如此，遊人誰與叩禪心。』（黄任《鼓山志》卷十二《藝文》）

曹學佺有《涌泉寺》：『半嶺猶存古寺名，空林惟有涌泉聲。僧從破屋雲邊住，客向迴廊草裏行。

講席虛無山月在，齋鍾寂寞海潮生。布金知是何年事，更覓殘灰作化城。』（《石倉詩稿·玉華篇》，《鼓山志》卷十二作《涌泉廢寺》）

鄭邦祥有《涌泉廢寺》：『獨倚崚嶒望渺然，興衰塵跡總堪憐。迴廊夜嘯寒猿月，廢殿秋生亂草烟。饑鳥尚隨清磬下，殘僧空傍白雲眠。何人重布黄金地，勝業銷沉七十年。』（黄任《鼓山志》卷十二《藝文》）

按：七十年，舉其成數而言之。

安國賢有《涌泉廢寺》：『灰燼前朝寺，山門覆亂藤。碑從叢莽認，路向落花登。撥翠多樵子，翻經少衲僧。廢興那可問，空對一龕燈。』（黄任《鼓山志》卷十一《藝文》）

按：此詩似非同時作。

作《靈源洞》：『我來恣遐覽，秋色颯平仲。已遂丘壑懷，美景目可送。』（《鼇峰集》卷四）

按：王應山《閩都記》卷十二《郡東》『靈源洞』條：『在涌泉寺之左，巖竇嵌怪石。下數十級以入，其中高、廣數尋。五代梁，徐寅有十二咏詩並記。朱子鑿「壽」字甚巨於洞中。』

又按：此《靈源洞》二首黄任《鼓山志》卷十《藝文》題作《靈源洞讀前代題刻二首》。曹學佺有《靈源洞二首》，其一：『古洞閟靈區，中天開石扇。俯峽峭以深，緣厓紆而蔓。澗虹既跨雙，谷風復吹萬。神瀵詭其脉，江流曠於面。異哉遐與邇，當身有迷見。』其二：『石上題名字，蒼苔爲之襲。摩索雖甚艱，久之亦漸習。乃知遊覽懷，昔人於我及。出谷鐘似吼，入洞月如吸。岩房此栖托，逼仄聊自蟄。僧梵雜蠻啼，客眠讓虎入。』（《芝社集》）

按：此二詩，黄任《鼓山志》卷十《藝文》題作《靈源洞和徐興公》。

謝兆申有《遊鼓山靈源洞各拈二韻二首》，其一：『陟峴路疑塞，望巘翠若許。林薄蔚雲氣，崚嶒驚險阻。披莽度鼇梁，臨淙聆水鼓。緑崿降石磴，足縮不得越。兩岬峭以壁，石危争岨峿。喝水跡豈幻，改溜乃洄湤。悟空散幽賞，蕩色忘物忤。流矚巉絶象，奇構駭鬼斧。昔禪此遷化，靈洞見虚宇。寥朗恣遐目，發蓋昭冥暑。顧我滯瓶穀，不覺逸翚羽。於焉飲神泉，因之瀉韻語。情塵既滌蕩，連翩亦霞舉。』其二：『休糧以蜕影，神丘吸清露。高風送妙香，法雲潤古路。忽聞梵天響，魚山日未暮。唄讚雜吟誦，超然豁遐寤。冥心在空巖，清迴息煩慮。靈域肆所經，側足尋徑鶩。石門屹相捍，臨滄渺縈濘。攀壁摩雕篆，剥苺讀且誤。意測漸可述，象畫乃分昈。新勒磨舊鐫，流風斷遥緒。感兹名互滅，藏山豈石固。撫化云觸賞，騁遊即奇趣。入夜炳禪燈，孤朗照昏曙。孰先塵寐覺，相與燃智炬。興言越繫表，聊以咏所寓。』（《謝耳伯全集》卷二）

作《和曹廷尉贈别》二首（《鼇峰集》卷十）。

曹學佺有《聞雁賦别》：『但得身常聚，何妨跡屢移。猶如雙叫雁，隨處宿寒枝。别姤秋仍在，歡驚月漸虧。燈前暫相對，聊復試蛾眉。』（《芝社集》）

秋，送黄居中、鄭憲等人北上春官。

作《送黄明立孝廉》：『憐君磊落才有餘，少年名姓登賢書。迄今倏忽二十載，猶偕計吏隨公車。三年一度過燕市，獻策無媒謁天子。』（《鼇峰集》卷八）

按：黄居中，萬曆十三年（一五八五）舉人，至明年春試已近『二十年』。

作《送鄭吉甫北上》：『君家之東乃吾廬，鼇峰山下比鄰居。朝夕出入同里閈，枌榆結社情非疎。憶君早歲多名譽，文章皎皎皆璠璵。已看姓名登賢書，大來争慶茅連茹。楚廷抱璞十載餘，又當偕計隨公車。』（《鼇峰集》卷八）

按：據詩意，鄭憲（吉甫）居鼇峰下，與興公比鄰，上公車已經超過十年。陳薦夫有《送鄭吉甫孝廉北上》：『五雲宫闕鳳城遥，萬里征途到碧霄。彩鷁含風金鎖渡，紫騮嘶月玉河橋。遊歸柳陌花相艷，宴出楓宸酒未消。却笑故人空十載，京塵猶敝洛陽貂。』（《水明樓集》卷六）

十月，與曹學佺、林古度、王宇往遊漳州，過峽江，途中登福清天竺山，游黄蘗寺，於黄蘗山觀龍潭水簾瀑布，又遊香城寺。過仙遊，遊九鯉湖，觀真珠簾。經楓亭驛，過洛陽橋，謁宋蔡襄祠，觀造橋碑。過泉州，遊歐陽詹石室、清源洞，登百丈盤觀海；遊南臺室、巢雲院，過彌陀岩。經同安，遊梵天寺，因上大輪山望海。在虎渡橋與曹學佺各搨《虎渡橋碑》一通，别曹學佺、林古度，往海澄；曹、林往長泰遊天柱山。往漳州與曹、林會合，與張燮遊虎硿岩。

作《渡峽江，次茂之韻》（《鼇峰集》卷十）。

按：《大明一統名勝志·福建》卷一《福州府·侯官縣》：『西峽江，在城東南四十里，受永福印溪之水，流十餘里，與東峽江合。兩山夾峽，上納諸水，下吞潮汐，闊可數里，其深叵測。中流有石如砥柱，名浮焦石。下有潭，龍潛其中。』

又按：葉向高《答董見龍》：『吾省之南，有峽江者，受上四郡之水，東以兩山，波濤洶涌，每有

微風，則危險萬狀。』（《蒼霞續草》卷十七）

曹學佺《渡峽》：『渡江猶不深，聞道險難臨。濤白忽迷眼，猿啼都上心。雙門中作峽，五虎側爲岑。去去有時息，所懷非故林。』（《天柱篇》）

曹學佺有《饋菊》：『搴蘭畏霜歇，采桂懼宵零。顧惟籬下物，可以久芳馨。額黄如式鏡，翹金乍出釧。一枝何足擬，孤鵠下幽庭。』（《芝社篇》）

作《和能始饋菊美人》（《鼇峰集》卷十）。

作《石竺山懷阮堅之司理》（《鼇峰集》卷十）。

按：石竺山，即石竹山，在福清。

又按：曹學佺《大明一統名勝志·福建》卷二《福州府·福清縣》：『石竹山，在縣西永壽里。山形陡削，尤宜竹樹。山半有仙人坪，群峰拱衛。坪右有觀音巖。』

又按：正月，興公曾陪阮自華登石竹（竺）山，有詩，已詳前。

曹學佺有《登石竺山二首》：其一：『息徒改俗轍，尋仙騁雲轂。溪路綿以紆，山形拔而矗。入初狀倏呈，披奥境徐蓄。千嵓若累層，萬樹信攢獨。曰帷固甚密，爲宇何其復。即此乘虹飛，因之俯鯉伏。朱鳥現毛質，玄猿衍類族。托命於仙靈，詎爲人所畜。我來一叩之，入門展欽肅。耳目懾靈異，烏敢恣云欲。』其二：『燁燁丹芝草，所處在重雲。攬之不可得，彷佛聞餘芬。巖巒深已暝，五色呈靈文。我欲食此草，因可辭世人。譬之江海遥，渺渺浩無津。滌情屏物累，要道得所親。神仙

作《登石竺山》二首（《鼇峰集》卷四）。

爲導引，靈器自然陳。寄言淮南子，八公私我群。』（《天柱篇》）

林古度《遊石竹》：『浪遊幾載嘆年華，爲愛名山踏徑斜。幻出樓臺閑日月，飛來洞壑老烟霞。凌空石磴三千丈，匝地瑶林百萬花。漫向華胥尋好夢，此身疑已到仙家。』（〔乾隆〕《福清縣志》卷十二）

按：曹學佺《修建靈石古寺疏文》：『余以癸卯歲同徐興公、林茂之遊石竺、黄蘗二山。』（《石倉文稿》卷之《浮山》）

作《黄蘗山觀龍潭水簾瀑布》（《鼇峰集》卷四）。

按：黄蘗山有黄蘗寺、龍潭，在福清縣。

按：梁克家《淳熙三山志》卷三十六：『黄蘗寺，清遠里。以山多黄蘗名。……（唐）貞元五年，沙門正幹嘗從六祖學，既得其旨，乃辭去。祖送之曰：「把菩即止。」幹抵此，乃安之。』

又按：王應山《閩都記》卷二十七『郡東南福清勝跡』：『黄蘗寺……國初重建，嘉靖間倭變經毁。其山多蘗木，有峰十二，瀑布澎湃，瀉巖石間，止而爲潭，龍居之，禱雨輒應。』

又按：曹學佺《大明一統名勝志·福建》卷二《福州府·福清縣》：『（黄蘗）近寺，有龍潭，自高及卑，相聯凡九。泉勢高健，淙崖石爲穴，瀦水爲潭，潭徑八九尺。僧云有龍居之。乃第四潭也，危石下垂，穹窿如屋。水從屋上瀉下，注入大潭，深不可測。潭前巨石如砥，可坐數百人，昔鐫「靈淵」二字，大可徑尺，作李斯篆體。』

曹學佺有《黄蘗寺》：『朝辭石竺路逶迤，暮入禪林境始移。橋下清渠爲草積，門前古樹作藤垂。

諸峰翠黛分深淺，一勺寒泉歷歲時。昔日江淹來此地，懸崖何處有題詩。』（《天柱篇》）

按：南朝劉宋時江淹爲吴興令遊黄蘗山，其山在今浦城縣。曹氏誤記。

作《暮過香城寺》（《鼇峰集》卷十）。

按：曹學佺《大明一統名勝志·福建》卷二《福州府·福清縣》：『黄蘗山，在縣西南清遠里……寺門外，有唐時古松九株，今有其五，盤屈如龍。寺後二里許，有香城寺。復斜行數百武，怪石垂覆，有乳香出石罅間，名「乳香岩」。』

曹學佺有《香城寺二首》，其一：『有寺如茆舍，當年盛佛場。林花開異色，石乳出天香。虎自聽經伏，禽因施食翔。誰知今日裏，客子獨披荒。』其二：『蹉跎成去境，深阻有歸程。遠海日爲蓋，亂山雲作城。螢光浮澗濕，竹吹掠風横。已得前來寺，如同抵舍情。』（《天柱篇》）

作《遊九鯉湖》二首（《鼇峰集》卷十五）。

曹學佺有《重到鯉湖》，其一：『已是行窮日，翻然夢入雷。惟其當夜後，所以盛秋哀。嶺復何知改，源深莫測來。昔遊成幾歲，亦見景光催。』其二：『晨起看湖水，千重烟霧翻。祇從天上落，詎是世間喧。竟日坐磐石，有時攀樹根。仙人不可見，丹井自潺湲。』（《天柱篇》）

按：曹學佺上次遊九鯉在萬曆二十四年（一五九六）。

作《九鯉湖觀真珠簾》（《鼇峰集》卷八）。

按：曹學佺《大明一統名勝志·福建》卷四《興化府·仙遊縣》：『龍擦石，在湖之西……石上有水縈紆而下爲瀑布。泉其下有潭，色玄而碧。又下而危石夾岸，水至此狷狂直瀉，巖巔霏微錯落，其狀如珠，覼縷不絕，極類珠簾，名「珠簾漈」。』

作《麥斜巖，同能始、茂之遊》（《鼇峰集》卷十二）。

按：〔弘治〕《興化府志》卷八：『麥斜巖，此巖比諸巖爲勝。前對巨石，如鐵衣壯士櫜鞬儼立，旁有石室幽迴，焚薪穴中，烟出山頂。』

又按：黄天全《九鯉湖志》卷一：『麥斜巖，在紫帽山下，蓋石所山之左也。元世祖時封爲萬安禪觀……鯉湖之勝也，以水；而麥斜，以山勝，皆神皋之奇詭也。』

曹學佺有《麥斜》：『好遊無定跡，山水送昏朝。乍息聞澌湃，終安處寂寥。幽扃嚴却轍，偃樹即通橋。有石皆成洞，層樓判入霄。雲真從下起，旭反自幽招。曲澗疑笙吹，叢篁儼珮摇。蒼苔存古色，黄菊表霜條。已識秋無恙，誰云境匪遥。林深遲返翼，谷迴早歸樵。應洽丘中趣，斯賡隱者謡。』（《天柱篇》）

作《宿楓亭驛》（《鼇峰集》卷十）。

按：〔弘治〕《興化府志》卷四十八：『楓亭舖，在連江里楓亭驛東百步許，去仙游縣五十里，去府城六十里。』

曹學佺有《宿楓亭》：『馬上看楓色，床頭披荔陰。不知投古驛，祇是宿寒林。』（《天柱篇》）

作《洛陽橋謁宋蔡忠惠公祠，觀造橋碑》（《鼇峰集》卷十五）。

按：萬安橋，即洛陽橋。李賢《大明一統志》卷七十五《福建·泉州府》『洛陽橋』條：『在晋江縣東，北跨洛陽江。一名萬安橋。宋郡守蔡襄建。』

曹學佺有《萬安橋》：『功成前太守，行者每咨嗟。石峻猶成堡，潮平祇似槎。奔星閲車馬，成市集魚蝦。獨爲看碑入，祠傍日易斜。』（《天柱篇》）

作《温陵道》《和林茂之無題》（《蠡峰集》卷八）。

作《宿歐陽行周讀書石室》（《蠡峰集》卷十五）。

按：歐陽石室，唐代泉州籍文學家歐陽詹讀書處。歐陽詹故居，在晉江縣潘湖。曹學佺《大明一統名勝志·福建》卷五《泉州府·晋江縣》：『梅巖石高數尺，傍植古梅，故名。巖畔澗水合流，東有緑潭，沿流而上。至高峻處，有石棊局、石硯、煉丹臼。稍北，兩石對峙，泉出其罅，名漱玉泉。其東爲妙覺巖、龜巖，巨石贔贔，中空可居。唐歐陽詹結廬讀書之所，俗謂之歐陽室。』

又按：《寄歐陽觀察》：『往歲經遊清源石室，曲題咏滿壁，匆匆未獲抄録。』（《文集》册六，《上圖稿本》第四三册）參見萬曆三十五年（一六〇七）。

又按：曹學佺《唐歐陽先生文集序》：『癸卯冬，予再遊温陵之石室，友人徐興公偕焉。石室爲唐歐陽行周先生讀書處也。』（《石倉文稿》卷一）

曹學佺有《宿石室》：『四野淒風切，重林暖氣餘。雖于巖上宿，宛爾室中居。一夜夢魂好，千年踪跡疎。棲棲日行役，終媿古人書。』（《天柱篇》）

作《清源洞》（《蠡峰集》卷十五）。

曹學佺有《清源絶頂》：『登山途已盡，突兀上方臨。未入禪扉裏，聊停古樹陰。石邊泉屢出，海際地俱浸。昔有成仙者，茫茫不可尋。』（《天柱篇》）

作《百丈盤觀海》(《鼇峰集》卷十五)。

按：曹學佺《大明一統名勝志·福建》卷五《泉州府·晋江縣》：『遵巖在泉山之左，去純陽洞南半里許，一大石平如砥，縱廣百丈，謂之「百丈石」……又南爲泰嘉巖，地頗平曠。宋紹興中僧靈源結茅以居庵前。有放生池，池前有一山，登眺，則東南諸山皆在足下，大海在南，晋江流自西北，洛陽江流自東北。』

曹學佺有《百丈盤》：『山中隨見海，此地益無涯。片石平於砥，行之祇覺危。正當潮水至，便有島風吹。羽翼何由借，飄飄動遠思。』(《天柱篇》)

作《南臺室》(《鼇峰集》卷十五)。

按：曹學佺《大明一統名勝志·福建》卷五《泉州府·晋江縣》：『南臺巖，在泉山之右，矗起三石，爲三峰。』

曹學佺有《南臺》：『列石形如削，逶迤勢屢旋。登樓纔半壁，望鳥或之巔。橋路中分邑，雲陰下覆田。南山最高處，還咏有臺篇。』(《天柱篇》)

作《巢雲院》(《鼇峰集》卷十五)。

按：曹學佺《大明一統名勝志·福建》卷五《泉州府·晋江縣》：『(南臺巖)不數十武爲巢雲巖。巖石懸峭，嘗有雲氣棲止。泉流潩潩有聲。』

又按：梁章鉅《東南嶠外詩話》卷九『徐𤊹』條：『興公集中警句清真婉至。足與幔亭抗衡。如……《巢雲院》云：「苔封古路花深合，樹隱懸崖葉倒生。」』

曹學佺有《巢雲》：『泉到巢雲地，潺湲乍有聲。昔來衆山雨，遂掩此孤鳴。好樹俱相傍，斜陽亦與傾。屢謀諸勝宿，是處喜能成。』（《天柱篇》）

作《暮過彌陀巖》（《鼇峰集》卷十）。

按：曹學佺《大明一統名勝志·福建》卷五《泉州府·晋江縣》：『彌陀巖，在南臺之東南，有石室，深廣丈餘。前有石臺，中有石佛，即彌陀像也。其左石罅，深廣五尺餘，幽邃莫測。前有飛瀑，瀉爲小澗，澗旁有石可坐數人。』

曹學佺有《彌陀巖》：『躡澗何知遠，爲巖喜得重。徑幽疑篆鳥，樹古若懸龍。坐待塔中火，遥聞林杪鐘。皈依偏趁意，于此禮金容。』（《天柱篇》）

作《遊梵天寺，因上大輪山望海》（《鼇峰集》卷十五）。

按：梵天寺，在同安縣（今厦門市同安區）大輪山之麓。宋熙寧中建。

又按：曹學佺《大明一統名勝志·福建》卷五《泉州府·同安縣》：『大輪山，在東門外里許。群峰自西北環列而來，如乘車張蓋、躍馬奔輪之狀。西南一峰，屹然倚空，名羅漢峰。又有金光井、蒼翠岑、金牛石、湫流泉、尊者巖諸勝。隋唐間建興教寺于此。有庵七十二所，宋熙寧中合爲一區，更名梵天禪寺。』

曹學佺有《梵天寺登大輪山頂望海》：『浄域莊嚴入梵天，上方迢遞陟層巔。金光盡繞雙行樹，寶相純擎十丈蓮。石比大輪依法轉，海將明鏡借空懸。此行信是閑爲客，隨地猶能一叩禪。』（《天柱篇》）

作《同安道中》(《鼇峰集》卷十五)。

作《江東驛别能始、茂之,之海澄》(《鼇峰集》卷十)。

按:江東驛,在今漳州市東,爲南北往來驛站。曹學佺、林古度于此别徐𤊹,往西入漳州;徐𤊹往東南之海澄(今屬龍海市)。楊正泰《〈明會典〉所載驛考·福建》:『〔江東馬驛〕屬漳州府龍溪縣。元站,明改驛。在今福建龍海縣西北江東橋附近。』(《明代驛站考》一一)

又按:曹學佺《大明一統名勝志·福建》卷六《漳州府·海澄縣》:『龍溪縣八九都濱海之地有月港。正德間,土民多航海貿易于諸番。嘉靖九年,置安邊館于此。歲遣通判駐守。三十年,建靖海館,以通判往來巡緝。四十三年始置縣。』

又按:《筆精》:『漳州江東驛虎渡橋左,有碑巍然,是宋淳祐中狀元黄朴撰文並書。字法全類柳誠懸,石材完好,惟篆首缺墜耳。余以癸卯冬與曹能始觀賞,各搨一通,第鄉人不知重,兼有覆瓦爲亭者,惜哉!』(卷七『虎渡橋碑』條)

曹學佺《别興公》:『我去霞城道,而君適海澄。殘更催問渡,古驛坐挑燈。彼地無山水,相過孰友朋?歸期如不負,天柱待同登。』(《天柱篇》)

按:霞城,漳州别稱。

王宇有《送徐興公之海澄、曹能始之長泰》:『十日看山轡並聯,漳南城外各雲天。客知廷尉羅休設,人重徐卿榻不懸。瘴壓山城頻市酒,寒消海日少裝綿。堤頭剩有衰楊在,雙折殘枝贈馬鞭。』(《亦園詩略》,又《烏衣集》卷四)

按：『十日看山轡並聯』，王宇與曹學佺等同行往閩南。據題意，至江東驛分別，既不往漳州，也不之海澄，或有粤行亦不可知。

作《兩得能始、茂之書，聞登天柱》（《鼇峰集》卷十）。

作《海澄書懷，寄能始、茂之二十韻》：『海邑望茫茫，三隅築女墻。舊曾名月港，今已隸清漳。東接諸倭國，南連百粤疆。秋深全不雨，冬盡絶無霜。貨物通行旅，貲財聚富商。雕鏤犀角巧，磨洗象牙光。棕賣夷邦竹，檀燒異域香。燕窩如雪白，蜂蠟勝花黄。處處園栽橘，家家蔗煮糖。利源歸巨室，税務屬權璫。僻壤民情樸，遐荒令項强。士惟知帖括，客鮮識詞章。里語題聯拗，鄉音度曲長。衣冠輕禮讓，巫蠱重祈禳。田婦登機急，漁翁撒網忙。溺人洪水漲，摧屋颶風狂。永日愁難遣，清宵病莫當。羈懷寫不盡，期爾早還鄉。』（《鼇峰集》卷十二）

按：明代漳州府海澄縣，今爲龍海市海澄鎮。

又按：明代中後期，海澄月港是中國東南最重要的海港之一。此詩約略描繪當時海上貿易的盛況，爲研究海上交通者所重。

陳鴻有《海澄縣》：『蒼蠅擊紙燕交飛，十月漳南氣候違。菊尚著花忘節變，桃先破萼當春歸。千家曉集夷人舶，一雨寒添旅客衣。日暮腥風潮水落，魚蝦剛到買鮮肥。』（《秋室編》卷六）

作《十月廿一夜聞雷，海澄作》《題李氏水亭》（《鼇峰集》卷十）。

十一月，與汪弘器、張燮、陳翼飛、鄭懷魁、陳正學、曹學佺、林古度等集漳州顧氏園林。陳正學招集遊其園林。興公出漳州，經泉州、惠安、楓亭、莆田、蒜嶺，歸會城。

作《汪爾材總督，陳元朋、張紹和二孝廉招集顧氏園林，同鄭輅思民部、陳貞鉉孝廉、曹能始、林茂之分韻》（《鼇峰集》卷四）。

按：汪爾材，即汪弘器。字爾材，漳州人。〔萬曆癸丑〕《漳州府志》卷十五《兵防志》『南澳副總兵』：『汪弘器，福建漳州衛指揮，丁丑武進士，萬曆二十三年十月推末抵任。擢南京都督僉事。』又『漳州衛指揮僉事』：『汪弘器，始祖侔叔，六安州人。洪武間與子全纍功陞指揮僉事……弘器襲，中武進士……今起廣西副總兵。』

又按：陳翼飛，字元朋，平和人。萬曆二十五年（一五九七）舉人，三十八年（一六一〇）進士。官宜興知縣。霞中社成員。坐黨禍，被劾，坎壈終身。有《慧閣初删詩》《紫芝集》《長梧集》等。

又按：張紹和，即張燮。見萬曆元年（一五七三）。

又按：陳正學，字貞鉉，龍溪人。萬曆三十一年（一六〇三）舉人。有《灌園草木識》。〔一〕

曹學佺有《顧園諸子携酒》：『曰余羈旅人，諸子欣既覯。薄言斗酒會，携之以相就。出郭馳何疾，之野步屢逗。何以置斟酌，所躭在園囿。天勝爲我施，乃可具營構。門外多峿嶁，纍纍如輻輳。奇卉奪繡鮮，珍木恍音奏。豈曰無蕩思，泉水在左右。魚遊尾簁簁，過者皆可晵。杯到隨即竭，不知誰所授。今日靳爲樂，後來奚以又。』（《天柱篇》）

作《遊虎硿》（《鼇峰集》卷十五）。

〔一〕　陳正學，〔乾隆〕《龍溪縣志》、〔光緒〕《漳州府志》作龍溪人。《灌園草木識》卷首『東冶陳正學貞鉉著』，東冶，福州舊名，則正學原籍爲福州。

曹學佺有《虎硿即無隱禪師道場》：『虎硿有虎法可羈，禪師下山每跨之。一朝禪師失隻手，傳道中途飼虎饑。我來山中看且駭，禪師之傍有虎在。但見禪師手短兮虎亦不肥，鐘鼓不鳴兮香火微。出尋無隱塔，崔嵬一片石。祇留科斗文，半作莓苔碧。噫！我聞今年颶風發，海水乍來山矻扤。樹去其髮兮，而石斫其骨。泉涌上天如真月，山僧野鹿愁汩汩。予恐此山之幾爲鼇宫而貝闕兮，虎吼須臾拔其窟，欲離不離足應蹶。禪師微醒一聲咄，但聞山中零落桂花香馝馞。』（《天柱篇》）

按：曹學佺《西峰字説》卷二十二『漳州府龍溪縣』：『（丹霞山）又五里，爲南巖，山上多怪石，狀若獅子，又名石獅巖，昔無隱禪師居之，畜虎隨使，俗名虎硿巖。』

又按：〔光緒〕《漳州府志》卷四十《古跡》『虎硿巖』條：『在郡南七里石獅山中。』

曹學佺有《送張紹和北上》：『爾向長安去，予尋丘壑歸。同心薄蘭臭，别淚問蓬飛。雨雪行人急，陽春和者稀。征途萬里外，欲發更依依。』（《天柱篇》）

作《送張紹和北上》（《鼇峰集》卷十五）。

按：張燮四上春官。參見《張燮年譜》。

作《陳貞鉉招集齋中，席上有二妓，因挾之遊園林，分得妝字》（《鼇峰集》卷十五）。

曹學佺有《訪陳貞鉉，遇陳元朋，因遊林氏園亭，鄭軫思、張紹和後至，分得神字》：『芳園能不遠，逆旅即爲鄰。地僻幽情散，樓虚遠態臻。池荷遥駐夏，林卉欲邀春。巧石非關匠，微波恍遇神。徑紆時接侶，洞小屢添人。宿醉牽殘夜，佳招佇隔辰。無期仍此會，還是日相親。』（《天柱篇》）

作《出漳城别陳元朋、陳貞鉉》《惠安宵行至楓亭驛》（《鼇峰集》卷十）。

作《莆陽宵行至蒜嶺驛》(《鼇峰集》卷十)。

按:王應山《閩都記》卷二十七《郡東南福清勝跡》『蒜嶺驛』條:『在光賢里。上接宏路,下通莆陽。山石間多産蒜苗,故名。或云,山形如蒜瓣也。又名草堂山。東望漲海,瀰漫無際。』

作《閨情》(《鼇峰集》卷十五)。

十一月,送吴爾施北上春官。與吴兆、陳翼飛、陳正學、林古度集曹學佺小園聽妓彈筝。與吴兆、陳翼飛、丘伯幾、曹學佺、林光宇、林古度集羅山法海寺。送林古度回金陵。

作《送吴仲聲北上》(《鼇峰集》卷十五)。

按:吴爾施,字仲聲,萬全子,侯官人。萬曆三十年(一六〇二)舉人。歷永春廣文、端州郡丞。越王山下有别業名『柳塘』。有《踈影齋詩》《柳塘彙稿》《香雪新編》。

陳薦夫有《送吴仲聲北上》:『紫萸黄菊日留簪,佳節辭親更不堪。馬足送愁過薊北,鷄聲催夢斷江南。衰楊旅店霄吟苦,小米官橋午飯甘。幾爲漢家長太息,治安陳策莫空談。』(《水明樓集》卷六)

陳薦夫有《荆山引,送吴仲聲上春官》:『荆山石底連城璞,朗潤晶瑩未雕鑿。氣至終須吐白虹,火來不敢炎昆嶽。受命于天壽永昌,禎符千古效明王。肘加楚國空埋璧,頭白磻溪浪釣璜。憶昔下生能别此,手攬胸懷心自許。眼低茫茫識者稀,擁褐呻吟淚如雨。九閽嵯峨曾再獻,暗道相逢按長劍。雖言抱璞往復還,石潤山輝光景遍。再獻無辭三獻勞,莫將秘寶久蓬蒿。君看萬選青錢價,何似三投白璧高!』(《水明樓集》卷二)

曹學佺有《送吴仲聲》：『北方地苦寒，征馬去漫漫。到日開花早，經春度雪殘。和歌燕市俠，射策漢時官。應識逢迎衆，詩名滿眼看。』（《天柱篇》）

作《送寶藏和尚還支提》（《鼇峰集》卷十五）。

按：〔乾隆〕《寧德縣志》卷二《建置志》：『支提禪寺，在十二都。宋開寶四年，吴越王錢俶建。政和間，以黄裳之請，賜以「政和萬壽」之寺額。寺在萬山中，相傳有聖鐘鏗鳴，天燈照耀，天冠千佛演法其中。邑之名叢林也。《華嚴經》云：「不到支提不爲僧。」故天下雲遊之僧必至其處。』

作《長至夜同非熊、元朋、貞鉉、茂之集能始宅，聽妓奇奇彈箏》（《鼇峰集》卷十）。

按：長至，十一月二十日。

曹學佺有《長至夜集諸子小園，得開字》：『上賓初集履，小妓妙擎杯。欲驗陽光轉，斯看春色來。冰弦中座結，霜月暗林開。競欲窺生意，携燈向野梅。』（《天柱篇》）

吴兆有《冬至夜集曹廷尉園亭觀妓》：『佳候要佳麗，山齋啓暮扉。入園驚荔發，窺管見灰飛。梅亂歌中落，春争笑裏歸。橙香寒醴面，桂氣暖熏衣。粉壁釵横影，雕窗竹散輝。不堪弦管歇，殘月尚棲幃。』（《吴非熊集》，《新安二布衣詩》卷二）

作《冬日邀吴非熊、陳元朋、丘伯幾、曹能始、林子真、林茂之集法海寺，得邊字》（《鼇峰集》卷十五）。

按：王應山《閩都記》卷五《郡城東南隅》『法海寺』條：『在九仙山之陰。舊名羅山，本孟司空宅……萬曆己亥，侍御孫圻復舍爲寺。有羅山堂、金積園、萬緑堂諸勝。』

曹學佺有《同吴非熊、陳元朋、徐興公、林子真、林茂之集羅山，得寒字》：『强扶病骨犯危巒，此地徘徊轉覺安。寺裏客過辰屢换，林中僧話歲將殘。坐於石筍何妨暝，行到梅花别是寒。漫借禪燈照詩思，東方月色出簷端。』（《天柱篇》）

吴兆有《冬日同陳元朋、丘伯幾、曹能始、徐興公、林子真、茂之集羅山法海寺》：『臘盡還家未有時，空門寥落赴閑期。山光滿郭流寒翠，梅影横巖發舊枝。清磬不驚霜鳥下，斜陽猶照晚尊移。天涯且喜多知己，吟眺無妨日日隨。』（《吴非熊集》，《新安二布衣詩》卷二）

作《送林茂之還金陵》（《鼇峰集》卷十五）。

陳薦夫有《送林茂之還金陵》：『歲晏東歸客斷魂，高堂華髮依黄昏。伍胥身退耕吴土，嵇紹生全感晋恩。畫槳寒梅江口渡，青旗殘柳雪中村。送君不比無家别，十載并州是白門。』（《水明樓集》卷六）

作《問薛晦叔病》（《鼇峰集》卷十五）。

按：薛晦叔，即薛瑞光。詳萬曆二十三年（一五九五）。

作《銅雀臺》《送俞本之遊楚》《柳絮風》《藕花風》《梧桐雨》（《鼇峰集》卷十五）。

作《白燕》（《鼇峰集》卷十五）。

陳薦夫有《白燕》：『差池素影掠風開，肯認烏衣故國回。雲母屏空飛不見，水晶簾静語方猜。幾争舊壘磨霜剪，却哺新雛長玉胎。知赴羽林年少約，滿身春雪始歸來。』（《水明樓集》卷五）

按：薦夫此詩編在萬曆二十七年（一五九九）。興公《柳絮風》以下數篇均爲咏物，疑興公編集時將此數篇歸於本卷卷末。

作《贈募緣僧》(《鼇峰集》卷十五)。

十二月，與曹學佺、吴兆、林古度等藤山看梅；由藤山至柯嶼，訪陳鳴鶴、陳仲溱，宿柯嶼陳氏山樓。又與王崑仲、吴兆、林古度、陳价夫、曹學佺、高景至東郊竹嶼看梅。除夕前二日，同吴兆、曹學佺、林古度過城北華林寺。

作《出藤山看梅，非熊、能始、茂之先至兩日》(《鼇峰集》卷十)。

曹學佺有《同非熊、茂之宿藤山館中，得空字》：『欲卧山中雪，誰堪枝上風。長橋寒氣别，孤館俗情空。林影隨清鶴，江聲送斷鴻。近來多勝賞，無日不相同。』(《天柱篇》)

吴兆有《藤山看梅歌》，《序》云：『離城南二十里，曰藤山，其山裊裊若藤蔓，故云。襟帶數十里皆梅也，其梅多古怪，虬枝鐵幹，霜齧苔侵。花則千林一色，樹則變態無窮，實成一快觀也。癸卯冬，與興公、能始、茂之遊焉。』詩云：『榕城臘月梅花新，遊人已試羅衣春。靈谷太湖判不數，信是藤山梅最古。藤山蔓延高復低，千樹參差萬樹齊。縈迴鷲嶺香雲聚，歷亂龍江晴雪迷。苔痕剥落全欹塢，鐵幹摧殘半壓堤。屈幹盤根變難測，疏疏裊裊横籬側。樹出千奇不異名，花開幾種皆同色。此地種梅不記年，子孫恰衍聯陌阡。簷前雀影争枝墜，屋後鳩聲隔葉傳。荔葉陰陰榕樹緑，林光一帶流寒玉。杖履依依不出林，清人肌骨冷人心。莫言原上日將暮，猶望前村深處尋。』(《吴非熊集》，《新安二布衣集》卷二)

作《藤山至柯嶼訪汝翔、惟秦》(《鼇峰集》卷十)。

按：柯嶼，在福州南郊。徐熥《陳惟秦詩序》：『惟秦居南郊之柯嶼，去城三十里而遥。』(《幔亭

集》卷十六）

曹學佺有《柯嶼訪陳惟秦宅》：『馬上迎寒色，梅花歷幾村。所之俱白雪，不識是黄昏。澗水仍前路，人家盡後園。向聞棲隱處，始爲到柴門。』（《天柱篇》）

吴兆有《自藤山至柯嶼道中》：『藤山梅最勝，别去復何從。側徑防羸馬，疏村傍古榕。籬根寒犬吠，門際野人逢。猶問城中客，尋梅過幾峰。』（《吴非熊集》，《新安二布衣集》卷二）

作《宿柯嶼陳氏山樓》（《鼇峰集》卷十）。

曹學佺有《宿陳汝翔山樓》：『山樓相過宿，石榻絶塵氛。若比前宵夢，還深十里雲。月光寒轉薄，江色静堪分。去歲羅浮上，惟驚有斷群。女翔向客粤，故云。』（《天柱篇》）

作《東郊看梅，過能仁寺同王玉生、非熊、茂之、伯孺、能始、景倩，分得雲字》（《鼇峰集》卷十）。

作《竹嶼梅花》（《鼇峰集》卷十）。

曹學佺有《竹嶼看梅，懷鄧汝高》：『小橋深澗響潺潺，路入寒林復幾彎。竹裏梅花標素質，烟中石鼓潤孤鬟。荆門人隔層波外，嶽嶺雲歸深樹間。此日詩成仍寄遠，一枝珍重爲君攀。』（《天柱篇》）

按：竹嶼，在東郊，鄧原岳居竹嶼。

作《寒夜曲》（《鼇峰集》卷八）。

作《交州木山歌》，《引》云：『正德中，許啓衷黄門使交州，得木假山于僧舍，携歸，刻詩其背。高景倩收得之，置窗間，名其齋曰「木山」。爲作此歌。』（《鼇峰集》卷八）

作《賦得八公山，送高景倩之宿州省覲》（《鼇峰集》卷八）。

作《除夕前二日，同非熊、能始、茂之過華林寺，得風字》（《鼇峰集》卷十五）。

按：王應山《閩都記》卷八《郡城東北隅》『華林寺』條：『舊名越山吉祥禪院，無諸舊城處。晋泰康三年，遷新城，遂虚其地。宋乾德三年，吴越錢氏臣鮑修讓爲郡守，始創寺。』曹學佺有《華林寺看梅，有桃花開》：『路回城北思淒淒，寺倚屏山信杖藜。疎雨不曾辟客入，閑雲元自任僧棲。參差蘭若香分徑，高下松根翠作梯。衹惜梅花飛欲盡，不知春色在桃溪。』（《天柱篇》）

作《癸卯除夕》（《鼇峰集》卷十五）。

是歲，阮自華爲福州司理，倡風雅，特蒙眷顧。

按：陳价夫《今我傳》：『癸卯，受知於阮司理澹宇、洪令君九霞。阮公大倡風雅，我與陳惟秦、徐興公、馬季聲、王粹夫、王永啓數君，特蒙眷顧，文酒追隨，殆無虚日。』（徐𤊹鈔本《招隱樓稿》，上海圖書館藏本）

是歲，杭州張蔚然來閩，借抄胡雙湖《易翼》。

按：《〈周易〉本義啓蒙翼傳》：『癸卯年，杭州張維誠來閩，借抄一部。』（馬泰來整理《新輯紅雨樓題記　徐氏家藏書目》，第六九頁）

是歲，有書致楊德政，此時德政歸四明，棲遲林澤，無意廊廟。

按：參見次歲。

作《寄楊楚亭廉憲》：『自師臺臨閩數載，不惟閩之縉紳士庶頂戴二天，即不肖如某，師臺亦不鄙夷，收之門墻之内……屠赤水儀部入閩。詢知師臺福履勝常……因儀部還家，恭問台安。』（《文集》册三，第四二册，第三三七—三三八頁）

按：屠隆，號赤水。屠氏入閩後歸四明，在去歲。

是歲，讀陳公選遺詩，作《〈蕉雨亭詩〉序》。

作《〈蕉雨亭詩〉序》：『閩稱甲族，莫若義溪陳氏。自侍讀、中丞以至參知、憲副，派衍百年，人傳五代，不獨金紫輝映，海内所稀，即詞藻焜耀，並足流芳濟美，合藏金匱，可被管弦者也……所往還則園翁溪友，所吟咏則魚鳥烟霞，久之成編，清新俊逸，［卓］有《碩人》《考盤》之致，較之前哲廊廟之音，雖塗轍稍異，而方之從父比興之旨，則具體而微矣。潁川多才，不其然歟！余去歲偶爲越東之遊，仕

［一］徐鍾震《雪樵文集》有《〈蕉雨亭遺稿〉序》一文，此文斷非鍾震所作。文略云：『迨予獲交二孺兄弟也，詩筒往返，殆無虚日。彼時即知有仕卿其人者，雖治諸生業，而博雅嗜古，鋭意躭詩，所居除筆牀茶竈而外，手種緑蕉數十本，翛然自適，堪嗣竹林之風。予扁舟訪二孺時，則必兼過仕卿，見其緑陰翠色，浥露庭前。既已，剥啄之聲饒有泉石之致。曾賦詩帖贈而伯兄與二孺，從而和之。』興公與二孺（伯孺陳价夫、幼孺陳薦夫）詩筒往來，殆無虚日，因二孺而交結公選（仕卿），鍾震生於萬曆三十八年（一六一〇），而公選卒於萬曆三十年（一六〇二），既不可能與之往來，亦不可能互有贈答。伯孺陳价夫卒於萬曆四十二年（一六一四），幼孺陳薦夫卒於萬曆四十年（一六一二），鍾震亦不可能同他們交往。此文爲鍾震代其祖興公作無疑。萬曆三十一年（一六〇三），興公已爲陳公選《蕉雨亭詩》作序，而集遲遲未刻，遺稿傳至公選孫陳轂，已成殘卷。陳轂慮其歲久浸失湮没不傳也，捐資刻之家塾。興公囑鍾震代撰此序。序文可能作於崇禎後期，鍾震年近三十之時。

卿忽捐賓客，方其屬以纘前，諄諄以不朽之業囑其從父，令余序而傳之。余歸受其遺集，且讀且泣，如初喪應、劉，神情恍惚，已乃稍爲删潤，布之同聲，俾後之誦其詩者，月露溢於篇章，風霜生於齒頰，奚必紆金拖紫，而後媲隆於先世也哉！仕卿喜種芭蕉，每夜雨則聽而忘寐，以之名集，蓋從其初志云。』篇末自注：『萬曆癸卯年。』（《文集》册一，《上圖稿本》第四二册，第三二一—三三三頁）

按：閩縣義溪陳氏，世稱甲族，世代能文。『派衍百年，人傳五代』，實際超過百年五代。曹學佺《吴季咸封君詩序》：『獨義溪陳筠軒，其長子叔剛、次子叔紹，皆成進士，爲御史，聚於一堂，相傳以爲盛事。』（《石倉三稿·文部》卷二）陳筠軒，即陳仲昌。陳叔剛，名棖，以字行，永樂十九年（一四二一）進士，翰林院侍讀，有《絅齋集》。陳叔紹，名振，以字行，正統十年（一四四五）進士，廣東按察副使，有《毅齋集》。叔剛子陳煒，字文曜，天順四年（一四六〇）進士，浙江左布政使，有《耻庵集》；煒之孫陳全之，字粹仲，嘉靖二十三年（一五四四）進士，山西右參政，有《蓼宜山人集》。叔紹子陳焯，字文厚，成化七年（一四七一）鄉貢，有《桐山集》。

又按：陳薦夫《從子仕卿傳》：『仕卿，名公選，余從子也。玄祖叔紹，官憲副。高祖焯，舉孝廉……曾祖塤，亦以孝廉偕計。』（《水明樓集》卷十三）

又按：自陳叔剛至公選，歷七世。

是歲或稍晚，大中丞徐學聚去閩，代人作留别《序》。

作《大中丞徐公惠愛留别序代》：『國家設官分職，所重在民；而民之所重又在食，食弗給而民命困，寔撫有黎元者之所隱憂……閩居山海之濱，東南一大都會，闔八郡一州五十七邑之民，林林揔揔，莫不延頸引領以食爲天，而思所以食之者，又不能不利賴于督撫大中丞焉。自瀫水徐公之撫閩中，文經武緯，兩者兼用……説者謂公撫有七閩，歲踰五稔……吴航父老於公之行，繪圖以紀去思，扳公轍如孺子慕者，真風行草偃之效也。至夫公之善政，在閩比比而是，自有如椽之筆，勒之貞珸，固無庸不佞置喙矣。』（《文集》册一，《上圖稿本》第四二册，第九九—一〇一頁）

按：徐學聚，蘭溪人。萬曆十一年（一五八三）進士，先後任福建左布政使、福建巡撫，官至副都御使，有《國朝典匯》。是歲，沈有容征東番，學聚仍在閩，故推斷此文作於是歲可稍晚。

是歲前後，交結葛一龍。

按：《許天開詩序》：『震甫與予交垂四十年，服膺歆慕，非尋常泛友之比。』（《文集》册二，《上圖稿本》第四二册，第二一六頁）

又按：《許天開詩序》作於崇禎十四年（一六四一），詳該年。

萬曆三十二年甲辰（一六〇四） 三十五歲

謝肇淛三十八歲，曹學佺三十一歲，林古度二十五歲，徐陸十五歲

元月，初七日，集林世吉東第。永福知縣徐嘉言寄美菌新筍。趙世顯母卒，有詩吊之。過芝山寺慧上人房。元夕，曹學佺招集屠隆、阮自華、吴兆、林古度、洪士英等集烏石山。題《皇明傳信録》；又題宋周密《武林舊事》。

作《甲辰元日》（《鼇峰集》卷十六）。

曹學佺有《元旦湖上書懷》：『元旦歷湖上，以避城中諠。城中沸簫鼓，谷虚響亦傳。吾生抱龍德，固曰屬兹年。潛見各所宜，惟亢非自然。始亦秉多願，誰識爲化遷。請看諸山色，又在斜陽前。』

作《人日立春，集林天迪東第觀妓，得香字》（《鼇峰集》卷十六）。

曹學佺有《人日立春》：『今歲好邀春，春光正屬人。斗迴星盡合，弦解凍俱匀。席上辛盤細，屏間彩縷新。條風入東第，微月出西鄰。梅落彈花早，蓂開記葉頻。惟應一晴賞，庶不負雙辰。』（《春别篇》）

吴兆有《人日立春，林民部宅觀伎》：『雙節值新年，東風嫋伎筵。土牛官鼓迓，彩燕内人傳。杏子裁衫薄，梅花點額圓。歌深眉黛蹙，酒重臉紅妍。香霧迷窗鳳，金屏影柱蓮。尚書舊東第，賓客

喜重延。』(《列朝詩集》丁集卷十四)

作《永福徐令君寄美菌新筍，走筆賦謝》(《鼇峰集》卷十六)。

按：徐嘉言，歲貢。萬曆三十一年(一六〇三)爲永福知縣。(萬曆)《永福縣志》卷二《政紀》：『以清静爲務，民有小過皆釋不問。』

作《唁趙仁甫先生》：『條風融日正新年，讀禮憐君掩户眠。堂北易凋萱草色，窗前應廢蓼莪篇。』(《鼇峰集》卷十六)

按：『堂北』『凋萱』，趙母卒之謂。

作《芝山寺，過慧上人房》(《鼇峰集》卷十一)。

按：芝山，屏山之支也，與靈山聯屬，在福州城内。歷代營建，鏟鑿殆盡。

曹學佺有《夜過芝山》：『月出冶遊郎，鍾鳴禮法王。天香飄廣殿，山色貯空廊。祇樹年年長，禪燈夜夜光。適來歌舞處，不覺意俱忘。』(《春别篇》)

作《過宗上人房》(《鼇峰集》卷十一)。

作《甲辰元夜，曹能始招同屠緯真、阮堅之、吴非熊、林茂之、洪汝含集烏石山》(《鼇峰集》卷十一)。

按：洪汝含，即洪士英，字汝含，閩縣人。

曹學佺有《邀屠緯真、阮堅之諸子集烏石山亭》：『雙石突於眼，開樽選此亭。江來松際白，山入燒中青。明月懸爲幔，華燈遶作屏。閭閻有歌曲，醉裏亦堪聽。』(《春别篇》)

題《皇明傳信録》：『此書不著作者名氏，題曰《皇明傳信録》，共六卷。《國史經籍志》亦無此目，大都洪、永之間最顯著事無不紀也……此本爲吾郡故家抄藏者，每一段以其字爲發端，又書法之所未見者也。萬曆甲辰春日，徐仲子題於汗竹巢。』（馬泰來整理《新輯紅雨樓題記　徐氏家藏書目》，第七八頁）

按：《皇明傳信録》，佚名。明鈔本。

又按：此則言此本得之於本郡故家抄藏者。

題《武林舊事》：『《武林舊事》六卷，題曰泗水潛夫輯……予謂泗水潛夫即密也，當是居杭日所著耳。此本得之武林肆中，版頗漫漶，然一覽而南渡繁華之盛可想見矣。萬曆甲辰春，徐惟起書。』（馬泰來整理《新輯紅雨樓題記　徐氏家藏書目》，第八六頁）

按：《武林舊事》，宋周密撰，正德刊本。

正、二月間，長樂知縣彭晳與招宴山亭。與集林世吉新居。集林浦林烴新居。

作《彭有貽明府招宴山亭》（《鼇峰集》卷十六）。

按：彭晳與，字有貽，南海人。時爲長樂知縣。

作《贈李曉窗先生》（《鼇峰集》卷十六）。

作《春日集林光禄新居觀妓，是林少保故第，分得泉字》（《鼇峰集》卷十六）。

按：林光禄，即林烴。徐熥《晉安風雅·詩人爵里詳節》：『林烴，字貞耀，閩縣人。庭機之子，嘉靖四十一年進士，任太僕寺少卿，有《覆瓿集》。』（《晉安風雅》卷首）

又按：林少保，即林燫。徐熥《晉安風雅·詩人爵里詳節》：『林燫，字貞恒，閩縣人。庭機之

子，嘉靖二十六年進士，改庶吉士，歷官……南京禮部尚書，贈太子少保，謚文恪。有《林學士集》。』（《晉安風雅》卷首）

又按：林爔、林烴故第在今福州倉山區林浦村。

作《答陳道源參軍》（《鼇峰集》卷十六）。

按：陳濂（？—一六〇九），字道源，惠安人。張正聲《惠風姓氏》：『陳濂，字道源，號麟崧。丙辰進士。官參政，性至孝。』（《惠風》卷首）

作《社集仁王寺》（《鼇峰集》卷十一）。

曹學佺有《仁王寺》：『登山纔至麓，最喜得招提。泉出疑浮露，江迴似吐霓。雲陰交日亂，樹色入城低。自顧將行役，新詩試一題。』（《春別篇》）

王宇有《仁王寺送能始還大理》：『留署誰云冷，相傳吏是仙。鷄鳴後湖月，鶯喚故宮烟。刑法閑中志，山川静裏緣。同居無住界何必悵雲天。』（《烏衣集》卷四）

三月，曹學佺、林古度、吴非熊返金陵，有詩送別。永泰知縣徐嘉言謫官還吴，送之。題陳暹刊本《萬數》。

作《送曹能始使還留都》二首（《鼇峰集》卷十）。

按：此詩列於《竹嶼梅花》詩之後，時值冬暮。曹學佺當在彼時已決定還金陵，只是具體時日或未定，興公預先作詩送之。學佺啓程在三月，爲叙述方便，將此詩移至此處。

趙世顯有《送曹廷尉之留都》：『東風送暖草芊芊，金鎖江頭敞別筵。自昔法星明棘寺，方春使節

動閩天。驛樓柳色輕烟裏，客路鶯聲落照前。寤寐隴雲愁正劇，與君分手益潸然。』（《芝園稿》卷二十一）

王宇有《送林茂之之金陵》：『故鄉辭去淚沾衣，二月津亭柳絮飛。身入家園翻似寄，夢懸京國却如歸。片帆夜渡龍江水，雙屐晴登燕子磯。欲慰北堂懷土意，好携霜橘獻慈闈。』（《烏衣集》卷四）

曹學佺有《雨中高賢祠，同社餞別》：『客路天涯外，朋來春雨深。空濛逗帆影，泥濘失車音。遠水平將接，層峰闕屢侵。同聲自相感，况復有離心。』（《春別篇》）

作《送吴非熊還金陵》（《鼇峰集》卷十六）。

王宇有《送吴非熊歸白下》：『迢迢歸騎及春陽，風暖征途碧草香。白社幾迴還送客，青樓何處更迎郎。曉登鍾阜雲陰濕，夜泊秦淮月影凉。莫謂羈魂從此慰，舊都猶自是他方。』（《烏衣集》卷四）

作《送徐永福謫官還吴》《贈許元真都閫》（《鼇峰集》卷十六）。

題《萬物數》：『義溪陳方伯闇窗公極精數學，嘗與馬恭敏公各處訪術數之書，互相抄録。方伯預知死期，其驗如響。是書乃方伯所梓，且序例甚詳。方伯歿後，斯書莫傳，惟有從孫价夫能憶數例。余兄惟和偶得此本，乃從价夫受其要訣，晝夜推算，亦多應驗。其中闕者補之，訛者正之，未備者注之，用心固亦勤矣。惜天不假之以年，中道而殞，覽斯篇不勝感痛也。甲辰暮春望前記。』（馬泰來整理《新輯紅雨樓題記　徐氏家藏書目》，第九八頁）

按：《萬物數》，嘉靖間陳暹刊本。

又按：陳方伯闇窗，即陳暹，已見。暹兄陳達，弘治十八年（一五〇五）進士，官至山西巡撫，孫价夫」；价夫爲暹從孫。徐𤊹《筆精》卷七『藏書』條稱：『（陳暹）後昆寢微，（藏書）則散如雲烟矣。』

又按：馬恭敏，即馬森。森（一五〇六—一五八〇），字孔養，懷安（今福州）人。嘉靖四年（一五二五）進士，官至南京户部尚書，卒贈太子少保。謚恭敏，著有《四書口義》《馬恭敏集》。家富藏書，有子馬熒、馬欻。馬熒曾與袁表輯纂《閩中十子詩》。

四月，齋居。題陶宗儀《南村輟耕録》；又題《薛寅父墨迹》。

作《初夏齋居》（《鼇峰集》卷十六）。

題《南村輟耕録》：『余家舊有《輟耕録》，闕首一册，覓之十數載，無從得。友人高景倩偶購雜書中有此書，僅半部，首册可補余之闕，遂捐見惠。在景倩爲無用之物，在余實爲完書，版雖稍異，何傷乎。首册朱筆批點，出先正王雲竹先生之手，尤可寶耳。萬曆甲辰夏日，興公記。』（馬泰來整理《新輯紅雨樓題記　徐氏家藏書目》，第一〇五頁）

按：《南村輟耕録》，明陶宗儀撰。此本高景贈。

又按：陶宗儀（一三二九—約一四一二），字九成，號南村，黄巖（今屬浙江）人。元末避地松江華亭。學識淵博，工詩文，善書畫。有《説郛》等。

題《薛寅父墨迹》：『吾鄉嘉靖中推詞翰雙美，必首薛公寅父。公與先君子交莫逆，家中所留墨迹頗多，伯兄惟和曾掇拾而序之。此册乃余近年所得者，其詩大都與余家所留相同，但書法尤蒼勁可愛，且又有林沙溪、邵青門二公題跋。林、邵俱能詩，亦先君子執友，并識之。萬曆甲辰夏初，後學徐惟起

書。』（沈文倬《紅雨樓序跋》卷二，第八八頁）

按：《薛寅父墨迹》，明薛寅父書。

五月，招李庭堅、陳翼飛、張燮、王崑仲、陳价夫、馬欻、高景集王宇塔影園；時陳翼飛、張燮下第返漳過會城。作《〈易通〉序》。在高蓋山農家屋地土穴發現《陳金鳳外傳》鈔本，與王宇參訂，題之。

作《夏日，邀李庭堅、陳元朋、張紹和、王玉生、陳伯孺、馬季聲、高景倩集王永啓塔影園，時元朋、紹和歸自燕都，庭堅將還吴下，得簾字》（《鼇峰集》卷十六）。

王宇《徐興公招李庭堅諸子過塔影園分賦》：『幽居自效鹿門龐，客子如雲訪北窗。萍梗浮踪逢瘴海，蓴羹歸興動吴江。人堅談壘誰爲敵，酒破愁兵不受降。南浦風光催去棹，還同覓句續銀缸。』（《烏衣集》卷四）

按：張燮是歲下第，五月五日經武夷，作《五月五日遊武夷詩序》（《霏雲居集》卷二十四），過福州與興公等聚，在五月。張詩今未見。

又按：《筆精》卷一首條：『夫《易》廣矣，大矣，泥章句不可言《易》。考亭夫子作《本義》，後世説《易》者，鏤於肺腸而不能蕩滌，局於識也。余世學《易》，專其門，獨余偃蹇不售其所學。間有臆見及覽諸書有同異、不符朱氏旨者，輒筆之以資談柄，弗敢聞於人。兒子陸亦取觀，余笑而匿之，且戒曰：「而翁之《易》，非世儒之《易》也。余之笑且匿者有深思焉，童子何知！」萬曆甲辰夏日書於鼇峰之讀易園。』

又按：此條當爲《易通》之序。

萬曆三十二年甲辰（一六〇四） 三十五歲

又按：《筆精》現存《易通》凡九十一則。

作《送李庭堅還吴》：『溽暑忽届節，濯枝時雨微。』（《鼇峰集》卷五）

題《陳金鳳外傳》：『王永啓既得《陳后傳》於農家，予借録一本。反覆考核，其姓名事迹、歲月地理，與史乘符合者勿論，中有少異者……此皆好事者爲之也。徐𤊹題。』（馬泰來整理《新輯紅雨樓題記　徐氏家藏書目》，第一一二—一一三頁）

按：《陳金鳳外傳》，明王宇撰。萬曆徐氏鈔校本。

又按：《榕陰新檢》卷十五《金鳳外傳》王宇附記：『予居高蓋山中，有農家握地，遇土穴，得銀錢數枚，色黑如漆。石硯一，銅爐、銅刀各一，有篆文「乾德五年造」。又石匣一，啓視有抄書一帙，爲《陳后金鳳外傳》，不著姓名，楮墨漫滅，而字跡猶可句讀。農家弗能省，予聞亟往索歸，參諸史乘諸書，始末多不異，因與友人徐𤊹訂正之。夫《飛燕别傳》出諸壞墻，《南部烟花》檢之廢閣，前代藏秘，後人搜傳，均有意焉。况諸王縱欲召亂，竟亡其國，尤後世之明戒也，是宜傳之以存野史之一。萬曆甲辰夏五，閩邑王宇識。』

又按：王永啓即王宇，據前引，此題記亦同時作。

又按：或以爲《金鳳外傳》徐熥撰，或徐𤊹撰，均誤。

六月，藏書數萬卷，十五日，作《藏書屋銘》；檢篋中徐熥所藏扇面書畫若干幅，擇其善者裝一卷，題之。

林光宇卒，年僅二十八，哭之。

作《藏書屋銘》：『少弄詞章，遇書輒喜。家乏良田，但存經史。先人手澤，連篇纍紙。珍惜裝潢，不忍殘毀。補缺拾遺，坊售肆市。五典三墳，六經諸子。詩詞集說總兼，樂府稗官咸備。藏蓄匪稱汗牛，考校頗精亥豕。雖破萬卷之有餘，不博人間之青紫。茗椀香爐，明窗净几。開卷朗吟，古人在此。名士見而嘆嘉，俗夫聞而竊鄙。淫嗜生應不休，癡癖死而後已。此樂何假南面百城，豈曰誇多而鬬靡者也。萬曆甲辰六月望日，徐興公書。』（《文集》册十二，《上圖稿本》第四五册，第二六四—二六五頁）

按：『萬曆甲辰六月望日，徐興公書』十二字，據《紅雨樓序跋》卷一第六三頁補。

題《諸家扇面書畫卷》：『前輩不甚玩弄佳扇。先君雅好詞翰，而扇上名家字畫，往往愛而重之。先君弗禄，伯兄檢篋中若干幅，擇其善者裝一卷，且自爲跋，不惟存手澤，且志孝思也。夫先君之扇多薰金，而字畫亦未神妙，愚兄弟寶若珠玉，即有厚值求之，斷不忍棄。詎伯兄忽爾捐館，其所藏字畫扇子皆海内名墨，肉未寒，遂不能存其一二，惜哉！甲辰六月，𤊹惟起題。』（沈文倬《紅雨樓序跋》卷二，第八〇頁）

作《哭林子真》：『芳蘭一夕殞秋霜，到處憐才痛斷腸。』（《鼇峰集》卷十六）

鄒時豐《哭林子真》二首，其一：『客歲江頭話別君，扁舟情緒逐潮分。生離暗結三秋恨，永訣遥驚千里聞。淚續哀猿啼落月，魂隨孤雁没寒雲。腰懸寶劍心相許，酬酒青山一掛墳。』其二：『六月荷開待爾來，採蓮歌斷露晞哀。應憐白眼難容世，不信蒼天亦妬才。詞賦大名垂海嶽，綺□餘艷泉臺。去年還憶争馳馬，舊路蕭條長緑苔。』（《二雅集》，《石倉十二代詩選》之《社集》）

按：曹學佺《林子真詩序》：『子真死將有半年，友人學佺始得其遺稿，選輯而刻之。而不佞旋有内子之變，逾月哀痛甫定，乃復爲之序……秋來泛彭蠡，泊舟石鐘山，豫章喻宣仲見送，適欲遊閩，聞予雅談子真，臨行索諸友人書，予悉應之，獨至子真有難色。喻生謂何可遺子真，予意莫所適，主微頷之而已。是八月望後一日也，子真實前五十日死……乙巳孟夏朔日書。』（《石倉文稿》卷一）

按：此序作於次歲。

又按：『六月荷開』二句可與學佺《序》相印證，光宇卒於六月之後。八月望後一日之前五十日，在六月二十六、七日。

七月，王若不遠千里來吊林光宇。七夕，社集西湖。題宋胡一桂《〈周易〉本義啓蒙翼傳》。

作《王相如不遠千里臨吊子真，走筆奉問》（《鼇峰集》卷十六）。

按：王若（相如）家清流，聞光宇訃往福州，當在十天左右。

又按：林光宇生前有《贈王相如》：『犀纖狼籍滿床書，沈水香銷萬卷餘。千古低回看意氣，就中更慕藺相如。』（《林子真詩》）

作《七夕，湖上社集》（《鼇峰集》卷十六）。

題《〈周易〉本義啓蒙翼傳》：『此書辛丑年置之寧波書肆，原欠外（編）［篇］一卷。癸卯年，杭州張維誠來閩，借抄一部。不知此版刻在何方？上篇列揲［箸］卦位十翼之説，中篇述古易傳授傳注之源，下篇舉理數筮驗辨疑之緒，絶無宋儒迂腐長談，博而［約］，精（孅）而微矣，學《易》者玩索而有得焉，于《易》道思過半矣。甲辰秋日，讀易園主人徐興公記。』（馬泰來整理《新輯紅雨樓題記　徐氏

家藏書目》，第六九頁）

按：《〈周易〉本義啓蒙翼傳》，宋胡一桂撰。此本購於書肆。

八、九月間，送錢行道歸湖州。致書張大光並詩，慰其左遷晉陵。

作《送錢叔達還吴興》（《鼇峰集》卷十六）。

作《寄張叔弢謫居毗陵》（《鼇峰集》卷十六）。

作《寄張叔弢》：『去冬聞仁兄有刺史之報，方擬于榕城一送五馬蒞郡也，迺仁兄竟由他地入覲。今春又聞左遷之耗，令人駭異……晉陵乃吴會奥區，洞有善權、水有太湖，仁兄以冷局而居斯地，正吏隱者所宜……陳汝翔遠訪郡齋，槖中所携著書甚夥，吴中有好事者，能爲鋟梓否？弟明歲將爲金陵之遊。當信宿荆溪，爲平原驩耳。兹所託者，晉陵舊刻，有《顔魯公文集》《倪雲林詩集》《周易尚占》《周易奥文》，幸爲弟各覓一種。或板久不存，乞詢藏書家求之。不啻明珠之賜也。小作奉寄，録之扇頭，請政。參佐之暇，能答我一篇乎！』（《文集》册三，《上圖稿本》第四二册，第三五四—三五六頁）

按：『小作』，即前條《寄張叔弢謫居毗陵》。

作《送艾椽史之京》（《鼇峰集》卷十六）。

作《黄道晦晚得子，賦此戲贈》（《鼇峰集》卷十六）。

按：黄道晦，即黄隱居，徐熥姻親。

九月，高景往宿州，借徐𤊹所藏王恭《草澤狂歌》手抄一部。疑有詩送之，今佚。祝無殊往漳州，托其致書張燮；張燮復書至，托覓善書者書其《北遊》《敝帚》二集，又托爲扇頭作畫。

作《小園對菊》：『白露初凝灝氣涼，籬花爛熳送秋香。』（《鼇峰集》卷十六）

王宇有《賦得塗山，送高景倩之睢陽》（《烏衣集》卷四）。

按：題《草澤狂歌》：『甲辰秋，高景倩侍親宿州，携去重録，用綿紙楷書，中復校正。』（馬泰來整理《新輯紅雨樓題記　徐氏家藏書目》，第一四九頁）

又按：參見萬曆三十五年（一六〇七）。

張燮有《寄徐興公徵君》：『握手時，甫屬恢台，盻未轉而白露嚴霜，遂更爲政，人生安得不速老哉！每濸雲生几，素月撲簾，麈尾載揮，鸞笙遞轉，令人思興公也。祝無殊至，獲接來教，塔影園勝事，便如不隔，政未卜傳巵叩玄，續期何日耳？《北遊》《敝帚》，幸爲付擅書者。林德芬旦暮入榕城，可附歸也。扇頭以請佳畫，張生之所求奢矣。』（《霏雲居集》卷四十）

按：張燮過福州，詳五月。

又按：林茂桂至福州，詳下條。

閏九月，九日，應林世吉邀，同阮堅之、李卿明、王崑仲、馬欻、黄應恩、王毓德等集玉蟠莊。酬漳浦林茂桂，兼寄長泰戴燝。

作《閏重陽日林天迪邀同阮司理、李卿明、王玉生、馬季聲、黄伯寵、王粹夫集玉蟠莊，得陽字》（《鼇峰集》卷十六）。

作《酬林德芬刺史，兼寄戴亨融參知》：『勇退元能避急流，掛冠應自賦宜休。詩如謝朓雄東海，官

比陽城刺道州。結社丹霞新有約，采真玄岳昔曾遊。因君更切思安道，欲泛山陰雪夜舟。』（《雚峰集》卷十六）

按：林茂桂，字德芬，漳浦鎮海衛人，深州太守。漳州『玄雲十三子』之一。

又按：戴燝（一五六一—一六一七），又名今梁，字亨融，時宗曾孫，長泰人。漳州『玄雲十三子』之一。萬曆十年（一五八二）舉人，十四年丙戌（一五八六）進士，起南御史，補蜀憲，旋改督黔學。有《漫草》《黔中草》。

又按：據張燮《伯疇至自長安，德芬、亨融不期而同日抵郡，偕宗蘇、元朋、瓚思過集別界，時閏九月七日也，分得環字》（《霏雲居集》卷四），閏九月七日林德芬已至漳州。張燮又有《九日元朋招同諸君重集霞中社，兼送祝無殊歸兩華山，同用歸字》（《霏雲居集》卷四），霞中社創立于萬曆二十九年（一六〇一），張詩『重結』，即徐詩『新有約』之意。

八、九月間，有書致王穉登，言明春遊金陵。喻應夔入閩。謁大中丞阮公新祠。作《寄王百穀》：『前歲之夏，與馬季聲修一緘奉候，并致香帛于賢郎靈座。既得長者手自裁答，且問及猶子孤弱，先生之愛不肖兄弟，殆若至親骨肉矣。何日忘之！近鄧參知汝高過家，悉知先生福履。且聞馬姬挾曲中紅袖若而人，稱觴華堂之上，鸞笙鶴吹，兩月未罷，即此便人間三島，何必親拍杜蘭、挽萼緑也……謝在杭拜南秋官郎，張叔弢貶晉陵郡幕，陳元凱乞南武學博士，三君皆冷局，皆豪于詩。某明春挾一蒼頭，訪三君，遍遊白下、荆溪山水而返，邇時始得造先生之廬而禮焉。友生陳鳴鶴，字汝翔，敝鄉推博雅士也，兹以先人《行狀》乞鴻筆銘之……秋氣漸深，百惟自玉。』（《文集》册

三，《上圖稿本》第四二册，第三五六—三五七頁）

按：是歲鄧原岳督餉抵淮，途中罹病歸里，『歸十五日而卒，僅五十歲耳』。（謝肇淛《鄧汝高傳》，《小草齋文集》卷十一）鄧卒於是歲，㶿作此書鄧氏尚在世，知此書定作於是歲八、九月間。徐㶿《中奉大夫廣西左布政使武林謝公行狀》云：『乙巳，擢南京刑部山西司主事。』（《小草齋文集》附録）當爲是歲命下，次歲萬曆三十三年乙巳（一六〇五），此時尚未赴任。

又按：『明春挾一蒼頭』，興公往吴越、金陵在次歲秋。

作《風雨夜有所遲，同宣仲賦》（《鼇峰集》卷十一）。

按：喻應夔，字宣仲，均子，新建（今屬江西）人。以明經官興山知縣。

又按：據曹學佺《八月十五夜彭蠡湖看月》《別喻宣仲，時宣仲之閩》（《江上篇》），則應夔入福州與興公遊已在九月。

作《葉朝至見訪有贈》、《陳可楝遊燕歸過訪》、《送吴元化遊武夷》二首（《鼇峰集》卷十一）。

作《送玉峰上人歸新安省母》（《鼇峰集》卷十六）。

作《謁大中丞阮公新祠》（《鼇峰集》卷十六）。

按：大中丞阮公，即阮鶚。鶚（一五〇九—一五六七），字應薦，自華之父，南直隸桐城縣（今安徽樅陽）人。嘉靖二十三年（一五四四）進士，歷浙江提學副使、浙江巡撫。嘉靖三十六年（一五五七），爲福建巡撫，遭彈劾，革職。萬曆間次子阮自华上血疏訟冤，詔復原官爵，賜葬，閩人爲建新祠。興公有《阮中丞入祠祭主文》，參見萬曆四十三年（一六一五）。

作《無諸城覽古》(《鼇峰集》卷十六)。

作《登鳳池山》(《鼇峰集》卷十六)。

按：王應山《閩都記》卷二十四《湖北侯官勝跡》『鳳池山』條：『在昇山之西。相傳有五色文鳥浴此，故名。山椒有池，廣可三四畝，有泉曰「水簾」。五代漢乾祐元年，忠懿王易昇山僧田爲尚賢任夫人塋，建塔於此……明徐𤊹《登鳳池山》云云。』

作《送叢上人禮補陀》《寄贈陳參藩分省沔陽》(《鼇峰集》卷十六)。

十月，題佚名《蜂經》。

題《蜂經》：『養蜂古無經，馬、鄭書目俱不載。此本分四十(□)篇，極爲詳備。但立題迂腐，造語俚俗，必老農老圃之流信口寫出，非作手也。初閱之，疑近代所著。讀至第八篇云咸淳四年，第二十一篇云咸淳五年，此書當是南宋之末村學究爲之者。且有「南臺」等語，又知其爲吾鄉人所作也。俟有閑暇，以其所論養法另著一種，以資農圃之一，不使《種魚經》、《養鼉書》獨擅千古耳……甲辰冬初，徐惟起題。』(馬泰來整理《新輯紅雨樓題記 徐氏家藏書目》第九五頁)

謝肇淛有《蜂經序》：『吾友陳汝翔，耳目歲時，咨諏長老，匠心運意，體要成經。舅氏徐興公搜陬谷之方言，摭場圃之瑣録，節分支演，比詞爲疏。斯皆情鍾丘壑，色起蝡蠉。玄言與蘭髓同甘，彩素共金房齊曜。蒼然太古，斐爾爲章。無殊子雲之準《周易》，不啻道元之注《水經》矣。』(《小草齋文集》卷六)

按：《徐氏家藏書目》：『《蜂經疏》二卷，徐𤊹。』據謝肇淛序，係陳鳴鶴所撰，徐𤊹疏。似爲另一種《蜂經》。馬泰來以爲當爲另一種《蜂經》。也有可能陳汝翔在舊《蜂經》的基礎上加以整理，徐𤊹作疏。

十一月，與豫章喻應夔、皖城李卿明及漳浦林德芬等集風雅堂，有詩。

作《長至後豫章喻宣仲、皖城李卿明、漳浦林德芬，及同社諸子枉集風雅堂觀妓，得六魚韻》（《鼇峰集》卷十六）。

作《送李卿明歸皖城》：『去去乏綈袍，關河正風雪。』（《鼇峰集》卷五）

十二月，送陳价夫之婺州。送康彥揚之潮陽州。

作《送陳伯孺之婺州》（《鼇峰集》卷十六）。

陳薦夫有《送伯孺兄遊東陽》：『好去東陽歲欲殘，建溪西上到崇安。迢遥旅夢三千里，哽咽鄉愁五百灘。季子行時裘已敝，休文咏處帶應寬。金華仙客空相叱，今日羝羊去住難。』（《水明樓集》卷六）

作《送康季鷹之潮陽訪周廷尉》（《鼇峰集》卷十六）。

陳薦夫有《送康季鷹之潮陽謁周大延尉》：『雖言潮海接閩天，殘歲辭家也隔年。野店香飧梅裏飯，溪橋青折柳間鞭。鄉無過雁傳書帛，路有新鶯囀木棉。不是文章齊任昉，西華敢受故人憐。』（《水明樓集》卷六）

作《甲辰除夕》（《鼇峰集》卷十六）。

是歲，兄徐熥墓碑陰交遊題名計八十六人。

作《先兄墓碑陰交遊題名記》：『有唐柳宗元爲其父御史公撰神道表，石陰書先友五十六人，凡天下善士舉集焉，且曰：「信讓而大顯，道博而無雜。」今世之言交者以爲端。余兄三十九而夭，所交海内名公若干人，或以文藝受知，或以詩詞見賞，咸謂知交。㸚竊效子厚先生遺意，録其最相知而最有名者紀其名字、爵里。千秋百歲後，不知其人，則請視其友：

福建提學副使顧大典，字道行，吴江人。
南京太常寺少卿王世懋，字敬美，太倉人。
翰林院修撰楊起元，字貞復，歸善人。
吏部郎中劉學曾，字唯一，光山人。
監察使鄧鍊，字文純，南城人。
徐聞知縣熊敏，字汝顔，新昌人。
都御使江鐸，字士振，仁和人。
都御使金學曾，字子魯，錢塘人。
太常卿劉日升，廬陵人。
鄉貢士張鳳翼，字伯起，長洲人。
□□陳繼疇，上虞人。

萬曆三十二年甲辰（一六〇四）　三十五歲

福建布政使管大勳，字□□[一]，鄞縣人。
太學生張獻翼，字幼于，長洲人。
太學生王稚登，字百穀，吴縣人。
辰州知府屠本畯，字田叔，鄞縣人。
袁州推官徐桂，字茂吴，仁和人。
處士曹昌先，字子念，太倉人。
江西按察使張鼎思，字睿父，長洲人。
福建按察使楊德政，字叔向，鄞縣人。
鄉貢士胡應麟，字元瑞，蘭溪人。
文學梅守箕，字季豹，宣城人。
貢士梅鼎祚，字禹金，宣城人。
湖廣寧鄉縣主簿梅蕃祚，字子馬，宣城人。
處士吴夢暘，字允兆，長興人。
貢士陸君弼，字無從，江都人。
處士俞安期，字羡長，吴江人。

[一] □□，此二字原缺。應爲『世臣』。

處士吴運嘉，字叔嘉，長洲人。
都指揮使王元坤，字德載，上元人。
中書舍人曾士鑒，字人倩，南海人。
處士柳應芳，字陳父，通州人。
鄉貢士馮大受，字咸甫，華亭人。
處士沈野，字從先，吴縣人。
處士沈咸，字稚咸，吴縣人。
鄉進士文從龍，字夢珠，長洲人。
鄉進士文震孟，字文起，長洲人。
饒州府推官阮自華，字堅之，桐城人。
都督同知王延世，字思延，信陽人。
中書舍人趙士禎，字常吉，永嘉人。
鄉進士許光祚，字靈長，錢塘人。
太學生吴稼竳，字翁晋，孝豐人。
處士盧純學，字子明，通州人。
處士茅溱，字平仲，丹徒人。
處士張正蒙，字子明，上元人。

萬曆三十二年甲辰（一六〇四）　三十五歲

處士閔齡，字壽卿，歙縣人。
鄉進士鄧文明，字太素，南昌人。
處士錢允治，字功父，長洲人。
鴻臚寺序班程應衢，字康伯，歙縣人。
光禄寺署正張邦侗，字孺願，鄞縣人。
鴻臚寺主簿張邦岱，字孺宗，鄞縣人。
處士陸文組，字纂父，吴縣人。
太學生周祖，字叔宗，吴江人。
貢士張應文，字成叔，慈溪人。
鄉進士黄景峩，字仲高，鄞縣人。
處士黄之璧，字白仲，上虞人。
太學生曹志伊，字重甫，青浦人。
處士張振藻，字去華，上海人。
處士王野，字太古，無錫人。
鄉進士李元暢，字惟實，茂名人。
龍南知縣李元若，字惟順，茂名人。
霸州同知張昭，字叔麟，永嘉人。

處士趙我聞，字用拙，安慶人。
太學生吳衛璣，字載伯，孝豐人。
太學生朱宗吉，字汝修，濠梁人。
鄉進士李維極，字本建，景陵人。
鄉進士李維柱，字本石，京山人。
處士吴治，字孝甫，歙縣人。
教授張三極，字函一，臨清人。
沔陽知州鄧良佐，字德咸，南海人。
鄉進士周應願，字公謹，吴江人。
南寧知府温景明，字永叔，順德人。
□□府通判劉克修，字少已，南海人。
處士鄔子遠，字嘉文，丹徒人。
貢士劉克治，字季德，順德人。
進賢知縣黄汝亨，字貞父，仁和人。
户部郎中王大合，字君密，成都人。
鄉進士袁中道，字小修，公安人。
太學生趙頤光，字凡夫，吴縣人。

萬曆三十二年甲辰（一六〇四） 三十五歲

處士吴城，字之衛，長洲人。

鄉進士李衷純，字玄白，嘉興人。

處士黄嘉芳，字仲華，長洲人。

徽州同知凌登名，字元孚，仁和人。

鄉進士方晋，字寅初，江夏人。

鄉進士張熙德，字曰肩，南宫人。

太學生何思唐，字性中，會稽人。

處士顧願，字朗哉，吴縣人。

太學生郁承彬，字孟野，上海人。

右名公皆先兄有詩文往復者，隨筆紀之。至于碩卿巨公、同榜兄弟，雖有交遊，此不敢序；若不以文字交而號莫逆者，又不可勝數，以其不在詞人之列，不載。萬曆甲辰弟㶿記。』（《文集》册九，《上圖稿本》第四四册，第四〇八—四一七頁）

是歲，有書致屠本畯，並贈《晋安風雅》、武夷茶。

作《寄屠田叔》：『去年秋仲，公家儀部遠蒞閩中……兹因文叔令弟還家，謹修八行，耑候，并《晋安風雅》一部，武夷茶二封，棕竹筯二付，侑緘，千里毫毛，惟我公勿罪。』（《文集》册三，《上圖稿本》第四二册，第三三五—三三六頁）

按：屠儀部，即屠隆。去歲屠隆蒞閩，主持神光大社。參見去歲。

是歲，有書致洪都，言在金陵可與曹學佺文酒朝夕。

作《寄洪九霞工部》：『台臺去冬之入覲也，某方與能始丈浪遊漳南，未獲攀轅道左……迺聞台臺榮擢南曹……金陵佳麗之地，去雲間僅一衣帶水，以台臺高懷雅韻，吟眺其間，又與能始諸君文酒朝夕，誠千載一時也。』（《文集》册三，第四二册，第三五七—三五八頁）

按：與曹學佺遊漳南在去歲，參見去歲。

是歲，《榕陰新檢》編定，自序。

作《〈榕陰新檢〉序》：『夫莊生寓言夫大鵬，洪氏因《夷堅》而作志，吴均續《齊諧》而志怪，野史集《虞初》以成書。不惟好古之士，甘之若海錯山珍，即愚夫愚婦，亦嗜之若鳳羹鸞炙矣。不佞家承萬卷之藏，日手一篇，與蠹魚爲伍。於凡吾郡之事，往往見諸載籍，疑信參半，乃就榕陰之下，隨筆録之，各分其類。稗官小説之例，史乘有者不入焉。全忠死孝□事，不傳於信史，志誠可□。正仁厚之□，白於皇天，□元堪述；巖居□□□□□□□衲□真，留精神於百代。□□佳句字□□□都會名區，山川勝跡，妖□豈盡於□□□□幽期，安得俱爲影響。述而不作，或有□□塵談；筆之於書，不有賢乎博弈？萬曆甲辰三山徐𤊹惟起書。』（《榕陰新檢》卷首，鈔本，藏福建師範大學圖書館）

按：《榕陰新檢》刊刻於萬曆三十四年（一六〇六）。詳該歲。

是歲，編《吴雨〈鳥獸草木考〉》。

按：曹學佺《〈毛詩鳥獸草木疏〉序》：『里人吴君悼其失傳，收諸散見，引而伸之，推而廣之。昔但二卷，今爲三十；昔但附《詩》，今實博采矣。于是名曰〈毛詩鳥獸草木考〉焉。』（《石倉文

稿》卷一）

又按：曹學佺文，題作《〈毛詩〉鳥獸草木疏》，正文作《〈毛詩〉鳥獸草木考》。

又按：郭柏蒼《竹間十日話》卷五：『蒼得謝在杭藏吴雨《鳥獸草木考》，爲萬曆甲辰徐興公所編，其書二十卷。卷首有侯官曹學佺、新寧蔣奕芳二序。』

是歲，謝杰卒，作《祭大司農謝公文》。

作《祭大司農謝公文》：『閩山嵯峨，閩水泙渫，藏育靈區，發祥育德。于維謝族，江左流聲，派衍賢裔，寶樹峥嶸。翼翼司農，金相玉質，學富五車，道窮三極。皇路展足，天府策名，筮仕通顯，晋秩大行。奉使册封，路窮海島，化格諸蠻，教敷夷獠。君命不辱，欽賜麟袍。擢丞光禄，沾沐寵褒。奏績榮遷，大京兆尹。導俗宣風，清標凛凛，帝曰良弼，文武壯猷。節鎮江右，開府虔州，再掌秩官，式貳司寇。讞獄祥刑，贊襄在宥，旋聞睿旨，召理糧儲。度支出入，會計轉輸，督料諸倉，供給九穀。筭邁弘羊，陳紅充足，國賦是賴，爲帝股肱。去天尺五，卿月常明，策畫焦勞，經營莫緩。倏爾夢楹，騎箕不返，泰山已壞，梁木其傾。喆人不作，星殞長庚，燕邸行喪，素旌奔訃。明主輟朝，元勳贈賻……生芻奠公，魂魄悽愴……』（《文集》册十，《上圖稿本》第四五册，第一一—一二頁）

按：陳鳴鶴《東越文苑傳》卷六：『謝杰，字漢甫，長樂人。萬曆二十年進士，任户部尚書……著有《白雲集》。』

又按：謝肇淛《明故資政大夫太子少保户部尚書叔祖繹梅公行狀》：『生於嘉靖丁酉三月二十四日申時，卒於萬曆甲辰四月十四日辰時，春秋六十有八。』（《小草齋文集》卷十七）

黄克纘有《哭謝繹梅司徒》：『天地東南一宿儒，憂時何意遽忘軀。文章名播鷄林賈，勳業形存麟閣圖。萬里扶桑誇典客，九州財賦窘司徒。傷心欲下羊曇淚，從此蒼生屬望孤。』（《數馬集》卷十五）

是歲，鄧原岳卒，有詩文哭祭之。

作《哭鄧汝高》二首，其一：『長星一夜落薇垣，馬策携來哭寢門。楚甸參藩初建節，淮山於役乍歸轅。功名未覺盧生夢，涕淚難招屈子魂。生死交情元不淺，含哀何計扣天閽。』其二：『立幟詞壇二十年，鍾期山水本相憐。愛才獨秉千秋鑒，同調誰操五字權。靈爽定當尋故友，吟魂應合傍高賢。莫嗟一代風流盡，留得文章後死傳。』（《鼇峰集》卷十六）

按：鄧原岳與徐𤊹重振閩中風雅，『立幟詞壇二十年』，則鄧氏『立幟』時間在萬曆十三年（一五八五）左右，時鄧三十歲，𤊹二十五歲。

謝肇淛有《哭鄧汝高》：『別來踪跡兩茫然，誰向山陽笛裏傳。使節不歸雲夢澤，詩名已播日南天。秋風冷落當門柳，生計蕭條負郭田。回首十年燕市夢，相思無路到黄泉。』（《小草齋集》卷二十一）

作《同鄉合祭鄧少參文》：『于維先生，竹林茂族，禀氣異人，温其如玉。幼承嚴訓，聞禮過庭，學精《大戴》，業擅一經。壯歲摛文，首魁閩省，再試春官，看花脱穎。金閨通籍，華省含香。度支出入，算比弘羊，奉命轉輸，督漕兩浙。飛粟輓芻，鄭侯同轍，歲當大比，典試粤東。藝林曰匠，詞苑推工，載擢滇南，文衡是掌。馬遇九方，驪黄見賞，宦聲懋著，擢涖楚藩。風清芦澤，星燭微垣，帝曰良哉，官階朝請。乃旬乃宣，之翰之屏，勤勞王事，監餉渡淮。維桑在望，乞假歸來，晝錦方歡，忽然仙逝。人之云亡，邦國疹瘁，位不滿德，未究厥施。如鵬戾漢，翼折而垂，在篋遺文，太羹玄酒。百歲千秋，芳名不朽，兹辰薄奠，悵隔幽明。同年契分，鄉曲親情，清酌庶羞，瓣香束帛。悽愴焄蒿，仰祈昭格。』（《文集》册十，《上圖稿本》第四五册，第一三一—一四頁）

按：〔萬曆〕《福州府志》卷六十二：『鄧原岳，字汝高，閩縣人。美鬚髯，玉立。爲文章模矩秦漢，詩以氣格勝，而卒歸之盛唐。原岳舉萬曆壬辰進士，授户部郎，典粤試，督滇學，晋楚參藩，所在以文采著稱。卒年僅五十，有《西樓存稿》行于世。』

萬曆三十三年乙巳(一六〇五) 三十六歲

謝肇淛三十九歲,曹學佺三十二歲,林古度二十六歲,徐陸十六歲

正月,有詩寄喻均。

作《乙巳元日》(《鼇峰集》卷十六)。

作《寄贈喻邦相先生》二首,其二:『七子凋零雅道孤,中原赤幟讓先驅。』(《鼇峰集》卷十六)

按:喻均,字邦相,豫章(今江西南昌)人。隆慶二年(一五六八)進士。雲間郡守,官天津兵備副使。今歲卒。

二月,跋漢京房《京氏〈易〉傳》。洪士英招同喻應夔等集半嶺園。

跋《京氏〈易〉傳》:『房學《易》於焦延壽,其説長於災變,分六十四卦直日用事,以風雨寒温爲候,房用之猶精。今觀《易傳》,又非分卦直日之書,蓋京氏所著《易》凡三種,此其一也。《晁氏讀書記》論之詳矣。此本乃古田鄭山人鐸見貽者,山人未幾下世,於《易》理誠不可推矣。萬曆乙巳春日,竹窗病叟徐興公跋。』(馬泰來整理《新輯紅雨樓題記 徐氏家藏書目》,第一〇一頁)

按:鄭鐸,字子警,號黄花主人,古田人。能詩。萬曆二十五年(一五九七)徐𤊹過古田,此書或是其時鄭鐸贈。參見下條。

作《過鄭子警山人市隱堂》(《鼇峰集》卷十四)。

作《花朝，洪汝含招同喻宣仲集半嶺園看花，席上贈奇姬》（《鼇峰集》卷十六）。

三月，送喻應夔還南昌。

作《送喻宣仲還豫章》：『憐君久客在閩南，土俗方言事事諳。半載交歡真莫逆，一時離別豈能堪。』（《鼇峰集》卷十六）

按：喻應夔去歲九月至福州，至今半載。陳薦夫有《送喻宣仲還豫章，便道遊武夷》：『渡頭風急逐花飛花，建水源西嶺路斜。方語漸□緣隔歲，離魂無恙是還家。馬銜廬嶽殘疎□，□過章江伴落霞。曾預幔亭仙侶宴，□□歸□□丹砂。』（《水明樓集》卷六）

四月，跋父徐㭿手書《詩卷》；又題宋游酢《遊定夫集》。

跋《先君子手書〈詩卷〉》：『先君子喜爲詩而不苟作……平生之詩頗夥，𤋮曾匯刻一帙，而此卷才十之二三耳。《禮》云：「父殁而不能讀父之書，手澤存焉爾。」况先君精神所寄，纍牘連篇，而不致愛致敬乎？俯仰之間，一十五載，天晴暴蟬，出自篋笥，敬識于末，付陸兒寶藏之。乙巳夏日，不肖男𤋮拜手恭跋。』（沈文倬《紅雨樓序跋》卷二，第九一頁）

按：《先君子手書〈詩卷〉》，明徐㭿書。

又按：參見萬曆十九年辛卯（一五九一）。謝肇淛有《故永寧令徐翁〈詩卷〉跋》：『外王父子瞻先生喜爲詩，每酒後耳熱，微吟不去口。此卷所書五十餘篇，尤平生得意之作。書法結構，頗類鄭繼之吏部。書未竟，而先生没。此卷遂爲獲麟之筆矣。先生能詩而不以詩名，能書而不以書名。乃得唯和伯仲，嗣振風雅，片紙隻字，珍如拱璧，可謂有子哉！先生生平志行可追古人不朽之業，固非徒文字間也。《詩》曰：「世德作求，永言孝思。」唯和已矣，吾不能無厚望於興公。』（《小草齋文集》卷二十四）

按：徐㸅長姐爲謝肇淛父汝韶繼室，故謝肇淛稱㸅父爲外王父。

題《游定夫集》：『廌山先生爲吾閩道學之祖，其所著作，固不止此，此特百之一耳。仁和張孝廉蔚然曾借録一本。乙巳孟夏，徐惟起記。』（馬泰來整理《新輯紅雨樓題記　徐氏家藏書目》，第一二九頁）

按：《游定夫集》，游酢撰。萬曆建陽游氏鈔本。

又按：游酢（一〇五三—一一二三），建陽（今屬福建）人。理學家。元豐五年（一〇八二）進士，歷監察御史等職。有《中庸義》《易説》等。

又按：參見萬曆二十八年庚子（一六〇〇）。

五月，題唐李翱《李文公集》。

題《李文公集》：『韓退之作《歐陽詹哀詞》，謂公有《歐陽傳》，此本亦闕此篇，終不傳矣。雖然，有退之《哀辭》，又有《唐書·藝文傳》、李貽孫序，歐陽先生事盡矣。此版梓在邵武，先君藏之數十年。夏日暴蟫，因識簡末。乙巳夏五，興公題。』（馬泰來整理《新輯紅雨樓題記　徐氏家藏書目》，第一二三頁）

按：《李文公集》，唐李翱撰，明刊本。

又按：李翺（七七二—八四一），字習之，隴西成紀（今甘肅秦安東）人。貞元進士，官至山南東道節度使。從韓愈習古文，爲古文運動重要人物。

又按：題别本《李文公集》，參見萬曆三十六年戊申（一六〇八）。

五、六月間，林懋、林古度兄弟移居華林，題其新居。

作《題林子丘、茂之新居》（《鼇峰集》卷八）。

按：林懋，又名君遷，字子丘，章子，古度兄，福清人，居金陵。有文名。先居冶城麓，遷華林園。釋如愚有《暑中過曹能始廷尉，同吴非熊坐林茂之昆季新居，賦贈》：『仲夏城南走城北，縱是肩輿苦行色。喜遇故人坐草堂，解却身心半疲極。問君何時卜此居，出有高軒食有魚。不須長鋏再歸來，閉門好讀五車書。』（《石頭庵寶善堂詩集》卷二）謝肇淛《題林子丘、茂之新居》：『林君避地金陵裏，買得新居近槐市。白門橋畔水雲深，云是先朝華林之故址。華林昔日全盛時，花滿名園月滿池。離宫夜夜徵歌出，香陌朝朝載酒隨。事去人亡已千載，幾度桑田變成海。古殿空餘禾黍深，孤城唯見松楸在。憐君兄弟才無匹，生計蕭條徒四壁。月下長歌吊遠魂，花前貰酒留歸客。月下花前未寂寥，一床書對晚山遥。只今魚鳥親人處，猶有風流似六朝。』（《小草齋集》卷九）曹學佺有《題林子丘茂之兄弟新居時予悼亡將乞假還》：『去年冶城雪中宿，君家尚在冶城麓。今歲華林芳草深，移家相就到華林。華林風物由來古，千年魚鳥悲無主。欲識當時會心處，但寄文人口中語。可憐花月幽相映，彩雲忽散香奩鏡。顧我方題悼逝篇，聞君已就移居咏。居在比鄰共一藩，唯君與我日相存。謝傅幃中管弦絶，翟尉門前鳥雀喧。幾度花開還已過，幾夜月明曾共坐。荒原曉角旅魂驚，隔寺疏鐘愁思破。我往君來能幾時，又復辭君當解維。秋風分作飄蓬客，祇留餘跡長相思。』(《金陵集》上)

夏，吴興報恩觀道士潘致虚過訪。

作《送陳魯彦襲蔭入太學》《送程伯昭歸新安》《送林元達之京》(《鼇峰集》卷十六)。

作《吴興潘致虚羽士過訪話舊，次來韻》(《鼇峰集》卷十六)。

按：潘致虚，吴興報恩觀道士。

作《缺題》：『(上缺)□耳。□□道人。潘致虚來，悉知仁兄養高杜門……十年以來，悲歡之事漸攖腸胃，廻思與黄白仲共飲仁兄慈竹堂，有如夢境。今白仲墓木且拱，天復靳之以嗣，良可哀悼。先兄見背，不肖家務旁午，無好懷抱。舍弟頗能文章，乃沈文宗所録士。小豚年十六，亦已成人。他無足爲知己道者。陳伯孺應浦江令季君之招，業已得食廩餼。近聞浦江令有移歸安之疏，而聖旨尚未下。若果爾，則伯孺必在衙齋……弟秋杪欲走白門，或便道吴興，尋舊遊山水，當登堂百拜，以叙契闊耳。潘君言旋，草草奉候。』(《文集》册五，《上圖稿本》第四三册，第三〇三—三〇四頁)

按：此篇篇首殘缺。

又按：長子徐陸是歲年十六。陳薦夫此時遊吴越。『秋杪欲走白門』，詳九月。

七月，阮自華司理招宴西湖，送寧化知縣唐美承往南都。有書致張睿卿並詩，稱遊吴興睿卿最爲莫逆。陪山陰姚肇孟遊石竺、海壇。

作《新秋，阮堅之司理招宴西湖，送唐美承應召之留都》（《鼇峰集》卷十六）。

作《送潘致虚歸吴興》：『梨嶺秋烟攀石磴，苕川明月禮瑶壇。』（《鼇峰集》卷十六）

作《與朱太冲》：『别苕川十載……近者，潘致虚入閩，談足下近況甚悉……十年以來，世事漸更，悲喜交集。廻思在苕時，與康元龍劇飲高齋，真同一夢。元龍不可作矣。不佞向日爲一輕薄少年，兹齒已逾壯矣。鄧汝高去年亦魂遊岱宗，舊事凄凉，不堪爲知己道者。不識足下猶有向時酒興詩狂乎無也？子長一鳴驚人……致虚匆匆言旋，敬附尺一修問。秋杪將挾蒯緱走姑蘇，當與足下泛苕溪之舟，醉若下一斗。』（《文集》册三，《上圖稿本》第四一册，第三五八—三六〇頁）

按：萬曆二十三年（一五九五）㘈遊苕溪，至今十載。參見該年。

又按：鄧原岳卒於去歲。參見去歲。

又按：孫昌裔，字子長，又字鳳林，學稼父，侯官人。萬曆三十一年（一六〇三）舉人，三十八年（一六一〇）進士。官户部浙江司主事。

又按：秋杪走姑蘇，詳下。

作《寄張穉通》（《鼇峰集》卷十六）。

按：張睿卿，字穉通，號心岳，歸安（今浙江湖州市）人。博雅豪邁，遊歷山川，以著書爲樂。有《峴山志》。

作《與張穉通》：『别苕川已歷十禩，苕中所最稱莫逆，而最承款注者，無若仁兄……向年陳次修丈入閩，有醫者從沈文宗署中持仁兄一函見示，足徵故人記存之意。辛丑之冬，弟在嚴陵灘上，遇貴鄉

徐姓者，舟中草草附一書奉候，不識曾送及否？大都易至浮（以下缺文）。』（《文集》册三，《上圖稿本》第四二册，第三六〇頁）

按：此篇有殘缺。

作《山陰姚肇孟見訪，即有石笁、海壇之遊賦贈》：『山尋石笁秋聲起，海望扶桑霽色開。』（《鼇峰集》卷十六）

按：石笁山，即石竹山。海壇，今平潭。

八月，擬客遊吴越，司理阮自華餞於郡齋。王毓德惠棗。

作《中秋夜，阮堅之司理餞余郡齋，賦詩見送，次韻奉酬》（《鼇峰集》卷十六）。

阮自華有《在閩送徐興公入吴，因念惟和》：『使君相對恨無衣，萬里誰堪共履屝。吴楚關山迷翠靄，海天雲樹掩彤輝。故鄉鴻雁征人見，客路浮雲昔友非。回首吴門親舊遠，迢遥匹練幾時歸。』（《霧靈山人詩集》卷九）

作《王粹夫惠棗，戲此爲謝》（《鼇峰集》卷五）。

九月，離家遊吴，劍浦逢吴子修，宿茶洋驛。過武夷，遊城高巖。九日，過分水關。自開化至婺源，宿婺源。至徽州（新安），與鄭琰話舊；琰作《半生行》長歌以贈之，言垂髫與興公交莫逆，浪遊南北，萬曆二十三年（一五九五）臘月，遇興公于武林，别後至今十年，悲喜交集；此詩鋪陳排比，爲鄭琰用意之作。

作《别家乙巳》：『秋杪葉飛殘，離鄉路渺漫。』（《鼇峰集》卷十一）

按：此詩言『秋杪』離家，而據下詩，過分水關在九日，則離家至遲在是月朔，也可能上月末尾一兩天。

作《劍浦逢吴子修自武夷歸，喜賦》(《鼇峰集》卷十六)。

作《宿茶洋驛》(《鼇峰集》卷十一)。

作《登城高巖》(《鼇峰集》卷十一)。

按：城高巖爲武夷諸巖之一。

作《九日，度分水關》(《鼇峰集》卷十一)。

作《自開化至婺源界山行百里》(《鼇峰集》卷十一)。

按：李賢《大明一統志》卷四十三《浙江·衢州府》『開化縣』條：『在府城西北二百里，本常山縣西境。宋乾德初置開化場。太平興國中陞爲縣，屬衢州，元仍舊。本朝因之。』

又按：李賢《大明一統志》卷十六《南直隸·徽州府》『婺源縣』條：『在府城西南二百里，本隋休寧縣地，唐開元末析置婺源縣，治廻玉鄉。以此縣水流如婺州，故名。』

作《婺州客舍懷薛晦叔》(《鼇峰集》卷七)。

作《曉行婺源道中》(《鼇峰集》卷十一)。

作《新都訪方伯文明府》(《鼇峰集》卷十六)。

按：新都，即徽州。李賢《大明一統志》卷十六《南直隸·徽州府》『建置沿革』條：『三國吴分置新都郡，晋改新安郡……本朝初改爲興安府，後改徽州府。』

作《過畢仲明封君飛山别業》《題萬山觀》(《鼇峰集》卷十六)。

作《溪南訪鄭翰卿話舊》：『廿年舊事秋風淚，一片新愁夜雨談。相顧頭顱俱漸老，燈前悲喜總難堪。』（《鼇峰集》卷十六，又魏憲《詩持二集》卷一）

按：《寄吴從父》：『憶在萬曆乙巳之冬客遊新都，來往豐溪，舍于敝友鄭翰卿之宅……丁丑十二月。』（《文集》册八，《上圖稿本》第四四册，第二三三—二三四頁）

又按：豐溪，在今安徽黄山市黄山區豐村。

鄭琰《半生行》，其《序》云：『余垂髫與徐興公交莫逆，萬曆庚寅，浪遊南北，音問杳然。乙未臘月，遇興公于武林，已而復别。别後十年，乙巳秋，興公有新都之遊，訪余豐溪草堂，杯酒道故，悲喜交集。因以余年來踪跡，寫爲長歌，以當浩嘆謝少連，題爲《半生行》。』詩云：『刺促復刺促，哀歌不成曲。試聽征人歌一聲，切切烏烏淚相續。吾祖卜地三山麓，世業繁華稱鼎族。七葉盛文儒，八代承章服。仙郎群從十三魁，司寇諸昆十一牧。青蚨無貫潤高門，白蠹有編堆破屋。我家鳳池東復東，我生白晳炯雙瞳。九歲氣食牛，十歲工雕蟲。十二容華推宋玉，十三詞藻學揚雄。春早姣童初奠雁，秋來快婿已乘龍。自憐妾髮初覆額，自信君才非落魄。乳燕雙棲合疊釵，文鴛並著交歡舄。定情爲雨更爲雲，燕婉春朝復秋夕。百和香薰翡翠衾，九微燈照芙蓉席。桃葉須臾野繭黄，草根倏忽哀螢碧。哀螢野繭兩悠悠，玉粉香胭不少留。珠箔塵迷羞拂鏡，雕梁泥落悵登樓。石榴裙暗魂何處，金錯刀斑淚不收。烏影打霜啼滑滑，鬼燈吹雨夜啾啾。管停孤鳳難成調，弦到離鸞只聽愁。孤鳳離鸞顔色故，春鴻社燕流年度。一旦飄零委逝波，五年骨肉同朝露。仰首悲旻天，俯首看墟墓。雨餘寒蝶泣虚堂，日暮饑鼯嚙庭樹。吊影摧心肝，風雲乖所遇。洛陽季子更無錐，蜀道長卿空有賦。結得韋郎再世緣，續將秦女已離弦。雙雌繡出茱萸枕，四牡迎來琥珀轎。涼月更尋巫峽夢，落花重泛武陵船。青雲無媒日復日，白髮有根年復年。丈夫壯志已如許，不願低頭守兒女。長歌問天天爲愁，出門拔劍驅車去。遊子空悲櫪上駒，畸人寧效倉中鼠。不草治安趨帝闕，便斬樓蘭獻當寧。匹馬辭家客路塵，馬頭明月幾回新。昭王臺下猶懷古，督亢亭前早問津。年比士龍初入洛，才如五羖便歸秦。雲邊鳷鵲聯青瑣，日下鵷鸞拜紫宸。詞客盡叨三館禄，酒人争買九衢春。泥塗不復知鴻寶，草莽無緣問小臣。青草霸圖寧買骨，白衣祖道未歸輪。盧龍戍老千牛衛，涿鹿天空萬騎屯。獻策馬周終不達，干時曲逆莫辭貧。鶯遷苑路如隨馬，燕掠宫墻不見人。蟋蟀啼來惟閉户，蘼蕪多處正沾巾。蟋蟀蘼蕪生又滅，感遇傷時兼恨别。淒淒歲暮望眼枯，綿綿遠道中腸結。老奴夜號衣裳單，瘦馬晝眠芻粟竭。炙硯不融指如墮，暖罩無權面欲裂。繡虎含毫業似掾，神龍出匣終非鐵。魚困涕涔目是珠，驥服鹽車汗成血。以兹感嘆歲華更，又逐征夫更北征。天劃故關無雁度，雲連衰草斷人行。元戎盡錫飛魚服，黠虜皆堅市馬盟。虎帳曉愁沙磧雨，龍荒暮慘濁河聲。黄花較獵安西卒，玄菟高烽海北營。雪捲牙旗朝草檄，月高鈴閣夜談兵。射雕原上雲初净，散馬回中草漸平。疊鼓椎牛威遠堡，登陴饗士受降城。髑髏天黑呼群泣，磷火秋深逐隊明。從古請纓非浪子，由來談劍屬書生。書生任俠空馳逐，蕩子從軍非碌碌。前年靈武全軍覆，昨日遼陽新鬼哭。惟聞螭陛發邊餱，不見虎頭飛食肉。腰間寶刀悔未試，篋裏陰符懶將讀。黑貂盡敝卧牛衣，白龍不遇空魚服。幾年滄海變桑田，何日陽春回黍谷。萬事升沉笑棘猴，一朝得失同蕉鹿。著書無計學虞卿，去國有袍憐范叔。虞卿雙璧委蒿萊，范叔一寒如此哉。歲歲白扉題鳳字，年年華髮困龍堆。笛中楊柳愁難寫，曲裏關山恨未裁。漠漠秋烟生筆塚，萋萋春草上琴臺。冰因腹冷終難解，木爲心堅更不灰。萬里橋邊題柱過，一丸關外棄繻回。蕭蕭隴樹蕭蕭淚，續續胡笳續續悲。白眼風塵羞故土，汴水漳河復東魯。鄴下荒臺鳥雀悲，靈光廢殿牛羊聚。龜蒙山勢到平原，馬頰河聲通覆釜。逆旅誰憐似楚囚，羈人翻笑爲秦虜。長淮東下且停橈，五兩邗江廿四橋。瓜步北來猶有渡，廣陵南去不通潮。石頭波浪連三楚，京口帆檣問六朝。柳帶儘將牽別思，榆錢都把買宮腰。風風雨雨千重恨，燕燕鶯鶯百倍嬌。鶯鶯若有情，燕燕還多態。過馬或遺鞭，逢郎應解佩。採蓮若嘗蓮子心，摘菱莫笑菱花背。詞賦客如雲，風流花作隊。買棹發吴謳，對酒論興廢。蘇小門前粉黛銷，西施苑内琉璃碎。垂楊十里萬條斜，珠勒羅衣問狹邪。夜月家家寒食酒，春風處處斷腸花。王孫客路愁芳草，遊女深閨正破瓜。眉翠新妝月顔朱，欲襯霞檀口半遮。歌宛轉玉纖，無力送琵琶。琵琶聲已變，宛轉歌初囀。萬古鍾情不似崔，一夜離魂應比倩。願作蠶上絲，纏綿同一線。願作鸞邊鏡，團圞同一面。鏡將比儂貌，持來歲歲光。線將比郎意，牽來縷縷長。羞看倚門笑，焚却舞衣裳。君才學鸚鵡，妾願學鴛鴦。懷書去國無人識，賣劍移家非故鄉。郭嶺千重高似掌，豐溪百轉曲如腸。親知隔絶疑天遠，桂玉艱難恐歲荒。雛出鳳巢皆有彩，駒名驥子定稱良。甫因潦倒留夔府，白也漂零困夜郎。世路亂山多坎坷，人情衰草易淒凉。已拚涸水資蛟蟄，亦有卑棲侮鳳凰。寧不感恩終按劍，豈無知己但空囊。嚴霜摵摵啼征雁，小雨瀟瀟泣夜蛩。此時思婦腸堪斷，此際空閨坐愁嘆。君邊青鏡風光好，妾處紅顔歲華晏。尺素寥寥雙鯉遲，明河耿耿三星爛。海上雲生歸夢懸，溪南草長春思亂。一年一度燕都歸，飛去飛來雲不散。金鴨灰寒寶篆銷，玉魚帳冷銀屏暗。鶗鴂何心春去留，杜鵑無主花羞看。人知妾有夫，棄妾不如無。秋荷捧朝露，難將紉作明月珠。秋林落晚霞，難將剪作紅羅襦。潮水尚遥猶有信，月圓雖好只須臾。巷蓏到死心難折，楊柳逢春眼不枯。楊柳結深愁，巷蓏發心愴。鄉國路悠悠，鄉關雲莽莽。鄉夢偏驚欹枕時，鄉心怕到高樓上。揭來鄉語暫爲歡，摇落鄉園花不賞。故里偏思鄉信歸，故山只送鄉人往。到門有客問沈淪，同調相憐意倍親。似我盤跚非故步，逢人巧笑效初顰。巴渝九折終歸海，越絶千峰盡向閩。百感故人燈下淚，十年羈旅夢中身。殘冬對酒還今夕，除夜題詩又此辰。憶昔題詩兼對酒，舊事談來堪白首。一半交知埋草根，幾家池館餘衰柳。碌碌生涯且莫悲，悠悠書劍今何有。斷鴻天遠消息稀，少婦春寒别離久。郎今莫怨山下山，妾處願爲口中口。閉門小隱是鷄棲，天馬峰前歙水西。菰米葉乾秋水盡，木棉花落夕陽低。河流灣到三三盡，雲雨峰迷六六齊。何處關山何處月，一行征雁一行啼。歸來兮採芑，家人兮色喜。一圍新竹鳳池邊，數畝荒田虎丘趾。歸來兮採薇，野人兮息機。鼇峰臺畔三椽屋，螺女江頭一釣磯。天高海闊路行難，一事無成淚不乾。爲語妻孥休嘆息，筆花猶在劍光寒。』（《列朝詩集》丁集卷十）

按：梁章鉅云：『（鄭炎）有《與徐興公》長歌一首，云：余垂髫與興公交莫逆，萬曆庚辰浪遊南北，音問杳然。乙未臘月遇興公于武林，已而復别。别後十年，興公有新都之遊，訪余豐溪草堂，杯酒道故，悲喜交集。因以年來踪跡，寫爲長歌，以當浩嘆。謝少連題爲《半生行》。按：此詩鋪陳排比，幾二千字，自是翰卿用意之作，然終歸嫌其冗長。』（《東南嶠外詩話》卷九『鄭炎』條）

按：『炎』當作『琰』。

陳勳有《鄭翰卿〈半生行〉小叙》：『世自有奇士，奇士不必盡遭，固也。至其文采傑然，感憤而能發其所欲言，以必不可滅於世者，古今人蓋亦可數已。然則，文詞豈易言耶！余讀翰卿《半生行》，遷之遊，《騷》之悲，《國風》之好色，靡所不有，而離合變幻，極七言長篇之致，自駱丞、王子安外，近古鮮有臻斯境者。使其逢年，其才何不可致落落如是。士安能與數争哉！然使翰卿遇合有氣勢，爲貴富人而無片言半詞之幾乎？是泯泯汶汶，翰卿豈與易之？翰卿有當世名，其文詞佚宕，傲睨一世，足以自老，昔杜甫常稱文章有神，而或者曰：「能窮人。」豈數之權文，顧反操之耶！翰卿半生坐文窮矣，若其神也，亦能達人，其更有半生，翰卿勉之！予所以行其詩，喜駱丞、王子安近出吾里耳！非謂感憤窮愁之詞，足盡翰卿也。』（《陳元凱集》卷二）

十月，客徽州，寓新安城北石壁山莊。因鄭琰而識吳元滿，元滿贈《六書正義》等，題之。

作《移寓新安城北石壁山莊》（《鼇峰集》卷十一）。

題《六書正義》：『萬曆乙巳歲十月，客遊新安，訪吳敬甫于溪南書閣，因談六書之學。敬甫自言揣摩四十餘年，始窺其妙，其所指點不佞者，諄諄不倦，鑿鑿可聽，不佞願爲下拜焉。敬甫亦以不佞可與語，遂出《六書總要》《楷隸正訛》《萬籟中聲》《諧聲指南》數種見餉，而此本曰《六書正義》者，特綱領耳。刻初脱稿，並以相遺，所著《正義》方在殺青未竟，更許明年以全書爲寄……敬甫留心覽古，自是不朽人物，同鄉惟謝少連知之。他皆目爲迂爲痴也。鄭翰卿流寓溪南，極尊敬甫，不佞之所以識敬甫者，翰卿爲之介也。徐惟起識。』（馬泰來整理《新輯紅雨樓題記　徐氏家藏書目》，第七四頁）

按：《六書正義》，明吳元滿撰，萬曆刊本。

又按：吴元滿。徽州府歙縣人，字敬甫。萬曆布衣，好六書，精字學，自三代及秦漢鼎彝碑銘，無不精究。有《六書正義》《六書總要》《諧聲指南》等。

十、十一月間，訪謝陛，陛贈《季漢書》，有詩紀其事。在徽州，同謝陛、吴雲將、丁南羽、丁承吉、吴左于、鄭琰夜集吴用卿上村草堂。畢仲明招同何行吉、何叔度、詹伯禹、柯謨伯集長慶寺。謁汪華祠墓。

作《訪謝少連，見贈〈季漢書〉》（《鼇峰集》卷十六）。

按：謝陛，字少連，新安（今安徽徽州）人。萬曆間參與金陵詩社活動，留心史學，有《季漢書》，葉向高、曹學佺、于若瀛爲之序。

又按：曹學佺《〈季漢書〉序》：『《季漢書》者，取陳壽之《三國志》，釐正之而爲書也。』（《石倉文稿》卷一）

作《讀〈季漢書〉贈謝少連》（《鼇峰集》卷八）。

作《同謝少連、吴雲將、丁南羽、丁承吉、吴左于、鄭翰卿夜集吴用卿上村草堂》（《鼇峰集》卷十六）。

按：吴用卿，名不詳。築草堂於新安，疑爲新安人。詩集僅此一見。

作《吴用卿像贊》：『偉幹修髯，朗眉秀目。隱不近名，貞非絶俗。論詩解匡鼎之頤，譚理拆充宗之角。博物負茂先之精，嗜古富元章之蓄。慨延陵高風之久湮，至夫君而始名其族。斯人也，用而爲斯世之珍。真不忝爲豐年之玉。』（《文集》册十二，《上圖稿本》第四五册，第二七八—二七九頁）

作《與翰卿對酌，因談西湖舊事》《過吴敬甫書樓》《群仙渡海圖》（《鼇峰集》卷十六）。

作《謁汪王祠墓》（《鼇峰集》卷十六）。

按：曹學佺《大明一統名勝志·南直隸》卷三《徽州府·休寧縣》『萬歲山』條：『休陽縣治初移萬歲山，宋宣和中改曰「萬安」，避苑中山名也。有汪王故宮。隋汪華起義時，治此。今呼爲古城。』

作《畢仲明封君招同何行吉、叔度、詹伯禹、柯謨伯集長慶寺，共得西字》（《鼇峰集》卷十六）。

按：曹學佺《大明一統名勝志·南直隸》卷三《徽州府·歙縣》『白水泉』條：『在縣南二里……山半五明院，雪竇禪師出家處，左長慶院，泗洲頭陀呼雨處。』

作《石壁山樓對雨，柬柯謨伯》、《寄黄山隱者，次翰卿韻》、《題何叔度桃花莊》、《新安城外送蘇子介》、《贈王貞白大將軍》二首、《贈高行之參將》、《送凌元孚司馬擢粤西太平郡守》、《同畢仲明、何叔度、高行之、詹伯禹、柯謨伯集王貞白總戎虚左堂，共用堂字》、《訪吴百昌秘書畸莊》、《過詹伯禹書齋》、《送覺潤、真華二上人參雲棲蓮老》、《夜溪嶺題主人壁》、《余開先、鵬先昆季招遊禹王臺，同詹伯禹、柯謨伯、劉亭伯、汪明仲諸君共用流字》（《鼇峰集》卷十六）。

作《松石方丈訪柯謨伯》《余鵬先招集水西諸天閣，同高公訒》（《鼇峰集》卷十一）。

十一月，登齊雲山。出新安，留别新安諸子。

作《至夜微雪，同余開先、鵬先、柯謨伯、劉亭伯集程弘甫雲松室，共用寒字》《送余開先將軍之池陽徵課屯田》《訪江宇望民部》（《鼇峰集》卷十六）。

作《登齊雲山六首》（《鼇峰集》卷十六）。

按：齊雲山，即白嶽山。曹學佺《大明一統名勝志·南直隸》卷三《徽州府·休寧縣》『白嶽山』

條：『在縣西四十里，高三百仞，周三十五里，奇峰四起。懸崖中一小徑，憑梯而上，其三面並峻絕，壁立二百餘丈，不通攀緣。峰頂闊四十畝，有古階跡、瓦器、池水、石室。』

作《新都咏懷三十韻》：『江左雄畿輔，新安古大郡。東西雙水匯，郡邑兩城長。川陸通吴會，關河接楚疆……自憐漂泊跡，歲晏滯殊方。』（《鼇峰集》卷十二）

作《出新安留别諸君子》《留别余鵬先舍人》（《鼇峰集》卷十六）。

十二月，集余開先、鵬先宜宜堂。買舟經淳安縣，山水清邃類閩溪。下錢塘，鄭琰附舟。客武林，偕曹學佺、吴兆、林古度過吴山雲居寺。二十六日立春，同胡潛、吴人龍、柯謨伯、曹學佺過雲居寺智公房，訪吴兆、林古度、益公；同日，於塵埃中拾得釋宗泐《全室集》歸，作題跋。除夕，與柯謨伯、曹學佺守歲。

作《臘夜，集余開先、鵬先宜宜堂，時予與柯謨伯買舟下錢塘，而鄭翰卿將附，二余轉餉入京，游元封、翁吾鼎將歸閩中，兼呈高公訒、詹伯禹，共得一先韻》《七過釣臺同謨伯賦》（《鼇峰集》卷十六）。

作《同柯謨伯舟行新安江抵淳安縣，山水清邃處絶類閩溪，作示謨伯》（《鼇峰集》卷五）。

按：李賢《大明一統志》卷四十一《浙江·嚴州府》『淳安縣』條：『在府城西一百六十里……宋宣和初改曰「淳化」，紹興中始名淳安，元仍舊。本朝因之。』

作《重遊震澤普照寺》：『此地來遊十載前，停舟重到古諸天。山門老檜無年代，依舊春風鎖翠烟。』（《鼇峰集》卷二十五）

按：上次遊震澤寺在萬曆二十四年（一五九六），故曰『十載前』；作有《震澤普照寺咏古檜》（《鼇峰集》卷十）。

作《武林旅舍逢曹能始自南京回，適吴非熊、林茂之亦至，夜談有作》（《鼇峰集》卷十一）。

曹學佺有《同吴德符、吴非熊、林茂之到雲居寺，非熊、茂之旋寓僧寺》：『天寒吴山杳蒼翠，山中還有雲居寺。寺在雲關盡日幽，一往彌令長禪思。我聞釋者曰中峰，經行時暇手栽松。松葉松枝漬甘露，一卷法華一株樹。即今松樹長青青，世人誰覓中峰路。空門未惜人代徂，形勝居然但不殊。層房各置巖仍谷，半嶺時分江與湖。湖水蕭蕭黯無色，祇見寒波一片白。冶遊誰復堤上子，静眺故有山中客。客子來時不欲還，真性能隨老衲閑。歲除應是梅花裏，日落徘徊松樹間。漫復相逢歌白水，由來生計在青山。』（《武林稿》）

按：吴充，字德符，古歙（徽州，今黄山市）人。德符詩，工於組織。

林古度有《同曹能始廷尉、吴德符、非熊過雲居卜寓智公房》：『越城萃奇勝，吴山表幽獨。烟井一以分，雲居即空谷。巖岫列青翠，湖水蕩林木。孤梅映禪關，早花吐寒玉。我偕素心人，眺聽意頗足。遠客托閒情，高僧問往躅。玄雲净遥天，夕照下西麓。非唯歸可忘，幸此居已卜。』（《林茂之詩選》卷上）

作《立春日，同胡仲修、吴仲飛、柯謨伯、曹能始過雲居寺智公房，訪吴非熊、林茂之》（《鼇峰集》卷十一）。

按：立春，臘月二十六日。

又按：胡潛，字仲修，歙縣（今屬安徽）人，僑居武林。性詼諧，喜遊。

又按：吴人龍，字仲飛，錢塘（今杭州）人。有《落花詩》。

又按：李賢《大明一統志》卷三十八《浙江・杭州府》『雲居聖水寺』條：『在府治南，本朝洪武中賜額。』

曹學佺有《立春日，過雲居庵訪非熊、茂之、益公》：『虎林爲客日，鷲嶺復春風。山色一朝隔，梅花兩歲同。世情紛剪綵，禪思合真空。應識松扉掩，泠然清磬中。』（《武林稿》）

題《全室集》：『釋宗泐，洪武中與［來］復見心齊名。余見泐詩，僅諸家所選數首而已。今歲立春，偶客虎林，偕曹能始、林茂之過吴山雲居寺，有僧寮闃寂無人，《全室集》在塵埃中，遂拾而歸。覽其簡末，乃永樂癸卯年抄録者，留寺中二百年，一旦屑越而不之重，良爲可惜，非余拾得之，必入香積作醬瓿覆也。乙巳臘月立春日，興公書於浙城之旅次。』（馬泰來整理《新輯紅雨樓題記　徐氏家藏書目》，第一四七頁）

按：《全室集》，明釋宗泐撰，永樂抄本。此本得之於吴山雲居寺塵埃中。

作《乙巳除夕，客武林，與柯謨伯、曹能始守歲》（《鼇峰集》卷十六）。

曹學佺有《除夕柬非熊茂之》：『度嶺穿林境孰如，懷人遥望片雲居。應知寂寞禪關裏，一樹梅花共歲除。』（《武林稿》）

冬，購得侯官縣孝悌鄉美宅里祭酒嶺壙地。

按：《祭酒嶺造壙記》：『乙巳冬，漳人湯君有爲，别號逸軒，因新安吴逢原識余，謂余曰：「侯官縣孝悌鄉美宅里祭酒嶺有吉穴，君其往觀乎？」余一履其處，即欣然會心，乃以是歲臘月從晉浦趙氏購得之。』（《文集》册九，《上圖稿本》第四四册，第四〇二頁）

按：參見萬曆二十一年（一五九三）、二十七年（一五九九）、四十一年（一六一三）。

是歲，曹學佺龔夫人卒，祭之。

作《祭曹安人文》：『靈資芳懿，毓産華宗。早歸廷尉，婦道克供。上事尊章，中睦妯娌。下御廝養，井然有理。廷尉釋褐，勵之以名。廷尉服官，勖之以清。十載唱隨，琴瑟静好。内映冰壺，外新斧藻。廷尉奏績，爲國法臣。帝頒綸綍，封爾安人。珍重王言，伉儷才子。人生極榮，誰能遇此。熊夢既叶，鳳雛獻奇。人生極樂，誰能過之。廷尉入都，安人移侍。婺影忽沈，仙軿俄至。靈幃遽啓，翠翣已非。銀爐烟斷，羅幕霜飛。廷尉《悼亡》，□詩縲絏。有夫文之，死不愧矣。某交廷尉，久聆壺儀。於其化也，薦酒陳詞。迢遥白門，熒熒虚位。感格靈魂，忽聞瑶佩。尚享！』（《文集》册十，《上圖稿本》第四五册，第七四—七五頁）

按：曹學佺《悼亡》詩，即《江上送亡内歸鄉五十韻》：『乞得在官假，與子俱旋歸。』（《武林稿》）

是歲，楊德政卒，有詩哭之。

作《哭楊觀察公》二首（《鼇峰集》卷十六）。

是歲，有詩哭張獻翼。

作《哭張幼于先生》二首：其一：『莫是神仙劍解形，何因靈血化青青。魂隨落月蓬山路，客散西風曲水亭。一片空留堂下石，千秋先撰塚中銘。吹簫我欲過吴市，鄰笛淒凉未可聽。』其二：『當年下榻獨延徐，借得名園兩月居。掩淚忍看身後稿，傷心愁檢寄來書。琴亡子敬孤弦絶，墓近要離數尺餘。千里未能親執紼，范張生死誼何如。』（《鼇峰集》卷十六）

按：張獻翼卒於去歲。錢謙益云：『萬曆甲辰，年七十餘，携妓居荒圃中，盗踰垣殺之。』(《列朝詩集小傳》丁集上『張太學獻翼』條，第四五三頁)

是歲，陳益祥開永福(今永泰)懸漢巖、丸天巖。

陳燿《開三巖記》：『萬曆乙巳之二月，余以叔父命，率僕夫十餘人，自山下芟夷叢菅，凡若干日，乃達於巖……巖既開，叔父以舊名「羅漢」無謂，更名「懸漢」，則「石室」是也……過溪，十餘峰巑岏如筍，卓立樓前。其下净瓶石與獅子巖相倚爲洞門，側身而入，深可五六丈，高如之。仰視石縫，如一綫天。古樹樛枝附於石壁如盤虯。是時，洞中群狙先已他徙。乃命工架木鑿石作棧道以達洞。叔父入洞，以爲視天猶丸也，因名「丸天巖」。』(〔萬曆〕《永福縣志》卷四)